플로렌스 J. 머레이,
가족에게 보내는 편지

내한선교사편지번역총서 12

플로렌스 J. 머레이,
가족에게 보내는 편지

플로렌스 J. 머레이 지음
이혜원 옮김

역자 서문

연세대학교 한국기독교문화연구소에서 주관하는 내한선교사편지 디지털 아카이브 구축 연구팀의 일원이 되어 플로렌스 J. 머레이 선교사의 편지를 접하게 된 것은, 교회사학자인 저로서도 매우 뜻밖의 일이었습니다.

제가 지금까지 사료로서 접해 왔던 선교사 편지는 대개 선교 본부에 보낸 공적인 서신이었고, 사적인 편지는 그 수가 매우 제한적이었기 때문입니다. 따라서 이렇게 선교사가 선교지로 부임할 당시의 첫 1년 동안 가족들에게 보냈던 편지가 고스란히 모아져 있는 것을 보고 또 그 편지에 담겨 있는 절절하고도 생동감 넘치는 내용을 접했을 때, 전공자로서 가슴 벅찬 기쁨을 느끼지 않을 수 없었습니다.

하지만 그렇기 때문에 번역에 더욱 큰 부담을 갖게 되었습니다. 특히 여성 의료 선교사였던 머레이는 자신이 보고 들은 것을 번득이는 관찰력과 넘치는 유머를 곁들여 매우 섬세하고도 유려한 필체로 그려내고 있었기 때문에, 그것을 내가 과연 한국어로 맛깔나게 잘 표현해 낼 수 있을까 걱정이 되었습니다. 번역을 마치고 책을 내어놓는 지금도 그러한 우려는 해소되지 않았지만, 한 가지 위안은 번역문 뒤에 원문이 실렸다는 것입니다. 머레이 특유의 유머러스한

문체를 직접 느끼고 싶은 독자에게는 영문도 함께 읽어볼 것을 권합니다.

제게 선뜻 번역을 맡겨 주신 연세대학교 신과대학의 홍국평 교수님과 번역 과정에서 물심양면 도움을 주신 신과대학장 방연상 교수님 및 내한선교사편지 연구팀의 허경진·한미경 교수님, 실무를 담당해 주신 윤현숙 박사님과 출판 업무를 맡아 주신 김종우 박사님, 그리고 의료 용어를 감수해 주신 연세대학교 의과대학의 박형우 교수님께 특별한 감사를 드립니다. 또한 꼼꼼하게 교열해 주시고 예쁜 책으로 만들어 주신 도서출판 보고사의 편집팀에게도 심심한 감사의 인사를 전합니다.

이 책의 내용을 몇 개의 키워드로 정리하면 '여성', '캐나다', '의료', '선교사', '용정'이 될 것 같습니다. 모두 한국교회사 연구에서 비교적 소외되어 왔다는 공통점이 있습니다. 이번에 발굴된 플로렌스 J. 머레이의 가족에게 보내는 편지를 통해 앞으로 좀 더 많은 관련 연구가 진행되어 나갈 수 있기를 희망합니다.

2023년 5월 10일
번역자 이혜원

차례

◇ 번역문

◇ 원문

일러두기

1. 캐나다 노바스코샤 공공기록관(Nova Scotia Public Archives)에 소장된 자료를 저본으로 하여 번역하였다.
2. 번역문, 원문 순서로 수록하였다.
3. 목차는 편지가 쓰인 장소 / 수신자 / 날짜순으로 표기되었다.
4. 원문에서 식별하기 어려운 부분은 [illegible]로 표기하였다.
5. 번역문에 달린 각주는 모두 역자주이다.
6. 번역문 가운데 [ ]는 내용 이해를 돕기 위해 번역자가 삽입한 것이다.
7. 원문의 mile, pound 등 길이나 무게의 단위는 km, kg 등으로 변환하였다.
8. 본문에 그어진 밑줄은 원문을 따른 것이다.

해제

1. 저자 소개

플로렌스 J. 머레이(Florence Jessie Murray, 한국명 慕禮理)는 캐나다 장로회 소속으로 1921년 내한하여 1969년 영구 귀국할 때까지 약 50년 동안 용정, 함흥, 서울, 부산, 원주 등지에서 왕성하게 활동한 의료 선교사이자 사회사업가였다.

머레이 집안의 한국과의 인연은 기실 그의 부친이었던 로버트 머레이(1859~1956)에서부터 시작되었다. 1898년 캐나다 장로회 해외 선교본부가 조선 선교를 시작할 때, 개척 선교사로 지원했던 4명 가운데 로버트 머레이도 있었다. 시골에서 목회를 하던 그는 조선 선교사 모집 소식을 듣고, 같은 노바스코샤 출신이자 파인힐신학교 (Pine Hill Divinity Hall) 동문이었던 동료들과 함께 선교사로 지망하였다. 하지만 가장 연장자였으며 그때 이미 여러 명의 자녀를 두고 있던 머레이는 예산 문제로 결국 제외되었고, 나머지 3명 즉 맥래 (Duncan M. McRae, 1868~1949), 그리어슨(Robert G. Grierson, 1868~1965), 푸트(William R. Foote, 1869~1930)가 파송되었다.

로버트 머레이는 비록 본인이 직접 조선에 선교사로 나가지는 못하였으나 개척 선교사들을 지원하며 가까운 관계를 유지하여 나갔는데, 이러한 조선에 대한 관심은 다음 대에까지 이어져 4남 2녀의 자녀 가운데 두 명이 조선 선교사로 지원하고 그 가운데 한 명은 실제로 선교사로 파송 받는다. 그것이 첫째였던 플로렌스이다.

플로렌스 J. 머레이는 1894년 2월 16일 캐나다 노바스코샤주 픽토우랜딩에서 아직 신학생이던 로버트와 이사벨 머레이(Isabel J. Sproull Murray, 1865~1951)의 장녀로 태어났다. 이듬해 부친이 신학교를 졸업하고 목회를 시작함으로써 핼리팩스 근교의 시골 마을인 로랜스로 이사하였고, 여섯 살 때 다시 얼타운으로 이사하여 10년간 살았다. 머레이는 전교생이 한 교실에서 공부하는 시골의 작은 학교에서 성장하였는데, 어려서부터 목사가 되기를 희망하였다. 부모는 딸의 꿈을 응원하며 핼리팩스의 캐나다 장로회 총회에까지 데려가 함께 방법을 알아보기도 하였지만, 아직 여성에게 목사 안수를 주지 않던 시대적 상황에 가로막혀 목회자의 꿈을 포기하고 만다.

그러던 중 안식년으로 귀국하여 부친을 방문한 조선 개척 선교사들을 만나게 된 머레이는 그때, 특히 의료 선교사였던 그리어슨 및 케이트 맥밀란(Kate McMillan) 선교사의 활약에 깊은 감명을 받게 되어 영이 아닌 육을 치료하는 의료 선교사라는 새로운 꿈을 키워 나가기 시작하였다.

16살에 다시 부친을 따라 프린스에드워드아일랜드의 샬럿타운으로 이사하였고 거기서 한 살 터울 동생이었던 알렉산더와 함께 프린스오브웨일스 대학에 진학하는데, 이때 19세기 말부터 북미와 유럽을 중심으로 거세게 확산되어 나갔던 청년 선교운동인 학생자원운동(Student Volunteer Movement)에 직접적인 영향을 받아 위원으로 활동하였다. 여기서 플로렌스와 알렉산더는 둘 다 해외 선교사로 지원한다.

대학을 졸업한 뒤 1914년 머레이는 핼리팩스에 있는 달하우지대학교 의과대학에 입학하였다. 당시 1차 세계대전의 발발로 의사는 물론 남자 의학생들마저 차출되어 나가, 국가 전체적으로 의사가 부족하던 때였다. 그러던 중 의학교 4학년이던 1917년 12월 핼리팩스 항만에서 군수물자 수송선이 폭발하여 사망자 2천 명, 부상자 1만 명을 낸 대참사가 발생하였는데 이때 머레이는 기독교청년회에 설치된 응급병원에서 마취사로 의료지원 활동을 하였고, 이듬해인 1918년 스페인독감이 캐나다에 확산되자 의료진이 없는 마을로 파견되어 전염병 확산을 막기 위해 고군분투하였다. 이렇게 머레이는 현장에서 실전 경험을 쌓으며 의학교 5년 과정을 마친 뒤 25살이던 1919년 졸업하였다.

이후 미국 보스턴의 롱아일랜드병원에서 인턴 생활을 하였으며, 노바스코샤로 돌아와 달하우지대학교 의과대학의 해부학 실습강사가 되어 외과의사로서 일을 시작하였다. 동시에 캐나다 장로회 해외선교본부에 의료 선교사로 정식 지원하였다.

때마침 함흥에서 활동하던 맥밀란 의사가 선교본부에 여의사 파송을 요청하게 되면서 머레이는 1921년 여름 조선 선교사로 임명되었고, 27살이던 같은 해 8월 31일 서울에 도착함으로써 선교사로서의 첫발을 내디뎠다.

서울에서 2달간의 어학공부를 마친 뒤 1921년 12월 용정으로 임시 부임하여 안식년을 떠나는 스탠리 해빌랜드 마틴(Stanley Haviland Martin, 1870~1941) 의사를 대신해 제창병원을 맡아 2년간 돌보았고,

맥밀란 의사가 1922년 발진티푸스에 걸려 사망한 후 개점휴업 상태인 함흥의 제혜병원을 재개하기 위해 1923년 함흥으로 전임되었다. 이후 일제에 의해 추방되는 1942년 6월까지 약 20년간 제혜병원의 원장으로서 함흥을 중심으로 사역하였다.

1927년 안식년을 맞아 귀국하여 1년간 모금활동을 하고 돌아온 뒤 1928년에 제혜병원의 별관을 결핵요양소로 만들어 운영하기 시작하였고, 제혜병원 간호부장으로 내한한 아다 산델(Ada Sandell) 선교사와 함께 제혜병원 간호학교를 설립하여 수많은 간호사를 배출하며 간호사에 대한 인식 개선 운동에도 앞장섰다. 또한 홍원에도 진료소를 개원하여 주 1회씩 왕진을 다녔으며, 함흥 내외의 많은 교회에서 여전도회를 조직하고, 각지를 다니며 공중보건위생교육과 결핵퇴치운동을 진행하였다. 태평양 전쟁 발발 뒤에도 계속 함흥에 남아 있다가 1942년 6월 일본인 포로와의 교환 절차를 거쳐 본국으로 송환되었다.

캐나다로 돌아간 뒤 병원을 개업하여 내과의사로서 근무하던 중 한국이 해방되었다는 소식을 듣고 재입국 기회를 엿보던 중, 1947년 이화여자대학 김활란 총장의 초청에 응하는 방식으로 1947년 7월 서울로 돌아왔다. 이화여자대학 의과대학의 부학장직을 맡아 동대문의 이대병원과 의과대학의 틀을 세우기 위해 노력하였으며, 세브란스병원의 부원장 및 소아과 과장을 맡아 일선에서 의사로서 교수로서 활약하였다. 1947년 5월에 대한기독교여자의사회가 창설되었을 때 명예회장으로 추대되었다. 그러나 1950년 6월 25일 한국전쟁의 반발로 외국인 철수령이 내려져 다음 날인 6월 26일 인천항을 통해 캐나다로 돌아가야만 했다. 하지만 1951년 9월 8일 부산으로 다시 돌아와 부상자 치료에 진력하였다.

전쟁이 끝난 뒤 서울로 올라와 파괴된 세브란스 병원의 부원장으로 부임하여 병원을 복구하고 소아과와 산부인과를 중심으로 진료를 보았으며, 학생들을 가르치고 결핵퇴치운동을 이어가는 등 바쁜 나날을 보낸다. 1955년 안식년으로 캐나다에 돌아가 달하우지대학에서 명예 법학박사 학위를, 파인힐신학교에서 명예 신학박사 학위를 받았는데, 파인힐신학교에서 여성이 명예 신학박사 학위를 받은 것은 플로렌스 J. 머레이가 처음이었다.

1956년 8월 다시 한국에 돌아온 뒤, 강원도 원주로 파송되어 연합기독병원 설립을 이끌었다. 원주에서는 1913년 설립되었다가 1930년대에 운영이 중단된 감리회 선교부 소속 서미감병원 부지에 미감리회와 캐나다연합교회가 공동 출자하여 병원을 세우는 계획이 수립되고 있었는데, 이때 캐나다연합교회의 대표로 머레이가 선출되었고 건축위원회 위원장직을 맡아 원주연합기독병원 설립에서 중추적인 역할을 맡았고, 병원 발전의 초석을 놓았다. 동 병원은 1976년 연세대학교와 합병되어 지금의 원주세브란스기독병원으로 이어지고 있다.

한편 원주시 단구동에는 1957년부터 한센병 환자들의 집단부락이 형성되었는데, 마침 원주에서 활동하던 머레이는 그곳에 경천원 진료소라는 한센병 전문 병원을 개설하여 환자 치료와 생활개선에 앞장섰다. 특히 그들이 협동조합을 조직하였을 때, 양계장과 과수원 등 수익성 있는 산업을 시작하여 자립할 수 있도록 머레이가 병아리 천5백 마리와 임야 20정보를 제공하기도 하였다. 나아가 환자들의 완치 후 사회 복귀를 돕기 위해 경천원 인근 주택지역에 '모례리 촌'이라는 간판을 걸고 네 채의 가옥을 구입해 완치된 사람들을 이주시켰다. 머레이가 은퇴하여 한국을 떠나게 되었을 때 경천원 주민들은 그의 숭고한 정신을 기리기 위해 '모레리 기념비'를 세웠으며, 해당 지역이 택지개발로 사라지게 되었을 때 기념비는 원주기독병원에 기증되었다.

원주에서의 활동을 끝으로 1961년 정년 은퇴하여 귀국하였지만, 이듬해인 1962년 구라(救癩)선교회라는 한센병 환자의 구제와 근절을 목적으로 하는 기독교 구호단체의 초청으로 재차 내한하였다. 구라선교회는 1902년부터 한국에서 활동을 시작한 뒤, 1956년 활동을 재개하여 경북지역을 중심으로 11개의 진료소를 설치하고 '나환자 집단 부락'에서 치료와 구호활동을 전개하였는데, 한국 담당자가 사임하게 되면서 그 후임으로 머레이 선교사를 초청하게 된 것이다. 1962년 8월 구라선교회 한국지부에 취임한 뒤 1964년 8월 30일까지 동 선교회를 맡아 진료소를 순회 방문하며 한센병 환자 치료에 전념하였다. 그 뒤 1964년부터 1969년까지는 세브란스 병원에서 의무기록실의 기틀을 닦는데 헌신하였는데, 이때 의무기록사 교육을 시작하는 등 한국 최초의 현대적 의무기록시스템을 세우고자 노력하였다.

1969년 5월 12일 76세의 나이로 캐나다로 영구 귀국하였고, 1975년 4월 14일 81세의 일기로 고향인 노바스코샤주 핼리팩스에서 소천하여 페어뷰 론 묘지에 영면하였다.

대한민국 정부는 1951년과 1961년 두 차례에 걸쳐 플로렌스 J. 머레이에게 훈장을 서훈한 바 있다.

머레이는 한국에서의 경험을 두 권의 책으로 엮어 냈는데, 한 권은 해방 이전을 다뤘으며 다른 한 권은 해방 이후를 다뤘다. 영문 원서와 한국어역 서지사항은 아래와 같다.

① *At the Foot of Dragon Hill*(New York: E.P. Dutton, 1975)
- 『맹부인 맹부인: 닥터 머레이의 조선시절』, 김동열 역(서울: 미완, 1987)
  『내가 사랑한 조선: 복음에 붙들린 닥터 머레이의 선교기』, 김동열 역(서울: 두란노, 2009)

② *Return to Korea*(Bellevile, Ont.: Essence, 1999)
- 『리턴 투 코리아: 머레이 선교사의 의료선교 이야기』, 박광화 외 역(서울: 대한기독교서회, 2005)

2. 자료 소개

이 책에 실린 편지는 머레이의 고향인 캐나다 노바스코샤 공공기록관에 소장된 자료로서, 선교사로 임명되어 고향을 떠나는 기차에 오르자마자 쓴 1921년 8월 2일자의 첫 번째 편지를 시작으로 하여 약 1년간 가족에게 보낸 총 56통의 편지이다. 1921년 8월 2일자부터 11월 5일자까지의 23통은 손글씨로, 11월 12일자부터 1922년 6월 18일자까지의 33통은 타자기로 쓰였다.

수신자는 모두 가족으로 즉 아버지와 어머니 그리고 알렉산더(알렉스), 포스터, 에드워드(에디), 애나, 찰리 등 다섯 명의 동생이다. 동생 중 알렉산더와 에드워드는 목사 혹은 신학생이었고, 포스터는 달하우지대학교 의과대학 4학년생, 애나는 달하우지대학교 의과대학 입학생, 찰리는 고등학생이었다. 좀 더 상세히 살펴보면, 부모에게 보내는 편지가 19통, 알렉산더에게 8통, 포스터에게 5통, 애나와 찰리에게 각각 3통씩, 에드워드에게 2통, 동생 전체를 대상으로 보낸 편지가 7통, 가족 전체를 대상으로 보낸 편지가 9통이다. 뒤로 갈수록 선교지에서의 과중한 업무로 인해 가족 한명 한명에게 따로 편지를 쓸 시간이 부족해, 가족 전체 혹은 동생 전체를 대상으로 편지를 쓰는 경우가 늘어난다.

목회자였던 아버지와 알렉산더, 에드워드에게 보낸 편지에는 선교지 및 선교사들의 상황을 전하는 내용이 주가 되고 있으며, 특히 교육 선교사로 조선에 나올 계획을 세우고 있던 알렉산더에게는 교육 선교사의 업무와 관계된 내용을 상세히 적었다. 어머니와 여동생 애나와 그리고 막냇동생 찰리에게 보낸 편지에는 삶의 소소한 이야기가 많이 담겨 있으며, 같은 의사였던 포스터에게 보낸 편지에는 제창병원에서 만난 수많은 환자 사례를 매우 구체적으로 기술하여 놓았다.

56통의 편지는 시간 및 이동장소의 흐름에 따라 크게 네 부분으로 나눌 수 있는데, 각 부분의 개략적인 구성과 내용을 살펴보면 아래와 같다.

(1) 캐나다에서 조선까지의 여정(1921년 8~9월), 14통
첫 번째는 핼리팩스에서부터 서울까지 약 한 달(8월 2일~9월 9일)에 걸친 여정 중에 쓴 14통의 편지이다. 핼리팩스를 출발하여 기차와 배를 타고 북미 대륙을 횡단하여 밴쿠버에 도착한 뒤 태평양 횡

단 기선을 타고 2주간 항해한 끝에 일본 요코하마 및 고베에 기항한다. 고베에서 기차로 갈아타고 시모노세키까지 간 다음 그곳에서 다시 배를 타고 부산으로, 부산에서는 기차로 서울을 거쳐 함흥의 캐나다 장로회 선교지부에 도착하여 짐을 푼다. 여기서는 캐나다를 횡단하며 보게 된 오대호와 대평원, 로키산맥 등 광활한 대자연에 대한 감탄, 태평양 횡단 기선에서 만난 스무 명 넘는 다양한 교단의 선교사들과의 교제 및 선상 생활, 일본에 도착한 뒤 처음 만난 동양의 생경한 거리 풍경과 사람들의 복장에 대한 깊은 인상, 그리고 드디어 도착한 한국에서 접하게 된 거리의 모습과 사람들에 대한 감상이 주를 이루고 있다.

(2) 서울 언어학교(1921년 10~11월), 13통

두 번째는 서울에서 두 달간(9월 21일~11월 29일) 언어학교를 다니며 겪은 일을 쓴 13통의 편지이다. 처음 함흥에 도착하여 짐을 푼 뒤 서울로 가기 전 몇 주 동안은 개인 어학교사를 고용하여 곧바로 한국어 공부를 시작하였다. 그리고 10월과 11월 두 달 동안 서울로 거처를 옮겨 선교사들이 초교파적으로 운영하던 언어학교를 다니게 되는데, 그때 머레이는 미북감리회 소속 빌링스(Bliss W. Billings) 선교사 집에서 하숙하며 학교를 다닌다. 언어학교는 봄에 두 달, 가을에 두 달씩 총 2년 과정이었는데, 머레이는 초급인 1A반에 들어가 37명의 다른 선교사들과 수업을 듣는다. 여기서는 언어학교 교사와 학생들의 상황에 대해, 그리고 한국어의 언어학적 특징과 문법적 특징에 대해 자세히 설명하고 있으며, 또한 서울 및 근교를 여행하며 마주친 풍경과 만난 사람들에 대한 묘사도 이어진다. 이 기간에 서

울에서 마침 전국 주일학교대회가 개최되어, 전국에서 상경한 다양한 선교사들을 만나며 한국의 선교 상황을 가늠해 볼 수 있는 기회를 갖는다.

(3) 서울에서 용정까지의 여정(1921년 12월), 4통

세 번째는 중국 만주지역에 개설된 캐나다 장로회 선교지부인 용정에서 활동하던 의료 선교사 스탠리 해빌랜드 마틴이 건강악화로 안식년을 앞당겨 가게 되면서, 머레이가 2달간의 언어학교 과정을 마친 뒤 급히 용정으로 부임하게 되는 과정을 적은 12월 11일자부터 12월 26일자까지의 편지 4통이다. 서울에 있을 때 이미 용정으로의 부임이 결정되었는데, 우선 함흥으로 돌아와 짐을 싼 뒤 함흥-원산-성진-청진-회령-삼봉을 거쳐 용정까지 짧지만 낯설고 힘든 길을 떠난다. 함흥에서 원산까지는 기차로, 원산에서는 배를 타고 성진을 거쳐 청진으로, 청진에서 다시 기차로 회령까지, 그리고 회령에서 협궤열차를 타고 한중 접경지대인 삼봉까지 갔다. 삼봉에서 걸어서 두만강을 건넌 뒤, 그곳에서부터 용정까지는 러시아 마차를 타고 이동하였다. 이때, 함흥, 원산, 성진, 회령에 개설되어 있던 캐나다 장로회 선교지부를 방문할 수 있었는데, 그 인적 구성과 교회, 학교, 병원, 사택 등 선교지부의 상황, 그리고 선교사들에 대해 가감 없이 자신의 의견을 적었다. 특히 의료 선교사로서 함흥, 성진의 캐나다 장로회 병원을 서울의 세브란스 연합병원과 자세히 비교하고 있다. 또한 국경을 통과하면서 겪은 다양한 에피소드를 실감나게 적고 있다.

(4) 용정 선교지부(1922년 1~6월), 25통

네 번째는 용정에 부임하여 새로운 환경에 적응해 나가기 시작한 1922년 1월 6일자 편지부터 여름에 개최되는 캐나다 장로회 선교부 연례회의에 참석하기 위해 원산을 향하는 6월 18일자까지의 편지 25통이다. 부임 초기에는 제창병원에서의 병원일과 개인교사와의 어학공부를 모두 잘해 나가기 위해 고군분투하는 모습을 보인다. 이후 중국 땅인 용정에서 한국인, 중국인, 일본인이 각자의 문화를 지키며 조화롭게 살아가고 있는 모습을 인상 깊게 바라보고 있으며, 한국인과 중국인 교회의 예배와 성례, 교인들의 특징, 용정 선교지부 안에 설치된 은진중학과 명신여학교 등 미션스쿨 학생들에 대한 애정, 일상생활에서 접하는 식재료와 농작물에 대한 소개, 직접 진료하고 수술한 수많은 환자 사례, 중국인·한국인 병원 직원에 대한 평가, 중국 잔치와 한국 잔치에 참가하여 맛본 요리들, 온 마을이 떠들썩했던 단오절 풍경 등 일상생활에서 겪는 다양한 일이 구체적으로 소개되고 있다.

이렇게 본서에 수록된 편지는 플로렌스 J. 머레이가 선교지로 출발하는 여정에서부터 자신의 선교지부에 부임하여 적응해 나가는 첫 1년 동안의 좌충우돌을 담은 것으로 수신자가 모두 가족이었다.

선교사들은 의무적으로 기록을 남겨야 하는 집단에 속한 사람들이었다. 그들은 선교지에 나간 이후 본국의 선교본부에 1년에 한 차례 '연례 개인 보고서'를 반드시 제출하여야 했으며, 그 밖에도 여러 사안에 대해 의논하거나 보고해야 하는 일이 있을 때마다 역시 선교본부에 '공적 개인 서신'을 써서 보냈다. 이러한 공적인 개신 서신들은 대개 각 교단별 아카이브에 다른 선교사들의 서신과 함께 묶여 잘 보관되어 있다. 공식 보고서 및 서신은 그 편지의 특성상 선교 사업에 직접 관계된 일을 주로 적고 있다. 따라서 이러한 편지는 선교 사업과 선교지역별, 혹은 기관별(교회, 학교, 병원, 기관 등) 상황을 이해하는 좋은 사료가 된다. 하지만 선교사들이 삶에서 느끼는 개인적인 감상이나 일상생활에 관한 이야기는 그다지 담겨 있지 않다.

반면 본서에 수록된 편지는 모두 가족에게 보낸 '사적 개인 서신'으로서 공적 서신과 다른 독특한 사료적 가치를 지닌다. 우선 가족들에게 보낸 편지가 잘 모아져 남아 있는 경우 자체가 많지 않기에, 그 존재만으로도 큰 가치를 지닌다. 선교본부에 보낸 공적 서신과 달리 가족에게 보낸 편지는 마치 일기를 쓰는 것과 같이 선교현지의 상황과 타 선교사들에 대해 보다 원색적인 의견을 담고 있으며, 일상생활에서 보고 느낀 것과 한국인·한국문화에 대해 풍부한 설명을 곁들이고 있다는 특징을 가지고 있다. 즉, 내한 선교사들이 삶에서 직면하였을 다양한 고뇌와 생활사적 모습이 한층 더 풍성하게 담겨 있다.

특히 본서에 수록된 편지는 북미대륙에서부터 한국까지의 여정, 그리고 한국어 언어학교에서의 생활, 선교사들의 가옥 및 생활 모습, 부산부터 용정까지의 여정에서 여성이자 외국인이 겪어야 했던 다양한 에피소드 등, 그 어디에서도 볼 수 없었던 다양하고도 실제적인 모습이 가득 담겨 있다.

머레이가 직접 쓴 두 권의 자서전 가운데 해방 이전을 다룬 『내가 사랑한 조선: 복음에 붙들린 닥터 머레이의 선교기』를 보면, 첫 1년 동안을 다룬 부분의 내용과 문장과 표현이 본서에 수록된 편지의 내용·문장·표현과 정확히 일치하는 것을 발견하게 된다. 이것은 머레이가 1970년대 들어 자서전을 쓸 때 단순히 기억에 의존하여 쓴 것이 아니라, 캐나다의 가족들이 보관하고 있던 바로 이 편지들을 받아 그 내용을 참고하며 썼던 것을 의미한다. 단순히 내용뿐 아니라 문장과 표현까지 일치하는 부분이 많은 것은 이를 입증한다. 다만 차이가 있다면 선교사와 선교현장에 대해 자서전에서는 보다 순화되고 미화된 표현을 쓰고 있는 반면, 실제 편지에서는 보다 직접적으로 비평하고 있다는 것이다.

플로렌스 J. 머레이는 그 활동과 업적에 비해 연구가 적은 대표적 선교사 가운데 한 명이다. 그에 대한 연구서로는 평전으로 김유락의 책 『仁術의 使徒: 모레리 박사의 한국에서의 활동』(서울: 대한기독교서회, 1973)이 한 권, 연구서로서 Ruth Compton Brouwer의 *Modern Women Modernizing Men: The Changing Missions of Three Professional Women in Asia and Africa, 1902-69*(Vancouver, B.C.: UBC Press, 2002)이라는 책에서 선교사 세 명 가운데 한 명으로 다뤄지고 있는 것이 한 권, 그리고 짧은 소개 글인 Kang Hyun Lee, Solam Lee, Sang Baek Koh의 "Florence J. Murray(慕禮理 1894-1975), a Dedicated Female Medical Missionary"(*Yonse Medical Journal* 61(1), Jan. 2020) 등을 찾아볼 수 있을 뿐이다. 또한 캐나다 장로회·연합교회의 선교활동에 대한 연구도 그 선교지가 모두 현재의 이북지역에 위치해 있던 탓에, 타 교단에 비해 적은 편이다.

따라서 본서에 수록된 머레이의 편지는 이러한 연구적 공백을 메워 줄 좋은 사료로서, 특히 선교사들의 생활사·문화사, 그리고 의료사에서 활용 가치가 매우 높은 사료라고 평할 수 있다.

번역문

몬트리올에 거의 다 와 가는 기차 안에서
1921년 8월 2일 화요일 아침

아버지께,

저희가 굉장히 즐거운 여행을 하고 있다는 것을 알려 드리기 위해 짧은 편지 드립니다. 어제는 시원했고, 하루 종일 먼지 한 점 없었습니다. 다른 승객들도 좋았습니다.

로즈 양이 작별선물을 갖고 온 한 무리의 친구들에게 배웅을 받으며 트루노 역에서 기차에 탔습니다. 그녀는 여기에서 23통이나 되는 편지를 받아, 이어지는 여행에서 읽을거리가 생겼습니다.

스튜어트 박사가 점심식사를 위해 우리를 데리고 식당 칸에 갔고, 하루 종일 두세 번에 걸쳐 우리와 함께 앉아 이야기를 나누었습니다. 그는 굉장히 친절하고 쾌활한 사람이었습니다. 이제껏 저는 스튜어트 박사를 잘 알지 못하였습니다.

포스터가 그의 의료 이사회와 어떻게 되었는지, 그리고 캠프힐의 실습실 자리가 누구에게 돌아갔는지에 대한 소식이 있는지 궁금합니다. 그가 오늘은 좀 나아졌으면 좋겠습니다.

이곳은 많은 곡식이 추수가 되어 모두 창고에 들어갔습니다. 옥수수도 거두어져 있습니다. 계절은 더 앞서 있지만, 초원은 벌거벗었고 갈색이어서 모든 것이 고향과 같이 메말라 보입니다.

어젯밤, 우리 둘 다 푹 잤습니다. 일찍 잠이 들었고, 밤중에 딱

한 번만 깼습니다.

우리는 지금 막 생–야상트를 빠져나가고 있습니다. 이곳에는 택시 대신 옛날식 사륜마차가 긴 줄을 이루고 서 있습니다. 마차를 이렇게 많이 본 게 얼마 만인지 모르겠습니다.

우리가 지났던 어느 곳에서는 십여 채의 집이 산불로 인해 불에 타 있었습니다.

아직은 정말 더 이상 쓸 말이 없고, 또 아침을 먹으러 가야 해서 편지를 이만 줄여야 할 것 같습니다.

모두에게 안부 전해 주세요.

플로렌스

토론토 던다스 스트리트 674
1921년 8월 3일

알렉산더에게,

토요일 우리는 갈 준비를 끝내느라 바쁜 하루를 보냈어. 수많은 사람들에게 전화가 와 지체가 되기도 하였지만, 트럭 기사와 약속한 시간까지 모든 준비를 마쳤고, 아버지와 나는 수속을 위해 역으로 갔어. 모든 짐을 밴쿠버로 부쳤는데, 초과 수화물을 위해 53.30달러를 내야만 했다.

나는 또한 틈을 내서 클레멘스, 크라이트, 그리고 나이 많은 케네스 그랜트 박사에게 전화해 작별 인사를 나눴어. 클리포드는 나를 꼭 만나고 싶다고 말해 주었어. 그리고 제시와 나는 푸트 박사를 만나러 갔어. 푸트 박사에게 여러 정보와 함께 만약 고베에서 아무도 우리를 마중 나오지 않을 경우 어떻게 하면 되는지에 대한 지침을 적은 것도 받았단다. 그리고, 아 맞다, 그랜트 박사 댁에서 너의 충실한 로크포트 친구들인 로빈슨 가족을 만났어.

포스터는 제시가 캠프힐에 있는 요양원에서 해리슨 자매를 만날 수 있도록 토요일에 요양원에 데려다주었어. 그리고 그 후 그는 천식이 도졌지 뭐야.

일요일 저녁, 우리는 케이그로브에서 멋진 모임을 가졌어. 그랜트 박사와 푸트 박사 둘 다 참가했고, 크로디스 씨가 그들을 연단에 세웠어. 아버지 역시 연단에 섰어. 연설이 가능한 베테랑들이 참석한 그런 자리에서 나같이 젊은 사람이 선교사에 대해 연설하는 것이 조금 부적절하다고 느껴졌지만, 그럼에도 내가 기조연설자로 섰어. 그들은 내게 91달러를 주었고, 예배가 끝난 뒤 많은 사람들이 내게와 악수를 청하며 작별 인사를 나누었어. 나는 작별인사를 싫어하는데, 그들 중 몇 명은 꽤 힘들었지. 그 저녁 시간을 어떻게 벗어날수 있을지 몰랐지만, 모두에게 미소를 지으며 해냈다. 교회가 끝난뒤 몇몇 사람이 집까지 오는 바람에 우리는 조용한 저녁을 보낼 기회가 없었어. 매우 쾌활한 파티가 아니었더라면 나는 미안하지 않았을 것 같다고 생각했어. 걱정이야. 집에 왔던 사람 중에 해리슨 양이있었어. 그녀는 자신도 한국에 갈 지 모른다고 말했어. 선교사가 아니라 간호사로 말이야. 하지만 그녀는 평생 계약으로 가기는 싫다고말하더라고. 그녀가 생각하는 선교사란 야자나무 아래에서 얼굴을찌푸린 야만인들에게 설교하고 가르치고, 또한 커다란 성경을 언제나 옆구리에 끼고 다니는 사람들이 아닌가 싶어. 내가 그녀에게 조금 더 좋은 이미지를 심어 주려고 시도하였지만, 오래 이야기 나눌기회가 없었어. 만약 네가 그녀를 안다면, 격려의 말 한마디를 건네는 것도 나쁘지 않을 것 같아. 제시가 이번 주에 해리슨 양을 데리고푸트 박사님을 만나러 갈 예정인데, 푸트 박사님이 그녀에게 뭔가말을 해줄지도 모르겠다.

크로디스 가족, 클레멘스 부인, 케이트 이모님, 클리포드 그랜트, 그웬, 그리고 메리 프리만 등 정말 많은 사람이 나를 배웅해 주러기차역에 나왔어. 그리고 킬론 씨가 나를 차에 태워 역까지 가 줬고. 나는 아직 고향이라든지 7년간 과연 어떤 일이 일어날 것이라든지에 대해 깊이 생각할 용기가 나지 않아.

존 스튜어트 박사가 같은 기차에 있었는데, 매우 친절했어. 로스 양, 그리고 루이스에서 몬크톤으로 온 한 자매가 나와 함께 있었는데, 스튜어트 박사는 우리 모두를 식당 칸에 데려가 점심을 사줬고, 그 후 우리가 짐 나르는 것을 도와주고, 또 몬트리올에서 기차 타는 것도 돌봐 줬어.

핼리팩스를 떠난 뒤부터 우리는 매우 기분 좋은 추위를 경험했어. 첫날은 매우 이상적인 날씨였지만, 몬트리올에서 토론토까지는 먼지가 꽤 많았어. 디커니스 홈이[1] 문을 닫고 있어서, 우리는 YWCA 숙소 중 한 군데로 왔어. 모든 것이 깨끗하고 정갈하지만 호화스럽지는 않고, 식당도 카페테리아 스타일이어서 여자아이들이 모두 스스로를 위해 기다리고 있었지.

오늘 아침 우리는 교회 사무실을 방문하여 암스트롱 씨와 맥케이 박사를 만났어. 커리 양이 시내에 있다는데 아직 만나지 못했어. 우리는 그녀가 어디에 묵는지 모르고, 그녀도 아마 어디서 우리를 찾을 수 있는지 모를 거야.

---

1 '디커니스 홈'(Deaconess Home)에서의 '디커니스'란 '여성 집사'를 일컫는 말이지만, 19세기 유럽과 미국의 대도시를 중심으로 소위 '디커니스 운동'이 확산된 이후 '디커니스'는 단순히 여성 집사를 의미하는 단어로 한정되어 사용되지 않았다. '디커니스 운동'이란 복음전도와 사회선교에 헌신했던 개신교 여성 사역자들과 그러한 그들의 활동이 남성 중심적이던 교회의 직제와 제도 안에 자리 잡을 수 있도록 노력했던 개신교 여성들의 역사적 운동을 일컫는다. 이때 교단별로 여성 사역자를 훈련하는 '디커니스 홈'이 많은 지역에 세워졌다. 머레이 선교사가 토론토에서 머물려고 한 '디커니스 홈'도 단순한 여집사들의 회관이 아니라 여성 사역자를 위해 세워진 훈련 기관 및 그 숙소를 의미한다. '디커니스 운동'에 대해서는, 김진연, 「현대 디커니스운동과 초기 내한 남감리회 여선교사」, 『한국 기독교와 역사』 54, 2021.3, 67~113쪽을 참고할 수 있다.

데이비드 맥니스 부인은 내가 시간이 있을 때 꼭 에드가를 만날 것을 다짐 받았지만, 내가 2번이나 전화를 걸었음에도 아직 그와 통화하지 못했어.

오늘 오후에 우리는 토론토 종합 병원과 아동병원을 방문했어. 병원은 컸고 시설이나 대리석 바닥, 넓은 복도, 발코니에 이르기까지 상상할 수 있는 모든 것을 갖추고 있더라고. 그러나 핼리팩스에서 우리는 각 층마다의 수술실이 없었어도, 그리고 평범한 나무 바닥을 가지고 있었어도 그럭저럭 일을 잘 해내고 있었어. 어쨌든, 모든 것을 볼 수 있어서 정말 좋았어. 그리고 나는 달하우지 대학 1학년 때 같은 반이었던 고든 스미스를 만났어. 한번은 그 친구와 함께 흉부 해부를 해야 했었는데, 그가 한 것이라고는 큰 칼을 들고 폐 한쪽을 던지기 좋은 크기로 조각조각 잘라 교실 여기저기로 던지는 것뿐이었지. 내가 그때 얼마나 화가 났었는지 아직도 생생하다니까. 하지만 이번에 그를 만난 것이 꽤 기뻤고, 그는 자기가 새사람이 되어 지금은 일하는 걸 좋아하게 되었다고 장담했어.

우리는 내일 10시에 사니아로 출발해. 만약 쓸 거리가 있다면 배 위에서 다시 편지를 쓰게 될 거야. 하지만 지금은 이만 줄이고 편지를 부치러 가야 할 것 같아. 그렇지 않으면 문이 잠기기 전까지 돌아오지 못할 것 같거든.

너의 사랑하는 누나,
플로렌스

슈피리어 호수의 S.S. 휴로닉 호에서
1921년 8월 5일

애나와 찰리에게,

내가 밴쿠버에 도착하였을 때 너희에게 편지를 받아볼 수 있기를
고대한다. 이제, 지금까지 내가 한 여행에 대해 이야기해 줄게. 너
희 둘 다 내가 언급하는 모든 곳의 지도를 찾아보고 또 그곳에 대해
읽어나가면서 스스로 지리를 파악할 수 있게 되기를 바란다. 너희가
지리를 배우는 쉬운 방법을 찾게 될 것이고, 후에 너희가 직접 여행
을 가서 보게 될 장소에 대해 조금 알게 될 거야. 이제, 그렇게 할
거지? 안 그래? 나중에 너희가 지리찾기를 얼마나 즐겼는지 내게
말해줘. 너희가 성실히 해 준다면, 내가 나중에 몇몇 지역의 사진을
보내줄게. 내가 밑줄 친 지역에 대해 너희가 뭘 알고 있니? 몬트리
올에서 토론토까지 우리는 오직 도시에만 정차했어. 그리고 나서 콘
월, 프레스콧, 브록빌, 킹스턴, 나파니, 코버그, 포트호프, 오샤와
에 정차했어. 토론토에서 사니아까지 해밀턴 호수를 둘러서 달리는
G.T.R. 철도를 탔고, 브랜트퍼드, 우드스톡, 잉거솔, 런던, 그리고
사니아를 통과했어. 일부는 평평하고 일부는 야트막한 언덕으로 이
루어진 아주 아름다운 곳이었어. 우리 섬을 떠오르게 하는 다른 곳
도 있었지. 대부분이 비슷했는데, 고향의 농장보다 그곳의 곡식이
더 많이 자라고 열매가 더 많이 맺힌 것 같았어.

'휴로닉' 호는 카페리와 비슷해. 객실이 있다는 것만 빼고는 말이야. 아주 잘 빠진 배라고 할 수 있을 것 같아. 배에는 여러 명의 하녀와 여섯 명의 벨보이가 있고, 식당에는 약 12명의 유색인종 웨이터가 있어. 그들은 승객을 기쁘게 하기 위해 모든 것을 세심히 배려하고 할 수 있는 모든 일을 해. 배에는 관광객들이 엄청 많아. 식사는 아주 좋고, 종류도 다양해. 모든 음식이 훌륭하게 요리된 뒤 멋지게 제공된단다. 어제 오후에는 차가 나왔고, 저녁에는 케이크와 레모네이드가 나왔는데, 모든 것이 공짜였어. 티켓값 외에 따로 드는 돈은 없어. 또한 배에는 식사 때와 저녁에 연주하는 오케스트라가 있어. 어젯밤에는 노래부르기 시간이 있어서, 대부분의 승객들이 오케스트라 주변에 모여 옛날 노래들을 몇 곡 함께 불렀어. 그 뒤에 춤도 췄지. 호수 위에 있는 데도 날씨는 더운 편이야. 바람은 따뜻해. 우리의 대서양 바람처럼 시원하지도 않아. 공기에서 느껴지는 소금 맛이 그리워. 호수에는 파도도 전혀 없고, 물살도 별로 세지 않은 것 같아. 어젯밤 우리는 갑판에 외투도 두르지 않은 채 밤 10시 넘어서까지 앉아 있었어. 호수에서 송어와 백어 낚시를 하는데, 올해는 송어가 별로 없대. 어제 저녁 식사 때 송어가 나왔는데, 송어인 줄도 몰랐어.

우리는 사니아에서부터 북서쪽으로 항해해 왔어. 계속 육안으로 육지를 보면서 왔는데, 캐나다보다 미국 쪽 연안에 훨씬 가까이 붙어 갔어. 미국 연안 곳곳에는 여름 별장들이 있고 가끔은 멋진 농장들도 있었어. 물론 거긴 미시간 주였지. 반대편 캐나다 연안은 너무 멀리 떨어져 있어서 말해 줄 만한 게 하나도 없어. 가끔은 전혀 보이지 않기도 했고 말이야. 호수는 배로 가득 차 있어. 앞뒤로 높은 갑3

판을 갖춘 수십 척의 거대한 화물선이 있고, 그 사이를 길고 낮은 날렵한 배들이 지나가. 우리는 방금 디트로이트로 가는 커다란 미국 여객선을 만났어. 우리 배는 <u>디트로이트</u>, <u>사니아</u>, <u>수세인트마리</u>, <u>포트아더</u>, <u>포트윌리엄</u>, 그리고 <u>덜루스</u>에 정박해. 그 뒤 같은 루트로 되돌아 가.

오늘 아침 갑판에 나왔을 때 우리는 막 <u>세인트메리강</u>에 들어가고 있었어. 강의 폭은 약 400m에서 5~6km에 이르는 등 다양했어. 캐나다 쪽은 대부분 숲이었지만 미국 쪽은 경작지였어. 이곳의 경치는 정말 아름답다. 한두 군데의 수로는 좁고 구부러져 있어서 우리는 속도를 줄여야만 했어. 우리는 세인트메리강을 따라 수까지 약 4시간 정도 올라갔어. 수는 큰 제조공장이 꽤 많고 호수 기선을 위한 석탄창고가 있는 굉장한 마을이야. 우리는 수에서 석탄을 싣느라 약 1시간 반 정도 그곳에서 머물렀어. 수의 부두를 떠난 지 5분 정도 뒤에 수세인트마리 운하의 수문에 도착했어. 운하는 미국식과 캐나다식의 두 운하 시스템이 있어. 슈피리어 호수와 세인트메리강 사이에는 약 6m 정도의 수위 차이가 있어. 우리는 지나가면서 미국 쪽 수문을 볼 수 있었는데, 두 수문 사이에서 강물이 조금 빠르게 흐르고 있었어. 캐나다 운하는 길이 275m, 폭 18m, 깊이 6m이고, 건설하는 데 100만 달러가 들었대. 그건 오랫동안 세계에서 가장 큰 수문이었는데, 지금은 미국에 더 큰 수문이 있대.

내가 이 편지를 쓰기 시작하기 몇 분 전에 우리는 수문을 통과했어. RRB는 회전 장치에 설치된 거대한 철도 다리이고, 그 전체가 회전해. 2번 문이 열리면, 우리는 수문 쪽으로 항해해. 그 후 우리 뒤쪽의 문이 닫히고, 독 아래 수로에 있는 밸브가 열려. 몇 분 뒤, 독을

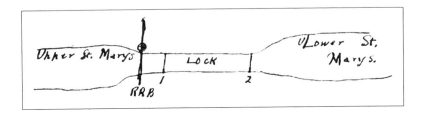

가득 채우고도 남을 물이 밑에서부터 차올라. 그리고 앞에 있는 문이 열리고 우리는 수위가 높았던 강 쪽으로 항해해 가는 거지. 수문을 통과한 직후, 우리는 산불을 통과했어. 강의 양쪽에 다 불이 났는데, 미시간 쪽 불이 더 컸어. 이제 우리는 화이트피시만에 있고, 조금 있으면 슈피리어 호수에 도착할 거야. 지금까지 물은 저수지처럼 매끄러웠고, 바람도 거의 불지 않았어. 지금은 강한 바람이 불고 거센 파도가 춤을 춰서, 배가 약간 흔들리기 시작했어.

이제 너희에게 지리학과 더불어 약간의 역사를 알려줄게. 1668년 페레 마르켓이 수세인트마리에 와서 신대륙에서는 처음으로 예수회 선교부를 설립했어. 이듬해 두 명의 성직자가 몬트리올에서부터 수로를 통해 왔는데, 세인트로렌스강과 오대호를 경유해 슈피리어 호수를 여행한 첫 번째 백인이었지.

우리는 수문에서 몇 장의 스냅 사진을 찍었어.

암스트롱 씨와 여성해외선교회의 로스 부인, 그리고 커리 양과 로즈 양의 몇몇 친구들이 토론토에서 우리를 배웅해주러 나왔어. 그리고 사니아에서도 커리 양의 친구들과 내가 작년 봄에 디커니스 홈에서 알게 된 소녀 한 명이 나왔어.

조금 뒤에 - 잘 시간이 거의 다 되었어. 너무 늦어져서 우리가 포트아더에서 기차를 탈 수 있을지 없을지 모르겠어. 석탄설비가 고장 나서 수에서 석탄을 채우는데 10분이 이니라 2시간이 걸렸거든. 슈피리어 호수에 들어온 이후로 점점 추워지고 있어. 그리고 몇몇 사람들을 불편하게 할 만큼 거칠어지고 있지만, 나는 괜찮아. 천둥번개도 쳤는데 비는 아직도 억수같이 쏟아지고 있어.

저녁 식사를 마친 뒤 수석 엔지니어가 커리 양과 나를 데리고 가서 기관실과 저장고를 보여주었어. 거기에는 12개의 보일러가 있었고 엔진은 2,500마력이야. 또한 호수 물을 식수로 정화하기 위한 모래와 자갈로 된 필터와 자외선 장치가 있어.

배에서 내 짐을 찾지 못했는데, 그건 아마 우리가 토론토에서 하루 지체되는 바람에 원래 타야 할 이 앞의 배를 타지 못했기 때문인 것 같아.

오늘 오후에 호수에 나갔을 때 연안이 보이지 않아서 나는 누워서 2시간 잤어. 로즈 양은 저녁 식사 후 우리가 기관실에 갔을 때 자고 있었어.

더 이상 편지에 쓸 만한 재미난 이야기가 없네. 그리고 이제 알렉스에게도 편지를 써야 할 것 같아.

앨리스에게 안부 전해주고, 모든 가족들에게 사랑한다고 전해 줘.

플로렌스

슈피리어 호수
1921년 8월 5일

알렉산더에게

우리는 토론토에서 사니아까지 즐거운 여행을 했어. 암스트롱 씨와 여성해외선교회(W.M.S.)[2] 소속 여성 한 분, 그리고 로스 양과 커리 양의 몇몇 친구들이 기차역까지 나와 우리를 배웅해 줬어.

우리는 아름다운 시골을 통과하였는데, 우리 섬의 몇몇 장소가 떠올랐다. 다만 고향에서보다 이곳의 들판에 더 많은 곡식이 자라고 더 많은 과일이 맺혀 있는 것 같아 보여.

사니아는 부두에서 20분 거리에 있는 예쁜 마을이야. 내가 탄 배는 훌륭한데, 프린스에드워드아일랜드를 오가는 카페리보다 조금 큰 듯해. 어제는 너무 따뜻해서 우리는 10시 넘어서까지 코트도 걸치지 않은 채 갑판에 나가 앉아 있었어. 그리고 물은 마치 저수지같이 잔잔했단다. 우리는 휴런 호수를 미국 쪽에 꽤 가까이 붙어 북서 방향으로 항해했어. 오늘 아침 세인트메리강에 들어섰다. 나무가

---

2 'W.M.S.'란 'Women's Missionary Society'의 준말로서, 당시 각 교단마다 조직되어 있던 '여성해외선교회'를 일컫는다. 여성선교사들 가운데 기혼 여성들은 선교사인 남편과 함께 교단의 '해외선교본부'에서 파송 받은 반면, 비혼 여성들은 주로 같은 교단의 '여성해외선교회'의 파송을 받았다. 그들 중에는 교육계와 의료업계의 전문직 여성들이 다수 포진되어 있었는데, 19세기 말~20세기 초 해외 선교지는 서구의 고학력 전문직 여성들이 자신의 능력을 펼칠 수 있는 하나의 터전이었다.

우거진 강기슭과 섬들, 그리고 그 사이를 흐르는 푸르고 맑은 강물로 강변의 풍경이 꽤 아름다웠어. 우리는 수[3]에 잠시 멈췄고, 수를 떠나고 10분 뒤 너무 유명하여 내가 너에게 따로 묘사할 필요도 없는 그 풍경 속으로 들어갔어.

오늘 오후 우리는 슈피리어 호수에 진입하였는데, 어제보다 날씨가 춥고 거칠어졌어. 상당히 거센 바람이 불더니, 그 후 산불에나 쏟아졌으면 좋았을 것만 같은 엄청난 양의 비가 천둥번개와 함께 쏟아졌어. 오후에는 주로 미시간 연안이 보였어.

꽤 많은 승객들이 힘들어했고 나도 그중 한 명이었지만, 예전에 그랬던 것만큼 뱃멀미를 심하게 하지는 않았어. 더 많은 사람들은 살롱에서 춤을 췄어. 배에는 식사 때와 저녁때마다 연주하는 좋은 오케스트라가 있어. 배에 탑승한 모든 사람이 정중하고 배려심이 있으며, 식당 서비스 또한 훌륭해. 대략 12명의 유색인종 웨이터가 있는데, 그들은 자신이 해야 할 일을 아주 잘 알고 있었어. 많은 관광객이 배에 타 있었고 말이야.

오늘 저녁에 수석 엔지니어가 우리를 데리고 내려가 기관실과 저장고를 보여주었어. 내가 보았던 이 정도 크기의 여객선 기관실 중에 가장 더러웠다.

지체되어 우리가 포트아더에서 기차를 타지 못할 것 같지만, 그래도 최선을 다해 보아야 할 것 같아.

더 이상 쓸 내용이 없네.

---

3 '수'(Soo)는 '수세인트마리(Sault Ste. Marie)'의 별명으로, 세인트메리강에 있는 도시를 일컫는다.

사랑을 담아,

플로렌스

서스캐처원 어딘가를 달리는 기차 안에서
1921년 8월 7일

남동생에게,

　지금은 일요일 10시야. 집에서 너희는 교회 갈 준비를 하고 있겠지. 나는 교회에 갈 수 없어서 다른 일보다는 너희에게 편지를 쓰는 게 낫겠다고 생각했어. 내가 타자기를 갖게 되어 좀 더 알아보기 쉬운 편지를 쓸 수 있게 되기를 바라지만, 그때까지 나는 너희가 이 편지를 읽어낼 수 있기를 바랄 뿐이야.

　우리의 호수 여행은 매우 좋았어. 하지만 수에서 석탄을 싣는 데 너무 오래 시간이 지체돼서 포트아더에서 우리가 환승해야 할 캐나다내셔널 철도(C.N.R.)를 놓쳐버리고 말았어. 하지만 우리는 캐나다퍼시픽 철도(C.P.R.)의 표로 바꾸고 그 노선을 타고 위니펙까지 올 수 있었어. 위니펙 이상으로는 캐나다퍼시픽 철도를 타선 안 되기 때문에, 거기에서 일요일이 지날 때까지 아니면 적어도 몇 시간 정도는 발이 묶여 있어야 할 것으로 생각했지. 그러나 우리가 원래 타야할 기차가 한 시간 동안이나 우리를 기다려 주었고, 캐나다퍼시픽 철도의 직원 몇 명이 역에서 우리를 커다란 모터버스에 태워 도시를 가로질러 캐나다내셔널 철도역까지 데려다줘서, 거기서 우리는 감사하게도 우리 기차에 뛰어 올라탈 수 있었어.

　이 편지에서는 애나와 찰리를 위한 지리학 수업을 계속 해 나갈게.

포트아더와 포트윌리엄은 약 5km 정도 떨어져 있는데, 그 두 도시는 다 합쳐도 인구가 5천 명 정도에 지나지 않지만 스스로를 캐나다의 쌍둥이 도시라고 불러. 거기에는 30개 정도의 거대한 곡물 창고가 있어서 한 시즌에 500,000,000부셸[4] 정도를 수용할 수 있어. 우리 동부인들의 눈에 그 마을은 그러한 창고로 인해 매우 독특한 모습으로 비춰져. 포트윌리엄에서 우리는 시계를 다시 한 시간 뒤로 돌렸어.

슈피리어 호수에서 우리는 약 435km를 항해했어. 이른 아침 갑판 위에 올라갔는데, 선더베이에 가까워지자 풍경이 장관이었다. 선더베이의 입구는 잠자는 거인이 지키고 있었어. 그건 높이 275m나 되는 바위투성이 섬이었는데, 정말 사람을 닮아 있었어. 다음과 같은 모습이었어.

원주민들 사이에는 거기에 얽힌 전설이 하나 내려오는데, 그 잠자는 거인은 매-나-보-쇼 즉 오지브웨이의 친구인데, 위대한 영혼의 기분을 상하게 만들어서 포트아더의 입구에서 죽은 듯 잠들어 있어야 하는 저주에 걸렸대. 백인들의 배가 북쪽 호수로 더 이상 오지

---

4 '부셸'(bushel)은 곡물의 양을 세는 단위로, 1부셸은 약 36리터이다.

않을 때까지 말이야.

두 철로 사이를 지나갔어. 그 사이에는 멋진 건물들이 좀 있었지. 하지만 아, 그 물, 마시는 물 - 아니면 여기서 여러 목적을 위해 사용되는 불쾌한 액체를 뒤섞은 그것! 누가 그런 맛을 참아낼 수 있을지, 나는 잘 모르겠다. 유황 맛이 난다고 생각할 수밖에 없는데, 유황 말고도 내가 아직 파악하지 못한 몇 가지 다른 불쾌한 맛도 나. 그리고 딱딱해 - 마치 도끼의 칼날 같아. 차라리 한 줌의 자갈로 씻는 게 나을 것 같아. 나는 이스라엘 사람들이 왜 모세를 돌로 치려 했는지 이제 알 것 같아. 나는 그들을 조금도 탓할 수 없어. 그들은 한 줌의 물을 위해서라면 그런 일을 했을 거야.

오늘 아침 대초원 위로 해가 떠오르는 것을 봤어. 우리는 지평선에서 약간 아래쪽에 있었는데, 그래서 태양이 마치 땅에서 나와 하늘로 뛰어오르는 것 같이 보였어. 곧 우리는 쟁기질을 마친 들판을 지나갔는데, 나는 처음에 들불이 그곳을 지나간 것으로 생각했어. 옅은 빛에서 그곳이 매우 검게 보였거든. 모든 땅이 매우 어두운 것 같아. 나는 아직까지 제대로 된 길을 하나도 보지 못했어. 대부분의 길이 좋게 말해도 산길 같아.

포트아더는 세계에서 가장 큰 곡물창고를 가지고 있어. 대략 950,000부셸을 수용할 수 있어. 또한 캐나다 오대호에서 가장 좋은 뱃도랑을 가지고 있어. 시간당 1,000톤의 물을 방류할 수 있고, 적재 속도도 굉장히 빨라.

사니아에서부터 포트아더까지 수로로 990km이고, 거기서부터 위니펙까지가 다시 700km야.

포트아더에서 위니펙까지 우리는 약 500km에 이르는 척박한 온

타리오의 황무지를 지나왔어. 볼품없는 나무와 바위, 메마른 땅. 50km마다 정거장이 있는데 그 사이에 집이라곤 한 채도 없어. 케노라에 도착할 때까지 우리가 본 가장 큰 정착촌은 집 6채짜리였어. 그 뒤 우리는 호수지역을 지나갔는데, 너무 아름다웠고 노바스코샤의 우리 호수를 생각나게 했어. 우리는 숲으로 둘러싸인 호수의 북쪽 끝 연안을 둘러서 갔어. 우리가 매니토바에 도착했을 땐 너무 어두워서 많은 것을 볼 수 없었어.

위니펙에서 우리가 도시를 가로지르며 캐나다내셔널 역까지 돌진할 때 내가 두 눈을 크게 뜨고 있었던 걸 너희는 아마 알 수 있을 거야. 우리에게 그 길은 터무니없이 너무 넓게 보였어. 물론 그들은 그 길을 건설하기 위해 매니토바의 모든 것을 쏟아부었겠지만, 자동차 두 대가 지나갈 만큼 넓은 공간을 가졌다는 것이 내게는 아무런 장점도 되지 않았어. 그들은 괜찮은 도로에서 진흙탕 사과를 한 셈이야. 대초원은 내가 상상해왔던 것 같은 최악의 수준은 아니었어. 많은 부분이 프린스에드워드아일랜드의 서쪽 지역을 닮은 것 같기도 해. 만약 네가 상록수 없이 오직 작은 관목 나무만이 집을 위한 판잣집 몇 채와 곳간을 위한 헛간 몇 채, 그리고 평평한 [illegible] 지역에 세워진 네다섯 채의 집과 함께 있는 것을 상상할 수 있다면 말이야. 허드슨 베이 컴퍼니 상점을 둘러싸고 있는데, 그걸 마을이라고 불러.

내가 생각했던 것보다 더 많은 귀리가 자라고 있는데, 아직 하나도 익지 않았어. 곡식 중 일부가 추수되어서 창고에 들어갔지만, 많지는 않아. 귀리가 키가 좀 작긴 해도 좋아 보여. 비록 내가 그 분야의 전문가라고 말할 수는 없지만 말이야.

배 위에서 꽤 괜찮은 사람들을 만났어. 그들도 함께 위니펙으로 왔다. 내가 시간을 보내는 데 조금 도움이 되기도 했어. 그들 중에는 어린 아기를 데리고 있는 사람이 있었는데, 그녀가 식당 칸에서 뭔가를 먹을 때 내가 아기를 돌봐줬어.

우리가 포트아더에서 출발했을 때, 수확하러 가는 여섯 대의 자동차도 함께 싣고 갔어. 차는 캐나다퍼시픽 철도 경찰들이 지키고 있었지. 하지만 그들과 그렇게 오래 같이 가지는 않았고, 케노라 반대편의 메마른 사막 어딘가에서 내려줬어.

어제는 하루 종일 비가 내렸는데, 우리가 여행을 시작한 뒤 처음으로 비 오는 날이었던 것 같아. 하지만 포트아더에서도 위니펙에서도 우리는 괜찮길래 더 이상은 신경 쓰지 않았어.

포트아더에서 빵 한 덩어리와 버터를 좀 샀어. 좋은 물만 있으면 우리가 가지고 있는 맥아유로 좋은 음료도 만들 수 있겠지만, 지금 가지고 있는 액체로는 시도해 보고 싶지 않아.

더 이상 쓸 내용이 없어서 이만 마칠게.

모두에게 사랑을 담아,
플로렌스

밴쿠버 웨스트 13번가 2036
1921년 8월 9일

에디에게,

　지난번에 슈피리어 호수에서 편지를 썼던 것 같아. 거기에서부터 이야기를 다시 시작할게. 우리는 포트아더에 2시간이나 늦게 도착했고, 그래서 우리가 타야할 환승열차를 놓쳤어. 그래서 캐나다퍼시픽 철도를 타고 가장 황량한 지역을 지나 위니펙으로 와야 했지. 위니펙에서 그들은 우리를 위해 기차를 한 시간이나 잡아 놓고, 우리를 데리고 서둘러 도시를 가로질러 캐나다내셔널 철도역까지 가줬어.

　대초원은 따분한 곳이었어. 난 절대 거기서 살고 싶지 않아. 매니토바는 저녁때 도착해서 많이 보지 못했고, 아침에 깨어났을 때 우리는 서스캐처원에 있었어. 앨버타의 대초원도 거의 비슷했어. 월요일 아침 눈을 떴을 때, 우리는 로키산맥 가운데 있었는데 정말 웅장했어. 그 어떤 말로도 로키산맥을 온전히 표현할 수 있을 것 같지 않아. 구름 위로 우뚝 솟은 장엄한 봉우리를 보는 것은 정말이지 대단한 광경이야. 봉우리 중 일부는 거의 꼭대기까지 나무와 관목들로 뒤덮여 있어. 또 어떤 봉우리는 맨 바위였고, 바위 구성의 모든 층층이 뚜렷하게 보였어. 다양한 모습의 봉우리들이 사방에 솟아올라 있는 것을 보면 웅장해. 어떤 봉우리는 바로 앞에 있고, 어떤 것은 저

멀리 떨어져 있었지. 우리는 자정에 에드먼턴을 통과했어. 커리 양은 그때 깨어있어서 그곳을 조금 보았고, 로즈 양과 나는 깊이 잠들어 있었어. 아, 맞다. 우리는 새스커툰에도 정차했어. 그들은 그곳을 도시라고 부르지만, 마을이라고 부르기도 힘든 스텔라톤 정도 되는 아주 작은 지역에 불과해. 그곳은 서스캐처원강 유역에 있는데, 강은 훌륭한 물줄기를 가졌지만 더럽고 진흙투성이야. 대부분의 집이 작고 빽빽이 모여 있어. 서스캐처원 어디든 집을 세울 수 있는데, 왜 그렇게 붐비게 집을 모아놨는지 모르겠어. "도시" 한 가운데에는 몇몇 잘 포장된 도로와 훌륭한 건물도 있지만, 대부분은 대초원 위에 세워진 시골 마을과 비슷했어.

새스커툰에서 캠루프스까지 가는 동안 우리는 6채 이상 집이 있는 곳을 보지 못했어. 물론, 에드먼턴을 포함해 밤중에 몇몇 곳을 통과하긴 했지. 어제 4채 정도의 판잣집이 있는 곳을 지나갈 때 기차에 탄 서부인들이, "아니, 여기에 제법 작은 마을이 있네"라고 외치는 것을 들었는데, 재미있었어.

우리는 약 30시간 징도 산맥에 있었어. 앨비타주의 마지막 정거장 가운데 하나인 재스퍼 공원에서 약 30분 정도 정차하였는데, 그 사이 에디스카벨산이랑 태평양 연안에서 가져온 것으로 가장 오래되고도 유명한 원주민 토템 기둥, 그리고 그곳을 둘러싸고 있는 봉우리들과 스냅사진을 좀 찍었어. 사진이 잘 나오면 언젠가 몇 장 보내줄게. 기차를 타고 가면서 본 가장 장엄한 봉우리 중 일부는 기차가 멈추지 않아서 사진을 찍을 수 없었어. 처음에는 날씨가 몹시 어둡고 흐려서 멀리 있는 봉우리가 전혀 보이지 않아 대단히 실망했었다. 사실 우리가 동쪽 비탈에 있는 동안 비가 꽤 많이 내렸는데, 더 올라가자마자 맑아졌고, 우리는 거리에 따라서 파란빛과 보랏빛으로 보이는 봉우리들을 볼 수 있었어. 어떤 말로도 전체적인 경관을 묘사할 수 없어. 아무리 잘 찍힌 사진이라도 산맥에 대한 불충분한 모습을 전해줄 수 있을 뿐이야. 어떤 사진도 단 한 방향에 있는 봉우리 몇 개를 담을 수밖에 없기 때문이지. 전체 풍경은 봉우리 뒤에 봉우리가 있고 그 너머에 또 다른 봉우리들이 펼쳐지면서 거대하고도 방대해. 정말이지 웅장하고 장엄하고 숭고하기까지 하단다. 일단 동부를 지나면, 단번에 다른 쪽으로 들어가게 돼. 사실, 앨버타에서부터 해안에 이를 때까지 산맥을 벗어난 적이 결코 없어. 우리는 애서배스카강을 따라 거의 꼭대기의 분수령에까지 올라갔어. 그러고 나서 프레이저강의 상류를 따라 강 반대편의 캠루프스까지 내려왔어. 거기서부터 호프까지 약 160km를 톰슨강을 따라왔고, 호프에서 다시 프레이저강을 만났지. 이게 바로 우리가 지난밤에 지나온 여정이야. 캠루프스에서 호프까지 터널이 36개 있는데, 나는 겨우 몇 개 통과할 동안만 깨 있을 수 있었어. 하지만 800m에 이르는 캐나다내셔널 철도에서 가장 긴 터널을 통과할 때는 깨어 있었어. 그 터널 전에도 수백 미터나 되는 터널을 지나왔어. 프레이저강은 내가 본 것 중에 가장 이상한 색깔이야. 강을 따라 있는 모래, 바위, 진흙은 회색빛이고, 물 색깔은 목욕하는 날 엄마가 욕조를 비울 때 나오던 바로 그 더러운 물 색깔이야.

로키산맥 전체에는 2채에서 4~5채씩 모여 있는 작은 판잣집들이 15~30km씩 떨어져서 그룹을 짓고 있어. 나는 그게 사람이 사는 곳이라고 생각해. 대부분의 지역에는 건물을 지을 수 있을 만큼 충분히 평평한 곳이 거의 없어. 거의 모든 집이 통나무집이야. 160km

넘게 이동하는 동안 작더라도 골조를 세워 지은 집은 단 하나도 보지 못한 것 같아. 강의 계곡이 몇 미터라도 되는 폭으로 넓어지는 곳에서부터 어떤 우스꽝스러운 모습이 시작돼. 모두 '건지 농장'이라고 네가 알고 있는 것인데, 이쪽 경사면은 비가 거의 내리지 않고, 산봉우리를 제외하고는 눈도 거의 내리지 않아. 캠루프스는 철도의 중심지야. 높은 봉우리로 둘러싸인 작은 계곡이기도 한데, 어제 그늘에서도 기온이 37℃를 웃돌았어. 오늘 아침에는 호프에서 깼어. 밴쿠버에서 30km 떨어진 곳에서도 우리는 여전히 산맥 가운데 있었고, 지금도 역시 사방에서 산맥을 볼 수 있어. 오늘 여기는 너무 연기가 자욱해서 도시 밖은 전혀 볼 수 없는데, 이 도시 전체가 봉우리로 둘러싸여 있다고 사람들이 말해 줬어.

우리는 오늘 아침 8시 20분에 밴쿠버에 도착했어. 네티 로즈의 친구들이 그녀를 마중 나왔고, R. G. 맥베스 목사님도 우리를 보러 역에 나와 주셨어. 목사님은 커리 양과 나를 필러 부인(여성해외선교회의 지역 대표)네 댁에 데려다주셨어. 집이 아주 좋아. 오늘 아침 우리는 급한 일을 해치우고 편지를 좀 썼어. 그리고 오후에는 여성해외선교회 모임에 참석하고 밤에는 자동차를 타고 시내 관광을 했어. 오늘 오후에 있었던 모임에서 나는 정말 많은 노바스코샤 사람들을 만났어. 정말이지 오랜 친구들을 만난 것 같은, 아니면 노바스코샤에 있는 것 같은 느낌이었지. 그들은 모두 상냥하고 친절했어. 내일 맥베스 씨는 우리의 짐과 여권 처리하는 일을 도와주실 거야. 그리고 한국에 갈 생각으로 이곳의 병원에서 훈련 받고 있는 노바스코샤 출신 자매와 만나 차를 마시기로 했어. 그다음에는 어느 교회에서 우리들 및 인도로 가는 선교사들의 송별 모임이 있을 거야. 인도 선교사들은 아직 만나지 못했어. 이렇게 우리는 밴쿠버에서 시간을 보낼 방법을 찾아 나가고 있어.

내가 산맥을 통과한 여행에 대해 너무 많은 페이지를 쓴 것 같아. 하지만 그것을 느끼기 위해서는 직접 봐야 해. 아버지와 어머니도 같이 봤으면 좋았을 것 같다고 생각했어. "산들이 예루살렘을 감싸고 있듯이"라는 구절을 진짜 같이 느끼게 해 줬어. 그리고 나는 시편이 여러 차례 떠올랐어.

내가 눈을 들어 산을 본다.
내 도움이 어디에서 오는가?

네가 일을 해서 겨울에 쓸 돈을 모을 수 있기를 바란다. 애나는 음악을 어떻게 하고 있니? 찰리의 시험 소식은 아직 못 들었니? 너희 소식을 너무 듣고 싶지만, 인내심을 가져야겠지. 나는 내일 편지를 받아 보길 희망하지만, 내가 핼리팩스를 떠난 그다음 날에 내게 쓴 편지 이후로 뭔가 새로운 소식이 많이 생겼을 것 같진 않다. 수표가 들어온 건 없니?

나는 아직 뷸라 엘더킨의 연락을 받지 못했어. 오늘 정도에 그녀가 전화할 것 같아. 아니면 아마 내일. 우리는 목요일 몇 시에 출항하는지 몰라.

요전날 나는 어느 여자애들과 재미있는 일이 있었어. 그 애들은 기차에서 우리와 마주 보고 앉아 있었는데, 네티가 내게 신문을 주면서 "여기, 재미있는 사진을 보고 마음껏 즐기세요."라고 말했어. 그때 내가 말했지. "그건 쉬워. 그들 중 두 명이 바로 내 앞에 있으니까."

이제 이만 줄이고 알렉스에게 편지를 써야 할 것 같아.

모두에게 사랑을 전하며,
플로렌스

추신
수영복을 입고 그 위에 코트나 스웨터를 걸치고 도시를 돌아다니는 젊은이들을 보는 것이 정말 재미있다. 그들의 다리는 메뚜기처럼 생겼어. 그리고 노면 전차에서 수건으로 감싼 수영복 짐을 운반하는 것이 하나의 큰 일이란다.

밴쿠버 웨스트 17번가 2037
1921년 8월 10일

알렉산더에게,

어제 아침 우리가 여기에 도착했을 때부터 네게 편지 쓸 짬을 내려고 노력했지만, 시간이 너무 없어서 어제는 집에 보내는 편지 한 통만 겨우 썼어. 내가 마지막으로 네게 보낸 편지는 슈피리어 호수에서 쓴 것 같아. 그래서 거기서부터 다시 이야기를 시작해야 할 것 같구나.

수에서부터 포트아더까지 435km였고, 항해 중 대부분은 육지가 보이지 않았어. 그러나 마지막 부분은 정말 아름다운 경치를 자랑했다. 가는 곳마다 곶과 절벽이 물에서 가파르게 솟아 있었어. 숲이 우거진 섬들이 많았고, 호수 연안은 가파르고 바위가 많았다. 섬 가운데 하나는 반듯이 누운 남자의 옆얼굴 윤곽을 그대로 닮아 있었어. 원주민들은 그 섬을 '잠자는 거인'이라고 부르는데, 거기에는 전설이 하나 얽혀 있대. 전설에 따르면 그 거인은 원주민들의 친구인데 위대한 영혼의 저주를 받아 포트아더 항구의 입구에 잠든 채 누워있다고 해. 그래서 친구들이 고통당하는 것을 보고도 도울 수 없는데, 백인들의 기이한 배가 북쪽 호수를 더 이상 항해하지 않을 때까지 그럴 것이라는 전설이야. 백인들은 그 섬 쪽에서 발생하는 크고 갑작스러운 폭풍 때문에 그 거인을 '천둥 곶'이라고 부르는데, 백인들이 북쪽을 다스리는 동안은 어떤 천둥도 거인을 깨울 수 없었다고 해. 꽤 아름다운 전설 아니니?

포트아더와 포트윌리엄은 스스로를 캐나다의 '쌍둥이 도시'로 부르는데, 두 도시를 합쳐도 인구는 약 5천 명에 불과해. 대형 곡물 창고 말고는 별로 볼 것이 없어. 캐나다에서 가장 큰 창고를 포함하여 30개 정도의 창고가 있어. 창고는 한 시즌에 수백만 부셸의 곡식을 수용할 수 있대.

수에서 석탄 적재 장치가 고장 나 포트아더에 2시간이나 늦게 도착했고, 그 바람에 환승으로 연결되는 캐나다내셔널 철도(C.N.R.)의 기차를 놓쳐 버려 캐나다퍼시픽 철도(C.P.R.)의 위니펙 행 표로 바꿨어. 위니펙에서 그들은 원래 우리가 타야할 기차를 한 시간 동안 붙잡아 놓고, 우리를 C.P.R. 역에서 픽업해 모터 버스에 태우고 도시를 가로질러 C.N.R. 역에서 기다리고 있는 기차로 달려갔어. 포트아더에서부터 위니펙까지는 대부분 황무지였고, 대부분의 지역이 매우 황량했어. 호수 지역도 일부 있었는데, 그곳은 노바스코샤의 호수들과 매우 닮았고, 경치가 좋았어. 우리가 매니토바주에 도착했을 때는 너무 어두워져서 위니펙을 통과할 때 말고 다른 지역은 많이 보지 못했어. 그 도시의 길이 넓다고 항상 들어왔는데, 확실히 길이 넓더라. 물론, 그들은 주도를 건설하기 위해 매니토바주의 모든 것을 다 가져다 썼을 거야. 그러나 나의 입장에서 보면, 두 철로 사이에 넓은 도로가 들어설 충분한 공간이 있는 이점을 별로 누리지 못했어. 낮에 우리는 서스캐처원주를 지났고, 대초원 위로 해가 떠오르는 것을 보았어. 얼마나 따분하고도 단조로운 땅인지! 일부 지역은 완만한 경사를 이루고 있기도 하였는데, 그곳에 숲을 위한 관목 나무 몇 그루와 집을 위한 판잣집 몇 채, 곳간을 위한 헛간 몇 채가 있다면 우리 섬과 닮았을 것이라고 생각했어. 아니야, 괜찮아. 나는 대초원에서는 살고 싶지 않아.

다음 날 아침, 우리는 로키산맥에 들어섰어. 그 어떤 단어로도 로키산맥을 묘사할 수 없으며, 또 어떤 그림도 그 광대함과 규모 및 위엄에 딱 들어맞는 아이디어를 제공해 줄 수 없을 거야. 구름 위로 우뚝 솟은 봉우리는 대개 만년설로 덮여있고, 봉우리 뒤에 봉우리가 이어져 몇 시간을 가도 끊이지 않아. 그 장엄하면서도 위풍당당한 모습이 영원히 끝나지 않을 것만 같아 보였어. 봉우리를 보기 위해 이틀 연속 5시에 일어났다고 하면, 내가 로키산맥에 얼마나 깊은 인상을 받았는지 알 거야. 우리가 로키산맥의 산기슭에 들어섰을 때부터, 역시 높은 봉우리로 둘러싸인 밴쿠버에 도착할 때까지 결코 산을 벗어난 적이 없어.

우리는 오후에 새스커툰에 정차했어. 그곳에는 몇몇 훌륭한 건물과 멋진 거리도 있었지만, 대부분의 지역은 대초원 위에 토대 없이 그저 세워져 있는 작은 목조건물 집들이 빽빽이 모여 있는 모습이었어. 서부에서는 그런 것을 도시라고 부르는데, 아마 앨버튼 정도의 크기이거나 그보다 조금 더 큰 정도인 것 같아.

한밤중에 에드먼턴을 지나갔는데, 그때 나는 깊이 잠들어 있어서 그곳에 정차하였는지도 몰랐다.

새벽 5시부터 밤 9시 캠루프스에 도착할 때까지 우리가 본 가장 큰 정착지는 집 여섯 채로 이루어진 곳이었어. 실제로 우리가 본 주거지는 모두 고전적인 통나무 형태였단다. 우리가 네 채의 작은 통나무집과 한두 채의 같은 형태의 헛간으로 이루어진 곳을 지나가고 있을 때 서부인들이, "오! 여기 꽤 작은 마을이 하나 있네."라고 외치는 것을 듣고 웃지 않을 수 없었다. 고립감이 굉장히 심해. 로키산맥은 바라보기에는 웅장하지만, 살기에는 극도로 나쁜 지역인 것 같아. 우리는 애서배스카강 유역을 따라 가장 높은 곳까지 올라갔어. 그리고 곧이어 프레이저강의 경수로를 따라 캠루프스까지 왔고, 거기에서부터 호프까지 톰슨강으로 160km였어. 그 뒤 다시 프레이저강을 따라갔지. 그곳의 물은 독특하게도 탁한 회색이었어. 캠루프스는 철도 중심지로서, 산으로 둘러싸여 있는 작은 협곡에 놓여 있어. 우리가 그곳에 있을 때 그늘에서도 37℃가 넘었다. 사람들이 목욕하러 가는 멋진 강가도 있었어. 프레이저 계곡이 낮은 뜰과 같은 넓이가 되면, 거기서부터 농장이 시작돼. 그걸 농장이라고 부를 수 있다면 말이지. 약간의 논쟁이 있을 수도 있겠어. 이곳 경사지에는 거의 비가 오지 않아 건지 농법을 사용하지만, 농작물은 다른 지역의 농작물만큼이나 좋아 보였어. 캐나다내셔널 철도는 물론 다른 노선들보다 훨씬 더 북쪽으로 다니며 새로운 주를 통과해. 브리티시컬럼비아주는 훌륭한 농장과 살기 좋은 곳이 많다고 믿지만, 칠리웍과 밴쿠버 빼고 나는 아직 그런 곳을 보지 못했어. 밴쿠버는 인구 12만 명을 가진 캐나다에서 네 번째로 큰 도시로 일컬어지는 훌륭한 곳이야. 산봉우리가 모든 방향에서 잘 보이고, 항구는 거의 육지로 둘러싸인 채 매우 좁은 출구를 가지고 있지만, 물이 육지로 수 킬로미터나 흘러 들어가. 항구 건너편에는 다트머스 같은 큰 마을이 있고.

R. G. 맥베스 목사님이 역으로 마중 나왔고, 우리를 여기 필러 부인네 집으로 데려다줬어. 그녀는 여성해외선교회의 지역 대표로서, 선교사들을 배웅하는 데에 익숙한 사람이야. 그녀는 우리가 도

착한 날 선교사 모임에 데리고 갔고, 친구들로 하여금 저녁에 우리를 태워 공원과 도시를 둘러볼 수 있도록 해 주었어. 그리고 어제 우리가 캐나다퍼시픽 철도에서 옮겨온 우리의 짐을 확인하러 갈 때 그녀가 동행해 안내해 주었지. 짐 확인을 마친 뒤 일본 영사관으로 가서 여권의 비자업무를 보았어. 그러자 오전이 모두 지나갔지 뭐야. 오후에 나는 뷸라 엘더킨을 만나러 갔어. 그녀는 건강해 보였고, 휴가를 즐기고 있었어. 그 후 필러 부인은 해외 선교를 생각하고 있는 간호사 한 명을 우리에게 소개해 함께 차를 마셨어. 그 뒤 키칠라노 장로교회에서 열린 송별회에 갔어. 그곳에서 우리 중 몇몇이 연단에 섰는데, 한국에 가는 우리 셋, 인도에 가는 영 부부와 윌슨 의사, 그리고 막 중국에서 돌아온 스미스 씨 등이었어. 스미스 씨는 여기서 일하는 중국인들과 함께 일하기 위해 중국어를 배우러 갔던 것이었지만 연단에 섰어. 해외로 가는 선교사들과 스미스 씨 모두 연설을 요청받았어. 나는 그들의 훌륭한 도시를 칭찬하는 것으로 이야기를 시작했지. 그리고 이 도시가 훌륭한 이유를 적어도 하나는 발견한 것 같다고 말했어. 내가 밴쿠버에서 만난 사람 중 적어도 1/3은 노바스코샤 사람이었다는 것이었다. 이 이야기는 노바스코샤 사람들에게 큰 인기를 얻었고, 그들 중 다수가 나중에 내게 와 자기들도 노바스코샤 사람이라고 말해 주었어. 쇼 교수님도 거기 계셨는데, 노바스코샤 사람들 무리에 밀려 나와 몇 마디 나눌 시간을 얻기 위해 고생하셔야 했어. 그러나 그는 오늘 오후 나를 배웅하기 위해 배 있는 곳까지 와 주실 거야. 매우 좋은 만남이었고, 우리는 우리의 급한 여정 가운데에서도 따뜻한 환영과 진심 어린 마음을 받았어.

참, 어제 나는 캐나다퍼시픽 철도 사무소에서 몇 통의 다른 편지와 함께 네 편지를 받았어. 편지를 받아서 매우 좋았다. 전에 내 주소를 알려줬던 것 같아.

　　받는 사람: 일본국 조선 원산의 J. G. 매콜 씨

　내가 도착했을 때 혹은 도착한 뒤 곧 편지를 받아볼 수 있기를 바란다.

　지난번 편지에서 내가 조금 우울해 보였을지도 모르겠지만, 내가 우울하다고 생각하지 않았으면 좋겠다. 나는 여행을 즐기고 있고, 그렇게 느낄 수 있는 시간이 비록 아직 많긴 하지만 외롭다고 느끼지 않아. 2~3년 안에 네가 나올 거라고 생각하니 기뻐. 장학금을 받을 수 있기를 바랄게. 올해 우리의 임기가 짧아져서 지금부터 6년이면 집에 갈 수 있어.

　사랑을 담아,
　플로렌스

캐나다퍼시픽오션서비스 유한회사
R.M.S. Empress of Japan 호
1921년 8월 12일

아버지께,

아마 아버지께서는 제가 광활한 태평양에서 극심한 뱃멀미를 만 끽하고 있을 것이라 생각하시겠지만, 지금 저희는 밴쿠버항에서 즐 거운 시간을 보내고 있습니다. 배는 오타와에서 오는 어떤 중요한 우편물을 기다리느라 출항이 미뤄졌고, 그래서 어제 출발 못하고 내 일 아침까지 여기에 있을 예정입니다. 지난 편지가 끝났던 부분부터 이야기를 시작해 차례로 들려 드릴게요. 저는 몇 장의 카드를 봉투 에 넣어 아버지께 보내드렸는데, 이 편지 전에 받아보실 것으로 생 각됩니다. 필러 부인 댁에 도착하자마자 썼던 것 같아요.

필러 부인이 저희를 선교사 모임에 데려갔던 그날 오후, 우리는 예전에 머스쿼도보이트 출신의 베이커 양이었던 브루스 부인을 포 함해 여러 노바스코샤 사람들을 만났어요. 브루스 부인은 만약 우리 에게 시간 여유가 있다면 반드시 그녀와 함께 보내야 한다고 주장했 습니다. 저녁에는 역시 노바스코샤 사람인 램지 씨 부부가 저희를 그들 차에 태워 공원과 도시를 둘러보게 해 주었어요. 공원에 대해 제가 말로 설명하는 것보다 보내드린 카드가 훨씬 좋은 인상을 제공 해 드릴 거예요.

그다음 날 아침, 필러 부인은 저희와 함께 캐나다내셔널 철도역에 가 주었어요. 우리의 모든 짐이 거기 있었고, 우리는 그것을 캐나다퍼시픽 부두로 보냈어요. 그 후 우리는 수표를 내고 영수증을 받기 위해 부두에 가야만 했습니다. 저는 초과 수화물에 대해 7.50달러를 지불해야 했는데, 요금은 육지에서보다 상당히 저렴했습니다. 그다음으로 저희는 여권 심사를 받으러 일본제국 영사관을 방문하였습니다. 그들은 우리를 살펴본 다음, 서류를 작성하게 했고, 수수료 2.50달러씩 받은 뒤 우리 여권에 커다란 도장과 일본어로 보이는 단어들을 찍어 주었습니다.

저녁식사 후 저는 뷸라 양에게 전화해 그녀에게 가 오후를 함께 보냈어요. 그녀는 지금 밴쿠버에 사는 사촌인 풀러 부인을 방문 중이에요. 그녀는 좋아 보였고 브리티시컬럼비아를 매우 좋아하며 휴가를 즐기고 있었어요. 그녀는 올해에도 컬럼비아 대학에서 가르칠 예정이에요. 올여름 마거릿은 더 서쪽으로는 오지 않았습니다. 그곳에서 저는 필러 부인의 집으로 서둘러 돌아갔어요. 5시에 해외 선교에 관심이 있는 간호사를 만나 차를 마시기로 했거든요.

저녁에는 키칠라노 장로교회에서 송별 예배가 있었습니다. 우리 교단의 영 부부도 연단에 있었어요. 인도로 가는 윌슨 씨와 중국에서 1년을 보낸 뒤 막 집에 돌아와 이곳의 중국인들과 일을 시작하게 된 스미스 씨도요. 맥베스 씨가 의장이었습니다. 우리는 모두 연설을 요청받는데, 다들 말을 많이 하지 않았어요. 저도 말을 많이 하지 않았지만, 뭔가 가치가 있는 말을 하려고 노력했습니다. 저는 그들의 훌륭한 도시에서 많은 감명을 받았다는 것으로 이야기를 시작했어요. 밴쿠버가 훌륭한 도시가 된 이유 중 하나를 찾았다고요.

그건 바로, 제가 밴쿠버에서 만난 사람 중 최소한 1/3이 노바스코샤에서 온 사람들이었다는 것이었어요. 그 이야기는 노바스코샤 사람들 사이에서 꽤 인기를 끌었고, 나중에 최소 20명이 제게 와 악수를 청하며 자기들도 노바스코샤 출신이라고 말해 주었어요. 맥베스 씨는 교회가 지금 저를 파송하는 것이 실수라고 생각한다고 말했습니다. 고향 사람들을 정신 차리게 하기 위해서 저를 최소 6개월간은 캐나다에 있게 해야만 했다고요. 송별 예배가 끝난 뒤 사교모임이 있었는데 모든 사람들이 친절했습니다. 웨스트민스터 홀의 스미스 박사님은 가족 전체에 대해 물은 뒤, 특별히 아버지께 자기를 기억하는지 여쭤봐 달라고 했습니다. 쇼 교수님과 저는 대화를 나누기 위해 여러 차례 시도했지만, 노바스코샤인임을 주장하고 싶은 사람이 너무 많아 이야기를 별로 나누지 못하였습니다. 캐스쿰피 고든 가족의 친척인 J. S. 고든 씨 부부도 만났어요. 고든 씨는 6년 전쯤 아버지와 함께 샬럿타운을 여행하였다고 하며, 자신도 기억되길 바랐습니다. 또한 예전에 할아버지와 알고 지내던 사이였다는 뉴 글래스고 출신의 어느 여성분도 만났는데, 그녀는 분명히 저를 전에 본 적 있다고 주장했습니다. 그녀의 이름이 기억나지 않네요. 그 모임에는 적어도 6명의 핼리팩스 사람들이 있었어요. 그 홀의 몇몇 학생들도 동부 출신이었습니다. 확실히 즐거운 저녁이었습니다.

우리는 그다음 날 오후 2시 출항하기로 되어 있었어요. 그래서 오전 11시에 항구로 내려와 배에 올랐습니다. 거기 도착하고 나서야 우리는 동부에서 오는 어떤 중요한 우편물을 기다리느라 출항이 토요일로 연기되었다는 것을 알게 되었어요. 그래서 우리는 그냥 배에 머물렀습니다. 쇼 교수님과 스미스 씨, 몇몇 학생들, 그리고 맥베스 씨가 2시에 우리를 배웅하러 항구로 내려왔는데, 우리에게 여분의 시간이 있다는 것을 알게 된 뒤 그들은, 적어도 쇼 교수님은, 우리를 홀로 초대해 주었어요. 인도의 레딩엄 부인이 오늘 아침 우리를 만나러 배로 와 주었어요. 그녀는 배 위에서의 삶에 대해 몇몇 유용한 힌트를 주셨습니다. 그녀의 조언에 따라 우리는 갑판 의자를 확보해 두었습니다. 이제 시간이 조금 생겨서 우리는 공원에 가서 오후 내내 그곳을 거닐며 보냈습니다. 저녁에는 "스카이 파일럿"이라는 영화를 보러 갔어요. 꼭 봐야 한다고 해서 봤는데, 확실히 훌륭한 영화였습니다. 제가 본 영화 중 "국가의 탄생"과 같은 역사적인 작품을 제외하고 정말이지 최고의 영화였습니다.

그리고 어제인 12일 저는 오전에 다른 여성들과 몇몇 가게에 들렀고, 점심에 우리는 브루스 씨 부부를 만나 함께 공원으로 소풍을 갔습니다. 4시에 쇼 교수님을 만나러 가기 전까지 공원에 머물렀습니다. 공원은 핼리팩스의 우리 공원과 많은 부분 닮았습니다. 하지만 이곳은 공원 한 곳에 여러 개의 찻집이 있고, 주위로 많은 화단과 관목이 있습니다. 셰익스피어 정원이라 불리는 곳이 있는데요, 거기에는 그 시인이 언급한 모든 종류의 식물이 자라고 있었습니다. 그리고 그곳에는 새장과 동물 우리로 가득 찬 건물들도 있습니다. 원숭이와 곰이 가장 인기 있는 것 같았습니다. 모든 동물이 땅콩을 먹는 것 같습니다. 커다란 곰들이 철창 사이로 코를 최대한 내밀고 누군가가 땅콩을 던져주기를 기다리며 입을 크게 벌리는 모습이 재미있었습니다.

웨스트민스터 홀에서 우리는 직원과 학생 할 것 없이 대학 전체로부터 정식으로 환영을 받아 놀랐습니다. 새로운 선교사들이 남성 숙소에 보호자도 없이 있는 것을 여성선교회의 선량한 부인들이 보았더라면 얼마나 실망한 표정으로 우리를 쳐다봤을지 상상이 됩니다. 뿐만 아니라 그들은 저녁에 우리를 즐겁게 해 주겠다고 제안했고, 다른 두 여성은 초대를 받아들였습니다.

그곳에서 저는 일본 연회에 참석하러 가는 벤[illegible]을 만나기 위해 그곳을 급히 떠났습니다. 그는 친구 한 명을 데려오라는 요청을 받은 상태였거든요. 연회에 참석하는 건 정말 영광이었습니다. 연회는 야마타 씨 부부가 베푼 것이었는데, 야마타 씨는 두 일본 선교사의 제자였습니다. 그 두 선교사도 연회에 있었고, 그들은 영어를 잘하지 못하는 야마타 부인과 대화를 나눌 수 있었습니다. 모든 음식은 일식과 중식이었고, 연회인 만큼 코스도 많고 요리도 수십 가지나 되었습니다. 우리는 흰 천을 덮은 일반 테이블석 의자에 앉았는데, 서빙은 완전한 일본식은 아니었습니다. 대부분의 음식은 작은 그릇에 담겨져 있었고, 일부는 작은 접시에 담겨 있었습니다. 젓가락은 봉인된 작은 살균 종이에 담겨 각 자리에 놓여 있었습니다. (제 것을 동봉하였습니다.) 캐나다 사람들을 위해 칼, 포크, 숟가락도 있었지만, 우리는 먼저 젓가락을 사용해 보라는 요청을 받았습니다. 저는 젓가락으로 저의 모든 음식을 먹었고, 제가 생각했던 것보다 더 잘 해냈습니다. 먼저, 우리는 야채 조각이 들어간 맑은 수프를 마셨습니다. 우리는 젓가락으로 야채를 먹고 그릇에 담긴 수프를 마셨습니다. 제가 제 그릇에 담긴 밥을 다 먹었을 때 적지 않은 승리감을 느꼈고, 그다음 용감하게 가장 가까운 음식을 먹기 시작하였는데, 실망스럽게도 제 밥그릇에 밥이 다시 가득 담긴 채로 되돌아왔습니다. 참 수이가 있었고요, 다른 토속 음식이 뭐였는지는 아무도 모릅니다. 콩, 샐러리, 당근, 오이, 닭, 밥, 양파는 알아봤고요, 대나무 뿌리와 두부도 기억나는데, 나머지는 기억나지 않습니다. 달팽이와 비슷한 조개류도 두세 종류 있었어요. 대나무 뿌리는 맛있었습니다. 많은 맛들이 생소했지만 불쾌하지는 않았습니다. 그리고 두세 종류의 토속 피클과 케이크, 그리고 사탕이 나왔어요. 모든 음식은 크림이나 설탕을 넣지 않은 일본차인 녹차로 마무리되었습니다. 야마타 씨가 축도 전에 연설을 했는데, 우리가 온 것을 영광으로 생각하며 와 줘서 정말 고맙다고 말했습니다. 저녁 식사 후, 우리는 야마타 부인이 캐나다산 피아노로 반주를 치고 야마타 씨가 일본 노래를 부르는 것을 감상했습니다. 우리가 떠나려고 일어났을 때, 우리 모두는 상자에 예쁘게 포장된 일본 케이크를 선물로 받았습니다. 그리고 저는 식탁에 있던 글라디올러스와 카네이션을 받는 영광을 누렸습니다.

야마타 씨 네에는 두 명의 어린 아들이 있습니다. 한 명은 거의 3살이 되었고, 다른 한 명은 6개월 되었습니다. 그 둘은 제가 기억하지 못하는 일본 이름을 가지고 있었는데, 그중 한 명 이름은 "등나무의 아름다움"이라는 뜻을 가지고 있었고, 다른 한 명은 일본의 위대한 영웅 이름을 따르고 있었습니다. 각각 자신의 이름에 걸맞게 살 것으로 기대됩니다. 야마타 가족은 기독교인입니다.

밴쿠버에는 수천 명의 중국인과 일본인이 살고 있고, 동인도인들도 꽤 많습니다. 힌두교 가족도 우리와 함께 배에 타고 있습니다. 그 가족이 떠나면 캐나다에는 오직 한 명의 동인도 여성만이 남게 될 것입니다. 길에는 수많은 중국 및 일본 여성과 어린이들이 다니고 있는데, 특히 어린이들이 매우 밝고 예쁩니다.

제가 탄 배의 모든 선원, 갑판원, 요리사, 웨이터가 중국인 아니면 일본인인데, 대부분은 중국인입니다. 그들은 모두 토착 옷을 입고 자기들끼리 있을 때는 중국어로 이야기하지만, 웨이터와 벨보이는 영어를 꽤 잘 알아듣습니다. 승객 중에도 중국인과 힌두교인이 일부 있습니다만, 일등석 승객은 한두 명 정도입니다. 어제 우리는 하갑판 아래에서 몇몇 승무원이 아침을 먹는 것을 보았습니다. 그들은 맨발이거나 혹은 가죽 밑창 같은 것에 끈을 맨 것을 발에 신고 있었어요. 그들은 모두 쪼그리고 둘러앉아 젓가락으로 매우 빠르게 그릇의 밥을 비워내고 있었습니다. 저에게는 그것이 별로 캐나다스럽게 보이지 않았어요.

우리는 바깥에 나가 신선한 공기도 마실 수 있는 매우 편안한 객실을 사용하고 있습니다. 커리 양이 저와 한 방이고, 로즈 양은 복도 바로 건너편입니다. 로즈 양은 아직 혼자 지내지만, 제프리 양이 빅토리아에서 배에 오르면 로즈 양과 함께 있게 될 것입니다. 그들은 일등석 승객인 우리에게 뭔가를 보내오는데, 항상 그랬던 것은 아닙니다.

탑승 후 이틀 동안 저는 아직 두 끼밖에 먹지 않았지만, 식당 서비스가 매우 좋은 것 같습니다. 식사도 맛있고 잘 요리되어 있으며, 선택의 범위도 꽤 다양합니다. 그리고 도서관과 서재도 있는데, 제가 바로 그곳에서 편지를 쓰고 있습니다.

엠프레스 오브 재팬 호는 그다지 큰 배는 아닙니다. 프린스에드워드아일랜드의 카페리보다 커 보이지 않습니다. 어떻게 봐도 크지는 않습니다. 저희 옆 부두에 정박해 있는 엠프레스 오브 아시아 호가 훨씬 큽니다.

승객들이 매우 붐비는 것 같습니다. 중국과 한국으로 가는 미국 선교사들이 많이 탑승해 있습니다. 그리고 티베트로 가는 몇몇 선교사들도 있고요. 우리는 이미 두세 명을 만났고, 곧 나머지 사람들과도 친해질 것입니다. 그들 가운데 아이들도 여러 명 있는 것으로 보아, 우리 같은 풋내기는 아닌 것이 분명합니다. 적어도 몇 명은요.

어제저녁 연회가 끝난 후 저는 필러 부인에게 작별인사를 하러 나갔습니다. 뷸러가 저와 함께 갔는데 인사하러 갈 수 있어서 매우 기뻤습니다. 그들도 매우 기뻐했습니다. 그들은 다른 사람들이 오지 않은 것에 대해 약간 실망했습니다.

어젯밤 우리는 오늘 오전 8시(13일 토요일)에 출항할 것이라는 이야기를 들었습니다. 맥베스 씨와 네티 로즈의 사촌, 그리고 웨스트민스터 홀의 소년들이 우리를 배웅해 주러 왔습니다. 하지만 지금 10시 반이 지났는데도 우리는 아직 그 자리에 그대로 있습니다. 정오에는 출발할 것으로 예상합니다.

아버지께서 만약 이 편지를 알렉스에게 보내 주시면 제가 같은 이야기를 두 번 쓰는 것을 피할 수 있을 것입니다. 만약 그 후에도 이 편지가 여전히 좋은 상태이고, 알렉스가 그럴 필요가 있다고 여긴다면 이 편지를 랭길 가족에게 다시 보낼 수도 있을 것입니다. 그들은 고든 가족에 대한 이야기에 관심이 있을지도 모릅니다.

모든 가족에게 제 사랑을 전하며,
플로렌스

캐나다퍼시픽오션서비스 유한회사
R.M.S. Empress of Japan 호
1921년 8월 13일

아버지께,

저희는 3일 전에 캐나다퍼시픽 사무소에서 우편물을 받았어요. 제가 여기 있을 때 아버지께 다른 편지를 더 써 달라고 부탁했으면 좋았을 텐데 그랬습니다. 이렇게까지 배가 오래 지체될 줄 몰랐습니다. 이 배에 저의 한국 주소로 부쳐진 편지 한 통이 같이 타고 있을지도 모르겠네요.

아버지께서 조금 나아지셨다는 소식을 들으니 기쁩니다.

포스터의 연금이 감액될지도 모른다는 것은 다행인 것 같습니다. 포스터에게는 지금보다 그 돈이 더 필요하게 될 때는 없을 것 같습니다. 저는 포스터가 콜터의 실습실 자리를 얻게 되기를, 그리고 에디도 일하게 되기를 바랍니다. 애나가 음악 수업을 최대한 활용하고 있기를 바랍니다. 애나는 라틴어를 시작할 때가 되었네요. 그녀가 고등학교의 마지막 과제물에서 다 벗어나게 되면 괜찮을 것입니다. 찰리의 시험 성적은 어떤가요?

저는 엄마가 랜딩과 아일랜드로 여행을 가시기를 정말 바랍니다. 이제 애나가 일을 하고 있으니 더 힘들어질 것이에요. 엄마가 남자아이들에게 집안일을 좀 더 시켜야 할 것입니다. 포스터가 집안일단골이에요. 그 애가 튀길 수 있는 감자를 찾기만 하면 됩니다. 그리고 집안일을 할 다른 애들이 있으니, 어머니, 아버지가 한동안 괜찮지 않을 이유가 없습니다.

아버지와 어머니가 저와 함께 지금 제가 보고 있는 장소 및 흥미로운 것들을 함께 볼 수 있었으면 하고 열두 번도 더 바랐습니다. 밴쿠버에서 그 많은 장소에 가 보고 편지를 쓰느라 꽤 바빴지만, 저는 지금까지의 모든 여행을 매 순간 즐기고 있습니다. 슈피리어 호수에서 겪은 몇 가지만 빼고요. 저는 우리가 모두 함께 여행할 시간을, 그리고 제 차로 어머니, 아버지께 한국을 보여줄 수 있는 순간을 기대하고 있습니다.

저 역시 제가 집에서 보낸 마지막 며칠 동안 더 많은 이야기를 드리고 싶었지만, 저 스스로를 믿을 수 없었습니다. 서로 말을 많이 하지는 않지만, 저는 우리가 서로를 꽤 잘 이해하고 있다고 생각해요. 몇 마디 말로는 아버지와 어머니, 그리고 나머지 모두에게 제가 빚진 것을 모두 표현할 수 없습니다. 또한 다른 사람들의 빈번한 반대에도 불구하고 저를 격려해 주신 것에 대해 제가 얼마나 감사하고 있는지 알아주셨으면 합니다. 그것이 내내 저를 매우 편하게 해 주었습니다. 이별에는 비록 고통이 따르지만, 봉사에는 기쁨도 따라옵니다. 이별은 짧지만 봉사는 계속되지요. 그리고 우리가 기쁜 마음으로 다시 만나기를 기대합니다.

아버지께서는 고향에서 출세하는 것에 대한 유혹을 언급하셨습니다. 저는 젊은이들이 아직 고등학생이나 대학 초년생일 때 그들이 해외 선교를 결정하게끔 이끌어야 한다고 제 경험에 의거해 그 어느 때보다 확신합니다. 졸업에 가까워질수록 세상의 매력이 우리의 관심을 끄는 것 같습니다. 제가 유혹에 빠져 저의 길에서 벗어날까 하는 두려움, 그것이 제가 학생자원운동에 공적으로 제 이름을 올린 유일한 이유였습니다. 그것이 저에게는 배수진을 치는 것이었습니다.

제가 보기에, 학생 스스로 어디서 봉사할지 결정 내리지 못하는 시간이 길어질수록, 좋은 월급을 주는 쉬운 곳으로 가 버리게 될 가능성이 커집니다.

그런데, 이 편지를 밴쿠버에서 부치려면, 곧 가봐야 합니다.

아, 그건 그렇고, 제가 로키산맥에서 찍은 스냅사진 한 꾸러미를 포스터의 주소로 보냈어요. 그중 몇 장은 알렉스에게 주시고, 스파이서 씨에게 여섯 장 정도 보내주세요. 제가 스파이서 씨 주소를 모르는데, 그는 제게 많은 것을 주셨습니다. 나머지는 가족을 위한 것입니다.

당신의 사랑하는 딸,
플로렌스

캐나다퍼시픽오션서비스 유한회사
R.M.S. Empress of Japan 호
1921년 8월 25일

알렉스에게,

음, 일본 해안에 가까워지면서 따뜻한 날씨가 되어 가고 있어. 우리는 모레 요코하마에 도착할 예정이고, 그다음 날 고베에서 하선함으로써 우리 여행의 한 단락을 마무리할 것으로 기대하고 있어. 사무장 사무실에서 내일 발송될 편지가 요코하마를 떠나 밴쿠버로 향하는 '엠프레스 오브 러시아' 호에 건네질 예정이어서 모든 사람이 편지를 쓰느라 분주해. 다음에 받을 편지에는 일본 우표가 붙여져 있을 거야.

우리는 아주 훌륭한 선상 여행을 했어. 항해 첫 번째 주는 괜찮았고 즐거웠지. 그러고 보니 오늘이 우리가 배를 탄 지 2주째 되는 날이네. 지난번 편지에서 사무원을 제외한 이 배의 모든 선원이 중국인이라고 썼던 것 같아. 사람이란 얼마나 빠르게 사물에 익숙해지는지 모르겠어. 중국인 선원이 아직도 내게는 매우 흥미롭지만, 처음 신기해했던 것의 절반에도 미치지 않는 것 같아.

배에는 28명의 장로회 선교사들이 타고 있어. 우리 일행 여섯을 제외하고는 모두 미국인이야. 그리고 다른 교단의 선교사도 몇몇 있지만, 아직 많이 만나보지는 못했어. 그중에 쉘턴 박사가 있는데,

1년여 쯤 전에 티베트에서 도적떼에 납치되어 몸값을 요구받은 일로 당시 모든 종교계 신문에 그토록 실렸던 바로 그 사람이야. 우리는 스스로 저녁예배라고 부르는 일종의 가족예배를 매일 저녁 식당에서 드리고 있는데, 어느 날 저녁 쉘턴 박사가 그 모험에 대해 이야기해 주었어. 정말 스릴이 넘쳤단다. 그는 100일 이상 쉬지 않고 노새를 탄 채 산속을 돌아다녔다고 해. 그와 함께 있던 도적떼의 수는 약 300명이었고, 여러 차례 교전을 벌인 군인 무리에게 쫓기고 있었어. 그가 더 이상 여행할 수 없겠다고 도적들이 생각하고 있을 때 그는 탈출하였고, 쉘턴 박사를 구하기 위해 오고 있던 군인 부대(미국인들도 포함되어 있던)를 도중에서 만났대. 쉘턴 박사가 말하는 것을 네가 직접 들을 수 있었다면 좋았을 텐데. 그는 훌륭한 이야기꾼이었고, 그것은 보통 이야기가 아니었어.

밴쿠버를 출발하고 첫 한 주 동안은 북쪽을 향했는데, 그 기간 동안 갑판에 앉아 있을 때는 우리에게 두꺼운 외투와 갑판 의자용 무릎 덮개가 있다는 것이 기쁘지 않을 수 없었다. 어제는 확실히 따뜻해졌고, 오늘은 더 따뜻해. 실제로 오늘 모든 사무원들이 남색 모직물 대신 하얀색 유니폼을 입고 나타났어. 어제 먼 거리에서 고래가 몇 마리 보였고 돌고래 떼가 배 주위에서 돌아다녔단다.

일주일이 다 되어 갔을 때 궂은 날씨를 맞닥뜨렸고, 그래서 며칠간 식당은 붐비지 않게 되었어. 나도 이탈자 중의 한 명이었는데, 그래도 예전에 내가 물 위에 있었을 때만큼 비참하지는 않았어. 갑판 위에서는 고리던지기나 하키, 샌드백 던지기 등 몇 가지 게임을 할 수 있어. 나는 피부가 다 멍들고 온몸이 뻣뻣해질 때까지 하키를 하였는데, 그만한 가치가 있었다. 다른 게임도 시도해 보았지만, 하키가 최고였어.

　밴쿠버에서 합류한 영 부부와 빅토리아에서 합류한 제프리 양은 모두 정말 좋은 사람들로서, 우리는 함께 좋은 시간을 보냈어. 우리는 식당에서 같은 테이블에 앉는데, 우리 외에 중국에서 42년을 보낸 피어스 목사 겸 의사 선생도 함께 앉아. 그는 매우 흥미로운 사람인데, 그가 해 주는 일화와 밝은 이야기는 우리 모두를 즐겁게 해 준단다.

　승객들은 유머, 촌극, 그리고 아직 보도된 적 없는 무전 뉴스로 구성된 두 장짜리 타이핑 신문을 만들어. 오늘 오후 우리는 사무원팀 대 승객팀 간의 하키 경기를 통해 동양에 가까이 온 것을 축하할 예정이고, 밤에는 승객들의 콘서트가 있을 예정이야. 나는 그 두 행사 중 어디에서도 직접 뛰지는 않겠지만, 그래도 두 행사 모두 참석하기를 희망하고 있어. 이제 경기한다고 공지된 시간이 다가와서, 슬슬 글을 마치고 갑판으로 나가보아야 할 것 같아.

　곧 다시 편지를 쓸게. 고향과 나머지 세상에서 들려오는 소식을 듣고 싶구나.

　너의 사랑하는 누나,
　플로렌스

R.M.S. Empress of Japan 호
1921년 8월 26일

아버지께,

이제 우리는 내일모레 고베에 도착할 예정입니다. 요코하마에는 내일 닿을 거예요. 진짜 내일이에요. 정말 믿기 힘듭니다. 어딜 봐도 바다만 보이는 곳을 밤낮으로 항해하고 또 항해하는 것은 정말 대단한 일인 것 같습니다. 우리가 밴쿠버에서 배에 오른 지 어제로 꼭 2주가 되었습니다. 물론 첫 이틀 동안은 출항하지 못하였지만요. 내일 요코하마를 떠나는 '엠프레스 오브 러시아' 호를 볼 수 있을 것으로 예상됩니다. 그 배가 우리의 편지를 집으로 날라다 줄 것입니다. 그렇게 되면 이 편지는 세 장의 훌륭한 조지 왕을 붙이고 아버지께 도착할 것입니다. 만약 일본에서 우리가 이 편지를 부치게 되면, 대신 10센짜리 우표를 보실 수 있을 겁니다.

제가 배 위에서 마주친 신기한 것들에 대해 밴쿠버에서 썼던 것 같아요. 그것들이 이제는 당연한 것처럼 보이게 되었지만, 여전히 매우 흥미롭습니다. 낯선 것에 익숙해지고 또 그것에 편안함을 느끼는 데 시간이 오래 걸리지는 않는 것 같습니다. 우리 여행의 이 부분이 끝나가는 것이 정말 아쉽습니다. 물론 다시 집에서 살 수 있고 빨래를 할 수 있게 된다면 너무 좋을 것 같지만요. 제가 가진 모든 것이 이제 지저분해 보입니다.

저희는 정말 즐거운 여행을 했습니다. 후안 데 푸카 해협을 떠난 뒤 우리는 북쪽으로 기수를 돌려 알류산 열도의 바로 남쪽을 지나갔습니다. 그곳이 육안으로 보이지는 않았지만 말이에요. 너무 추워져서 우리에게 두꺼운 외투와 따뜻한 양탄자가 있는 것이 너무 기뻤습니다. 어둡고 안개 낀 날이 며칠씩 이어졌습니다. 2분에 한 번씩 안개 경보가 울렸고, 특히 밤에는 한 번에 몇 시간씩 경보가 울리기도 했습니다. 하지만 일주일은 항해가 순조로웠고, 우리는 갑판 위에서 고리던지기, 하키, 모래주머니 던지기, 그리고 다른 게임들을 몸이 시큰거릴 때까지 하였습니다. 그러고 나서 우리는 며칠 동안 거친 날을 보내야 했고, 식당 이용객이 눈에 띄게 줄었습니다. 제가 바로 그 부재자들 중 한 명이었는데요(커리 양과 제프리 양은 우리 일행 가운데 유일한 생존자들이었습니다), 예전에 제가 물에 있었을 때와 비교하면 비참함이 그 절반도 되지 않았습니다.

3일 전부터 눈에 띄게 따뜻해지기 시작했습니다. 어제 사무원들과 선원들은 하얀 유니폼을 뽐내며 나왔습니다. 오늘 아침, 비록 어제 밤새도록 좌현이 열려 있었고 게다가 선실에 선풍기가 돌아가고 있었지만, 저는 침대에 누워있지 않는 것이 최선이라고 생각하고 잠옷을 입은 채 앞서 말한 좌현과 선풍기 앞에 앉아 이 편지를 쓰고 있습니다. 크리스틴은 스타킹을 꿰매고 있는데, 저와 같이 바람이 잘 통하는 복장을 하고 있습니다.

우리는 매일 밤 시계를 30분씩 돌려놓았는데, 지난 토요일에는 우리가 더해놓았던 시간을 만회하기 위해 모두 그만두고 대신 일요일로 지냈습니다.

28명의 장로회 선교사와 몇몇 다른 교파의 선교사들이 배에 타고 있습니다. 대부분이 미국인들입니다. 제 생각에 캐나다인은 우리 일행뿐인 것 같습니다. 그리고 우리가 미국에 대해 들어온 것이 있잖아요! 어느 날 밤 예배에서 우리 동료들은 하나님께 그들이 이국 땅에 미국 문명을 심는 데 도움이 되는 일을 하고 있다고 말했습니다. 저는 그가 가져갈 게 그것보다 더 나은 게 없다면, 차라리 집에 있으면서 그것을 우선 개선시키는 게 낫겠다고 소리칠 뻔했습니다. 그는 다시 주님께 미국 문명이 기독교를 상징한다고 말했지요. 만약 그렇다면, 기독교에 대한 대단히 형편없는 광고일 것입니다. 걱정됩니다.

철도 노선. 아시다시피, 다른 많은 사람들과 비교해 볼 때, 저는 아버지네 동네 바로 옆 마을에 살고 있는 것과 마찬가지입니다.

다른 승객들과 대화하던 중 우리의 여정을 적어 보는 것이 재미있었습니다. 처음 언급된 장소는 핼리팩스, 샬럿타운, 세인트존이었습니다. 그다음이 퀘벡, 몬트리올, 토론토였고요. 다음은 사니아, 포트아더, 포트윌리엄. 그다음 위니펙, 캘거리, 에드먼턴, 프린스루퍼트, 밴쿠버 그리고 빅토리아였습니다. 비록 우리가 배에 머물고 있지만, 요코하마, 도쿄, 홍콩, 상하이 그리고 광둥도 포함됩니다.

우리는 우리 객실 담당 소년과 몇 가지 재미있는 대화를 시도했습니다. 그의 영어 실력은 비록 우리의 중국어 실력보다 훨씬 뛰어나지만, 여전히 광범위하지는 않습니다. 어느 거친 저녁 날, 세탁을 위해 문 밖에 내놓은 크리스틴의 신발 한 켤레가 아침이 되니 보이지 않았습니다. 크리스틴은 소년에게 신발에 대해 물었고, 그는 "신발이 모두 뒤죽박죽이다. 배에 돌이 너무 많다. 돌이 너무 많다. 모두 뒤죽박죽이다."라고 설명하기 위해 완벽한 몸동작을 스스로 만들어냈습니다. 배에 돌이 너무 많다는 말에서 "뒤죽박죽"을 표현하기 위해서 그는 몸을 더욱 뒤틀었습니다. 또 다른 날 밤, 그는 우리 방의 좌현을 닫으려 하였습니다. 하지만 우리는 열어놓고 싶어서 열어둔 채로 두라고 주장했지요. 머리 흔들기, 어깨 으쓱거림, 몸 뒤틀기 등 우리가 목격한 움직임은 분명 강한 반대를 표현하고 있었습니다. "물이 온다." 그가 말했습니다. "모두 젖어. 물이 들어온다. 두세 양동이. 선실 누가 치워? 나는 아니야."

어제 오후에 엔지니어팀과 승객팀 사이에 하키 경기가 있었습니다. 하키를 할 줄 모르지만 남들 하는 대로 따라하는 어느 굉장히 뚱뚱한 남자를 보는 것이 내내 재미있었습니다. 승객팀에서 경기했는데, 그는 상대를 이리저리 치고 난간에 밀어댔습니다. 그는 너무 더워져서 마침내는 김이 모락모락 나고 숨이 차서 입을 다물 수 없었습니다. 저는 그의 혈관이 터질까 봐 진심으로 걱정되기 시작했습니다. 불쌍한 엔지니어팀 선수들은 퍽이 그의 뚱뚱한 몸을 지나가는 것을 보고 있는 게 다소 불리했지만, 결국 그들은 승객팀을 아주 큰 격차로 이겼습니다.

그리고 어제저녁에는 식당에서 참석을 원하는 모든 사람들을 위한 연주회가 열렸습니다. 대부분의 사람들이 참석했고, 연주회는 거의 너무 좋았습니다. 피아노, 플롯, 바이올린, 코넷으로 구성된 오케스트라가 있었는데, 여러 곡을 연주했습니다. 훌륭한 듀엣과 합창단, 그리고 두세 팀의 재미있는 4중주단이 있었고, 낭송도 좀 있었습니다.

오늘 아침 식사를 마친 후 편지를 마저 쓰고 있습니다. 우리는 아직 요코하마로부터 500km가량 떨어져 있지만, 우리는 여섯 척의 작은 어선 옆을 지나갔습니다. 저는 육지로부터 그리 멀지 않다고 믿고 있습니다. 오늘 저녁이나 내일쯤 육지가 보일 것으로 예상하고 있습니다. 요코하마에서 곧바로 인력거를 탈 수 있을 것 같지는 않습니다. 도쿄는 철도로 45분 거리이지만, 역은 부두에서 멀리 떨어져 있습니다. 첫날은 도쿄까지 올라가지 않고 요코하마를 보는 것으로도 충분할 거라고 생각합니다. 몇 시간 안에 도시를 모두 볼 수 있을 것으로 생각합니다.

저는 『이브닝 에코』지를 한 번 읽어보는 것을 갈망해 왔습니다. 비록 우리에게는 촌극으로 뒤덮인 타이핑 된 두 장짜리 일간지가 있지만 말이에요. 물론 그 신문에는 뉴스라고는 전혀 없습니다. 우리 배에는 무선 통신원이 두 명이나 타고 있지만, 그들은 하키 외에는 아무것도 하지 않는 것 같습니다. 저는 이제 머지않아 집에서 온 편지를 받아볼 수 있을 것으로 기대하고 있습니다. 비록 거기에 새로운 소식이 많이 없을 지라도요. 요코하마를 본 뒤 다시 편지 쓰겠습니다.

모두에게 사랑을 담아,
플로렌스

일본 고베 산본호텔
1921년 8월 29일

알렉스에게,

　오는 31일에 우편물이 캐나다로 발송되고, 그 후에는 9월 24일이 되어서야 다시 발송이 있을 것이라고 들었어. 그래서 우리는 첫 번째 우편물 발송 때 편지를 부치려고 노력하고 있다. 지난번 편지 이후로 우리가 무엇을 했고 무엇을 봤는지에 대해 자세히 쓰진 않으려해. 왜냐하면 내가 타자기를 갖게 되면 그때는 지금 내가 가지고 있는 시간보다 더 자세히 쓸 수 있게 될 것이기 때문이야. 그때 우리의 여행에 대해 전체적으로 쓸 수 있기를 바라.

　지난 한 주 동안 모든 것이 아주 즐거웠다고만 말할게. 항해는 괜찮았어. 지난 며칠 동안 우리는 밖에서 날치를 보기도 했고, 날씨는 점점 따뜻해졌지. 사실, 지난 3~4일간은 밤에 너무 더워서 객실에 편안히 있을 수가 없었어. 매우 축축하고 후덥지근해. 일본에서는 올해가 20년 만의 더위라고 말하는데, 고향에서 비슷한 더위 혹은 더 더운 날을 느낀 적도 있어. 시간이 지나며 나를 우울하게 만드는 것은 습도야. 다행인 것은 한국에서는 여기보다 훨씬 북쪽에서 우리가 지낼 거라는 사실이다.

　토요일 아침에 요코하마에 도착했는데, 이곳과 중국 사이에 태풍이 왔었고 수척의 배가 해변으로 내동댕이쳐졌다고 하더라고. 만약 우리가 밴쿠버를 정시에 출발하였더라면, 우리도 딱 그 태풍 안에 있었을 거야.

요코하마는 멋진 현대식 건물과 옛 일본식 건물이 함께 있는 큰 도시야. 전통적인 것과 외래적인 것이 훌륭하게 혼재되어 있어. 어떤 묘사로도 마땅히 설명하기 힘든 혼합이야. 항구는 매우 크며 일본 및 외국의 선박들이 붐비어 굉장히 분주하다. 항구에는 일본 여객선과 우리의 우편물을 밴쿠버로 가져간 캐나다퍼시픽오션서비스 회사의 '엠프레스 오브 러시아' 호 외에도 최소한 10~12척의 커다란 화물선이 있었어.

우리는 오전에 시내를 산책하면서 보냈어. 서양인의 눈에는 모든 것이 새롭고 흥미로워! 오후에 우리는 인력거를 타고 역으로 가서, 전차를 타고 상당히 인상적인 도시인 도쿄로 갔어. 거기서 우리는 한 시간 동안 자동차를 빌려서 그 시간 안에 볼 수 있는 최대한 많은 곳을 둘러보았어. 그리고 배에서 저녁을 먹기 위해 요코하마로 돌아왔다. 저녁에 우리는 극장거리에 갔는데, 그 거리 자체가 내가 평생 본 그 어떤 공연보다도 더 좋았어. 우리가 인력거꾼에게 거스름돈을 주고 있을 때, 한 무리의 사람들이 주위로 모여들어 우리를 빤히 쳐다보았어. 세상에! 정말 웃겼어. 우리는 가게에서 아이스크림도 먹었어. 사진도 좀 찍었고, 그림엽서도 좀 샀어.

어제 새벽 5시에 요코하마를 출항하여 오늘 새벽 거의 같은 시간에 고베에 도착했어. 고베도 역시 큰 도시야. 우리는 오전 내내 세관을 통해 짐을 찾고, 역으로 가서 무게를 잰 후 다시 부치고, 표를 끊고, 그리고 전보를 보냈어. 우리가 일본어를 할 줄 몰라 모든 일에 시간이 오래 걸린다.

우리가 머물고 있는 호텔 주인인 산본 씨는 프레이저 목사의[5] 부탁으로 우리를 돌봐 주고 있어. 프레이저 목사는 요코하마로 내게 편지와 전보를 보냈고, 맥밀란 의사 역시 거기서 내게 편지를 썼어.

[3쪽 누락]

우리는 꽤 많은 밤에 저녁 예배를 드렸다. 식당에서 찬송가 몇 곡을 부르고, 성경 몇 장을 읽고, 몇몇 선교사들이 짧은 이야기를 하고, 몇몇 짧은 기도를 나눴어. 어느 날 저녁에는, 티베트로 돌아가는 쉘턴 박사가 티베트의 강도단 사이에서 겪은 모험담을 우리에게 들려주었어. 너도 1년 전에 신문에 났던 것을 기억할 거야. 그는 약 100명으로 이루어진 도적떼에 잡혀서 노략질당하고 몸값을 요구받았어. 그를 끌고 다닌 특정 도적패는 약 300명 정도로 이루어져 있었는데, 그들은 밤낮으로 산을 돌아다녔고, 100일이 넘는 동안 여러 차례 군인들과 전투를 벌이며 쫓겨 다녔대. 의사가 너무 지쳐 도적들이 그를 어딘가의 헛간에 내버려 두어야 했을 때까지 말이야. 마침내 그는 탈출하였고, 그의 멋진 나라 미국이 그의 석방을 위해 모든 노력을 기울여 왔다는 것을 알게 되었지. 정말이지 스릴 넘치는 스토리가 아닐 수 없었고, 이야기도 훌륭했어.

밴쿠버에서부터 함께한 영 부부, 그리고 빅토리아에서부터 함께한 제프리 양은 정말 다정했고, 우리는 정말 즐거운 한 그룹이었어.

---

5 프레이저 목사(Edward James Oxley Fraser)는 1914년 내한하여 원산에서 활동하다 1921년부터 용정에서 활동한 캐나다 장로회 소속 선교사이다. 머레이 선교사가 1922년 용정에 부임할 때, 바로 이 프레이저 목사의 집에 기거하며 함께 생활하였다.

그들은 홍콩으로 계속 가는데, 거기서 인도로 가기 위해 얼마나 기다려야 할지 알 수 없대. 티베트로 가는 선교사가 여럿 있는데, 그중에는 생후 몇 개월 안 된 아기를 동반한 젊은 부부도 있어. 그들은 노새 등에 얹은 의자에 앉은 채 약 3개월 동안 여행하여야 할 거야.

[5쪽 누락]

이제 우리가 며칠 머물게 될 서울에 도착할 때까지 아무도 우리를 마중 나오지 않을 거야. 거기에서부터 네티와 크리스틴은 북쪽의 회령으로 향할 것이고, 나는 함흥으로 가 몇 달 머물게 될 것이라고 편지에 쓰여 있었어. 우리는 내일 아침 여기를 떠나 낮 동안 여행하기 때문에 이 나라를 볼 수 있을 거야. 저녁에 시모노세키에 도착하면 곧바로 한국 남쪽의 부산으로 가는 12시간짜리 배에 올라타게 될 거야. 거기서 우리는 서울까지 기차를 타고 갈 것이며, 핼리팩스를 떠난 지 31일째가 되는 수요일 저녁 도착할 예정이야. 정말 대단한 여행이었어. 여행이 거의 끝나가는 것이 유감스럽지만, 18일 동안 배 위에서 지낸 뒤 다시 땅 위의 집에서 살게 된다면 기쁠 것 같아. 내가 일본에 있다는 것이 잘 실감나지 않지만, 주변을 둘러보면 그 밖에 다른 곳에 있을 수 없다는 생각을 하게 돼.

어디에나 인력거가 있어. 우리가 항구에 들어서 부두 앞에 늘어선 그들의 줄을 봤을 때부터 우리의 시야에서 인력거가 사라진 적이 결코 없어. 처음 인력거를 탔을 때의 기분은 매우 기묘했다. 유모차에 탄 아기처럼 느끼게 돼. 작은 남자가 골목 사이를 달리며 끄는 것 위에 걸터앉아 있는 것은 너무 우스꽝스럽게 보여. 그리고 그들은 할 수만 있으면 네게 두 배의 요금을 청구할 거야. 그들은 매우 느리지만 오랫동안 갈 수 있고, 네가 가고 싶은 곳 어디라도 데려다 줄 거야. 자전거도 많이 있는데, 뒷바퀴 흙받기에 면허 번호가 표기되어 있어. 자동차도 상당히 많은데, 모든 차들은 바퀴 옆에 물 튀김을 방지하기 위해 붓 혹은 걸레 같은 것을 매달고 있어. 말은 작고 볼품없는 동물로서, 그걸 타는 대신 끌고 가고 있더라. 짐의 경우, 사람이 스스로 커다란 짐을 어깨에 짊어지든지 아니면 수레로 끌고 가.

모든 종류의 옷은, 위에는 평범한 캐나다식 복식을 입고 아래에 한 켤레의 타이츠와 허리에 끈을 착용하는 형태야. 우리에게는 외국식 복장을 잘 차려입은 남자가 부채와 종이우산을 들고 다니는 것이 우스꽝스럽게 보여. 가장 흔하게 볼 수 있는 부조리한 광경은 완전한 전통 의상을 차려 입은 사람이 머리에는 최신 밀짚모자를 쓰고 커다란 뿔테 안경을 쓰는 것이 아닐까 싶어. 그들 중 일부는 완전한 형태의 치마를 입지만, 대부분은 가운데 허리끈이 달린 일종의 가운을 입고 있어. 목은 트여있고 소매는 매우 넓어. 그들은 부채를 허리끈에 꽂고, 다른 물건은 가운 앞에 달려있는 소매에 넣어 둬. 어떤 이들은 속옷 한 벌만 입기도 해. 대부분의 신발은 나무로 되어 있는데, 밑창과 그것을 고정하기 위한 두 줄의 끈 그리고 밑창이 젖지 않게 하기 위해 아래 덧댄 나무 두 조각으로 구성되어 있어. 그래서 이런〈그림 1〉모습이야. 끈의 가운데 부분은 엄지발가락과 그 옆 발가락 사이에 놓여 있어. 사람들 중 일부는 양말 같은 것도 신어. 실내에 들어갈 때 사람들은 양말만 신거나 혹은 지푸라기로 만든

〈그림 1〉

신발을 대신 신더라. 수십 명의 사람들이 나무 신발을 신고 쿵쾅쿵쾅 걷는 것이 얼마나 시끄러운지 너는 상상도 못할 거야. 한국에서 다시 편지 쓸게.

너의 사랑하는 누나,
플로렌스

일본 고베 산본호텔
1921년 8월 29일

어머니께,

　우리는 지난 11일 배에 승선한 이후 오늘 이곳에서 하선하였습니다. 내일모레 여기서 우편물이 고향으로 발송됩니다. 그다음은 3주 후에나 우편물 발송이 있을 것이라고 해요. 그래서 우리는 오늘 밤에 우리의 모든 편지들을 부치려고 하고 있습니다. 내일 아침에는 전차 타러 외출할 예정이거든요. 저희가 요코하마에 도착했을 때 배들에 피해를 입힌 태풍이 있었다는 이야기를 들었습니다. 어머니께서 걱정하고 계실까 봐 전보를 칠까 생각했어요. 그런데 단어 두 개에 10달러가 든다고 하더군요. 주소랑 보내는 사람 이름 등도 단어마다 돈을 내야 한다고 해서 결국 보내지 않기로 하였습니다. 어머니께서 저를 걱정하지 않고 계시기만을 바랍니다. 만약 우리가 밴쿠버에서 예정대로 출발하였었다면 우리는 태풍을 만났을 것이고, 다른 배들처럼 해안에 내동댕이쳐졌을 것입니다.

　제가 겪은 일들에 대해 지금 다 쓰지는 않으려고 합니다. 바라기는, 제가 한국에 가서 타자기를 갖게 되면 그때 우리의 여행에 대해 적절히 작성하는 것입니다. 시온이나 케이그로브의 청년회(Y.P.S.)가[6] 흥미로워할지 몰라요. 그때 어머니께는 복사본을 보내드리겠습니다.

제가 요코하마에 도착했을 때 E. J. O. 프레이저 목사님께 전보가 도착해 있었습니다. 동양에 온 것을 환영한다는 인사와 더불어 서울의 오웬[Herbert T. Owens] 씨에게 우리의 도착 날짜를 전보로 알리라고 하셨습니다. 서울에 언제 도착할지 오늘 알게 되어 이제야 전보를 보냈습니다. 오웬 씨가 서울에서 우리를 마중 나올 예정이고, 우리는 그곳에서 며칠 묵게 될 것입니다. 그리고 저는 함흥으로 가 몇 달을 보내게 될 것이고, 네티 로즈와 크리스틴 커리는 함께 회령으로 갈 겁니다. 우리가 알고 있는 것은 이게 다예요. 겨울에 서울에서 언어학교를 다니게 될지도 모릅니다. 저는 또한 프레이저 씨와 맥밀란 의사에게도 각각 편지를 받았습니다.

일본의 올여름은 20년 만의 무더위라고 하네요. 어제 기온이 29℃였습니다. 굉장히 습하고 후덥지근합니다. 고향에서 더 심한 더위도 자주 느껴왔지만, 여기의 더위는 계속 지속되면 우울해진다고 하네요. 지난 삼사일간 밤에 방문을 열어 놓고 선풍기를 켜 놓았음에도 너무 더워서 자기 힘들었던 것만 빼면, 아직까지 더위에 크게 신경 쓸 정도는 아니었습니다. 갑판 위나 해안에서는 언제든 산들바람이 부는 곳이 있습니다. 더위 따위에 신경 쓰기에는 다른 모든 것이 너무 흥미롭습니다.

저희는 27일 오전 5시쯤 요코하마에 도착해, 방역관과 경찰의 검문을 통과한 뒤 이른 아침을 먹고 해안가로 가 보았습니다. 정말 좋

---

6 여기서 Y.P.S.는 캐나다 장로회에 조직되어 있던 Young People's Society 즉 청년회를 뜻하는 것으로 보인다. 캐나다 장로회에 청년회가 정식으로 조직된 것은 1891년이었는데, 이후 에큐메니컬 기관이던 기독청년면려회(Christian Endeavour Society)의 유관 기관으로서 성장해 나갔다. 머레이 선교사는 태평양을 가로지른 장거리 여행 경험담을 청년들에게 들려주고 싶어 했던 것으로 보인다.

은 날이었어요. 어머니와 아버지가 저와 함께 그것을 봤으면 얼마나 좋을까 생각했습니다! 그렇게 될 거예요. 그러기 위해 자금에서 돈을 빼야 한다면, 꼭 그렇게 해 주세요.

요코하마는 좋은 도시예요. 해운으로 바쁜 항구이며, 물가에 멋진 건물들이 있습니다. 바다를 따라 가장 좋은 건물이 늘어서 있어서 바닷가에서 바라본 모습이 멋집니다. 저희는 아침을 먹은 후 바로 해안가로 가서 우리가 찾을 수 있는 가장 일본적인 마을로 산책을 갔어요. 그리고 그것은 정말 재미있었어요! 우리는 부두에서 인력거꾼들을 지나쳤는데, 그들은 어디에나 있는 것 같습니다. 우리는 인도가 없는 좁은 길로 갔는데, 그곳에는 기와를 올린 낮은 가게들이 거리에 접해 있었습니다. 가게는 모두 거리 쪽으로 난 미닫이문을 활짝 열어 놓은 채, 행인들과 최대한 가까운 곳에 상품을 진열해 놓고 있습니다. 그 바로 뒤에 있는 집을 볼 수 있는데요, 사람들은 신발을 문 앞에 벗어둔 채 집에 들어가 돗자리나 낮은 대청 같은 곳에 앉습니다. 풍경을 담은 엽서 몇 장을 어머니께 보냈어요. 아니, 어머니가 아니라 다른 가족에게 보낸 것 같습니다. 우리는 스냅사진도 몇 장 찍었습니다. 저는 거리 사진도 찍고 싶었는데, 저희가 요코하마에 있을 때 비가 왔고, 도쿄에서는 구름이 많았어요. 오늘도 어둡고 비가 다시 와서 거리 풍경을 찍을 좋은 기회를 얻지 못하였습니다.

사람들은 상상할 수 있는 모든 색상의 온갖 종류의 옷을 입는데, 전통적인 것과 외국적인 것을 몽땅 혼합해 놓았습니다. 전통 의상은 매우 예쁘고 우아하며 편안해 보입니다. 하지만 혼합은 확실히 어울리지 않아 보입니다. 예를 들어, 흘러내리는 가운과 나막신을 신고 위에는 최신식 서양 밀짚모자와 뿔테 안경을 쓰는 식으로요. 남녀 모두 기모노같이 생긴 기다란 가운을 입고 가운데에 띠를 두르지만, 여성의 옷은 좀 더 색이 밝고 띠가 넓으며, 등에 커다랗고 납작한 매듭 같은 것이 있습니다. 서양식 모자를 쓰고 있는 남성이 꽤 많긴 하지만, 거의 대부분의 사람들은 아무것도 쓰지 않고 있습니다. 그리고 인력거꾼들은 그들만의 우스꽝스러운 머릿수건을 두르고 있는데, 제가 찍은 스냅사진을 보내드리면 보실 수 있을 것입니다. 여성들은 아주 멋진 헤어스타일을 가지고 있는데, 대부분이 위로 빗어 올린 형태입니다. 젊은 여성들은 대개 제법 예쁘장하게 생겼으며, 어린이들도 너무 귀엽습니다. 많은 여성들이 아기를 등에 업고 다니는데, 심지어 일고여덟 정도 되는 작은 여자아이들도 아기를 업고 있는 모습이 많이 보입니다. 아이들 중 일부는 그다지 옷을 많이 걸치지 않고 있습니다. 좀 더 나이 든 사람이 노바스코샤에서 서양식 속옷만 입고 있다든지 아니면 거기에 타이츠와 허리띠만 두르고 있다면 그다지 얌전한 사람으로 비춰지지 않겠지만, 여기서는 그렇지 않습니다. 대부분의 사람은 밑창만 있는 것 같이 생긴 것이나 혹은 나무에 끈으로 발가락을 둘러 고정시키는 것을 신고 있습니다. 그 신발 아래에는 물에 젖지 않도록 발을 올려주는 몇 개의 조각이 달려 있습니다. 포장된 거리에서 나무들이 얼마나 달그락거리며 쿵쾅댈지 상상이 되실 것입니다. 몇몇 사람들은 엄지장갑같이 엄지발가락을 위한 공간이 있는 양말을 신습니다. 인력거꾼은 신발을 신지 않은 채 이런 양말을 착용하여 매우 쉽게 달릴 수 있습니다. 거의 모든 사람이 부채를 들고 다니는데요, 특히 남자들은 부채를 그들의 허리띠에 꽂고 다닙니다. 또한 대나무와 종이로 된 전통적인 우산이

든 외국식 우산이든, 우산을 손에 들지 않고 외출하는 사람이 거의 없습니다. 자전거도 많이 다니는데, 자전거 뒤흙받이 위에 일본어로 번호판이 그려져 있습니다. 남자가 폭이 좁은 치마를 입고 커다란 우산을 받친 채 자전거를 타고 있는 모습은 보는 것만으로도 재미있습니다. 말도 간혹 보이는데요, 대개 위에 타지 않고 조심스럽게 끌고 가고 있습니다. 자동차도 일부 있지만, 일본에서 짐을 지고 가는 대표적인 짐승은 바로 사람인 것 같습니다. 인력거에 처음 탔을 때 굉장히 이상한 느낌이 들었습니다. 저는 제가 유모차에 탄 아기처럼 느껴졌습니다. 다른 아기가 제게 바람을 쐬어주려고 가는 것 같아요. 제 크기의 반밖에 되지 않는 사람이 끄는 인력거에 당당히 앉아 거리를 쏘다니는 것이 불합리하게 느껴졌습니다. 그들은 매우 느린 속도이긴 하지만 아주 오랫동안 여행할 수 있습니다. 원하는 곳이면 어디든 데려다주고, 그 후엔 지나치게 높은 요금을 요구하며 사기를 칩니다.

오후에 전차로 약 30km 떨어져 있는 도쿄에 다녀왔습니다. 그곳에서 자동차를 타고 한 시간 동안 돌아다녔어요. 멋진 도시였습니다. 밤에 우리는 거리를 보러 다시 밖에 나갔는데, 불이 켜져 있어서 낮보다 더 예쁘고 매력적이었습니다. 인력거꾼들은 밤에 중국식 등을 들고 있었어요. 우리는 일본 영화가 어떤지 보려고 극장에 가서 일본 영화 몇 편을 보았지만 오래 머물지는 못하였습니다.

오늘 아침 일찍, 우리는 고베에 도착했어요. 일본어를 하는 선교사 한 분이 우리를 도와주러 배까지 와 주셔서 아무 문제없이 세관을 통과했습니다. 그 후 우리는 호텔에 왔고, 역으로 가서 마침내 서울로 가는 표를 사고 짐을 맡겼습니다. 푯값으로 33.31엔을 냈고,

제 짐 운송료로 21.75엔이 나왔습니다. 1엔이 50 캐나다 센트입니다. 우리는 또한 돈을 바꾸고, 전보를 보내고, 전보 요금을 알아보았지요. 아침 동안 꽤 많은 일을 했답니다. 오늘 밤에 다시 외출할 수 있겠지만, 내일 아침까지 기다려 도시 구경을 나가려고 합니다. 서울에는 수요일 밤에 도착하는데, 핼리팩스를 떠난 지 31일째 되는 날이 될 거예요.

모두에게 사랑을 담아,
플로렌스

일본 조선 함흥
1921년 9월 9일

알렉스에게,

　네가 한 달 전에 쓴 편지가 오늘 도착해 잘 받았다. 네가 보낸 편지와 집에서 보낸 편지를 밴쿠버에서 받은 지 꼭 한 달만이야. 일주일 전에는 아이린 매콜리가 8월 8일에 쓴 편지를 받았는데, 집에서 온 것은 없었어. 내일 우편물을 실은 배가 들어오니까, 내일이면 분명 편지를 받을 수 있을 거야. 그렇지 않다면 네 편지는 못 받게 될 수도 있어. 스냅사진들 고마워. 모두 재미있는 사진들이었어.

　지난번 편지는 고베에서 쓴 것 같아. 그때 이후로 너무 많은 일들을 겪어서, 그중 뭘 써야 할지 모르겠다. 하지만 지난번에 이야기를 마친 데에서부터 시작해서, 우리의 여행에 대해 최대한 이야기 해줄게.

　우리는 아침에 고베를 출발해 열차로 일본 남부 지역인 시모노세키로 갔어. 철도는 너무 훌륭해서, 이보다 더 부드럽게 달리는 기차는 타 본 적 없는 것 같았어. 하지만 일등석은 없었고, 2등석과 3등석, 그리고 침대칸만 있었어. 우리는 일본에 있는 동안 최대한 많은 것을 보고 더 많은 일본인들과 함께 있고 싶은 생각에 2등석에 앉았어. 고향의 오래된 트램과 같이 좌석이 양옆으로 놓여 있었고, 통로 아래에 신발이 두 줄로 늘어서 있었어. 승객 중 일부는 발을 좌석에 올려놓고 앉아 있었다. 기차 안은 내내 붐볐고 날도 꽤 뜨거웠지만, 배에서의 마지막 날만큼 그렇게 숨 막힐 정도는 아니었어. 모든 남자들이 담배를 피웠고, 몇몇 나이 든 여성도 피워댔어. 사람들이 "소년"이라고 부르는 짐꾼들이 약 한 시간에 한 번씩 손잡이가 짧은 빗자루를 들고 와서 신발 사이사이를 쓸었어. 항상 넘치고 있던 타구가 쓰레기로 더해졌지. 거의 모든 승객들은 좌석 아래 작은 찻주전자를 가지고 있었고, 찻주전자 위에는 작은 그릇이 엎어져 올려 있었어. 큰 역에 설 때마다 짐꾼은 찻주전자들에 물을 가득 채웠고, 작은 그릇들은 그것을 마시는 데 사용되었어. 시모노세키역에 다가가자 찻주전자들은 간단히 객차 문 밖으로 내던져짐으로써 마침내 모두 처분되었어. 우리가 지나가는 모든 마을에서 행상이 과일, 아이스크림 그리고 음료수를 싣고 객차 창문으로 다가와 판매를 했어. 우리는 과일을 좀 샀는데, 사과, 배, 그리고 복숭아가 조악하게 만들어진 바구니나 끈을 그물처럼 엮은 자루에 담겨져 있었어. 사과는 많지 않았고, 배는 우리의 루셋 사과 같이 생겼는데 맛은 딱 배 같았어. 우리 배랑 비교하면 딱딱하고 과즙이 별로 없어. 복숭아는 거대하지만 우리 것만큼 부드럽지도 과즙이 많지도 않았어.

포도도 엄청 많았고 맛도 좋았어. 아이스크림은 우유조차 들어가 있지 않은 형편없는 얼음 혼합물이었다. 밥이나 생선 등 일본 음식을 상자에 담은 것을 팔고 있었는데, 거의 모든 사람들이 사더라고. 우리도 한 번 맛보려고 샀어. 젓가락도 모두 들어 있었어. 나는 내 분량을 웬만큼 해치웠는데, 네티와 크리스틴은 서양 음식이 나오는 식당 칸을 선호했어. 많은 역의 플랫폼에 수도꼭지와 세면대, 거울이 있어서 승객들은 내려서 씻은 다음 다시 기차에 탔어. 한 여성은 그 기회에 아기를 목욕시키더라고. 일본의 목욕탕은 대부분 길가에 있는 공중목욕탕인데, 길거리로 꽤 트인 형태야.

그 나라는 그야말로 아름다웠어. 계속해서 산이 우리의 시야에 들어왔는데, 물론 로키산맥처럼 웅장하거나 장엄하지는 않았지만 산꼭대기에 바윗덩어리가 있는 대신 아름다운 녹색으로 덮여있어서 어떤 면에서는 더 아름다웠어. 기차는 약 40개의 터널을 통과했는데, 그것만 봐도 정말 산이 많은 지역이었던 거지. 대부분은 좁은 평지였고, 여기저기 꽤 넓은 것들도 있었는데, 작은 땅이라도 경작할 수 있는 곳엔 모두 경작하고 있었어. 전국에 걸쳐 가파른 산비탈까지 계단식 경작지를 만들어 놓았고, 대부분 벼를 기르고 있어. 싱그러운 초록빛으로 빛나는 계단식 논이 연이어 펼쳐지고 그 사이사이에 물이 반짝이며, 그 뒤에는 산들이 있어 아름다운 경치를 이루었어. 논두렁에는 콩이 심어져 있었는데, 우리 콩과는 달리 여기 콩은 관목류여서 사방에 울타리를 쳐 놓은 것처럼 보여. 꽤 많은 뽕나무가 자라고 있었고, 우리가 남쪽으로 갈수록 더 많은 대나무와 약간의 야자수도 보였어. 대나무는 아름다운 식물로서 양치류 같지만 높이는 6m 혹은 그 이상이야. 대나무는 크기만 할 뿐 아니라 대부분 멋졌어. 연꽃도 엄청 많이 자라고 있었는데, 너도 알다시피 꽃이 아름다워. 연꽃은 수련과 비슷하지만 그것보다 크고 물 밖으로 더 높이 자라. 일본에서는 그 뿌리도 먹어.

시모노세키에서의 배는 거의 프린스에드워드아일랜드의 크기에 맞먹어. 모두 일본인들이고, 너무 많은 승객들로 꽉 들어차서, 많은 사람들이 타지도 못했어. 우리가 미리 전보를 쳐 놓았는데도 불구하고 1등석 선실을 얻지 못했어. 유일하게 남은 방은 덥고 답답했으며, 우리 선교사가 모두 13명이었음에도 6명밖에 들어가지 못하는 방이었어. 그래서 우리 캐나다 일행과 다른 몇몇 사람들은 갑판에서 밤을 보냈는데, 내 생각에 그건 최고의 흥정이었던 것 같아. 나는 갑판 의자에서 매우 편하게 잠을 잤고, 몇몇 다른 사람들은 갑판 바닥에서 잤어. 나도 누울 생각이었는데 의자에 앉아 잠이 들어 버렸고, 아침까지 한 번도 깨지 않았어. 2등석 승객들은 객실이 있지만 남녀가 한 방을 사용하였고, 3등석 승객들은 안이든 밖이든 몸을 누일 수 있는 곳이면 어디든 바닥에 누웠어. 선창에는 엄청난 수의 남자, 여자, 아이들이 다닥다닥 붙어 있었고, 네가 상상할 수 있듯이 공기도 너무 가까웠어.

우리는 31일 아침에 처음으로 한국을 보았어. 일본만큼 산이 많아 보였고, 산에는 바위가 더 많아 보였어. 부산은 분주한 항구이지만 그렇게 넓진 않아. 우리는 다시 여권을 보여줘야 했고, 우리의 국적이 어디인지 어디에서 태어났는지 말해 줘야 했어. 여기서 우리는 전통 의상을 입고 상투를 틀고 그 유명한 검은 모자를 쓴 한국인들을 처음으로 보았다. 그 모자와 하얗고 긴 가운은 신사들을 위한 것이고, 다른 사람에게 보이려고 차려입은 경우야. 일반적으로 사람들이 일할 때는 헐렁한 바지와 짧은 윗도리만 입어. 상투를 포기하고 짧은 머리를 하고 있는 사람도 꽤 많아. 상투가 지나간 자리에는 외국식 중절모나 모자가 차지하고 있어. 나이 든 남자들은 대부분 수염을 기르고 있어. 만약 그들이 비슷하게 입고 있으면 누가 일본인이고 누가 한국인인지 나는 거의 구분할 수 없어. 하지만 여기 사람들은 복식이나 습관, 관습 모두 일본과는 매우 달라. 한국에도 거의 모든 마을에 인력거가 있기는 하지만 몇 대 없어. 무수히 많았던 일

본과 같지 않아. 여기서는 여행 가방이나 건초더
미, 장작더미 등 모든 종류의 짐을 옮길 때 "지게"
라는 편리한 들것을 사용해. 그건 이렇게 생겼는데
〈그림 2〉 지게꾼의 등에 끈으로 묶여 있어. 짐은 끈
이나 새끼줄을 이용해 가로로 묶어 놓고 있어.

〈그림 2〉

　한국에서 야자수나 대나무는 보지 못했지만, 남쪽에서는 많지는
않지만 산줄기 사이의 좁은 계곡에 논이 있는 것을 봤어. 한국은 브
리티시컬럼비아만큼 산이 많아. 한국인들은 자기 나라에 대해, "산,
산, 오직 산"이라고 말한대. 이곳에도 뽕나무가 정말 많아. 지금 우
리가 있는 훨씬 북쪽 지역에는 쌀 뿐 아니라 기장과 수수, 그리고
콩을 기르는 밭이 있어. 그리고 며칠 전에는 메밀꽃이 활짝 피어 있
는 밭을 봤는데, 캐나다 같았어.

　철도를 따라서는 일본만큼 마을이 형성되어 있지 않고, 집들은 대
개 진흙에 초가지붕을 얹어 놓아서 일본의 기와집만큼 예쁘지도 않
고 가난해 보이기만 해. 심지어 수많은 지붕 위에는 나중에 그릇으
로 사용하게 될 박들이 익어가고 있어.

　우리는 그날 밤 서울에 도착했고, 역에는 폭스 양을 비롯해 십여
명의 선교사들이 한국에 온 우리를 환영해 주기 위해 나와 있었어.
폭스 양은 세브란스 병원에서 외국인 간호사 회관을 성공적으로 이
끈 사람이야. 그녀와 맨스필드 의사는 우리 선교부에서 파송한 병
원 직원들이야. 폭스 양은 머스쿼도보이트 출신인데, 나는 예전에
그녀를 만난 적이 있어. 우리는 그날 밤 거기서 머물고, 오전 10시
기차를 타기 전에 병원과 선교기지를 둘러보았어. 에비슨 박사도
만났어.

그날 기차는 그렇게 혼잡하지 않았고, 젊은 한국인 지식인과 흥미로운 대화를 나눌 수 있었어. 그는 법대생인데 옥스퍼드에서 네가 만났었을지도 몰라. 그는 영어를 꽤 잘했어. 원산에서 우리 선교부 소속의 또 다른 한 무리의 선교사들이 나와 우리를 환영해 줬어. E. 매컬리 양, 로저스 양, 마틴 부인, 캐스 양, 페일소프 양, 매콜 씨. 캐스 양과 페일소프 양은 우리를 동행해 함흥에 함께 와서 며칠 지냈어. 그들은 북쪽의 용정과 회령에 있었는데, 처음으로 다른 선교지부를 방문하는 중이었어. 그들은 보통의 아침인사로서 "밤새 어디 맞은 데는 없습니까?"라고 묻는 나라에서 이루어졌던 순회여행과 관련하여 좋은 이야깃거리를 꽤 가지고 있어.

우리는 함흥에서도 또 한 번 성대한 환영을 받았어. 때마침 여기서 노회가 열리고 있어서 많은 사람들이 우리를 환영해 줬어. 성진에서 온 그리어슨 의사와 로스 씨, 함흥에서 온 롭 씨 부부와 영 씨, 맥밀란 의사, 핑글랜드 양. 커리 양과 나는 맥밀란 의사 및 핑글랜드 양과 여성의 집에서 함께 지내고 있어. 네티 로즈는 롭 부인과 함께 지내. 현재 우리는 모두 숙소가 정해졌어. 너도 롭 씨 네 외동딸이 지난여름 바닷가에서 익사한 이야기를 들었을 거야. 롭 씨는 대부분의 시간을 평양의 대학에서 가르치느라 그곳에 가 있기 때문에, 롭 부인은 네티가 그녀와 함께 지내게 된 것을 매우 기뻐해. 우리가 머무는 집이 선교지부에서 가장 낡은 집이지만, 지내기에는 좋아. 모기만 빼면 말이지. 첫날 밤 나는 모기들이 나를 찾지 못하길 바라며 불을 끄자마자 재빨리 침대로 뛰어들었어. 헛수고였지만! 다음 날 밤 나는 침대 머리맡에 램프를 두고 만반의 준비를 했지. 모기들이 나를 공격해 왔을 때 나는 일어나 최소한 어느 정도 솎아질 때까지 모기를 죽였어. 그다음 날 밤은 모기장 아래서 잠을 잤어.

첫날 아침 나는 노랫소리에 잠을 깼다. 새벽 6시였고, 익숙한 찬송가 곡조였지만 가사는 모두 낯설었지. 근처 교회에서 노회원들이 새벽 예배를 드리고 있는 것이었어. 아침 식사를 마친 뒤 우리는 도시를 굽어보려고 언덕 위로 산책을 갔는데, 다시 노랫소리가 들렸어. '예수가 거느리시니'의 곡조였어. 노래는 학교의 소년들이 부르고 있었어. 교회밖에는 수업을 할 공간이 없는데, 바로 그 교회에서 노회가 열리고 있어서 아이들은 언덕에서 수업을 받고 있었던 거야. 반대편 언덕에서는 다른 반이 수업을 듣고 있었다. 20년 전만 해도 선교사들에게 돌을 던지며 쫓아냈던 바로 그 도시에서 지금은 노회가 개최되고 있다는 것을 생각해봐.

나는 어학선생을 구해서 매일 열심히 공부하며 말하는 법을 다시 배우고 있어. 우리는 모두 가을과 봄에 2달간 서울에 있는 언어학교에 들어갈 거야. 그리고 나는 겨울 동안 다시 이곳에 있다가 그다음 봄에 안식년 가는 마틴 의사를 대신하기 위해 용정에 갈 예정이야. 그런데 나는 잠깐 [쓰기를] 멈춰야 해. 그렇지 않으면 집에 편지를 쓰지 못하고 말 거야. 아 맞다. 사람들은 모두 네가 이곳에 올 것을 기대하며 그 이야기도 하고 있어. 영 씨는 여기 학교가 몇 년째 네가 오길 기다리고 있었고, 네가 학교나 교육과 관련된 특별한 일을 맡을 수 있을 거라고 희망하고 있어. 네가 여기 오더라도 뭔가 일을 할 수 있게 되기 전 언어를 배우는 데 오랜 시간이 걸릴 거야. 해야 할 일이 너무 많은데 아무것도 할 수 없을 때 무력감을 느끼게 돼. 한국인들은 우리를 너무 반겨 주는데 우리 자신은 정말 쓸모없다고 느껴진다. 서로 다른 언어는 마치 그들과 우리를 분리시키는 거대한 장벽같이 느껴져. 두세 명의 목사들이 내게, "당신이 이 먼 곳까지 우리를 도와주기 위해 와 주어서 우리는 말할 수 없이 기쁩니다."라고 말해 줬어. 그리고 네가 교회 안의 군중들을 보고, 또 그들을 시장에서 어슬렁거리는 패거리와 비교해본다면, 이 일이 얼마나 대단하고 보람이 있는지 느끼게 될 거야. 너도 그들과 대화하고 그들의 삶을 변화시킬 수 있는 날이 오기를 고대해.

시장과 교회에 대해서는 다른 편지에서 더 이야기해 줄게.

매켄지 부인에게 안부 좀 전해줘. 내게 친절한 선물을 베풀어 준 것을 너도 기억할 거야. 그리고 필딩 부인에게도 안부 전해줘. 내가 머지않아 편지를 쓸 거야.

사랑하는 누나,
플로렌스

한국 함흥
1921년 9월 21일

포스터에게,

이 편지가 핼리팩스에 도착하기 훨씬 전에 너희들은 파인힐로 돌아갔거나 아니면 캠프힐에 있겠지. 너희가 대학에서 모두 성공적인 시간들 보내기를 바란다. 분명 흥미로운 한 해가 될 거야. 나는 5년 가운데 4번째 해가 가장 즐거웠는데, 너도 그럴 거라 생각해. 집이 어떻게 돌아가고 있는지 궁금하구나. 아버지와 어머니는 아직 도시에 있는지, 찰리는 시험을 통과했는지, 네가 캠프힐에 들어갔는지, 애나가 올해부터 의대에 다닐 건지 아닌지, 캐서린 그랜트는 어떻게 지내는지, 이안의 머리카락이 다시 자라고 있는지, 엘리자베스와 레나가 모두 어린이 병원에 들어갔는지, 맥두걸 의사가 내 지리를 맡을 다른 사람을 찾았는지 등등. 나는 향수병에 걸리지도, 외롭지도 않아. 그런 생각일랑 하지 말거라. 나는 아주 자연스럽게 이런 일들이 궁금한 것뿐이야. 핼리팩스에서 화재로 인한 끔찍한 폭발이 있었다는 기사를 『서울 프레스』에서 보았어. 하지만 신문에서 언급된 건 그게 다였어. 나는 그 폭발이 임페로얄에서 있었고, 그래서 핼리팩스에는 영향을 미치지 않았을 것으로 추측하고 있어.

나는 집과 알렉스에게서 각각 한 통씩 편지를 받았지만, 너희에게서는 한 통도 받지 못했다. 조만간 소식을 좀 들을 수 있길 바란다.

나는 어학선생을 고용해서 아침 9시부터 12시까지, 그리고 2시부터 4시 반까지 열심히 공부하고 있어. 한 과목을 공부하는 시간으로 치면 꽤 긴 시간이지만, 저녁에도 다시 공부하고 있어. 게다가 나는 몇몇 여학교 교사들에게 영어를 가르치고 있고, 병원에 응급상황과 수술이 있을 때는 도와달라는 요청을 받고 있어.

애나에게 그 아이의 편지를 좀 보여 달라고 그래. 써야 할 이야깃거리는 너무 많은데 모든 편지에 모든 이야기를 일일이 다 쓸 수가 없어. 그런데 너희가 편지를 주변과 돌려 본다면, 그런 식으로 너희는 모든 흥미로운 이야기를 다 들을 수 있을 거야.

이 나라는 예전보다 조용해졌지만, 그렇다고 그들이 통치에 절대적으로 만족하고 있다는 것을 의미하지는 않아.

여기는 매 5일마다 장이 서는데, 너희를 같이 데려가고 싶구나. 장담하건대 정말 볼만한 광경이야. 장은 여러 길에서 열리는데, 교차로 중앙 지점부터 사방으로 펼쳐져 있어. 한쪽 거리에는 소시장이 열릴 건데, 소가 너무 많아서 거의 지나갈 수도 없을 거야. 다른 한쪽에서는 온갖 종류의 한국 음식들이 작은 통이나 각종 그릇에 담겨 있을 건데, 너무 지저분해서 외국인들은 전혀 맛보고 싶지 않은 것들이야. 어디서나 여성들이 길거리에 쪼그리고 앉아서 자신이 가져온 것들을 행인들에게 내보일 것이고, 여자들만큼 아이들도 많아서 그곳을 뚫고 가기가 힘들 거야. 우리가 어딜 가든 우리는 사람들의 큰 관심거리야. 우리가 뭔가를 보려고 잠시라도 멈추어 서면, 우리를 보려고 모여든 군중에 둘러싸여 다시 움직이기 힘들어지지. 그들이 입은 옷을 봐야 하는데! 어떤 아이들은 단지 그들의 가슴 절반 정도까지 내려오는 작은 재킷만 입고 아무것도 입고 있지 않아. 그 아이들이 재킷만 입을 때에는 평소에 입는 하얀색이나 자연적으로 물들인 옷을 입는 대신 특별히 곱고 밝은 빨간색을 입어. 다른 아이들은 햇빛을 가리기 위해 제 맘대로 온갖 것을 걸쳐 입는데, 예쁘게 옷을 입은 아이들도 많이 있어. 쿨리들은 커다란 헐렁 바지에 짧은 재킷을 입는데, 바지와 재킷이 중간에서 잘 만나질 않아. 확실히 그들은 통풍이 중요하다고 믿어. 학자들과 신사들은 매우 멋지고 품위 있는 옷을 입어. 쿨리들과 비슷하지만 그 위에 길고 펑퍼짐한 코트나 가운을 걸치지. 하지만 시장에서는 그런 사람을 보기는 힘들어. 아기들 이야기를 좀 해 볼게! 아기들은 어디에나 있는데, 엄마의 등이나 형제자매의 등에 묶여 있어. 그리고 대부분의 시간 동안 깊이 잠들어 있어. 그 작고 짧은 웃옷은 엄마들에게 큰 편리함을 줘. 아이들이 울며 보챌 때마다, 엄마들은 아이를 한쪽이나 다른 한쪽으로 잡아당기기만 하면 돼. 그럼 아기는 엄마의 옷에 방해받지 않고 또 엄마의 일을 방해하지 않으면서 영양을 섭취할 수 있어. 어떤 아이들이 입고 있는 예복은 요셉의 코트를 연상시켜. 정말 많은 색깔로 만들어졌는데, 그중 초록색, 노란색, 빨간색, 파란색 줄무늬가 제일 좋아. 가끔 너는 어실프게 흉내 낸 서양식 모자를 쓰고 있는 아이들을 몇몇 볼 수 있을 거야. 너무 우스꽝스럽고 나머지 옷들과 전혀 어울리지 않아. 여성들은 보통 접은 수건과 같은 천을 머리에 두르고 있고, 시골에서 올라온 남성들은 대개 상투를 아직 하고 있어. 도시에서는 거의 보기 힘들어졌는데 말이야. 다른 거리에서 너는 과일과 야채, 또 어딘 가에서는 곡식, 다른 쪽에서는 전통 옷감, 좀 더 멀리 가면 짚신, 거기서 더 올라가면 광택 나는 밝은 놋쇠를 볼 수 있을 거야. 사람들은 길 한편에서 돗자리 위에 놋쇠를 올려놓은 채 먼지를 툭툭 털며 팔 거야. 우리들이 살살 닦으며 파는 것과 달리, 여기는 기다란 헝겊 조각으로 가차 없이 때려. 만약 가능하면 나는 시장 사진을 좀 찍을 거야. 하지만 너무 붐벼서 내가 원하는 사진을 찍을 수 있을 만큼 멀찍이 떨어져 있기가 힘들어. 때때로 사람들은 군중 속에서 우리 뒤로 와서 우리 옷의 소재가 뭔지 만져보기도 해.

한국의 흔한 장소와 사람들의 모습이 담긴 우편엽서 한 꾸러미를 네게 보낼게. 엽서 중 대부분은 내가 뒷면에 논평해 놓았어. 가족들이 엽서를 다 보면 알렉스로 하여금 그 엽서꾸러미를 학생자원운동 지부에 가지고 가도록 해 줘. 알렉스가 관심이 있다면 말이지만. 만약 케이그로브 청년회와 선교단이 원한다면 하룻밤 정도 가지고 있게 해 줘. 크로디스 부인에게 그 엽서를 어떻게 하면 좋을지 우선 묻는 것도 좋을 것 같아. 케이그로브에서 엽서를 다 본 후에는 그걸 샬럿타운에 있는 랭길 부인에게 보내줘. 이런 일로 너를 귀찮게 해서 미안하지만, 너는 어쨌든 북쪽 끝으로 갈 거잖아. 네가 장 요먼이나 애기 밀리건에게 랭길 부인의 주소를 준다면, 그들이 엽서를 다 본 후 분명 그리로 보낼 거야. 어머니나 너희 중 누구라도 엽서 세트를 갖고 싶다면 말해줘. 내가 다시 보내줄게.

내가 병원에 대해 예상하고 있던 바를 네게 말했던 것 같아. 건물, 장비, 직원 등 그 어떤 점도 내가 틀리지 않았어. 건물은 배를 만드는 목수가 지었는데, 어떻게든 공간을 아껴야만 하는 그 사람의 방식은 병원 건물에는 절대 맞지 않는 것들이야. 그 결과 문과 통로가 너무 좁아져서 보통 넓이의 카트도 옆에 있는 간병인과 함께 통과하지 못할 정도야. 창문 역시 같은 틀에서 디자인되었어. 두 층이 있고 각 층에 모두 베란다가 있지만 어찌나 좁은지, 불이라도 나지 않는 한 어느 누구도 베란다를 통해 환자 침상을 꺼내려 하지 않을 거야. 진료실 앞에는 쓸모라고는 하나도 없는 벽돌로 된 현관이 막고 있어서 그 뒤의 병실 두 개를 어둡게 만들고만 있어. 내가 의사에게 대체 무엇 때문에 이런 식으로 지었냐고 물어봤지만, 그녀는 기억할 수 없대. 뭔가 이유는 있었던 것 같다는데, 지금은 기억이 나지 않는다고 하네. 건물에 대한 건 여기까지야.

난로 외에는 난방이 없는데, 보일러(온수용인 것 같아)가 지금 캐나다에서 오고 있대. 조명은 등유 램프로 되고 있어. 물은 표준 기름통을 사용한 물통에 담겨 운송돼. 침상은 모두 집에서 목재로 서툴게 만든 것들이야. 약제실은 너비가 약 1.2m 정도 되는 옷장 같아. 수술실의 조명은 낮에는 너무 약하고 밤에는 더 심각해. 병원 전체에 창문 블라인드가 없어. 무거운 흰색 면으로 된 커튼이 제자리에 걸려 있을 때는 창문 안으로 들어오려는 모든 공기를 차단하고 있고, 매듭으로 묶여져 커튼 봉 위로 던져져 있을 때는 방 안의 전반적 청결함에 보탬이 되지 않는구나. 그 밖의 가구나 기구 등은 풍부하지는 않지만 그럭저럭 어우러져 있어.

나는 2명의 한국인 의사 중 한 명이 떠난 직후 그리고 2명의 간호사가 자리를 비운 날 처음으로 병원을 방문했어. 이곳에는 외국인 간호사가 한 명도 없고, 또한 제대로 훈련받은 간호사도 한 명도 없어. 그날 병원의 병동 한 곳에 당직 간호사가 한 명도 없어서 매우 혼란스러운 상황이었어. 화장실도 하나도 없고 단지 변기가 2개 있을 뿐이었는데, 시내 뒷길도 아닌데 그런 냄새가 나고 있었어. 엄청난 구정물이 문 뒤로 내버려졌고 햇빛을 받아 악취가 진동했지. 구정물 중 일부는 도랑을 타고 길로 흘러들어 다른 시설에서 흘러나오는 비슷한 유의 폐수와 함께 강으로 들어가고 있었어. 고름과 더러운 붕대로 반쯤 채워진 두 개의 농반(膿盤)은 문 바로 밖 바닥에 놓여 파리를 꾀고 있었고, 몇몇 피 묻은 붕대는 뒷문 계단의 한 자리를 차지하고 있었다. 더러운 환자용 변기도 그리 멀지 않은 곳에 있었고 말이야. 이 모든 게 지금까지의 명백한 사실이지만, 나머지는 더 이상 네게 말하지 않을게. 이것이 일반적인 상황의 공정한 그림이라고 결코 생각하지 않아. 그날 모든 것을 직면했는데, 내가 무엇과 싸워야 하는지 알게 해 줬어. 상황을 감독할 외국인 간호사 한 명 없는 상황에서 제대로 된 의료 행위나 수술을 수행하는 것은 불가능해. 맥밀란 의사는 97년에 졸업했는데, 그녀는 그동안 새 책을 거의 얻지 못했다고 직접 내게 말해줬어. 그녀가 어떤 잡지든 가져가는 것도 보지 못했고, 수술도 직접 하지 않은 채 모두 한국인 의사인 박 의사에게 맡겨. 그들이 일하는 방식은 나를 소름끼치게 만들었어. 환자가 실험 대상이 되고 있는데 내가 그것을 막을 수도 더 나은 처치도 할 수 없는 것을 볼 때면, 보스턴에서 있었을 때가 떠올라. 내게 여러 차례 의견을 물어 와서 소견을 말해 주었는데, 그들은 그대로 시도해 보았지만 아무 소용도 없었다고 말했어. 그 이후의 환자를 생각하면 놀랍지도 않아. 그들은 큰 수술에 앞서 완하제도 투여하지 않았어. 심각하고 오래된 농흉인데 그들은 늑골의 일부를 제거하려 하지 않은 채 늑골 사이에서 배농(排膿)한 뒤 구멍을 메우려 했고, 내가 긴급히 요청해서 배액관 하나를 대신 넣었어. 주위 조직을 한곳에 모으기 위해 한 바늘도 꿰매지 않았고, 겉에 큰 구멍이 [그대로] 있었지. 비슷한 수술로 환자가 죽기 며칠 전에 그들은 담당한 목소리로 내게 말하기를, 국소 마취에 쓰인 코카인 용액이 사망 원인인 것 같다고 하더라고. 내가 사용된 농도가 어땠냐고 물었더니, 그들은 어떤 경우에 어느 정도의 농도를 써야 하는지도 모르더라고. 더군다나 피하 주사기 하나에 가득 채워 한 부위의 피하가 아닌 근육에 투여했어. 어느 정도인지 알겠지? 내가 당분간 용정에 가게 되어 얼마나 기쁜지 모른다. 이런 상황에서 내가 여기서 어떻게 일할 수 있을지 모르겠거든. 만약 내가 어느 것 하나라도 독립적으로 할 수 있을 만큼 말을 잘할 수 있다면 다르겠지만, 이런 식의 일을 도우라고?!!

또한 여기 오는 환자의 사례들은 또 어떻고! 사람들은 거의 대부분, 혹은 굉장히 자주 극단적인 상태에서 병원에 와. 그들은 보통 전통적인 치료를 받아 상태를 더욱 악화시켜 놓곤 한다. 특히 복부를 기다란 침으로 찔러서 종종 전복막염에 걸리거나, 또는 더 나은 경우라도 침술로 야기된 오랜 염증들로 인해 온갖 종류의 유착을 가지고 있어. 그리고 모든 것을 지져놓아 물집이 생긴 상태지. 지난주에는 쥐약으로 자살을 시도한 환자가 두 명이 있었어. 한 명은 죽었고, 한 명은 호전되고 있어. 그리고 여성 한 명이 약 160km도 넘는 거리에서부터 여기로 실려 왔는데, 남편이 입힌 복부의 상처에서 장(腸)이 3m 정도 흘러나와 있었어. 사고가 발생한 뒤 3일이 지나서 의사가 그녀를 진찰했을 때 장은 물론 괴사되어 악취가 나고 있었고, 여성은 의식 불명 상태였어. 의사는 아무것도 시도하려 하지 않았고, 그녀를 데려왔던 사람들은 다시 그녀와 함께 떠났으며, 그길로 죽었어.

병원의 규율은 알려지지 않았어. 환자들은 죽어가는 것이 아니라면 침대에 있지 않고, 다리를 꼬고 앉아 있어. 그리고 환자의 모든 친구들이 아무 때나 자기가 원하는 시간에 보러 오고, 보통 밤을 지새워. 환자들은 한 번에 3~4명의 지인을 데리고 진찰실에 오는데, 심지어는 수술실에까지 데리고 와. 그들이 입고 있는 길거리 옷은 종종 깨끗함과는 거리가 멀어. 일 이야기란! 이건 받아들일 만해. 내가 뭔가를 진짜로 시작하기 위해서는 오래된 언어를 배울 때까지 기다려야 한다는 것이 힘든 부분이야.

너의 사랑하는 누나,
플로렌스

함흥
1921년 10월 5일

아버지께,

아버지께서 8월 22일과 29일에 보낸 편지가 일요일에 도착했어요. 이곳은 우편물이 일주일 내내 배달되거든요. 아침 식사를 하러 내려왔을 때 테이블 위에서 편지를 발견하였습니다. 오늘은 9월 5일에 쓰인 또 다른 편지가 도착해서 정말 좋은 시간을 보냈습니다. 가족들로부터 이렇게 재미있는 소식 가득한 편지들을 한 아름 받아 정말 기쁩니다. 에디와 찰리를 뺀 나머지 가족 모두에게 편지를 받았어요.

한 통의 편지에서 아버지는 매니토바의 물에 대한 저의 설명을 언급하셨어요. 매니토바에게 사과를 빚진 것 같기도 하고, 적어도 아버지께는 설명을 해야 할 것 같은 생각이 들었어요. 탱크나 음료컵 안에 일종의 소독약이 들어 있다는 것을 나중이 되어서야 알게 되었어요. 객차의 반대쪽 끝에 있는 탱크의 물은 그렇게 나쁘지 않았어요. 너무 좋다고는 생각할 수 없었지만요.

이렇게 많은 친구들 소식을 들을 수 있어서 흥미로웠습니다. 애니 크리엘만과 그녀의 아기를 언급하셨는데, 아기가 말을 배우고 있는지 아닌지는 말씀 안 해 주셨네요. 지난여름 제가 더로빈에 있을 때 그녀는 아기가 말을 하지 않는 것에 대해 매우 힘들어했어요. 아기가 이제 말을 하나요? 캐서린에 대한 좋은 소식을 들어 기쁘고요, 앨리스터도 건강하길 바랍니다.

찰리가 시험에서 그렇게 형편없는 성적을 받은 것이 유감이네요. 열심히 공부해서 내년 봄에 최대한 만회할 수 있도록 노력해야 할 거예요.

크로디스 씨가 편찮으시다는 소식을 듣게 되어 매우 유감이지만, 놀라지는 않았습니다. 그를 보면서 그렇게 오래 견딜 수 있을 거라 생각하지 않았거든요. 그가 완전히 회복될 수 있도록 충분히 휴식을 취할 수 있기를 바랍니다.

푸트 씨가 제 시계를 가져다 주셨다니 기쁩니다. 도대체 뭐가 문제였을까요? 저의 다른 시계도 며칠 전에 멈추고선 그때부터 계속 움직이길 거부하고 있습니다. 스프링이 고장 난 것도 아니고 어떤 사고가 있었던 것도 아니에요. 제가 언어학교의 첫 주를 시작하기 위해 토요일 날 서울로 가야 하는데, 아마 그곳에서 고칠 수 있을 것입니다.

어머니께 찾은 수건은 가지시라고 말씀 전해 주세요. 저는 많이 있습니다. 제가 잃어버렸다고 생각했던 것을 찾으셨네요.

해외 선교지에서 느끼는 외로움에 대해 항상 들어 왔지만, 저는 아직 경험하지 못했습니다. 제가 집을 멀리 떠나온 것이 처음도 아니잖아요. 더군다나 선교부의 다른 사람들과 마음이 정말 잘 맞고, 언어를 배우느라 너무 바빠서 집과 저를 떨어뜨려 놓은 환경을 생각할 시간도 많지 않습니다. 그리고 이곳의 모든 것이 흥미로워서 외롭다는 생각을 거의 하지 못합니다. 제가 핼리팩스나 섬의 집에 있을 때와 비교해 결코 나쁘지 않습니다.

저의 어학교사가 매일 4시나 5시까지 여기 머뭅니다. 공부는 재미있어요. 비록 단어를 외우려면 수없이 반복해야 하고, 또 단어가 너무 많은 게 탈이지만요. 예를 들면, 우리가 "입다"(put on)라고 말하는 것을 한국에서는 최소 7가지로 다르게 말합니다. 더 있을지 모르겠는데요, 일단 지금까지 7개를 배웠어요. 모자를 '쓰다'가 그 하나고요, 옷을 '입다', 신발을 '신다' 등도 있습니다. 또한 '그리고'(and)에 해당하는 단어가 세 개 혹은 그 이상 있어서, 각각이 어떤 상황에서 쓰이는지 알아야 하고, 언제나 적절히 사용해야 합니다. 숫자에 대해서도 세 가지 서로 다른 세트가 있어요. 아무거나 사용해서는 안 되며, 어떤 것을 사용해야 하는지 알아야만 해요. 시간을 말할 때와 분을 말할 때 쓰는 수사가 다릅니다. 높임말, 평서말, 낮춤말도 있어서, 반드시 상황에 맞게 사용해야 해요. 사람들은 우리가 3년 동안 언어를 열심히 공부하면, 숙달이 눈앞에 보일 것이라고들 말해요. 아직 먼 이야기이네요. 이곳에 온 지 2년 반이 된 핑글랜드 양은 대화는 꽤 잘 이해하지만 한국어 설교는 아직 잘 따라가지 못합니다. 저는 지난 일요일에 여섯 개 정도의 단어를 이해할 수 있어서 기뻤습니다. 매일 밤 쓰기 연습을 하고 있으며, 간단한 한국어 문장은 꽤 많이 쓸 수 있습니다. 완전한 표음 문자에 철자법 같은 것은 없지만, 우리에게는 너무 많은 소리가 비슷하게 들려서 많은 연습 없이 그것들을 구별해 낼 수 없습니다. 음절 하나가, 소리를 나타내는 여러 음운으로 조합된 하나의 글자입니다. 제 이름을 한국어로 발음하면 '모레'이고, 한글로 쓰면 이렇게 생겼습니다 – 함흥모레. 이게 '함흥'과 '모레'입니다. 이름을 쓰는 적절한 방법인 한자는 이렇습니다 – 咸興毛禮. 모든 획은 일정한 필순에 따라 써야 한답니다. 한국인들이 그러한 글자로 한 페이지를 거침없이 써 내려가는 것을 보면 놀랍습니다. 우리가 쓰는 것만큼 빠르고, 다음 글자를 어떻게 써야 하는지 생각하기 위해 멈추는 일도 결코 없습니다.

지난 일요일은 이곳 북부교회의 성찬주일이었고, 교회는 붐볐습니다. 구식 주전자와 잔으로 이루어진 맥래 씨의 은색 성찬기가 사용되었어요. 그들이 외국인들에게 먼저 돌려서 기뻤습니다. 맨 앞줄에 우리를 위해서 벤치를 놓았습니다. 물론 다른 사람들은 모두 바닥에 앉습니다. 장로들은 예배가 시작되기 전에 성찬 봉사자들이 지나다닐 수 있을 만큼 사람들이 충분히 떨어져 앉도록 만드는데 애를 먹었습니다. 예배는 매우 길었고, 기도만 적어도 8번 있었던 것 같아요. 세례를 받고 교인이 된 사람이 약 24명 정도 되었고요, 시험을 통과하여 원입교인 중 가장 높은 반에 들어간 사람들도 여러 명 있었습니다.

굉장히 인상적인 예배였습니다. 비록 한국인 청중들이 그렇게 조용한 편은 아니지만요. 특히 주일학교에서 내내 앉아 있다가 예배에 온 200명이 훌쩍 넘는 어린이들이 함께 앉아 있는 상황에서는 말입니다.

핑글랜드 양이 남부교회에 대해 보고하기를, 어린이들을 평소와 같이 다른 건물에 데려다 놓은 후에도 너무 붐벼서 많은 사람들이 교회에 들어갈 수 없었다고 합니다. 문으로 들어올 수 없었던 몇몇 나이 드신 여성들이 대신 창문으로 들어왔는데, 그중 한 명은 너무 나이가 들어서 옥수숫대를 지팡이로 삼아 기대고 있었다고 해요. 이런 상황에 만찬이 껴 있었고, 그 후 우리는 기도모임을 위해 서

둘러 가야만 했습니다. 저는 핑글랜드 양과 함께 남부교회에 갔어요. 여기서 약 1.5km 정도 걸어가야 합니다. 아버지가 그곳을 어두울 때 한 번 가 보신다면, 왜 저희의 의상 목록에 등이 포함되어 있는지 이해하실 것입니다. 우리가 고향에서 알고 있는 것과 같은 중국식 등도 조금 사용되긴 하지만, 좀 더 네모나고 봉투 모양의 종이로 싸인 등이 더 많이 쓰여요. 종이는 불을 켰을 때 등을 하얗게 해줍니다. 일부 사람들은 이런 등을 문 옆에 달아 놓기도 합니다. 교회는 일찍 시작되어 우리가 도착했을 때 찬양을 부르고 있었어요. 교회는 꽉 차서 더 이상 들어가기 힘들었고, 문과 창문 밖에도 평소의 청중들이 있었습니다. 그들은 교회 중앙에 있는 칸막이를 없앴고, 예배당 중간쯤까지 끝에서 끝까지 벤치를 좀 가져다 놓았어요. 벤치에는 몇몇 젊은 남성들이 여성을 등지고 앉아 있었습니다. 벤치 앞에는 소년, 소녀들 사이에 나이 든 여성들이 줄지어 앉아 있었어요. 다음 주에는 매일 <u>오전 5시</u>에 교회에서 기도회가 있을 거라는 안내가 있었습니다. 캐나다의 교회에 이런 안내가 있었다고 상상해 보세요! 다음 일요일에는 유아세례가 있을 예정입니다. 꼭 참석하고 싶지만 저는 대신 서울에 있어야만 해요. 그 교회의 장로 한 분은 먹고 살 만큼 돈을 벌고 나서 사업을 접었고, 지금은 교회 일에 모든 시간을 쏟고 있어요. 캐나다의 장로들보다 이곳의 모든 장로들이 평균적으로 더 많은 일을 하는 것 같습니다. 북부교회에서는 장로들이 종종 목사 대신 설교하고, 경우에 따라서는 남부교회에 가서도 설교를 합니다.

아버지께서 로커버를 좋아하고 또 그곳에 갈지도 모른다는 소식을 들으니 기쁩니다. 결과가 어떻게 될지 기다리고 있겠습니다. 겨울 전에 정착할 수 있으면 좋을 텐데, 그렇게 되길 바랍니다. 어머니께서 나쁜 일을 겪은 뒤 괜찮아지시길 오랫동안 바라고 있어요. 저는 잘 지냅니다. 사실 어제 계단 옆에서 증기가 내뿜어지는 동안 너무 가까이 서 있는 바람에 손가락 마디가 좀 까지는 일이 있었지만, 그런 일이 있었음에도 너무 편안하게 잘 지냅니다. 하루 이틀이면 괜찮아질 거예요. 그리고 앞으로는 좀 더 멀리 서 있도록 할게요. 서울에서 다시 편지 드리겠습니다. 제 주소는 계속해서 함흥으로 해주세요. 아버지의 답장이 한국에 도착할 때쯤이면 저는 아마 여기로 다시 돌아와 있을 것입니다.

사랑하는 딸,
플로렌스

한국 서울
1921년 10월 9일

동생들에게,

이 편지를 애나에게 보내줘. 내가 애나의 주소를 모르거든. 이 편지를 좀 더 일찍 쓰려고 했지만, 한국어 공부에 많은 시간을 쓰고 있고 또 다른 신경 쓸 일들도 많았어.

너희는 모두 이제 곧 대학으로 돌아가 열심히 공부하겠구나. 올해는 10월 1일이 되어도 옛 달하우지 대학으로 돌아가지 않는 8년 만의 첫해야. 나는 어쨌든 여전히 학생이고, 여전히 학교에 있어. 비록 지구 반대편에 있지만. 우리는 어제 이곳으로 왔는데, 기차에서 즐거운 하루를 보냈어. 폭스 양이 우리를 마중 나와서 커리 양과 나를 미국 감리교회의 빌링스 부인네 집으로 데려다줬어. 그곳에 머물면서 언어학교에 다니게 될 거야. 로즈 양은 언더우드 씨네 집에 있어. 우리가 머무는 집은 선교지부에서 가장 오래된 집이야. 한옥을 확장했고, 문과 창문과 가구를 외국식으로 개선했어. 우리에게는 꽤 멋지고 참신하게 보여. 빌링스 부부는 굉장히 친절하고 우리를 매우 편안하게 해 주고 있어. 그들에게는 세 명의 멋진 꼬마 아이들이 있어. 언어학교는 내일 시작이고 두 달간 계속될 거야. 외국인들이 교수하는데 매일 오후 2시간씩이야. 오전에는 우리 각자의 어학교사와 공부해. 한국인들은 문법을 이해하지 못해서, 학교의 주된 목적은 우리에게 문법을 가르치는 것이야. 교사들은 한국어를 가장 잘하는 선교사들이란다.

언어는 내가 생각했던 것보다 더 흥미롭고 그렇게 고되지도 않아. 물론 배워야 할 것이 많고, 어떤 음들은 한국인들에게는 매우 달리 들린다는데 우리 귀에는 너무 비슷하게 들려서 어려움이 발생하곤 해. 아주 간단한 단어에도 서너 개의 단어가 있어. 우리의 '그리고'(and) 같은 것이 바로 그러한데, 어떤 것을 어디에 사용해야 할지 잘 알아야 해. '만약'(if)이나 '그렇다면'(then) 등을 나타내는 단어도 여러 개야. '입다'(put on)의 경우 나는 벌써 7개를 배웠어. 모자를 '쓰다'가 그중 하나고, 옷을 '입다'나 신발을 '신다' 등이 다른 경우야. 더 있을지 모르지만 내가 아는 건 7개가 다야. 우리 영어에서도 높임말, 평서말, 낮춤말은 물론 골치 아픈 것이지만, 한국에서는 잘못 사용하면 심각한 에티켓 위반이 되어 버려.

우리 모두는 한국인이 발음할 수 있는 이름을 가지고 있어야만 하며, 한자로도 표현될 수 있어야 해. 내 이름이 뭔가 바람직하지 않은 의미를 갖지 않도록, 내 영어 이름에 가능한 가까운 것으로 고집할 생각이야. 그게 '모레'야. 한국어로는 '함흥모레'가 되지. 한자로는 '咸興毛禮'란다. 아무렇게나 휘갈기면 안 되고, 모든 획은 정해진 필순대로 써야만 해.

지난주에 『가제트』로부터 졸업호를 받았어. 네가 영업부장에게 내 주소를 좀 알려줘서 그들이 『가제트』를 이곳으로 직접 보내도록 해 줄 수 있겠니? 아마 아직도 집으로 배송되고 있을 거야. 주소를 수정해야 해. 그리고 내가 집에 남겨두고 온 돈으로 네가 구독료를 내 준다면, 여기서 보낼 돈을 아낄 수 있을 거야.

지난 일요일 교회에는 사람이 너무 많아서 많은 사람이 안에 들어가지 못했어. 문으로 들어가지 못한 두세 명의 할머니가 있었는데, 그중 한 분은 옥수숫대를 지팡이로 들고 겁먹지 않은 채 창문으로 기어올랐어. 수요일 저녁의 기도회에는 교회[주일예배]만큼이나 많은 사람들이 모였어. 금요일 밤에 나는 롭 부인의 요청으로 여성해외선교회에 가서 연설을 했고, 롭 부인이 통역을 해 주었다. 나는 학생자원운동에 대해 이야기 했고, 사람들은 많은 관심을 보였어. 그들은 샬럿타운에 있는 시온 해외여성선교회에 인사편지를 보낼 거야.

너는 아마 내가 지니고 온 돈으로 무엇을 할지 궁금해하고 있을 거야. 내가 여기 도착하자마자 선교부에서 간절히 사려고 하던 건물이 매물로 나왔어. 그걸 살 수 있는 돈을 가지고 있는 사람도 없었고 돈을 구하러 누군가를 보낼 시간도 없었지. 그래서 내가 현금을 선불로 지급했고, 나중에 내가 내 병원을 개업할 때 이자와 함께 돌려받기로 했어. 그러니까 그 돈은 선교부를 두 번 도운 셈이야. 위급할 때 도움을 준 뒤, 기부자들이 원하는 사업을 위해서도 사용될 것이니까.

우리가 함흥을 떠날 때 거기에는 핑글랜드 양, 맥밀란 의사 그리고 롭 부인만 남아 있었어. 평양에서 가르치는 롭 씨를 빼고 나머지 다른 모든 선교사들은 시골로 순회전도를 나갔거든. 핑글랜드 양을 뺀 나머지 사람들이 모두 그녀보다 훨씬 나이가 많아서 핑글랜드 양은 많이 외로울 것 같아. 우리는 원산을 지나면서 루이스 매컬리 양과 매콜 씨를 만났어. 매콜 씨와 두 명의 매컬리는 지금 그곳에 있는 유일한 선교사들이어서 재미있지 않을 거야. 하지만 맥도날드 가족이 곧 그곳으로 이사할거래.

우리는 여전히 기분 좋은 날씨를 누리고 있는데, 고향의 10월 날씨와 같아. 포스터의 천식이 이곳에 오면 어떻게 될지 궁금해. 내 생각에 포스터가 진짜 와서 시도해 보면 좋을 것 같아. 세브란스 의학전문학교에 잠시 와서 교수가 되면 어떨까? 이곳은 정말 대단한 도시야. 85%의 사람들이 시골에 살며 농사를 짓는 한국에서는 유일하게 큰 도시이지. 성벽 안에 약 25만 명의 사람들이 살고 있고, 성 밖에는 약 5만 명 정도 살아. 전차를 비롯해 벽돌과 돌로 된 멋진 건물들도 많아. 여기는 외국인도 꽤 많고, 여러 선교사들이 이 도시에서 일해 왔어.

이사벨라 베어드에게 편지를 받았어. 겨울이 되기 전에 호남에 정착하러 갈 거래. 그들은 언어 공부로 즐거운 여름을 보냈고, 중국에 있는 것을 기뻐하고 있어.

어느덧 저녁 시간이 되어서 이제 편지를 마쳐야 할 것 같다. 다음번에는 타자기를 갖게 되어서 더 길게 편지를 쓸 수 있기를 바라고 있어.

너희 모두 사랑해. 그리고 나에 대해 궁금해하는 사람들에게 안부도 좀 전해 줘. 이곳에 자리가 많이 있다고 그들에게 말 좀 해 주겠니. 포스터는 그가 아는 아동병원 간호사들에게 영향력을 좀 행사할 수 있을지도 모르겠다.

언제나처럼,
플로렌스

서울
1921년 10월 13일

아버지께,

저희는 지금 서울의 언어학교에 있습니다. 지난 토요일 함흥에서 이곳으로 내려왔는데, 그날 기차에서 매우 좋은 하루를 보냈어요. 커리 양과 저는 함께 지내고 있으며, 저희 개인 교사도 같이 왔습니다. 저희는 미국 북감리회 소속인 빌링스 부부 댁에서 기거하고 있습니다. 부부에게는 세 명의 아이가 있는데, 모두 매우 상냥한 사람들이랍니다. 로즈 양은 우리 선교부 소속의 영 양과 함께 조선기독교서회 총무인 본윅 씨 및 그의 부인과 함께 지내고 있습니다. 로즈 양도 그녀의 교사와 함께 왔어요. 저희가 지내는 집을 아버지께서 볼 수 있으면 좋을 텐데요. 이 집은 한옥을 증축하고 개량한 집이에요. 정사각형의 3면 형태로 지어졌고, 단층으로 되어 있어서 꽤 넓게 펼쳐져 있습니다. 지붕은 기와를 얹었고, 드러난 서까래는 한지로 덮여 있습니다. 모든 것이 매우 편안하고 좋습니다.

오전에는 각자의 교사와 공부하고, 오후 2시부터 4시 30분까지는 언어학교에 갑니다. 학교에는 3명의 교사가 있어요. 커 씨, 아펜젤러 씨, 그리고 채 부인이라는 영어를 일부 미국인만큼이나 잘하는 한국인 여성입니다. 참, 일부 미국인들은 '아메리칸'을 영어의 의미로 말한답니다. 살면서 좀 배우라고! 학교는 주로 문법을 가르치고 있습니다. 한국인들은 문법 지식이 거의 없기 때문입니다. 하지만 한국인들은 우리에게 훌륭한 발음 및 다른 것들을 가르쳐 주고 있습니다. 학교는 지금부터 두 달 동안 수업을 하고, 봄에 다시 두 달을 하는데, 과정은 2년 동안 진행됩니다. 1A반에서 저희와 함께 수업을 듣는 사람이 37명입니다. 1B반에는 15명, 그리고 2A반에는 9명이 있습니다. 저희 반에는 미국 두 장로회와 두 감리회 선교부, 구세군, 제7일 안식교에서 온 선교사들이 있습니다. 이곳에는 프랑스 가톨릭 선교회도 있는데요, 그들은 무슨 건물인지 잘못 인식될 여지가 있는 커다란 벽돌 건물을 예배당으로 갖고 있습니다. 사제와 수녀들도 있습니다.

이 근처에 외국인 테니스 클럽이 있는데 그들은 1주일에 2차례씩 오후에 차를 제공합니다. 어제는 언어학교가 초대를 받았어요. 코트가 보이는 멋진 벽돌로 된 클럽하우스에 들어서니 40~50명의 외국인들이 있었어요. 웨이터 말고는 한국인이 한 명도 없었고, 심지어 땅 주위에 둘러친 벽이 전통 건물을 시야에서 가려서, 우리가 동양에서 멀리 떨어진 서양에 있는 것처럼 느껴졌습니다.

저희는 매주 일요일 오후에 영어 예배를 드리고 있습니다. 남자들은 모자를 벗고 여자들은 쓰며, 또 모두가 의자에 앉아있는 그런 교회를 다시 방문하는 것은 너무 좋고 훌륭한 일이 아닐 수 없습니다. 설교가 익숙한 언어로 진행되는 것은 두말할 필요도 없습니다. 예배 전에 저희는 도시를 가로질러 남쪽에 있는 산에 올라갔습니다. 그곳에는 공원 같은 것이 있어요. 올라가는 길에 저희는 불교사찰과 조각상들을 지나쳤습니다. 성문은 모두 열려 있었고 길에서는 온갖 종류의 상품이 판매되고 있었습니다. 공원에는 사람이 많았는데, 한국인과 일본인이었습니다. 도시에는 중국인도 많이 살고 있는데, 바지를 입은 여성들이 불쌍한 작은 발로 절룩거리는 모습은 언제나 저희의 관심을 끕니다. 이곳의 중국인 중 상당수는 아직도 땋은 머리를 하고 있습니다. 공원에서 바라보는 도시의 경치가 멋졌습니다. 도시 전체는 산으로 둘러싸여 있습니다. 저희는 성벽 바로 근처에 있습니다. 6m 정도 되는 높이와 같은 정도의 두께를 바위와 흙으로 만든 대단한 성벽입니다. 성 안에는 25만 명의 사람이 살고 있으며, 성 밖에는 5만 명이 더 살고 있습니다. 한국인만큼 일본인이 많이 살고 있는 것 같이 보이는데, 실제로 그렇게 많이 살고 있지는 않을 것입니다. 하지만 거리에는 일본인들로 넘쳐나는 것 같습니다.

며칠 전 제가 조선기독교서회 매장에서 한국어 교재를 몇 권 사고 있을 때, 한 남성이 제게 다가와 자신의 이름을 밀러라고 소개하며, 자기가 아버지를 매우 잘 알고 지냈기에 저를 몹시 만나고 싶었다며 말을 걸어 왔습니다. 아버지가 파인힐에 계셨을 때, 밀러 씨는 아버지와 함께 차머스 교회에서 사역했다고 하였습니다. 하지만 아버지가 자신을 기억할지 잘 모르겠다고도 하였습니다. 저는 아버지께서 분명 밀러 씨를 기억하실 것이라고 장담하였고, 제가 아버지께 드리는 편지에 밀러 씨 이야기를 쓰겠다고 약속하였습니다. 그는 성서공회와 관계되어 약 20년간 이곳에서 일하고 있다고 합니다.[7] 제가 아버지께서 우리를 방문하기 위해 한국에 오실 것이라고 그에게 말하

---

7 여기서 언급되고 있는 사람은 영국성서공회 소속 선교사였던 휴 밀러(Hugh Miller)로 보인다. 영국 스코틀랜드 출신인 휴 밀러는 1896년부터 3년간 캐나다에서 생활한 뒤 1899년 내한하여, 1901년부터 영국성서공회 한국지부의 부총무로, 1905년부터는 총무로 취임하여 1937년 은퇴할 때까지 성서반포 및 문서사역과 관련된 일을하였다.

자, 매우 기뻐했습니다. 그는 정말 괜찮은 사람으로 보였고, 다소 창백했지만 건강해 보였습니다. 도시에 외국인이 그렇게 많지는 않은데, 그들은 서로 다 알고 친근하게 지내고 있었습니다. 그저께 우리는 거리에서 다음과 같은 짧은 대화를 들었어요. "안녕, 짐?", "안녕, 빌. 잘 지냈어? 올라 타." 아주 평범하고 흔한 대화였을지 모르지만, 제게는 고향과 같이 들렸고, 한국에 온 이후 길거리에서 처음으로 제가 알아듣는 말을 들었음을 깨달았습니다.

서울에 도착하자마자 저는 제 타자기가 준비되었는지 보러 YMCA 공업부에 들렀습니다. 그들은 제가 원하는 것이 무엇인지 듣기 위해 기다리고 있었습니다. 그래서 저는 하던 대로 계속 만들고, 모양이 만들어지기 위해 필요한 모든 것을 하고, 또한 빨리 만들어 달라고 하였습니다. 톱니바퀴 중 일부가 망가져서 새것으로 교체되어야 합니다. 저는 한두 주 안에 타자기를 받을 수 있기를 희망하고 있습니다. 저는 시계도 수리해야 하는데, 일본 가게 중 많은 곳이 평판이 좋지 않아 좀 더 믿을 만한 곳에 가져가려고 하고 있습니다. 로즈 양은 새로 산 물건에 대해 100엔의 관세를 내야만 했고, 저도 아마 비슷한 금액을 내게 될 것이라고 매콜 씨가 말하였습니다. 그녀의 많은 물건이 박살났습니다. 접시는 6개 중 5개가 깨졌고요, 로즈 양은 세관에서 직원 한 명이 그녀의 큰 램프 갓과 한두 개의 그릇을 부수고 있는 것을 직접 보았다고 합니다. 고베에 도착한 제 짐이 한국에 왔다는 소식은 아직 듣지 못하였습니다.

제가 전에 편지를 쓴 이후로 지금까지 편지를 한 통도 받지 못하였습니다. 그리고 캐나다로부터는 가족에게 온 편지를 제외하고는 아직 단 한 통도 받지 못하였습니다. 중국에서 온 편지는 두 통이나 받았는데 말이지요.

이곳은 점점 추워지고 있으며, 가을같이 되고 있습니다. 간밤에는 서리가 내렸어요. 하지만 정원의 식물들이 점점 갈색이 되어 가고 시들어 가고 있음에도 얼지는 않은 것 같습니다. 대부분의 기장과 수수는 수확되었고, 이제는 벼가 추수될 차례입니다. 벼도 일부 추수되긴 하였지만 다른 작물에 비해 수확 시기가 늦습니다. 올해는 쌀값이 매우 비싸고, 그로 인해 다른 모든 비용이 올랐습니다. 우리는 방세와 함께 한 달에 70엔을 내며, 우리 스스로 마당에서 많은 것들을 재배하고 있는 함흥에서는 60엔 이상을 내고 있습니다.

함흥을 떠나기 전날 밤, 저는 북부교회의 여성해외선교회에서 롭 부인의 통역으로 설교하였습니다. 롭 부인은 캐나다의 학생들이 선교를 위해 무엇을 하고 있는지에 대해 이야기해 달라고 제게 요청하였는데, 사람들이 많은 관심을 보였습니다. 거기 모인 여성들은 전업으로 전도 일을 하는 전도부인 한 명을 지원하고 있습니다. 회원 중에는 어린 자녀들 때문에 모임에 좀처럼 참석할 수 없는 사람이 많아, 매달 헌금위원을 보내 기부금을 모으고 있습니다.

일본인들은 뭔가 일을 같이 하기에 세계에서 가장 힘든 사람들입니다. 은행에 가면 무엇을 하든 고향의 은행원이 처리하는 시간의 5~6배는 더 걸립니다. 며칠 전 저는 어음을 현금으로 바꾸러 갔는데요, 어음이 은행에서 현금지급원에게 전달되기까지 얼마나 오래 걸렸는지 모릅니다. 저는 지칠 때까지 기다리다가 제가 돈을 받지 못하는 이유가 무엇인지 물어보았습니다. 그러자 저는 조금 더 기다려 달라는 요청을 받았습니다. 그럼에도 그들은 자신들이 세계의 다른 나라들과 동등하다고 생각합니다. 우체국도 마찬가지입니다. 어떤 일을 처리하든 지구의 다른 어느 곳보다 몇 배의 시간이 더 걸립니다. 로즈 양의 짐은 세관을 통과하는데 며칠이나 며칠이나 걸렸습니다. 그럼에도 그들은 자신들이 일 잘하는 사람이라고 생각하며, 다른 나라들도 그렇게 그들을 생각해 주기를 바라고 있습니다.

마틴 의사가 이질에 걸려서 그리어슨 의사가 그를 치료해 주기 위해 용정을 방문하였습니다. 그러나 마틴 의사가 괜찮아졌기 때문에 그리어슨 의사는 이 편지보다 빨리 집으로 돌아갈 것 같습니다. 베시 부부 및 그 가족들이 도착하여 그들의 선교지인 회령 선교지부로 가고 있습니다. 혹시 D. W. 맥도날드 씨를 만나본 적 있으신가요?

어머니와 찰리에게 사랑한다고 전해주세요. 나머지 가족들은 모두 핼리팩스에 있겠지요. 아버지께서 지금쯤은 잘 정착하셨기를 바랍니다.

사랑하는 딸,
플로렌스

한국 서울
1921년 10월 25일

포스터에게,

이 편지는 파인 힐에 있는 너희 모든 녀석들을 위한 것이야. 그런데 이번에 너희에게 특별한 부탁을 하나 해야겠어. 지난여름에 내가 찍은 잭의 사진을 동봉했어. 떠나기 전에 잭에게 사진을 전해줄 기회가 없었다. 만약 너희가 사진을 그에게 전해준다면 정말 고맙겠어. 그에게 나는 이곳에서 최고의 시간을 보내고 있다고, 그리고 핼리팩스에 있을 때보다 더 흥미진진하게 보내고 있다고도 좀 말해주겠니? 그리고 나에 대해 묻는다면 그에게 안부도 좀 전해줘. 내가 원판도 동봉했으니까, 너희나 잭 중에 복사본을 만들고 싶은 사람이 있다면 그렇게 하도록 해. 내가 로키산맥의 재스퍼 공원에서 본 토템기둥 [사진] 2장도 같이 보냈어. 하나는 네 것이고, 다른 하나는 알렉스 것이야. 에드는 앨범을 갖고 있지 않으니까 원하지 않을 거라고 생각해. 네게 수십 장의 스냅사진을 보내고 싶어. 다음에 더 보내줄게.

그곳은 임박한 선거로 상당히 흥분되어 있겠다. 우리는 곧 선거가 있을 것이라는 사실을 제외하고는 아무 소식도 듣지 못했어.

서울은 매우 흥미로운 도시인데, 콜럼버스가 미지의 바다를 건너 그의 기념비적인 여행을 떠났을 때 이미 오래된 도시였어. 도시를 둘러싸고 있는 성벽은 500년 이상 서 있었어. 성벽은 1396년에 지어졌는데, 높이가 13m이고, 20km에 걸쳐 도시 양쪽에 있는 계곡의 바위언덕까지 둘러싸고 있어. 우리는 어제 성벽을 따라 산 정상까지 올라가봤어. 꽤 가팔랐지만 한쪽으로는 도시의 전경이 보이고, 다른 한쪽으로는 강과 바다와 비옥한 평야를 사이에 두고 이쪽저쪽으로 솟아 있는 언덕의 전경이 펼쳐져, 정말 올라간 보람이 있었다. 한국은 아름답고, 수도 주위에는 명소가 많이 있어. 도시의 중심에는 14세기부터 대들보에 매달려 있는 높이 4.5m, 직경 3.5m의 거대한 종이 있어. 종이 주조되었을 때, 어린아이 한 명이 금속 녹인 물에 던져졌대. 그 종은 성문이 열리고 닫히는 시간, 그리고 밤에 거리를 다닐 수 없는 시간 등을 알려주는 일을 수 세기 동안 해 왔어. 일곱에서 여덟 개의 성문은 아직도 사용되고 있는데 지금은 항상 열려 있어. 그리고 성벽에 몇몇 다른 출입문도 뚫렸는데, 그 문들이 묵직하고 오래된 성문보다 더 자주 이용되고 있어. 그 오래된 종이 걸려 있는 도시의 구역을 종로라고 부르는데, 큰 종이라는 의미야.

그 밖에 궁궐들, 사당들, 절들, 그리고 오래된 왕릉들 등 매우 흥미로운 것이 있는데, 다만 우리가 그것을 볼 때 설명해 줄 사람이 없어.

일요일 저녁에 왕족의 후손인 여성 한 명이 두 아이를 데리고 우리를 방문했어. 그들은 매우 부유하지만 굉장히 불행해. 모든 아들이 부인을 동반하여 부친의 집에서 함께 살 것을 요구받는 전통적인 한국의 방식에 따라, 그들도 여러 명이 함께 살고 있어. 남자들은 모두 죽었고, 홀어머니들은 아이들과 함께 극도의 은둔 생활을 하고 있어서, 그들 중 일부는 심지어 베란다에도 나가지 않고 거리에서도 거의 볼 수 없어. 남자들이 살아 있을 때에는 경찰 보초가 정문에 서 있었지만, 지금은 그렇게까지 밀착 감시당하지는 않는대. 그곳에 사는 여러 여성 중 한 명만이 위험을 무릅썼고, 어둠이 깔린 뒤 인력거를 타고 왔어. 그들은 집을 보고 싶어 했고, 특히 "당신들이 자는 곳"을 보고 싶어 했어. 그 뒤, 그들은 자리에 앉았고, 여성은 담뱃갑과 성냥을 꺼내 담배를 피웠어. 13살이라는 여자아이는 9살처럼 보였는데, 머리카락이 무릎까지 내려왔고 치마는 바닥까지 늘어져 있었어. 남자아이는 더 어렸어. 그는 선홍색 긴 코트를 입고 있었고, 어머니가 외국식으로 앉아 있는 의자의 넓은 팔걸이 위에 다리를 꼬고 앉아 있었어. 아이가 내려가고 싶을 때는 어머니 뒤에 있는 자리로 털썩 뛰어내린 다음, 다른 쪽 팔걸이 위로 올라갔다가 그리고 바닥으로 내려왔어. 이러한 귀족은 한국인 가운데 가장 접근하기 어려운 사람들이야.

오늘 아침 나는 핑글랜드 양에게서 카드 한 장을 받았는데, 내가 지난 일요일 함흥교회에 없어서 놓친 것을 이야기해 줬어. 설교가가 세 개의 남학교 건물 건축을 위해 헌납된 여성용 스위치 3개를 들고 다음과 같이 여성들에 계속 외쳤대. "서둘러서 여러분의 스위치를 벗으세요!"

우리는 많은 과일을 먹었어. 사과는 훌륭했고, 포도, 복숭아, 배, 감도 먹었어. 딸기와 앵두도 있는데 우리는 늦게 와서 못 먹어봤어. 여기서 자두는 못 들어봤어. 한국 배뿐 아니라 외국 배도 있어. 한국 배는 러셋 사과처럼 동그란데, 외국 배만큼 부드럽지도 우아한 맛이 나지도 않아. 일본산 작은 바나나와 오렌지도 팔고 있지만, 한국에서 재배되지는 않아. 지금은 감이 한창 철이야. 감은 흐물흐물하고 소금과 같이 먹는데, 많은 사람들이 매우 좋아해. 작은 참외도 있는데 굉장히 인기가 있어. 토마토, 가지, 상추 등도 있어.

외국인 외에 한국인 의사와 간호사, 그리고 모든 것이 매우 질서정연하고 병원같이 보여. 나는 일이 돌아가는 것을 살펴보기 위해 몇몇 오전에 병원을 슬쩍 둘러보려고 해. 말라리아, 스프루, 아메바성 이질, 한센병 등의 몇몇 사례를 보고 싶어. 맨스필드 의사는 외래진료소에 오는 환자 중 약 50%는 결핵 양성사례인 것처럼 보인다고 하더라고. 언어 공부는 재미있지만 지루하고, 병원 일로 돌아가는데 너무 오래 걸린다. 내 면허와 관련해 말하자면, 다른 의사가 영국 면허로 허가를 받았대. 그래서 나도 그 전례를 따를 수 있을 것으로 기대하고 있어.

하지만 나는 언어학교에서 '조선말'을 공부하기 위해 글을 마치고 달려가야 할 것 같아. 또 다른 마샬에게 내가 그를 잊지 않았고, 내 타자기가 수리되면 편지를 쓸 것이라고 말해줘. 그 사이에 이곳이 방문하기에 훌륭한 곳이라고 그가 결심할 수도 있겠다.

모두에게 사랑을 담아,
플로렌스

서울
1921년 11월 3일

찰리에게,

　네가 좋아할 만한 오래된 한국 우표를 보낸다. 일전에 어느 행상에게 산거야. 그 친구들은 온갖 종류의 물건을 팔기 위해 집집마다 방문해. 특히 놋그릇, 호박보석, 비단 그리고 레이스를 팔아. 전국을 다니는 그들은 언제나 합리적인 가격의 두 세배를 부르기에, 네가 만약 가능하다면 괜찮은 가격으로 끌어내려야 해. 그들은 할 수 있는 대로 너를 속일 거라는 사실을 알아야 해. 그러나 외국인들과의 거래가 어디보다 잦은 여기 서울에서는, 상당수가 가격을 하나로 정하고 그 가격을 고수해. 만약 네가 한 사람에게서 무언가를 산다면, 30분 안에 너희 집 현관 계단에는 두세 명이 더 와서 보따리를 풀고 있을 거야.

　바로 지금 서울에서는 주일학교대회가 크게 열리고 있어서, 한국 전역에서 대표가 당도해 있어. 핑글랜드 양도 함흥에서 내려왔고, 그리어슨 의사가 도착했을 때 기차역에서 잠깐 보았어. 지금까지 나는 어떤 모임에도 참석하지 않았지만, 오늘 밤에 서울의 여러 교회가 [모여] 성경 이야기 야외극을 한대서 거기에는 갈 수 있기를 바라고 있어. 어젯밤에는 세계 각지의 주일학교들, 건물들, 학생들, 그리고 교수법에 대한 연등 상영회가 있었는데, 비가 쏟아져서 나는 가지 않았어. 오늘 아침 나는 개인 교사와의 수업을 일찍 끝내고 그를 주일학교대회에 보낸 뒤, 병원에서 어떤 일들이 있었고 또 어떻게 처리되었는지 보기 위해 잠시 들렀어. 의사들은 매우 좋고 친절했어. 어쩌면 언어학교가 끝난 뒤 며칠 동안 머물면서 내가 병원에서 뭘 할 수 있는지 살펴볼 수 있을지도 모르겠어. 세브란스 병원에는 훌륭한 건물과 뛰어난 장비들이 있어. 우리가 함흥에 가지고 있는 것과 비교하기 시작하면, 나는 너무 부러워서 죽을 것 같아.

지금 이곳은 노바스코샤의 11월이 꼭 그랬던 것처럼 꽤 추워지고 있어. 하지만 남쪽 주에서 온 불쌍한 사람들은 그들이 느껴본 가장 혹독한 추위를 경험하고 있어. 오늘 그들 중 몇 명은 더 이상 추위를 견디지 못하겠다며 오후가 끝나기도 전에 언어학교에서 나가 집으로 돌아갔어.

지난 토요일, 십여 명의 우리 언어학교 일행은 기차를 타고 2시간 동안 북쪽으로 간 뒤 내려서 산으로 소풍을 갔어. 4개의 불교 사찰과 사원이 있는 곳까지 올라가는 데 약 1시간이 걸렸다. 그곳 산에는 동굴과 맑은 샘물이 있었어. 그래서 우리는 거기서 멈춰 점심을 먹었어. 그 뒤 일행 중 절반은 산꼭대기까지 올라갔어. 사원까지는 군데군데 돌로 깎아 만든 거친 계단이 있었지만, 그 너머에는 길이 없었어. 소풍으로 가기에는 너무 힘들 것 같아서 나는 가지 않았는데, 갔다 온 사람들의 몰골을 보고 안 가길 잘했다는 생각이 들었지. 사람들은 지쳐 있었고, 신발은 더러워지고 옷은 해지고, 온몸에 멍이 들어 있었고, 게다가 기차역까지는 아직 5km나 더 가야 했지. 산은 푸른 나무들과 가을빛으로 아름다웠어. 특히 미국인들 그리고 호주에서 온 여자애가 기뻐했는데, 캐나다 가을의 화려함에 익숙한 우리에게는 그냥 낯익은 풍경이었어.

모두에게 사랑을 담아,
플로렌스

서울
1921년 11월 3일

어머니께,

3주 동안 저는 캐나다에서 오는 편지를 단 한 통도 받지 못했습니다. 그러더니 편지가 매일 배달되기 시작했습니다. 그래서 지난주에는 알렉스 또는 집에서 오는 편지를 5일 연속 받았고, 이번 주에도 2통 받았어요. 편지가 모두 같은 배를 타고 오는데도, 보통 이렇게 며칠 연속으로 배달이 되더라고요. 서울에서는 하루에 서너 차례의 우편배달이 이루어지고 있습니다. 우체국에서 편지를 배송하기 전 살펴보는 데에 시간이 좀 걸리는 게 아닌가 싶어요. 그 결과 저는 지금 한꺼번에 답장을 써야 할 가족 편지가 네 통이나 있습니다. 이렇게 쌓인 것은 처음이에요.

그럼 이제 그 답장을 써 볼까요. 그래서 달하우지 대학은 올해 몇몇 새로운 건물을 사용하고 있군요. 그게 도움이 좀 될 듯합니다. 지금의 힘든 시기가 올해 출석률에 영향을 미칠지 궁금하네요. 개학식에 제가 참석하지 않은 것은 1914년 이후 올해가 처음입니다. 잭이 자기 학과에서 그토록 문제를 겪고 있다니 안타깝습니다. 믹 씨네가 많이 비열한데, 그런 행동으로 과연 그들이 무엇을 얻을 수 있을지 잘 모르겠네요.

아버지가 록 카트린에 계실 때 코닥이 고장 난 것은 매우 유감입니다. 하지만 알렉스가 지금쯤은 틀림없이 고쳐놓았겠죠. 고친다는 이야기가 나와서 말인데요, 제 타자기는 아직도 YMCA의 공업부에 있습니다. 언제 받을 수 있을지 모르겠어요. 타자기를 위해 책상도 주문했어요. 며칠 전 중국인에게서 앞창을 댄 신발 한 켤레를 샀는데, 고향에서는 이렇게 깔끔하게 만들어진 신발을 가져본 적이 없는 것 같아요. 가격은 핼리팩스에서와 거의 같았습니다.

선거에 관한 이야기 및 그와 관련된 모든 소식을 듣고 싶습니다. 제가 서울에 온 이후 읽은 유일한 신문은 『서울 프레스』인데, 선거에 관한 이야기는 거의 없고 유럽과 동양의 문제에 대한 보도가 다입니다. 방금 워싱턴 회의에 대한 기사가 있었어요.

의학 저널에 관련한 것인데요, 저는 『캐나다 메디컬 저널』을 구독 중인데 아직 한 부도 받지 못했습니다. 제가 그들에게 제 한국 주소를 알려 줬는데도, 제 옛날 주소로 보내고 있는 것이 틀림없어요. 네, 저는 저널을 받고 싶습니다. 아버지께 출판사에 카드를 보내서 저널을 함흥으로 보내 달라고 부탁해 달라면 너무 번거로우실까요? 도서관에는 아무것도 없어서 참고할 만한 잡지가 좀 있으면 좋을 것 같아요. 그래야 제가 뒤처지는 것도 방지할 수 있을 것 같습니다.

어머니께서 그간 건강치 못하셨다니 유감입니다. 이제는 아팠던 병이 완전히 나아서 몸이 좋아지고 건강해지기를 소망합니다. 지난 편지에서 애나가 라틴어를 떼지 못하더라도 의학교에 들어갈 수 있다는 이야기를 들었습니다. 애나가 어떻게 되었는지 몹시 듣고 싶지만, 그 소식을 들으려면 아마 2~3주 더 걸릴 것 같네요.

캐서린이 그렇게 잘 지내고 있다니 기쁘고, 또 앨리스터 일은 유감입니다. 도린 실이 거기에 있는 게 어머니를 너무 힘들게 하지 않앉으면 좋겠습니다. 도린은 애나와 같은 방을 쓰나요?

스파이어 씨가 제게 보내달라며 스냅 사진을 남겼다고 어머니께서 말씀해 주셨던 게 한참 전인데, 아직까지 저는 그 사진을 받지 못하였습니다. 혹시 잊으신 게 아닌지요? 또한 가족 단체사진을 보내긴 하셨나요? 찍은 지 꽤 되었습니다.

제가 토론토를 떠난 뒤, 시온 사람들에게서 아무 소식도 듣지 못하였습니다. 제가 밴쿠버, 고베, 함흥 등에서 그들에게 편지를 썼던 것을 생각하면 좀 놀라울 정도입니다. 그러나 만약 [편지 쓰는 일이] 테일러 씨에게 맡겨졌다면, 그렇게 시간이 오래 걸리는 것이 놀랄만한 일은 아니라고 생각합니다. 만약 자동차를 캐나다에서 보낸다면, 이곳에서 세금이 매우 비쌀 것입니다. 이곳 사람들이 모두 말하기를, 이 나라에 다량으로 들여오면 훨씬 싸게 되니, 들고 오는 것보다 여기서 사는 것이 훨씬 낫다고 합니다.

지난번 어머니께서 보내주신 편지에는, 아버지께서 K. M. 먼로 씨에게 레이체스 만에 가지 않겠느냐고 쓴 종이가 동봉되어 있었어요. 분명히, 그 종이는 잘못된 봉투에 들어가 제게 전달되어 버린 것 같습니다. 하지만 이제 와서 그 종이를 다시 보내도 아무 소용이 없을 것 같아요. 그 실수로 인해 큰 피해가 일어나지 않았으면 좋겠습니다.

저는 돕슨 박사에게 빚진 게 하나도 없는 것 같아요. 제가 떠날 때 모든 돈이 지불되었고 혹 그렇지 않더라도 최소한 지불될 수 있도록 돈을 남겨 처리해 놓았기 때문에, 가벼운 마음으로 떠났습니다. 그곳에서 저의 모든 청구서는 지불되었다고 확신하지만, 영수증의 경우는 아버지께 맡긴 게 아니라면 저는 가지고 있지 않습니다. 어쨌든 소란 피울 정도는 아닙니다.

제 손의 습진이 오랫동안 저를 괴롭히지 않았다는 것을 들으시면 어머니께서는 기뻐하시겠죠. 습진은 거의 다 없어졌습니다.

이 나라에서는 경찰이 와서 사람들에게 마당을 치우고 집안 가구를 모두 마당에 내어놓은 뒤 집을 청소하라고 명령하는 '청소' 날이 너무 자주 있습니다. 종종 그들은 주위에 서서 청소가 이루어지는 것을 지켜봅니다. 일본인들은 요식행위와 위세 부림을 너무 좋아합니다. 그러나 이렇게 더러운 사람들과 더러운 거리, 열린 하수구, 끔찍한 도랑이 있는 이 더러운 나라에 외국인들이 와서 외국 스타일로 문명인처럼 살고 있는데, 더러운 경찰이 와서 집을 청소하라고 명령합니다. 그들은 도랑과 하수구와 같은 모든 것을 다루는데, 물론 분명히, 그들은 하루살이는 걸러내고 낙타를 삼키고 있습니다.[8] 그들은 도무지 일관성이라는 것을 모릅니다.

11월 4일. 어제저녁 저희는 주일학교대회에 갔습니다. 저녁에는 대부분 오락 프로그램으로 채워져 있었습니다. 어젯밤은 여러 교회에서 온 아이들이 꾸민 노래 무대와 몇몇 간단한 야외극이 주를 이루었습니다. 몇몇 노래와 극은 정말 좋았고, 밝은색 옷을 입은 아이들은 너무 예뻐 보였습니다. 정말 아름다운 의상들도 있었습니다. 외국 어린이들도 두 곡을 불렀습니다. 대회에는 약 800명의 대표들이 참석하였고 교회는 붐볐습니다. 천 명은 넘게 있는 것 같았습니다. 우리는 한국인, 외국인 할 것 없이 많은 사람들과 함께 뒤에 서

---

8 하루살이와 낙타에 대한 부분은 마태복음 23장 24절에 등장하는 표현으로서, 사소한 일에 집착하면서 큰 일을 소홀히 하는 서기관과 바리새인의 태도에 대해 예수가 사용한 비판적 비유 표현이다.

있었습니다.

지난 이틀 동안 개인 교사를 일찍 돌려보내 주일학교대회의 몇몇 모임에 참석케 하고, 저는 세브란스 병원으로 달려가 그곳에서 하는 일을 조금 보았습니다. 매우 흥미로웠어요. 저는 엑스레이 직원이 너무 마음에 들어서 제가 서울을 떠나기 전에 그와 함께 특별한 일을 좀 하려고 합니다.

오늘 저희는 굉장히 소소한 시간을 가졌습니다. 먼저 영국 영사관에 있는 "집"에 갔고요(물론 학교 끝난 뒤의 일입니다), 그 뒤 몇몇 신입 선교사들의 환영회가 열리는 미북장로회 선교부 구내의 "집"에 갔어요. 그 뒤 조선기독교서회의 총무인 본윅 씨네 집으로 저녁을 먹으로 갔습니다. 우리 선교부의 로즈 양과 영 양이 언어학교를 다니는 기간 동안 그 집에 머물고 있습니다. 본윅 씨 네는 영국 사람들이고 매우 친절합니다. 폭스 양도 함께했습니다. 그들은 모든 캐나다인을 초대하고 싶어 했지만, 너무 많을 것 같다고 생각하였습니다. 딸 중 한 명은 캐나다에서 공부하고 있고, 두 딸은 이곳에서 학교를 다니고 있습니다.

오늘 오후에 그리어슨 의사를 잠깐 뵈었어요. 우리는 일에 대해 조만간 다시 대화를 나누기로 하였습니다. 그는 제가 계획했던 것보다 빨리 간도로 가야 할 것 같다고 생각합니다. 마틴 의사가 아직도 매우 힘든 상황이고, 그가 잠시 이 나라를 떠나기 전에는 일을 할 수 없을 것 같기 때문입니다. 저는 회령에서 원산으로 옮긴 맥도날드 씨도 만났습니다. 그는 잘생겼고 매우 친절해 보였습니다. 성진에서 온 또 다른 우리 선교부의 일원인 토마스 양도 여기 있는데, 이제는 꽤 친해졌습니다.

우편 요금 인상에 대해 어떻게 생각해야 할지 모르겠습니다. 저희는 10월 1일부터 요금이 두 배 인상될 것이라는 통보를 받았습니다. 그러고는 다시 아니라고 하더군요. 지금은 새로운 우편 요금이 연초부터 적용될 것이라는 이야기가 들립니다. 그런데 만약 그것이 지금 캐나다에서 시행되고 있다고 한다면, 이 끝에서 달라져야 한다는 것이 확실히 이상해 보입니다. 우체국에서 뭐라고 하는지 봐야 할 것 같습니다.

크리스마스를 위한 몇몇 물건을 다음 주에 어머니께 보낼 수 있기를 바라고 있습니다. 그때 어머니가 어디에 계실지 모르니 동생들이 있는 곳으로 주소를 적는 게 좋을 것 같습니다. 저는 소포 위에 "크리스마스 박스"라고 표기를 해 둘 생각이에요. 크리스마스 선물은 무료로 전달되기 때문에 그렇게 하면 세금을 내지 않아도 될 것입니다. 소포가 제때에 좋은 상태로 도착하여 어머니가 받고 좋아하시길 희망하고 있습니다. 대학이 막 개강을 하였다는 이야기를 들은 이때에 벌써 크리스마스 생각을 하니 좀 이상하게 느껴지네요.

2년 반 전의 3월부터 수감된 많은 사람들이 오늘 풀려났습니다. 다른 사람들은 여전히 감옥에 있습니다.

이곳 사람들이 뜨거운 물병을 어떻게 사용하는지 어머니께서 보셔야 해요. 한쪽에 코르크 마개가 달린 크고 두꺼운 원통형 도자기 용기인데요, 모두 돼지라고 부릅니다. 하지만 추운 밤 함께 하기에 가장 좋은 동물입니다. 아침까지 따뜻하거든요.

모두에게 사랑을 담아,
플로렌스

서울
1921년 11월 4일

알렉산더에게,

3주 동안 캐나다에서 어떤 편지도 받지 못했었는데, 그 뒤 5일 연속으로 매일 편지를 받고 있어. 편지가 배달되기 전 검열을 받느라 시간이 다소 걸리는 것을 알 수 있어. 이상하지 않니? 스스로를 문명화되었다고 생각하는 사람들이 어떻게 아직도 그런 일에 매달릴 수 있는지 말이야. 어쨌든, 너와 가족들이 매주 편지를 쓰고 있다는 것을 나는 잘 알고 있어. 편지는 모두 조만간 도착할 거야.

네 편지들은 정말 흥미롭구나. 네가 대학과 파인힐에서 보낸 첫 번째 편지가 도착해서 많은 소식을 들을 수 있기를 고대할게. 제시 맥리드의 결혼에 관한 기사 조각을 보내줘서 고마워. 여기서는 캐나다 신문을 자주 보지 못하는데, 행사에 대한 흥미로운 내용과 별개로 신문 조각 자체를 보는 것도 너무 좋구나. 이것으로서 [제시는] 훌륭한 목사의 부인으로서의 삶을 시작하게 되었지만, 학생자원운동은 더 이상 하지 못하게 될 것 같구나.

네가 알려준 그 새로운 사진현상액에 대해 듣게 되어 기쁘구나. 나도 좀 얻을 수 있도록 노력해 봐야겠어. 서울에 온 이후 실력이 매우 좋은 어느 일본인 사진가를 통해 [필름] 몇 통을 현상해서 상당히 많은 사진을 인화했어. 가격은 고향에서와 비슷했어. 나는 사진

현상기와 인화 장비를 서울에 가져오지 않았는데, 가져오지 않기를 잘한 것 같아. 사실 현상과 인화를 하는 데에 시간이 너무 걸리기에, 볼 것 많은 도시에 있을 때는 여가시간에 도시를 구경하러 다니고 싶거든. 내가 직접 인화한 사진들은 여기 사진사를 통해 인화하는 것만큼 좋지가 않아. 내 사진들은 모두 흐릿하거나 지저분해 보이는데 왜 그런지 모르겠어. 하늘이나 여백은 결코 맑거나 깨끗하지 않고 얼룩덜룩한 회색이었어. 왜 그렇게 되었다고 생각하니?

보내준 스냅 사진 고마워. 모두 굉장히 흥미로웠어. 네가 록스포트에서 봤을 그 어떤 것과도 조금 다른 것을 한 장 동봉했어. 만화 같지 않니? 에디가 이것을 보고 웃는 모습을 보고 싶구나.

이번 주 여기 서울에서는 '전국 주일학교대회'가 열려서 800명의 대표들이 참석했어. 오전에는 여러 분과에서 주일학교 교수법 등을 공부하는데 할애되고 있고, 오후에는 주로 서울의 흥미로운 장소를 돌아봐. 그리고 저녁에는 세계 각지의 주일학교 및 학생들 등을 보여주는 연등 행사나 강연회, 영화 상영회, 콘서트 등이 열리고 있어. 한국인과 외국인 모두가 대표로 참석하고 있어. 동양 세계주일학교협회 회장인 콜먼 목사가 여기 왔고, 그 밖의 주일학교 거물들도 있어. 그들은 물론 통역을 통해 연설을 해야 해. 어느 날 저녁, 우리는 유치원부터 고등학교 학생에 이르는 전부 한국의 어린 친구들이 만든 무대를 보았어. 작은 어린이들의 율동과 암송이 있었고, 좀 더 큰 아이들의 야외극과 노래무대도 있었어. 정말 훌륭했어. 한두 개를 제외한다면, 나는 어디서도 이보다 더 훌륭한 무대를 본 적 없는 것 같아. 어젯밤에는 아주 뛰어난 콘서트가 있었어. 바이올린과 피아노, 플루트를 연주하는 한국인 연주팀이 있었고, 대학과 학교에서 온 솔로와 듀엣, 합창단도 있었어. 모든 프로그램은 한국어로 진행되었어. 대부분의 음악, 특히 악기 연주는 클래식 위주였지만, '올드 블랙 조', '올드 켄터키 홈', '유피디' 등을 번역하여 친숙한 곡조에 노래를 부르기도 했어. '유피디'는 큰 인기를 얻어서 다시 한 번 불러야만 했어. 이번 주 나는 내 개인 교사를 오전 10시 30분에 돌려보내고 있어. 그럼 그는 주일학교대회의 11시나 12시 분과에 들어갈 수 있거든. 대신 나는 세브란스 병원에 가서 그곳을 둘러보았어. 병원은 좋은 시설과 훌륭한 장비를 갖추고 있는데, 다만 직원이 부족하더라고. 외국인 의사가 몇 명 있지만, 한 명은 병원 감독이어서 의료활동은 활발히 하지 못해. 그리고 다른 사람들은 많은 시간을 의학교에 쏟고 있고, 그게 아니라면 어학 공부 중이야. 매우 흥미로운 곳이고, 멋진 환자 사례를 몇 명 보았어. 병원에는 훌륭한 엑스레이 설비와 그것을 다루는 홉커크라는 의사가 있는데, 그가 내게 엑스레이 작업에 대해 교육시켜 주겠다고 제안했어. 그래서 나는 언어학교가 끝난 뒤 며칠 더 이 도시에 남아서 그의 제안을 받아들일 생각이야.

그리어슨 의사가 주일학교대회에 참석하기 위해 서울에 계셔. 그는 마틴 의사가 매우 더디게 나아지고 있다고 보고했고, 그가 여행이 가능해질 정도만 되면 바로 안식년을 가야 할 것 같다고 말씀하셨어. 그럴 경우 나는 예상보다 더 빨리 용정으로 가야 할지도 몰라.

선교사 중 한 명이 내게 주일학교대회 참석을 위해 멀리 시골에서 올라온 한 남자의 이야기를 해 줬어. 그가 기차역에 도착해서 선교사들이 그를 기차에 태우자마자 그는, "이제껏 본 집 가운데 가장 큰 집"을 보고 감탄했대. 그런 사람들에게는 많은 현대적 건물과 노면전차가 있는 수도의 경이로움을 볼 수 있는 좋은 기회일 거야. 주일학교대회 자체도 그들에게는 꽤 놀라웠을 거야. 칸막이가 없는 교회, 그리고 남녀가 함께 연단에 서서 합창을 하는 것은 외딴 지역에서 온 많은 사람들에게는 새로운 광경이었을 거야.

앨버트 심슨에게 우리 선교회에서 지역민들에게 노래를 가르치기 위해 그가 이곳에 필요하다고 말해줘. 그들은 소리에 대해 야망이 크지만, 음악에 대한 훈련이 그다지 되어 있지 않아.

너의 사랑하는 누이,
플로렌스

서울
1921년 11월 5일

포스터에게,

　지금 내게는 답장 써야 할 네 편지가 두 통 있어. 그건 마치 기억되길 바라는 하이포와 조크 같았어. 대학이 개학할 때쯤이 되었을 때, 나는 실제로 그들이 떠올랐어. 내가 학교에 등록하러 가지 않은 것은 1914년 이후 올해가 처음인 것 같아. 대학 시절의 좋은 인연들과 즐거웠던 시간, 그리고 고된 학업을 떠올리는 것도 유쾌하지만, 그러한 준비과정이 뭔가 정말 가치 있는 일로 연결된 데에서 더 큰 만족감을 느껴. 그리고 그것이야말로 모두가 중요하게 생각하는 커다란 한 가지이지. 더 많은 일꾼, 더 많은 건물, 더 많은 장비를 가진 이곳의 다른 선교부를 볼 때, 나는 우리 선교부가 정말 부끄럽게 느껴져. 우리는 할 수 있는 선에서 최선을 다해야만 해.
　내가 아는 모든 의과대학 여학생들에 대해 떠올려줘. 1학년과 2학년에는 몇 명이 있니? 6년 과정은 어떻게 시작되고 있어? 앨리스 손이 돌아올지도 모른다는 소식을 들으니 기쁘다. 재밌는 소식과 축구 소식을 모두 전해주겠다는 너의 약속이 나를 기운 나게 한다. 고향의 것들과 접촉하는 것이 어려운 이곳에서는 마치 화석이 된 것같이 느껴진다.
　나는 이번 주에 호기심과 크리스마스 물건들로 채워진 상자 하나를 가족들에게 보내려고 하는데, 파인힐에 있는 너희에게 보내려고 해. 왜냐하면 그즈음 아버지가 어디에 계실지 아직 모르기 때문이야. '크리스마스 박스'라고 표시된 것에는 세금이 부과되지 않기 때문에, 그들이 네게 세금을 부과하지 못하도록 하렴.

우리와 같이 지내는 호주 여자애는 재미있는 이야기를 많이 알고 있어. 이 이야기 어때? 한 늙은 영국인이 호주에 있는 그의 아들을 보기 위해 여행하고 있었어. 기차에서 그는 캥거루를 보았고, 그 이상한 것이 무엇인지 물어봤지. "오, 그건 원주민[natives] 중 하나에요."라는 대답이 돌아오자 노인이 말했어. "맙소사. 우리 아들은 그 중 한 명과 결혼할 거야."

그녀는 이 이야기가 가장 건조한 이야기라고 했어. 어느 아일랜드 사람과 스코틀랜드 사람이 함께 호텔에 갔는데, 아일랜드 사람은 주머니에 돈이 없었어. "[프랑스어] 그렇지?"

파인힐로 돌아온 이후 네가 천식으로 고생하고 있지 않았으면 좋겠다. 건강만 잘 갖추고 있다면 너는 4학년을 엄청 즐길 수 있을 거야. 최소한 시험 동과라는 관점에서 봤을 때, 4학년에서 5학년까지는 보통 더 잘 할 수 있다고 생각해. 특히 만약 네가 스텝으로 들어갈 수 있다면 말이야. 새로운 교수님들에 대해 이야기해 줘.

이곳의 학생들은 전도활동을 스스로 아주 많이 하고 있어. 학교와 대학이 고향에서는 가을에 시작하는 것과 달리 이곳에서는 일본법이 요구하는 대로 4월에 시작해. 그리고 방학이 시작되는 여름에 학기가 끝나. 학생들은 전도대를 조직해서 전국을 다니며 설교해. 의학교 학생들 가운데, 설교단의 리더는 박이라는 성을 가진 젊은 친구야. 그는 커 양이 서울에 있는 동안 그녀의 [어학] 교사를 하고 있는데, 괜찮은 젊은이로 보여. 빌링스 씨는 학생들을 위해 이곳인 자기 집에서 저녁에 성경반을 열고 있어. 지난주 토요일 밤에 의대생들이 여기에 왔고, 우리는 그 후에 함께 게임을 했어. 그들보다 더 열정적으로 어떤 일에 뛰어드는 남자아이들을 나는 본 적이 없어. 우리가 알고 있는 한 그들은 그 어떤 사회생활도 전혀 하고 있지 않아. 그들의 집안 형편으로는 여가활동은커녕 편안한 삶도 영위하기 힘들어. 그래서 그들은 밖에서 스스로 즐거움을 찾아야 해. 그들은 자신에게 주어진 이와 같은 그 어떤 작은 일도 감사하며 즐기는데, 그 모습을 네가 볼 수 있었으면 좋겠다. 이런 활동은 그들에게 기독교 가정에 대한 내적 관념을 제공해 주는 것이기도 해. 즉 한국인들은 알지 못하는, 남녀가 함께 식사하고 서로의 사회를 즐기는 모습 말이야. 어젯밤 기술학교의 소년들이 여기 왔지만, 우리는 어느 한국 공연을 보느라 나가 있어서 만나지 못했어.

지난주 어느 날 오후 방과 후에, 우리는 영국 영사와 그의 부인에게 경의를 표하기 위해 갔었어. 그들은 정말 좋은 사람들로 보였고, 언젠가 저녁에 함께 차를 마시자고 했어. 그들은 내가 만난 몇몇 일본 여성들을 포함해 많은 손님들을 영접하고 있었어. 그들은 내가 만난 첫 번째 일본인이야. 그들 중 몇 명은 영어를 매우 잘했어.

최근 어느 날 밤 서리가 아주 많이 내려서 모두가 추위에 대해 불평했어. 너무 상쾌한 바깥 날씨였는데, 남부 사람들은 추운 날씨를 어떻게 대처해야 하는지 몰라서 심지어 실내까지도 춥다고 하더라고. 지금 우리가 지내는 집은 불을 피웠어.

이곳의 많은 상점들이 광택이 나는 나무에 아름다운 황동을 두른 장식장과 너무 멋진 무늬를 한 자개장을 팔고 있어. 사고 싶지만 가격이 비싸고 또 운송 중에 파손될까봐 걱정이 돼.

음, 이제 글을 마쳐야겠다.

너의 사랑하는 누이,

플로렌스

서울
1921년 11월 12일

애나에게,

YMCA에 수리를 위해 맡긴 지 몇 주나 됐던 내 타자기를 방금 찾아와서 지금 시험해 보는 중이야. 뭔가 다른 기계처럼 느껴졌는데, 이건 내가 핼리팩스에서 사용하던 기계가 아니라 아버지의 기계였다는 것을 기억해냈어. 다 고쳐진 것처럼 보여. 다만 내가 종이를 돌릴 때 사용하던 크고 단단한 고무바퀴가 예전에는 오른쪽에 있었는데, 왼손으로 다루는 것에 굉장히 익숙해질 수 있을 것 같아.

오늘 나는 집에 있는 모든 가족을 위한 크리스마스 선물을 몇 개 보냈어. 모두 제시간에 그리고 내가 꼼꼼히 포장한 그 상태로 도착했으면 좋겠다. 만약 선물 중 일부가 다른 선물이 도착한 이후에도 오지 않더라도, 내가 너희 중 누군가를 잊어버렸다고 생각하지 말고 나머지 선물이 도착할 때까지 참을성 있게 기다려줘. 네가 뭘 좋아할지 헤아리는 게 가장 어려웠는데, 내가 보낸 선물이 마음에 들었으면 좋겠다. 흥미로운 것으로 고르려고 노력했고, 또 너를 위해 다른 것도 샀지만 이번에는 같이 보내지 않았어. 다음에 받을 수 있을 거야. 선물과 함께 작고 멋진 카드를 동봉하고 싶었지만 그러지 못해서 미안해. 우리는 오전에는 개인 교사와 공부하느라, 그리고 오후에는 학교에서 공부하느라 하루 종일 너무 바빠서, 뭔가를 하러 시내에 가기까지 시간이 너무 오래 걸려. 선물 보내는 데 더 시간을 끌면 안 될 것 같았어. 하지만 카드는 편지와 함께 보낼 수 있고, 그러면 선물보다도 먼저 도착하게 될 거야. 편지가 소포보다 더 빠르거든.

그래, 대학에서는 어떻게 지내고 있니? 그리고 의학은 마음에 드니? 나는 네가 아주 잘 지내고 있고, 또 열심히 공부할 것이라고 믿어. 네가 앞으로 학업의 전 과정 및 이후의 일에서 모두 성공하기 위해서는 지금 기초를 잘 닦는 게 중요하단다. 내게 편지 쓸 때, 네가 보낸 모든 즐겁고 좋은 시간들에 대해서, 그리고 요즘 유행하는 모든 농담에 대해 말해다오. 너희 학년에는 몇 명 있어? 그중에 여학생은 몇 명이야? 새로 온 6학년 학생이 기존 학생들과 잘 지내고 있니? 티나 맥레오드와 엘리자베스 서롯은 그들이 원하는 대로 아동병원에 들어갔니?

가능한 모든 언어를 배우고, 프랑스어의 경우 특히 잘하는 사람과 말할 기회가 있다면 그때마다 대화를 나누렴. 네가 병원에 들어가게 되면 프랑스인들을 만나게 될 것이고, 그들과 대화할 수 있다면 좋을 거야. 너는 그것을 즐기게 될 것이고, 새로운 언어를 배우는 것은 네가 생각하는 것보다 더 큰 도움이 될 거야. 한국어는 악센트가 없는 언어인데, 프랑스어도 마찬가지야. 그래서 최소한 그 점에서만이라도 도움이 될 거야. 한 언어에 대한 지식은 다른 모든 언어를 배우는 데 도움이 될 거란다.

이곳 바로 근처에 있는 남학교에서 오늘 큰 운동회가 열렸어. 700명도 넘는 학생들이 참석했는데, 정말 즐거운 시간을 보냈다. 각종 경기와 스포츠 곡예가 열렸고, 응원과 함성 소리가 꼭 고향에서 들리는 소리 같았어. 운동회를 보자 고향에서는 지금 축구 시즌이 한창이겠다는 생각이 들었지. 그리고 달하우지 대학이 올해 다른 대학 및 시티 리그를 모두 해치우고 있을지 궁금했어. 고향의 운동장 주변에는 여기 운동장 주변만큼 경찰이 많지 않아. 여기에서는 밴드가 연주하고 모두가 즐거운 시간을 보내고 있는 것 같았어. 나는 오전에는 공부하느라 그리고 오후에는 바빠서 운동장에는 가지 않았어. 하지만 집에서 잠시 지켜보았고 또 울타리까지 한 번 나가 보았어. 정말 많은 사람들이 구경하고 있었단다. 나도 저 안에 있었으면 좋겠다는 생각이 들었어. 그런 때일수록 한국인과 대화할 수 있기를 갈망해. 우리의 이 이상한 언어는 우리 사이의 장벽이 되어 버려. 하지만 내가 선생님과 잘 지내는 것은 멋진 일이야. 우리는 이제 서로를 매우 잘 이해할 수 있어. 물론 나는 아직 한국어를 많이 알지 못하지만, 나는 항상 더 많은 것을 배우고 있고, 내 개인교사도 나의 한국어만큼 영어를 빠르게 배우고 있단다. 그도 나로 인해 [영어 공부를] 시작하게 되었어. 그래서 그 두 언어 사이에서 우리는 전체적으로 서로를 이해할 수 있다.

내게 더 자주 편지를 써 주렴.

너의 사랑하는 언니,
플로렌스

한국 서울
1921년 11월 12일

아버지께,

어제 고향은 [제1차 세계대전] 휴전 기념일이었을 테지만, 여기는 전혀 신경 쓰지 않습니다. 세계 대전에 대해 너무 많은 생각을 두고 싶지는 않지만, 다른 한편으로는 설령 가능하다 하더라도 그 전쟁을 잊고 싶지는 않습니다.

저는 지난번 편지를 쓴 이후로 캐나다에서 오는 편지를 하나도 받지 못하였지만, 우편물이 들어왔다는 소식은 들었어요. 그래서 편지 받을 경우를 대비해서 이 편지를 하루나 이틀 정도 더 갖고 있다가 부칠 예정입니다. 저희의 모든 우편물은 원산이나 함흥으로 먼저 간 뒤에 다시 이곳으로 보내지기 때문에, 직통으로 받는 사람들보다 시간이 더 오래 걸립니다.

저희는 우리 선교부의 다른 멤버들과 점점 더 친해지고 있습니다. 1년 전쯤 내한하여 회령에 부임하였던 맥멀린 부부도 지금 언어학교에 다니고 있어요. 성진의 영 양과 세브란스 병원의 폭스 양도 그렇고요. 그리어슨 의사가 내려와 한국 전국 주일학교대회에 참석하고 있던 어느 날 오후 저에게 대화를 나누자고 하셔서 그를 좀 길게 만났습니다. 원산의 맥도날드 씨도 지금 여기 와 계신데, 정말 좋은 분 같아 보였습니다. 저는 그에게 매료되었어요. 어느 날 저녁, 커리 양, 폭스 양, 그리고 저는 본윅 형제네 집에 초대되어 차를 마셨습니다. 그는 조선기독교서회의 총무이며, 지금 로즈 양과 영 양이 그 집에서 기숙 생활을 하고 있어요. 저희는 음악과 대화와 게임을 하며 매우 즐거운 저녁을 보냈습니다.

용정의 화이트로 양에게도 편지를 받았어요. 그리어슨 의사가 제게 말한 대로 그녀도 마틴 의사의 상태가 별로 나아지지 않아서 안식년을 다녀오기 전까지는 일을 많이 할 수 있을 것 같지 않다고 하였습니다. 그래서 제가 예상했던 것보다 일찍 그곳에 가게 될 것 같고, 머지않아 일을 시작하게 될 것 같습니다. 마틴 의사는 한국의사를 고용하는 대신 직접 훈련시킨 조수를 두는 것을 선호했기 때문에 현재 그곳에는 한국인 의사가 없습니다. 그러나 맨스필드 의사, 그리어슨 의사, 그리고 저는 한국인 의사가 있어야 한다고 생각하며, 화이트로 양도 그곳 선교지부의 의견도 한국인 의사를 두는 것을 지지한다고 말하고 있습니다. 마틴 의사는 대부분의 일을 직접 하였고, 모든 책임을 짊어졌으며, 그래서 아침부터 밤까지 바빴습니다. 제가 만약 하루 종일 병원 일에 전념할 수 있다면 그렇게 하는 것이 매우 좋을지도 모르지만, 만약 제가 언어를 배워야 한다면 공부할 시간이 반드시 필요합니다. 따라서 모든 것을 함께 감안한다면, 대부분의 작은 일을 처리할 한국인 의사가 필요하며 저는 수술이나 운영을 하게 될 것 같습니다.

저희는 이 나라와 사람들에 대해 늘 새로운 것을 발견하고 있습니다. 이곳에는 많은 면화, 옥수수, 땅콩, 호두, 밤이 재배됩니다. 찰리가 이 말을 들으면 당장 오고 싶어 할 거라 생각해요. 저희는 종종 밤 수프를 먹는데 맛있습니다. 어제 저희는 속에 밤을 채운 구운 꿩을 먹었는데, 정말 맛있었습니다. 꿩은 여기서 꽤 흔합니다. 생긴 건 자고새와 비슷한 데 조금 더 비린내가 납니다. 핑글랜드 양이 주일학교대회를 위해 내려왔을 때 그녀를 마중하러 역에 나간 그날 저녁, 몇몇 일본인들이 총과 꿩을 들고 기차에서 내리고 있었습니다. 한 남자는 말 그대로 꿩으로 도배되어 있었어요. 앞뒤 그리고 양옆에 꿩을 잔뜩 매달아 그야말로 그 남자의 머리와 발만 보일 뿐이었습니다. 매우 흥미로운 광경이었는데, 꿩은 매우 아름다운 새예요.

맥릴런 양이 방금 이 도시에 도착했습니다. 그녀는 그저께 밤에 도착했지만 저희는 어제 오후가 되어서야 알았어요. 그녀는 원래 오늘 떠날 예정이었는데, 커리 양이 기차역에 나갔음에도 그녀를 보지 못한 것을 보면 아마 하루나 이틀 더 여기서 머물기로 결정한 것 같아요. 베시 네 가족은 모든 유리 제품이 깨졌고 서랍장의 거울을 포함해 다른 많은 것들도 부서졌대요. 그 이야기를 듣고 또 로즈 양 소유 물건들의 운명을 본 뒤, 저는 제 물건이 이렇게 잘 도착한 것이 엄청난 행운이라는 것을 깨달았어요. 제가 이튿에 주문한 물건 가운데 깨진 것은 하나도 없었고, 단지 제 트렁크에 있던 작은 설탕 그릇 뚜껑과 제 타자기만 깨졌어요. 그리고 보시다시피 그것은 고칠 수 있었습니다.

제가 출발하기 전에 받은 돈을 어떻게 하였는지 아버지께 말씀드렸었는지 잘 모르겠어요. 그 돈을 기부한 사람은 제가 저의 일과 관련하여 그 돈을 사용하길 바랐을 것이라고 생각했어요. 하지만 1, 2년 동안은 정착하지 못할 것이 확실해 보였고, 또 선교부에서는 그 돈이 당장 필요해서 저는 선교부에 그 돈을 1년간 빌려줬어요. 선교부에서 오랫동안 사려고 했던 땅이 매물로 나왔는데, 저 말고 선교부의 그 누구도 그만한 돈을 가진 사람이 없었고 본부로부터 돈을 타 올 시간도 없었어요. 보다시피 제 돈은 그 상황에서 선교부에 최선의 방법으로 사용되었고, 또한 제가 그 돈을 원할 때가 오면 역시 제가 사용할 수 있답니다. 마틴 의사는 그만의 병원을 운영하는 데 필요한 돈을 전부 가지고 있으니, 저는 [병원이] 더 필요한 곳에 제가 가게 될 때까지 이 돈을 보관하고 있을 거예요.

일요일 저녁 교회가 끝난 후 저희는 대영성서공회의 홉스 씨 댁에 가서 노래를 불렀어요. 넘어져서 어지럼증을 느끼고 있는 맨스필드 의사를 제외한 모든 캐나다 사람들이 그곳에 모였어요. 그 밖에 역시 선교사인 호주 여자애 한 명과 영국인 한 명도 있었어요. 그렇게 많은 영연방 사람들과 함께 있는 것이 너무 좋았어요. 그 호주 소녀인 커 양은 캐나다인과 미국인 사이에 존재하는 모든 차이를 알았고, 우리와 함께 있을 때는 완벽하게 고향에 있는 것과 같다고 말해주었어요.

저는 이곳 날씨가 지금 이맘때의 고향보다 더 온화하다고 생각해요. 밤에 서리가 내린 적은 여러 번 있었지만, 낮에는 대체로 온화하고 따뜻해요. 또한 웅덩이에 얼음이 얼거나 땅이 굳은 적도 아직 없습니다. 커 양은 눈을 본 적이 없다고 하면서 모피 코트를 입고 있어요. 그녀는 끔찍할 정도의 추운 날씨를 떠올리면서 캐나다가 위도 20도선과 북극 사이 어디쯤에 있다고 생각하고 있어요. 확실히 상당수의 미국인들은 그것보다는 [캐나다에 대해] 조금 더 알고 있는 것 같아 보였습니다. 그건 그렇고, 요전날 밤에 저는 『아무도 없는 곳의 파일럿』을 읽었는데, 랄프 코너는 미국인들에게 캐나다에 대한 깊은 이해를 제공한 것 같아요. 하지만 그의 초기 작품 대부분과 마찬가지로 그 책도 저는 여러모로 마음에 들지 않았습니다.

아버지는 감을 드셔본 적 있으신가요? 이곳 사람들은 감을 엄청 좋아해요. 처음 감을 먹었을 때 저는 백색도료나 쌀보리의 겨 같은 맛이 난다고 생각했는데, 지금은 다른 사람들처럼 감이 좋아지고 있어요. 여기서 저희는 신선한 과일이나 야채 먹는 것을 매우 조심해야 합니다. 그렇게 익히지 않은 것은 아주 조심스럽게 씻거나 혹은 껍질을 벗겨야 해요. 최근 다른 마을의 교회 모임에서 사람들이 연이어 이질에 걸린 사례가 있었는데, 어느 한국식 잔치에서 음식을 먹은 결과로 생각되고 있어요. 어떤 사람들은 확실히 그런 음식을 많이 먹고도 면역력이 있는 것처럼 보이지만, 어떤 사람들은 그렇지 않아요. 특히 새로 온 모든 사람들은 최소한 첫해에는 먹는 것을 주의해야 한다는 경고를 받습니다. 지금까지 저는 한국 음식이 그렇게 당기지 않아요. 계란이나 닭고기 그리고 쌀밥은 괜찮지만, 빨간 고추 피클과 다른 어떤 음식들은 사양하고 싶어요.

찰리를 위한 우표 몇 장을 동봉하였어요. 찰리가 이미 가지고 있을지 모르겠는데, 그렇다면 다른 남자애들과 그것을 교환해도 될 거예요. 그리고 요코하마에서 찍은 인력거 탄 제 사진 한 장 보내요. 전에 이 사진은 보낸 적 없는 것 같아요. 만약 제가 이미 아버지께 보냈다면, 이 사진을 애나에게 주세요. 꽤 괜찮지 않나요? 어머니가 인력거 탄 모습을 보고 싶어요. 아버지도 그렇지 않나요? 저는 어머니가 사진사가 다가오는 것을 보았을 때 너무 겁이 나서 눈을 뜨지 못하는 게 아니라면, 매우 위엄 있어 보일 것이라고 확신해요. 알렉스가 보내드린 새 중고 카메라로 스냅 사진을 찍고 계신가요?

이 타자기는 아버지의 기계보다 훨씬 가벼운데, 제게는 타자를 너무 세게 치는 습관이 남아 있네요. 그래서 좀 더 살살 치려고 노력 중인데, 때때로 전혀 흔적을 남기지 못할 때가 있네요.

오늘 밤은 이제 글을 마쳐야 할 것 같아요. 하루 이틀 안에 편지를 받으면 나중에 좀 더 덧붙일게요.

사랑하는 딸,
플로렌스

1921년 11월 14일 월요일

어머니께,

오늘 저는 알렉스의 편지 한 통과 어머니의 편지 한 통을 받았어요. 어머니 편지 안에는 애나가 쓴 편지 혹은 그 일부가 동봉되어 있었는데, 그게 누구로부터 온 것인지는 확실히 알겠더라고요.

강 씨가 저에 대해 그리고 제가 곧 여기로 오게 될 것이란 소식을 접했다는 것을 알고 있다니 좀 이상하네요. 그의 집이 어디인지 궁금합니다. 함흥에서 60km 떨어진 곳에 사는 사람이 제가 왔다는 소식을 들었을 것이라고는 생각하지 않아요. 만약 우리가 참석한 함흥의 노회에 왔던 사람이 아니라면 말이지요. 조 씨 사람들에 대해서는 아직 아무것도 듣지 못했지만 한 번 알아봐야겠어요. 우리가 그곳에 있을 때 보고 또 물어볼 것이 너무 많은 것 같았는데, 제가 알고 싶은 것 중 몇 가지는 까먹고 묻지 못했습니다. 새로운 환경에 적응하고 또 이곳의 상황을 이해하는 데에는 확실히 시간이 걸립니다. 언어를 말할 수 있는 사람이라도 몇 년은 걸릴 일이에요. 가장 오래 있었던 선교사들도 아직까지 한국인들의 생각을 완전히 이해하지 못한다고 말해요. 그러나 저희는 항상 유용한 정보를 공유하고 있고, 가능한 한 잘 살펴보고 있고, 또 우리가 어느 정도 진전을 이루고 있다고 느끼기 시작했어요.

확실하진 않지만, 하루나 이틀 안에 아버지의 편지를 받을 수 있을지도 모릅니다. 저는 우편물의 이런 불확실성을 좋아합니다. 편지가 긴 시간에 걸쳐 배송되고, 어떤 편지가 언제 도착할지도 확실하지 않습니다.

애나가 의학교에 들어가지 못해 아쉽지만 어쩔 수 없는 것 같습니다. 그 애가 올해 정말 열심히 공부해서 자신의 시간과 과목을 최대한 활용할 수 있기를 바랍니다. 애나가 공부에 집중하는 습관을 들이는 것이 그 애에게 큰 도움이 될 것이고, 훗날 지금보다 공부가 더 힘들어 질 때에도 도움이 될 거예요. 물론 작년 같은 조건부 입학으로 제약을 받지 않는 애나는 올해 우등상을 위해 열심히 노력할 것입니다. 또한 애나가 음악도 할 수 있다면 멋질 것입니다. 여러모로 좋겠지만 특히 그 애가 여기로 나올 때 도움이 될 것입니다. 올해에도 애나는 학생자원운동을 위해 더 많은 시간을 보내야 합니다.

찰리가 가끔은 제게 편지를 쓸 수 있지 않을까요? 그 애가 오후에 시간이 있을 때 분명 제게 가끔이나마 편지 쓸 수 있겠지요. 제가 집을 떠난 이후로 지금까지 [찰리에게] 두 통 이상의 편지는 받지 못하였습니다. 찰리와 애나가 제가 그렇게 애써 준비한 지리학 공부를 하지 않은 것에 저는 정말 실망했어요. 함께 경치를 즐기거나 또는 함께 읽는 시간을 가졌다면 훨씬 좋았을 텐데요. 그들은 대단히 흥미로운 공부를 스스로 차 버렸어요. 기꺼이 받아들이지 않는 사람에게는 최고의 것을 줄 수 없는 법입니다.

애나는 도린 셜이 달하우지에서 몇 과목 듣고 있다고 썼어요. 그녀는 도대체 왜 1년을 다 보내지 않은 것일까요? "우리 반에 콜럼버스 소녀가 한 명 있어."라는 말이 무슨 뜻인지 애나에게 물어봐 주세요.

오늘은 생각할 기분이 아니어서 여기서 그만 써야 할 것 같습니다.

가족 모두에게 사랑한다고 전해주시고요, 삼촌, 이모, 사촌들 만나시면 제 안부 좀 전해 주세요.

플로렌스

한국 서울
1921년 11월 29일

아버지께,

　제가 지난번 편지를 쓴 그다음 날 아버지의 편지가 도착했습니다. 그러고 나서 어제 다시 또 다른 편지를 받았어요. 그래서 이번 주에는 제가 답장 써야 할 편지가 두 통이네요. 어머니께서 보내신 편지 한 통과 알렉스가 보낸 편지 한 통도 받았습니다. 불쌍한 호주 사람들은 한 달에 오직 한 번 집에서 오는 편지를 받아요. 하지만 우리는 그보다는 훨씬 자주 받아보고 있는데, 대개는 일주일에 한 번 정도고요, 어떤 때는 3주 동안 한 통도 못 받는 경우도 있습니다. 저는 이번 주에 랭길 부인과 해럴드로부터도 멋진 편지를 한 통 받았는데, 샬럿타운에서 온 편지는 처음이었어요. 제 타자기를 돌려받은 뒤부터는 상당히 많은 편지를 쓰고 있어요. 특히 그곳보다 2배가 부과될 예정인 이곳의 새로운 우편요금이 새해부터 적용된다고 해서 서둘러 편지를 쓰고 있습니다. 고향에서 제 편지의 부족한 우편료를 아버지께서 지불해야 할까 봐 걱정이지만, 이곳의 우편당국은 그렇게 되지는 않을 것이라고 합니다. 커 양은 호주에서 받은 편지 몇 통에 대해 추가 우편료를 지불해야 했어요.
　낚시 범선 경주에 대한 이야기를 들어 너무 기뻤습니다. 여기서는 그 소식을 전혀 들을 수 없어서 저는 결과가 어떻게 되었는지 계속 궁금했어요. 저희가 지금 머물고 있는 이 집 사람들은 너무나 충실한 미국 시민이기에, 그들은 그들이 살고 있는 작은 마을과 미국을 제외하고는 세계의 다른 어떤 곳에 대해서도 잘 알지 못해요. 한두 가지 정도에 대해서는 그들을 깨우쳐 줄 필요가 있다고 생각하는데, 그들에게 경주의 결과를 말해 줬을 때 상당한 기쁨을 느꼈습니다. 그들은 신문을 하나도 보지 않아서 저희도 신문을 잘 못보고 있습니다. 신문이 끔찍하게 그리워요. 빌링스 씨는 물론 그가 가르치는 대학에서 매일 신문을 보고 있지만, 나머지 저희들은 그렇게 할 수가 없어서 저는 제가 세상에서 완전히 벗어나 있는 것처럼 느껴집니다. 특히 워싱턴 회의가 열리고 있는 지금 같은 시기에는 매일 신문을 보고 싶네요. 서울에서도 꽤 좋은 신문이 출간되고 있습니다. 그 신문은 세계에서 일어나고 있는 정말 커다란 일은 보도하고 있지만, 자세한 정보가 많지 않고 정부 기관지인 만큼 다소 편향되어 있습니다.

의사 면허 시험이 어떻게 될지에 대해 아직 확실히 알지 못합니다. 에비슨 의사의 아들이 젊은 의사인데, 그는 추가 시험 없이 개업 허가를 받았어요. 그래서 그런 전례가 있는 것으로 보입니다. 어쨌든 제가 용정으로 바로 가서 일을 해야 하기 때문에, 추가 시험이 필요하다고 할지라도 지금은 시험 볼 기회가 없고, 또 그곳은 면허가 필요한 곳도 아니기 때문에 당장 서두를 필요는 없을 것 같습니다. 다만 협상은 당장 시작하려 합니다. 지금까지 협상을 하지 않은 이유는 영국 의사협회 자격증을 받기 위해 기다려야 했기 때문인데, 지금은 자격증이 도착해 있어요.

아니요, 저는 생명보험이나 사고보험 중 어느 것도 가지고 있지 않습니다. 너무 비싸서였기도 했고요, 이튼에서 산 물건들에 대한 세금과 서울에서의 비싼 생활비를 지불하고 나서 제게 남은 돈이 별로 없기 때문이기도 했습니다. 당분간은 두고 볼 생각입니다.

어머니께서 제 옷들이 적합한 지 등에 대해 물어 보셨어요. 괜찮은 것 같아요. 새로 온 사람들이 입고 있는 옷과 같습니다. 온 지 꽤 된 사람들의 옷보다는 좀 더 좋고 새 것이에요. 저는 이 옷들이 꽤 적합해 보인다고 생각해요. 이맘때는 여기도 고향에 있을 때와 거의 비슷한 기온이에요. 하지만 용정은 훨씬 춥다고 하더라고요. 제게 **이렇게** 따뜻한 스타킹과 속옷이 있어서 다행입니다. 저는 일요일**과 화창**한 날에는 멋진 정장을 입고요, 나머지 날에는 보통 두꺼운 **치마**를 입습니다. 어젯밤에는 핼리팩스 안개가 끼었는데, 이 나라에서는 처음 봤습니다. 비가 오기도 하지만 그렇게 큰 비는 아니었어요. 더운 날씨에 장마철이 있다고 하더라고요.

어머니께서는 푸트 씨와 함께 제게 뭘 보냈으면 좋겠는지도 물어 보셨어요. 시계 말고는 특별히 생각나는 것이 없는데요, 지금 시계가 움직이는 한 그것도 필요하지 않을 것 같습니다. 네, 제가 찾지 못하고 있던 필름 원본을 발견해서, 몇 장 인쇄하여 몇몇 한국 사진들과 함께 매더슨 부인과 튜너 부인에게 보냈어요. 그들이 좋아했으면 좋겠습니다. 제가 모든 사람에게 다 보낼 수는 없기 때문에, 커뮤니티의 다른 사람들이 기분 나빠하지 않았으면 좋겠어요. 스파이서 씨가 제게 남겨준 스냅 사진은 언제 보내주실 건가요? 아버지 혹은 어머니께서 그 사진에 대해 말해 주신 게 벌써 한참 전이에요.

우편물이 이곳까지 어떻게 재배송되는지 보여드리기 위해, 집에서 온 편지 봉투 중 하나를 동봉했어요. 또한 찰리를 위한 우표 몇 장도요.

목요일이 미국의 추수감사절이어서 이곳 외국인 공동체에서 함께 기리는 시간을 가졌어요. 오전의 감사절 예배에서 빌링스 씨가 설교를 했는데, 그는 우리가 감사해야 할 다양한 것들에 대해 말했어요. 그런데 제가 감사함을 느끼기에는 너무 지나치게 미국 애국주의로 가득 찬 예배였습니다. 예배 마지막에는 미국 국가를 불렀어요. 영연방 출신 사람들이 그렇게 많이 참석해 있는 자리라면, '신이여 국왕을 지켜주소서' 역시 불렀어도 크게 나쁘지 않았을 것이라 생각했습니다. 저희는 집에 와서 그 노래를 어쨌든 불렀어요.

예전에는 미북감리회도 함께 예배드리고 함께 추수감사절 식사를 했지만, 그렇게 하기에 올해는 사람이 너무 많아서 그들은 모두 각자 집에 가서 밥을 먹었어요. 대신 밤에 가면무도회를 열었는데 빌링스 부부가 저희도 꼭 가야 한다고 고집을 부렸습니다. 저희는 빌링스 부인이 지난 13년 동안 벗어 던진 옷 가운데 가장 이상하고 구식인 것처럼 보이는 옷으로 단장하고 안식년으로 비어 있는 선교사들 집으로 갔습니다. 저는 유명한 직스 부인처럼 머리를 꾸미고 마스크를 썼어요. 아버지도 아마 저를 알아보지 못하셨을 거예요. 커리 양도 굉장히 웃겨 보였어요. 그녀는 심하게 조여지는 기다란 녹색 드레스를 입었고, 깃은 귀 높이까지 드리워져 있었어요. 그리고 그녀는 정수리에 간신히 올릴 수 있는 작은 모자를 썼습니다. 언어학교의 우리 선생님 중 한 분은 해적 분장을 했고, 다른 사람들은 카우보이, 원주민, 요정, 작은 여자 인형 분장을 했습니다. 그렇게 놀랄만한 분장을 하지 않은 사람들도 몇몇 한국인을 포함해 있었어요. 의상을 보는 것만으로도 너무 예뻤고, 게임 대회와 노래 대회도 하고 다과로서 사과와 팝콘을 먹었습니다. '백 야드 질주'라고 불리는 게임도 있었는데, 제가 저희 편을 대표해서 나가게 되었습니다. 4명의 참가자가 있었는데, 게임은 알고 보니 말하기 대회였습니다. 누가 숨도 쉬지 않고 가장 오래 말하는지를 겨루는 것이었어요. 저는 제가 다음에 무슨 말을 할지 생각하기 위해 멈추지만 않는다면 꽤 오랫동안 말할 수 있다는 것을 알고 있었습니다. 그래서 저는 곡물 창고를 비우려고 했던 쥐의 이야기를 말하기 시작했습니다. 우선, 그는 창고로 들어가서 밀 한 톨을 가지고 나왔어, 그러고 나서 그는 돌아가서 다시 밀 한 톨을 가지고 나왔어, 그러고 나서 다시 밀 한 톨, 다시 밀 한 톨 등등. 저는 쉽게 이겼습니다. 저희 팀은 3개의 대회에서 각각 다른 3개 팀을 이겼습니다.

요전날, 한 소년이 빌링스 씨를 만나기 위해 집을 찾아왔습니다. 소년은 어디서 자신이 일을 구할 수 있는지에 대해 물어보았습니다. 그는 함흥 근처의 우리 선교부에 소속되어 있고, 어떤 수단보다는 믿음을 의지해 공부하러 서울에 내려왔는데, 돈을 다 써 버렸어요. 그는 길거리에서 특허 약을 팔아 생계를 유지하려 했지만 잘 팔리지 않았고, 그가 여기 왔을 때는 이틀 동안 한 끼도 먹지 못한 상태였습니다. 빌링스 씨에 의하면 그런 경우가 많다고 합니다. 물론 저희는 그사이에 소년을 도왔고, 빌링스 씨는 비슷한 형편의 소년들을 위해 여러 번 일자리를 구해준 적 있는 남성을 만나러 갔어요. 하지만 지난 일요일까지 그 소년은 여전히 일을 구하지 못하였습니다. 그러한 소년들이 할 수 있는 일에 대한 보수가 이곳은 지극히 낮기 때문에, 집에서보다 이곳에서 학교를 다니는 것이 훨씬 더 힘듭니다. 커리양의 개인 교사도 대학 공부를 시작했지만 자금 부족으로 중퇴해야 했던 또 다른 경우였습니다. 저의 개인 교사도 대학에 가고 싶어 하지만 돈이 없어요. 그가 받는 임금으로는 빠른 시일 내에 진학할 수는 없을 것입니다. 어떤 한국어 교사는 한 달에 20엔을 받는데, 그보다 적게 받는 사람도 있습니다. 우리 선교부는 조사들에게 다른 선교부보다 더 많은 임금을 주고 있습니다. 커 양의 개인 교사는 세브란스의 의학생이며 또한 세브란스 전도단의 리더이기도 해요. 그는 거의 매 주일마다 설교하고, 모든 방학을 그런 식으로 보냅니다. 지난여름 그는 묵덴까지 올라가 설교했는데, 크리스마스 방학 때는 남쪽의 시골을 돌며 설교할 계획을 세우고 있습니다. 그는 한국 나이로 따지면 겨우 스물한 살이에요. 즉 실제로는 열아홉 살에 불과할지도 모릅니다. 지난 일요일 저희는 세브란스 병원 교회에서 그가 설교하는 것을 들었어요. 겨우 몇 마디밖에 알아들을 수 없었지만, 그의 설교에는 분명 진실함과 활기가 넘쳤습니다. 한국어는 표음문자이기 때문에, 이제 저희는 한국어 노래를 아주 잘 부를 수 있게 되었어요. 비록 단어의 뜻을 알지 못하고, 또 읽는 것에 그렇게 능숙하지는 않지만, 노래할 정도로 빠르게 읽을 수는 있습니다. 노래를 잘하는 커 양은 연습을 조금 한 뒤 교회에서 박 씨를 위해 노래를 불렀고, 모든 신도들은 그녀의 [발음을] 잘 이해할 수 있었습니다. 저는 솔로로 노래하는 것에 익숙하지 않지만 늘 회중과 함께 노래합니다. 그렇게 하면 비록 말은 알아듣지 못하지만 그 예배의 일부가 된 것 같고, 그것은 "소외"됐다는 감정을 극복할 수 있게 도와줍니다. 이제는 설교의 몇몇 단어를 알아듣게 되어 흥미롭습니다. 만약 우리가 문장을 알아들을 수 있거나 무슨 말을 하는지 알아들을 수 있게 되면 그날은 위대한 승리의 날이 될 것입니다. 시간이 오래 걸리는 것 같지만, 언어학교에는 저보다 못하는 사람들도 있어요. 이기적이기는 하지만 그 사실이 조금 위안이 되기도 합니다. 제 개인 교사가 다른 많은 교사들보다 더 훌륭한 선생이어서 자연스럽게 제가 잘하게 되는 것 같아요. 그리고 저는 공부하는 것이 익숙한 편입니다. 커리 양은 이렇게 많은 공부를 하는 것에 익숙하지 않아서 쉽게 지쳐버립니다. 로즈 양은 피곤할 때 공부를 열심히 해서 배운 것을 잘 습득하지 못합니다.

함께 기숙 생활하는 저희 셋은 어제 영국 영사 댁의 차 모임에 초대되었어요. 정말 멋진 시간을 보냈습니다. 그들은 유쾌한 사람들 같아 보였고 매우 흥미로웠어요. 부영사의 부인도 함께 있었지만 다른 손님은 없었습니다. 영사는 흰 턱수염과 콧수염을 기른 작은 남자로서, 자연스럽게 같은 색이 나오도록 의도한 듯하지만 실제로는 분명 밝은 갈색이에요. 많은 시가에 지나치게 노출된 것 같아요. 저는 그에게 좋은 면도를 제공해 주고 싶었습니다. 확실히 더 좋아 보일 것입니다.

오늘 밤 언어학교의 두 남성이 여기 와서 차를 마시고 함께 저녁을 보내도록 초대받았어요. 이것은 분명 저희를 위한 것이고 또 우리가 감사해야 할 일이지만, 이번 주말로 예정된 시험이 너무 가까워져서 저희는 조금이라도 더 공부하고 싶어 불안한 지경입니다. 대학 때처럼 가만히 앉아 공부에 몰두할 수가 없어요. 같은 공부를 계속하기 때문에 더 빨리 지치게 됩니다.

용정에서 다시 연락이 왔어요. 그들은 제가 언어학교를 마치고 가능한 한 빨리 그곳으로 오기를 원하고 있습니다. 그곳의 의사가 10주 넘게 병상에 누워 있고 차도가 거의 없는 상태이기 때문이에요. 그 결과 병원이 망해가고 있어서 가능한 한도에서 최대한 빨리 저를 데려가려고 합니다. 결과적으로 그들은 우리 선교부의 모든 이들에게 투표용지를 보냈습니다. 연례회 이후에는 선교부 투표라는 방법을 통하지 않고는 어떤 결정도 번복될 수 없기 때문이에요. 결과는 아직 알 수 없지만 의심의 여지가 없어 보입니다. 저는 곧 용정으로 가게 될 것입니다. 마틴 부부는 마틴 의사가 여행할 수 있게 되는 대로 안식년을 떠날 계획이에요. 어차피 그들은 2월에는 안식년 가기를 희망하고 있었기 때문에, 저에게는 사실 기껏해야 몇 주 차이밖에 나지 않는 것입니다. 로즈 양은 맥릴런 양이 있는 회령으로 보내질 것이며, 그녀와 저는 맥멀린 가족이 그쪽 선교부로 가는 길에 동행해 함께 먼 길을 가게 될 것입니다. 아마 용정에서 누군가가 저를 마중하러 회령으로 내려올 것입니다. 저는 회령에서 크리스마스를 보내게 될 것 같아요. 맥멀린 가족은 정말 다정한 사람들이고, 재미있고 행복한 사람들입니다. 며칠 전 저희는 맥멀린 부부가 머무는 곳에 가서 그들의 첫 번째 결혼기념일을 함께 보냈습니다. 종이 결혼식이었어요. 그들은 편지 종이와 봉투, 종이 냅킨, 사진, 거는 달력 그리고 그와 같은 몇 가지 멋진 것들을 받았습니다. 그들에게는 꽤 놀라운 일이었습니다.

이제 편지를 그만 쓰고 "조선말" 공부를 해야겠어요. 한국인들은 그들의 언어를 그렇게 부릅니다.

모두에게 제 사랑을 전해 주시고, 아버지께서 남자아이들과 가까이 계시니 그들을 불러 이번 주 내내 이 편지를 나눠 주세요.

주소.
　캐나다 장로회 병원

카이네를 경유한 간도

한국

플로렌스

한국 함흥
1921년 12월 11일

아버지께,

아버지의 11월 8일자 편지가 어제 도착했어요. 남자애들이 보낸 편지 한 통이 오늘 정도에 올 것 같은데 아직 도착하지 않았습니다. 같은 배를 타고 오는 편지라도 며칠씩 떨어져서 배송되기도 합니다.

알렉스가 그토록 바라던 장학금을 받게 되었다는 소식을 들으니 너무 기쁩니다. 만약 못 받았으면 그는 크게 실망했을 것입니다. 알렉스가 한국에 오는 길에 그 돈을 지니고서 아버지가 고향 땅을 방문하도록 한 다음, 그와 함께 동양을 방문하도록 해야 해요. 만약 아버지께서 그가 준비될 때까지 그렇게 할 수 없다면, 제가 안식년 갈 준비가 될 때에 오셔서 저와 함께 캐나다로 가면 좋을 것 같습니다.

아버지께서 다시 곧 정착할 가능성이 높다는 이야기를 들으니 기쁩니다. 아버지께서는 도시의 아파트에서보다는 목사관에서 더 편안함을 느끼실 것입니다. 아마 지금쯤이면 새로운 회중을 알아가고 또 모든 것을 시작하기 위해 열심히 일하고 계시겠지요. 아버지께서 그곳을 좋아하고 또 너무 힘들지 않으셨으면 좋겠습니다. 네, 그곳 집이 어떻게 생겼는지 사진을 좀 보내주시면 좋을 것 같습니다.

지금 그곳은 총선을 맞아 큰 흥분 가운데 있겠네요. 가족 중 한 명이 두 번 투표할 수 있어서, 그중 한 표를 저 대신 행사해줄 수으면 얼마나 좋을까요. 저는 아직 한 번도 투표를 해 본 적 없는데, 이번에도 할 수 있을 것 같지 않습니다.

저는 아직 『달하우지 가제트』를 한 권도 받아보지 못했어요. 한참 전에 온 졸업호를 빼고는 말이에요. 제가 얼마 전에 남자애들에게 구독신청해서 여기서 받아볼 수 있도록 해 달라고 부탁했던 것 같은데, 혹시 잡지가 아버지께 가고 있다면 이쪽으로 좀 보내주세요. 제가 아직 재학생들을 많이 알고 있을 때 대학 소식을 들을 수 있으면 좋을 것 같습니다.

서울로 간 이후로는 캐나다 신문을 보지 못하고 있어서 몹시 읽고 싶습니다. 빌링스 씨 댁에 있을 때 빌링스 씨는 대학에서 신문을 읽었는데 그 가족에게는 분명 그것만으로도 충분했던 것 같습니다. 제가 그 집에 있을 때 얼마나 신문을 그리워했는지 몰라요. 여기서 저희는 『서울 프레스』라는 영자 신문을 보고 있습니다만, 이 신문은 세계에서 일어나는 사건들 가운데 정말 큰 사건들만 간략히 보도하며, 굉장히 강한 동양적 정취를 드러내고 있어요. 또한 동양에서 일어난 뉴스가 물론 압도적으로 많이 실려 있습니다. 그래도 그건 최신 뉴스들이고 없는 것보다는 나아요. 여기서는 *The Presbyterian Witness*나 *The Record*, *East and West* 등을 구독하지만 볼 시간이 없습니다.

저는 언어학교를 매우 즐겼어요. 만약 좋은 교사가 있어서 잘 설명해 줄 수만 있다면 학교 없이도 잘 배울 수 있을 것이라고 생각해요. 하지만 그런 교사는 정말 드물고 좋은 가르침과는 별개로, 수업에서 같은 어려움에 직면한 다른 사람들과 만나는 것은 큰 격려가 되고 도움이 됩니다. 또한 자신의 사역지에 정착하여 일을 시작하기 전에 다른 선교부 사람들과 만나고 다른 교회의 사역을 볼 수 있는 것은 매우 좋은 기회입니다. 한번 정착하며 자신의 사역지를 좀처럼 떠나기 힘들기 때문입니다. 자신이 소속된 선교부에만 있는 것보다 이런 방식은 좀 더 전체적으로 사역을 이해할 수 있게 해줍니다.

월요일에 저희는 마지막 시험을 치렀고, 화요일과 수요일에 저는 쇼핑을 하거나 용정 사람들의 심부름 등을 하면서 시간을 보냈습니다. 그리고 세브란스 병원에서 다소간 시간을 보낸 뒤, 북감리회가 경영하는 여성 병원인 동대문병원을 방문하였습니다. 동대문병원은 좋은 시설을 갖췄고 두 명의 여성의사가 있는데 둘 다 나이 든 여성입니다. 그중 한 명이 시설 구경도 하고 차를 함께 마시자며 저를 초대했는데, 제가 갔을 때 그 의사는 병원에 없었고 다른 한 명은 진료로 바빠서 제가 본 것이라고는 병원 외부가 다였습니다. 진료소는 한옥을 수리한 건물이었습니다. 새로운 전염병 건물은 이제 막 완공되어 건축청부업자들로부터 넘겨받을 준비가 되어 있었습니다. 그 병원은 이곳 함흥에 있는 우리[선교부]의 새로운 건물보다 훨씬 큽니다. 건물 중 일부에는 한국식 온돌이 깔렸습니다.

저희는 서울을 떠나기 전에 맨스필드 부인을 방문하였습니다. 그녀에게는 태어난 지 이제 갓 10일 정도밖에 안 되는 어린 아들이 있습니다. 그들은 크리스마스 전에 새집으로 이사할 계획이에요. 새집은 정말 좋은 집입니다. 벽돌로 지어졌고, 2층집이며, 다락 및 훌륭하고 넓은 지하실도 갖췄습니다. 모든 방에 수돗물이 들어가고 난방을 위한 보일러도 있습니다. 선교부 내에서 가장 좋은 집이 아닐까 싶어요. 비판할 생각은 없지만, 학교를 세우거나 병원에 적절한 설비를 갖출 돈도 없는 상황에서는 그보다 덜 호사로운 집에서라도 충분히 편안하게 지낼 수 있을 것 같아요. 저희는 안팎으로 진흙이 발린 집에서도 매우 잘 지내고 있는데, 분명 벽돌보다 훨씬 저렴할 것입니다. 모든 방은커녕 수돗물 자체가 없습니다. 저는 비판할 생각이 없기에 제가 쓴 이야기를 다른 곳에서 하지 말아 주세요. 아버지는 어떻게 생각하시나요?

지난 목요일 선교부로 가기 위해 서울에 있는 배재학당 운동장을 가로질러 가고 있었습니다. 그때 저는 저희 언어학교의 선생님 중 한 분이기도 한 배재학당의 교장 선생님을 만났어요. 그는, "점수를 알고 싶으신가요?"라고 하시더라고요. 제가 그렇다고 말하자 그는 점수를 가지러 사무실로 뛰어갔는데, 답안지를 집에 놓고 온 것을 발견하였지요. 하지만 그는 제가 그의 과목에서 90점 혹은 그보다 높은 점수를 받았다고 말해 주었습니다. 이제 저는 나머지 과목의 결과를 애타게 기다리고 있습니다. 나머지 과목에서는 그렇게 좋은 점수를 받았을 것으로 기대하지 않아요. 시간이 걸리는 일입니다. 하지만 계속 해 나가고 결코 낙담하지 말아야 해요. 한국어에서 '낙담'이라는 단어와 '되돌아가다'는 단어가 같습니다. 꽤 도발적인 우연 아닌가요? 같은 단어가 상황에 따라 그 둘 중 하나로 번역됩니다.

회령의 맥멀린 부부가 함흥을 잠시 방문하기 위해 저희와 함께 왔습니다. 그들은 영 씨의 친구들이어서 그 집에서 머물고 있습니다. 로즈 양은 겨울 동안 맥릴런 양과 함께 지내기 위해 회령에 가는 것으로 발령받았어요. 지금 맨스필드 씨 댁에서 간호를 해 왔던 성진의 영 양도 북쪽으로 가게 되어서, 우리는 모두 함께 갈 수 있도록 준비하고 있습니다. 내일 아침 저희는 짐을 싸러 원산에 갈 예정이에요. 최소한 로즈 양과 저는 그곳에 챙겨야 할 그릇들이 있거든요. 그래서 저희는 원산을 방문해 선교지부를 보고 그곳 사람들을 만난 뒤 화요일 밤에 거기서 일본 기선을 타고 출항할 것입니다. 배에는 저희가 직접 음식을 가지고 타야 해요. 성진에서 아마 12시간 정도 시간을 보낼 수 있을 것 같아서 그곳 사역도 둘러볼 예정입니다. 그리고 저는 회령에서 주말을 보낸 뒤 그다음 주에 용정으로 갈 계획입니다. 그렇게 되면 저는 제가 일할 선교지부에 도착할 때까지 블라디보스토크를 제외한 우리의 모든 선교지부를 방문할 수 있는 셈이에요. 선교사 중 일부는 그렇게 많은 선교지부를 둘러볼 기회를 얻기까지 오랜 시간 현장에 머물러야 합니다. 제 개인교사는 아직 여권을 발급받지 못했어요. 한국인은 여권 받는 데 시간이 오래 걸립니다. 하지만 그의 신청서가 들어간 지 꽤 됐고, 또 저는 더 이상 시간이 낭비되길 원치 않기 때문에 빨리 통과되기를 바라고 있습니다. 저는 제 오래된 여권에 서울에 있는 영국 영사관과 중국 영사관에서 비자를 받아야만 했습니다. 이제 저는 내지를 제외한 중국 어디든 여행할 수 있게 되어서, 제가 남쪽으로 다시 오기 전에 중국을 조금 둘러볼 기회를 얻을 수 있을지도 모르겠습니다.

어제와 그제는 짐을 싸느라 바빴는데, 어젯밤 맥멀린 씨가 묶는 걸 도와주셔서 제시간에 마칠 수 있었습니다. 이번에 저는 정말이지 아버지와 어머니의 도움이 그리웠어요. 비록 전문가의 솜씨가 아니었더라도 일이 잘 풀리기를 바라고 있습니다. 이번 여행은 그렇게 길진 않겠지만 힘든 여행이 될 것 같습니다. 배를 타야 하고 그 뒤 기차를 타야 하고, 마지막에는 그게 뭐든지 중국 마차를 타야 합니다. 제가 나중에 모두 이야기해 드릴게요.

오늘 아침 교회에서는, 서울에서 돌아온 저희를 환영해 주는 많은 사람들과 인사하고 악수를 나누었습니다. 우리와 대화하길 간절히 원하는 사람들을 만날 때에는 그들과 이야기 나눌 수 있게 되기를 간절히 원하게 됩니다. 제 개인교사의 부인도 만났습니다. 그녀는 꽤 앙증맞은 조그만 여성이었는데, 북쪽으로 전혀 오고 싶어 하지 않습니다. 그래서 그녀는 적어도 겨울 동안은 함흥에서 머물 것입니다.

로즈 양과 제가 곧 떠날 것이라는 이야기가 전해졌기 때문에, 서울에서 돌아온 이후로 저희는 매우 빠르게 저희의 길을 재촉하는 즐거움을 누리고 있습니다. 어젯밤에는 로즈 양이 이곳으로 차를 마시러 왔어요. 오늘 밤 저는 롭 씨네 댁에 가야 합니다. 그리고 맥멀린 가족도 여기에 있을 것이에요. 사실 저희는 선교부 전체와 함께하고 싶었지만 그릇을 다 합쳐도 그 수가 부족했어요. 어젯밤 맥멀린 가족이 롭 네에 있었어요. 이렇게 조용한 선교부에서 이것이 광란의 흥청거림이 아니라면 뭐라 할 수 있을지 모르겠습니다.

오늘 오후에 영어 예배가 있었는데, 정말 많은 사람이 왔습니다. 롭 씨가 평양에서 돌아왔어요. 지난번 저희가 함흥에 있을 때 롭 씨는 줄곧 평양에 있었기 때문에 저희는 그를 거의 보지 못하였습니다. 평양에서 풀타임으로 일할 남성 사역자가 필요한데 아무도 없어서 그는 평양과 함흥에서 시간을 나눠 일하고 있습니다. 이제 이곳에서는 남성 공부회가 열리고 있습니다. 하지만 그게 무엇을 의미하는지 충분히 물어볼 시간이 없었습니다.

지난번 편지에서 제가 아버지께 커 양의 개인교사에 대해 말씀드린 것 같아요. 정말 열심히 공부하며 세브란스 전도대의 리더로도 활동하고 있다고요. 제가 서울을 떠날 때 그는 저를 배웅하기 위해 기차역에 나와 주었고, 제게 자신의 사진을 줬는데 아주 근사한 사진이었어요. 그는 엄청나게 활기찬 사람이에요. 일반적으로 서양인이 생각하는, 신문 만화에 등장하는 그런 느리고 굼뜬 동양인과는 단 하나도 닮지 않은 사람이에요. 선교사들은 기차와 노면전차, 그리고 자동차의 도래가 그러한 차이를 만들었다고 말해요. 몇 년 전까지만 해도 너무나 위엄이 있어서 뛰거나 심지어 서두를 수도 없었던 사람들이, 이제는 기차가 그들이 타든 안 타든 똑같이 출발한다는 것을 알게 되었고, 그래서 이제 그들이 다트머스 페리를 잡으려는 사람들처럼 뛰는 모습을 볼 수 있을지도 모릅니다. 아마도 그것은 한 가지 이상의 측면에서 그들에게 좋은 일일 것입니다. 낡은 관습을 바꾸려는 정신과 근대적 정신은 많은 변화를 일으키고 있으며, 어떤 면에서는 이 나라에 너무 빠른 속도로 다가오고 있습니다. 예를 들어, 젊은 사람들은 결혼에 관한 구식 관습에 반대하며, 부모가 그들을 대신해 배우자를 선택해 주는 대신 스스로 선택하길 원하고 있습니다. 음, 아버지께서는 "너무 좋네."라고 말하시겠지요. 그런데 어떤 경우에는 그것이 문제를 일으키기도 하는데, 이미 구식 관습에 따라 결혼한 사람들 가운데에서도 그들의 배우자에 만족하지 못하고 심지어 이제라도 스스로 선택하기를 바라는 사람이 있기 때문입니다. 무식한 부인과 결혼한 많은 학생들은 여학교의 학생들과 어울리고 싶어 하는데, 이것은 모든 관습에 어긋나며 당연히 교회와 선교사들도 반대하고 있습니다. 전체 상황을 이해하는 데에는 오랜 시간이 걸릴 것입니다. 만약 외국인이 정말로 동양인의 마음과 동양의 사고방식을 완전히 이해할 수 있다면 말이지요. 오랫동안 이곳에서 일해 왔고 한국어를 가장 잘 구사하는 사람이자 한국인을 가장 잘 이해하는 사람 중 한 명으로 인정받고 있는 게일 박사는 단 한 가지만은 언제나 확신한다고 말해요. 그것은 바로 그가 한국인 회중들에게 설교할 때 한국인들은 그가 의도한 방식으로 내용을 결코 이해하지 못한다는 것이에요. 그것은 힘을 북돋아 주는 말은 아니지만, 어떤 면에서는 그렇기도 합니다. 그들의 마음을 완전히 이해하지 못한 채 많은 일을 해 왔는데, 게일 박사가 이룬 것보다 적을지라도 우리가 어느 정도 도움을 줄 수 있을 것에는 의심의 여지가 없습니다. 어쨌든 더 많은 한국인이 교육받으면 받을수록, 그들은 그들을 가르치는 사람들에게 더 높은 수준을 요구하게 될 것이며, 진정한 교육으로 보이지 않는 것에 대해 더욱 참지 못하게 될 것입니다. 우리는 그들이 만족할 수 있도록 우리가 그들이 이전에 알던 것보다 더 나은 것을 알고 있음을 증명해야 할 것입니다. 그래야만 저희와 저희가 말한 것을 더욱 존중할 것입니다.

가족 모두 행복한 크리스마스와 즐거운 새해 되시길 바랍니다.

모두에게 사랑을 담아,
플로렌스

제가 서울의 [illegible]에서 팔고 있는 아주 멋진 한국인 신사의 사진을 보았어요. 한 장 아버지께 보내드립니다. 마음에 드셨으면 좋겠어요. 이 사진을 어떻게 생각하시는지 알려주세요. 또한 제가 구독하고 있는 *The Korea Mission Field*도 보내드립니다.

주소: 조선(한국), 카네이 경유, 간도, 용정

조선 회령
1921년 12월 18일

남동생들에게,

너희에게 다시 편지를 쓸 시간이 생기기까지 2주가 걸렸는데, 너희에게 소식을 들은 지는 그보다 더 오래되었구나. 하지만 내가 용정에 도착하면 틀림없이 내게 온 우편물이 있을 것으로 생각한다.

내가 지난번에 너희에게 무슨 이야기를 했었는지 기억이 거의 나지 않는구나. 약 2주 전이었던 월요일에 나는 시험을 마쳤고, 그 뒤 이틀 더 서울에 머물면서 쇼핑을 하고 저 먼 북쪽 사람들의 부탁을 들어줬어. 그들은 그쪽 선교부에서 얻을 수 없는 물건들을 누군가 가져다줄 기회를 잡게 되어 기뻐하고 있어. 나는 아직 점수를 받지 못하였는데, 다만 내가 선교부로 가는 길에 만난 선생님은 그의 과목에서 내가 90점 혹은 그보다 조금 높은 점수를 받았다고 말해 주었어. 그러나 다른 과목은 그만큼 좋은 점수를 받지 못했을 거야. 요즘 [공부를 하는] 나날을 보내면서 너희들 생각을 많이 했어. 너희 모두 공부 열심히 하고 또 너무 피곤하지 않았으면 좋겠다.

그리고 일주일 전 목요일에 나는 커리 양 및 맥멀린 부부와 함께 함흥으로 왔어. 이 나라에서는 적어도 기차 시간 30분 전에는 역에 가야 해. 짐을 맡기려면 말이야. 우리는 모두 짐이 많아서 시간이 제법 걸렸어. 너희가 기차역에 걸린 표지판을 본다면 매우 재미있어

할 거야. 모두 한자와 영어로 되어 있는데, 그 영어란 정말! 우리가 '수하물 보관소'라고 부르는 것을 그들은 '도착한 짐'이라고 부르고, 그 밖에도 다 똑같이 웃겨. 우리는 마침내 우리의 짐을 처리했고, 모두 초과 비용을 지불해야 했지. 그리고 나서 우리는 기차에서 함께 좋은 하루를 보냈어. 말이 통하는 사람이 한 명도 없는 기차에서 몇 시간을 보내는 것에 비하면, 다른 외국인들과 함께 여행하는 것이 얼마나 좋은지 모른다. 함흥에서 영 씨가 차를 가지고 우리를 마중 나왔고, 차가 들어갈 수 있는 곳까지 데려다줬어. 나머지 길을 가는 데에는 그렇게 오래 걸리지 않았어. 북쪽으로 가는 거친 여행을 준비하기 위해 금요일과 토요일은 우리의 모든 짐을 싸는데 분주했어. 짐과 화물에는 정말 험난한 길인데, 왜냐하면 여러 번 옮겨질 때 배에서 들려 내려지는 대신 그냥 패대기쳐져서 좋지 않기 때문이야. 토요일 밤까지 우리는 모든 짐을 다 싸고 묶었어. 일요일에 우리는 교회에서 한국인들로부터 따뜻한 환영을 받았다. 우리가 그렇게 짧은 시간 동안 알고 지냈는데도 말이야. 선교지부에 선교사가 정말 많이 모인 관계로 오후에는 영어 예배도 드렸어.

월요일 아침, 맥멀린 가족, 로즈 양, 그리고 나 이렇게 우리 모두는 이른 기차를 타고 원산으로 갔어. 여기서 어떤 야단법석이 벌어지는지 너희는 전혀 모를 거야. 서울을 떠나 함흥에 도착한 날 밤에 우리는 기차역을 벗어나기 전에 경찰에게 우리가 누구인지에 대해 말해야만 했고, 다음 날 아침 식사 시간에 경찰은 똑같은 정보를 다시 한 번 얻기 위해 집으로 찾아왔어. 언제나 그런 식이야. 여기저기 엄청 돌아다니는 외국인들을 감시하느라 그들은 바쁘단다. 그리고 기차역에 가고자 할 때는 전날 밤에 짐 들어줄 사람을 구해야 해.

우리는 짐이 많아서 두세 명을 고용해야만 했어. 그러고 나서 짐꾼에게는 따로따로 돈이 지불되어야 하고, 모든 짐의 무게를 재서 돈을 내야 하고, 그리고 티켓을 사야 하지. 한 단계 한 단계 시간이 너무 오래 걸려서 아직 일의 반도 끝나지 않았는데 인내심은 바닥을 드러내. 승강장에 들어가려는 사람들은 모두 표를 사야 해. 짐꾼을 위한 '승강장 티켓'이라는 것도 있어. 짐을 옮겨주고 가는 거야. 말하는 것의 절반도 이해하지 못하는 사람들을 상대하는 것이라면 이 모든 과정은 당연히 더 오래 걸리고 더 괴롭단다. 그래서 일본 제국을 여행할 때에는 집에서 느낄 수 없는 일종의 흥분 상태에 있게 된단다. 그리고 당연히 사람들은 시도 때도 없이 여권 검사를 받고, 세관 직원이 원한다면 언제든지 짐 검사를 받아야 해.

원산에서 우리는 역시 바쁜 시간을 보냈어. 화물로 보냈던 우리의 모든 물건이 그곳에 도착해 있어서 다시 짐을 싸야 했어. 짐 정리를 모두 마치고 우리는 선교부의 회계인 매콜 씨를 방문해 차를 마셨고, 맥도날드 씨 댁에서 저녁을 먹었어. 로즈 양과 나는 매컬리 자매 네서 지냈고, 맥멀린 가족은 맥도날드 씨 댁에서 지냈어. 대부분의 시간을 짐 싸느라 바쁘게 보내야 했던 것을 제외하면, 우리는 그곳에서 굉장히 즐거운 시간을 보냈어. 그런데 우리가 우리의 무겁기 짝이 없는 모든 짐을 수레에 실어 배로 보내고 또 들고 가는 가방은 모두 지게꾼에 들려 보낸 뒤 우리가 부두로 가고 있는 도중에 매콜 씨가 우리에게 오는 것을 보았어. 그는 배가 내일까지 출항하지 않을 것임을 말해주러 오는 길이었다. 그래서 우리는 돌아가야 했고, 짐을 되찾아 온 뒤 모든 것을 두 번 지불해야 했어. 다음 날 오후 모든 소란이 반복되었지. 부두에서 우리는 짐의 개수를 세어야 했어. 짐이 정말 많았다. 우리는 짐과 많은 한국인, 그리고 일본인과 함께 거룻배에 올라타 항구 가운데에 있는 배까지 노를 저어가야 했어. 거룻배는 선미가 잘려 나가 있고 바닥이 평평한 이상하게 생긴 배야. 배가 가득 찰 때까지 최대한 태웠기 때문에 모든 사람들이 포개졌고 바짝 붙어 서 있어야 했어. 선원들은 선미에 있는 길고 구부러진 일종의 노를 저었는데, 배가 얼마나 빠른지 놀라지 않을 수 없었다. 모든 화물이 거룻배에 실렸다 내려졌는데, 다만 화물을 위한 좀 더 큰 거룻배가 있었고, 여러 명이 노를 저어 가는 작은 배에 끌려가고 있었어. 우리가 탄 배는 타테가미마루라고 불리는, 동해안에서 가장 크고 좋은 배였어. 배는 일본의 몇몇 항구에서부터 블라디보스토크까지 항해해. 우리는 운 좋게도 일등실을 구할 수 있었어. 일등실 안에는 2개의 방이 있고 각 방에는 아주 깨끗한 침상이 딸려 있었어. 이등실은 그렇게 좋지 않았어. 모든 사람이 같은 이등실 승객들과 함께 하나의 방에서 바닥에 누워 자야 했고, 남녀의 구분도 없었지. 삼등실은 내가 직접 보진 못했지만 그보다 더 낮은 수준인데, 많은 선교사들이 종종 그곳에서 여행을 해야 해. 모든 음식은 일본음식이었고, 우리는 음식을 직접 싸 가지고 갔어. 날씨가 매우 좋았고 정말 즐거운 여행을 했다. 물 위에서 하룻밤을 보내고 이른 아침에 성진에 도착했어. 거기서 배가 밤까지 정박해 있을 거라 우리는 다시 거룻배에 옮겨 타고 해안으로 갔어. 우리는 먼저 싱글 레이디스 하우스에 들렀고 그곳에서 여학교를 맡고 있는 로저스 양을 만났어. 그리고 나서 로즈 양과 나는 아침 식사를 같이하기로 한 로스 씨 네 댁으로 갔어. 그들에게는 두 명의 어린 딸이 있는데 영어보다 한국어를 더 잘해. 얼마 전에 둘 중 한 명이 선교부의 다른 집을 방문했는데 거기서 한국어로 말을 하더래. 그래서 그 집 아주머니가 그 아이에게, "왜 내게 한국어로 이야기하니? 나는 한국인이 아니란다."라고 했더니, 아이가, "조앤 영어 말 못한다."[Joanne English no can talk]라고 대답했대. 그 아이들이 노는 모습을 보면 깜짝 놀랄 거야. 그 아이들은 캐나다 아이들처럼 노는 게 아니라 한국 아이들처럼 놀아. 인형을 등에 묶고 한국 아이들과 함께 뛰어다니면서 그렇게. 장례식 [놀이]는 그들의 것이라고 믿는 또 다른 인기 있는 종류야. 한국 할머니들이 그러는 것처럼 똑같이 인형을 뒤로 묶고 있는 그 아이들을 너희가 볼 수 있었으면 좋겠다. 우리는 성진에서 굉장한 하루를 보냈어. 주중에는 건물이 더 필요한 남학교가 사용하고 있기도 한 교회를 보았고, 공사가 거의 끝나가는 새로운 여학교도 보았고, 유치원, 병원, 그리고 모든 사택들도 방문하였어. 점심은 싱글레이디스 하우스에서 먹었는데, 정기적으로 갖는 '선교부 만찬'으로서 선교부의 모든 사람이 와서 먹었어. 그 뒤 그리어슨 의사의 저녁 식사 초대를 받아 그 댁에서 다시 즐거운 시간을 보냈어. 그는 남성 성경반 지도를 위해 시골에 나가 있었고 전날 저녁 수업이 끝난 뒤 아침 6시까지 밤새 꼬박 걸어서 집에 돌아왔기에 굉장히 피곤해하셨어. 딸 중 두 명이 그를 마중하러 나갔는데, 함께 나간 한국인 남성은 하이에나 혹은 호랑이 소리를 들었는지 들었다고 생각했는지 중간에 돌아갔대. 여자아이들은 고갯길 꼭대기에 자정이 넘어 도착했는데, 있을 줄 알았던 아버지가 거기 안 계신거야. 그래서 다시 집으로 돌아가기 시작했고 새벽 4시 30분이 되어서야 도착했대. 그들은 다음 날 피곤해서 어찌해야 할지 모르더라고. 그런 여자아이들을 너희는 어떻게 생각하니? 제일 큰 애가 21살이고 다른 한 명은 16살이야. 나는 그 아이들이 꽤 용기가 있는 것 같아. 도로시는 다른 두 명의 여자아이를 가르치는 책임 및 집안일을 맡고 있고, 게다가 몇몇 병원 일도 돌보고 있어. 그들이 한국어로 말하는 것을 너희가 들어봐야 하는데.

　다음 날 밤 우리는 다시 타테가미 호에서 보냈고 아침에 청진에 도착해 다시 거룻배를 타고 내렸어. 밤새 파도가 거칠었는데 이번에는 아침에도 그랬어. 큰 파도가 오면 잘 보고 있다가 다른 파도가 오기 전에 점프를 해야 했어. 로즈 양은 타이밍을 잘 맞추지 못해서 완전히 젖고 말았어. 그 뒤 너울은 거룻배를 흔들리게 했고, 로즈 양은 육지로 가는 사이 멀미를 했다. 나는 그런 일련의 불상사를 겪지 않았어. 단순히 한 나라 안에서 다른 지역으로 가는 것일 뿐인데도 한국인들은 그들이 가진 모든 것을 열어 보여야 하고 주머니나 심지어 지갑 안까지 검사받아야 했지만, 우리들은 그런 고초를 겪지 않았어. 우리는 여권을 보여줘야만 했어. 우리는 아침 8시쯤 기항했는데 기차를 타기 위해 4시가 넘은 시간까지 기다리고 있어야 했어. 하지만 우리는 짐을 정리하는 데 오랜 시간이 걸렸어. 몇몇 짐은 상태가 너무 안 좋아져서 우리는 밧줄을 더 사서 다시 묶어야 했고, 상자 하나는 못을 다시 박아야 했어. 그래도 내 짐은 상태가 그렇게 나쁘지 않았고, 나머지 여정에서도 계속 잘 가 줬으면 하고 바라고 있어. 우리는 일본 여관에 들어갔는데 거기서 가운데에 숯 항아리가 놓인 다다미방을 내어 줘서 우리는 그곳에서 차를 마시면서 싸간 음식을 먹었어. 그 뒤 2.5km 떨어진 기차역까지 우리의 짐을 약 50cm 폭의 철로 위에 놓인 정말이지 작고 보잘것없는 기차에 태워 보냈어. 그 위를 달리는 차량들은 낮고 평평한 나무로 만들어졌는데, 쿨리들이 긴 막대기 같은 것으로 밀고 있었어. 쿨리들은 차량이 잘 나갈 때까지 밀며 달린 다음 뛰어 올라타 얼마간 주행하고, 그 뒤 다시 내려서 밀기를 반복했어. 몇 년 전만 해도 바로 그런 철도를 타고 회령까지 와야 했대. 우리가 타고 온 기차도 충분히 불량했지만 그것보다는 나았어. 이곳에 도착했을 때 베시 가족과 맥밀런 양이 역까지 우리를 마중하러 나와 있었어. 맥밀란 양이 올 때까지 여기에는 베시 가족밖에 없었어. 그들은 맥멀린 가족과 로즈 양을 맞이하여 모두 충분히 기뻤을 것으로 생각해. 나는 베시네 집에서 지내고 있고, 나머지 사람들은 맥멀린 가족이 자신들의 집으로 이사할 때까지 당분간 싱글레이디스 하우스에서 지낼 거야. 여기 선교지부에는 달랑 그 세 가족이 다고, 수 킬로미터 안에 다른 외국인은 살고 있지 않아. 정말 외롭고 고립된 선교지부가 아닐 수 없어. 이전에 캐스 양이 이곳에 혼자 있었을 때에는 재미라고는 거의 없었을 거야. [illegible] 카네이에는 선교부 병원이나 진료소가 [illegible], 일본 병원 하나만 있을 뿐이야.

우리는 내가 여기에 있다고 용정으로 전보를 쳤고, 내가 그쪽까지 가는 나머지 여행을 그들이 어떻게 준비하고 있는지 소식을 기다리고 있어. 한국에서는 어느 우체국에서든지 전보를 보낼 수 있어. 중요한 이야기가 있다면 사람들은 우편보다 훨씬 신뢰도가 높기 때문에 전보를 친다.

베시 씨의 아홉 살짜리 아들 딕은 꿩 사냥에 여러 번 나갔고, 꽤 많이 잡았대. 그는 함께 놀 다른 아이들이 없어서 다소 쓸쓸한 시간을 보내고 있어. 위로 형이 하나 있는데 지금 고베에 있는 학교에 다니고 있어. 이곳에는 여우, 하이에나, 호랑이 등이 있다. 선교부 사택을 둘러싼 언덕으로부터 하이에나가 울부짖는 소리도 종종 들린대. 이곳은 지금 이맘때면 매우 앙상하고 음침해 보이고, 바람은 차갑고 집 주위를 강하게 휩쓸고 다녀. 그렇게 추운 날씨에 비해 이곳 집들이 이토록 허술하게 지어졌다는 게 유감이야. 집은 한 겹의 벽돌로 이루어져 있어서 [단열을 위한 벽 속] 공기층이 없고, 너무 높고 커서 편안하지 못한 것은 말할 필요도 없고 온기도 전혀 잡아두지 못해. 이번 가을에 집집마다 설치할 새로운 보일러가 보내져 왔지만, 아직 설치되지 않았어.

우리는 오늘 아침 교회에 갔었는데 한국인들로부터 정말 큰 환영을 받았어. 그리고 지금은 이교도 일요학교에 갈 시간이 되어서 이만 마쳐야 할 것 같아. 모두 행복한 크리스마스와 즐거운 새해 보내길 바랄게.

사랑하는 누나,
플로렌스

주소: 일본, 조선, 카네이를 경유한 간도

조선 회령
1921년 12월 19일

어머니께,

　지난번 제가 편지를 쓴 이후로 아무 편지도 못 받았습니다. 그러나 제가 용정에 도착하면 몇 통이 저를 기다리고 있을 것 같습니다. 모두 건강하시고, 또 즐거운 연휴를 기다리며 일상을 즐기고 계시길 바랍니다. 학생들[동생들]은 이번 주에 시험을 치르느라 바쁘겠죠. 모두 성공적이길 바랍니다. 지난주 제가 한밤중에 기름을 불태우고 있을 때, 그 아이들 생각이 났습니다. 캐나다에서 정권 교체를 하였다고 들었는데, 자세한 소식은 아직 접하지 못하였습니다. 제가 한 통도 못 받은 사이 로즈 양은 두 묶음의 편지를 받았는데, 노바스코샤가 춥고 눈 천지가 되었다고 하네요. 여기 회령도 충분히 춥습니다. 대부분의 시간 동안 강풍이 불고 눈은 거의 내리지 않는 정말 똑부러지게 추운 날씨입니다. 눈이 내리면 강풍에 모두 날아가 버립니다. 그런데 제가 겪은 모험 이야기를 순서대로 써 내려가면 좋을 것 같아요.

　저희는 오늘로부터 일주일 전인 월요일 아침에 함흥을 출발했어요. 일본제국을 여행하는 데 수반되는 온갖 야단과 법석을 다 떨었습니다. 무거운 짐은 수레꾼이 끌고, 손짐은 지게꾼이 지고, 티켓을 사고, 짐 검사받고, 짐 무게 재고, 초과비용 내고, 기차에 실을 우리 짐을 옮기는 일꾼들을 위한 승강장 출입 티켓이라는 게 있어 그것도 사고, 모든 사람이 일일이 경찰에게 설명해야 하고, 지게꾼은 돈을 더 요구하고, 종은 울리고, 서둘러 기차에 올라타고, 다른 쿨리들은 계속 뭔가 이유를 대며 돈을 더 달라고 하고. 아무리 일찍 출발해도 마찬가지예요. 때로는 어머니의 딸처럼 참을성이 강한 온순한 사람도 짜증이 버럭 납니다. 하지만 달라지길 바라면서 동양을 바꿀 수는 없고, 그저 재미있는 면을 볼 수밖에 없어요.

맥멀린 가족은 매우 친절한 젊은 사람들이고 한국에 온 지 일 년 정도 되었는데, 그 가족과 로즈 양이 저와 동행했습니다. 저희는 저녁 시간에 맞춰 원산에 도착했어요. 로즈 양과 저는 매컬리 댁에서, 맥멀린 가족은 회령에서 이웃으로 지냈던 D. A. 맥도날드 댁에서 지냈어요.

[2쪽 누락]

출항이 다음 날 오후까지 연기되었어요. 짐만 먼저 배에 싣는 것이 허락되지 않아서 우리는 모든 짐을 다시 가져와야 했습니다. 다음 날 저희는 드디어 출발했습니다. 수많은 한국인, 일본인, 그리고 짐들이 빽빽이 들어찬 거룻배(선미에서 길고 휘어진 노로 저어 가는 네모난 선미를 가진 바닥이 평평한 배)에 타고 타테가미마루라는 배까지 노를 저어 갔습니다. 타테가미마루는 동해안에서 가장 크고 좋은 일본 배입니다. 우리는 운이 좋게도 침상이 딸린 방 2개짜리 일등실 표를 구했어요. 영 양은 원산에서부터 우리 일행과 함께했습니다. 날씨는 좋았고 일본해도 잔잔하여 즐거운 여행을 했습니다. 선교사들은 종종 이등실이나 삼등실에 탄 채 여행을 해야 하는데, 이등실은 남녀가 함께 바닥에 눕고요, 삼등실은 그보다 더 안 좋습니다. 음식이 별로 마음에 들지 않아서, 저희는 저희가 싸간 도시락을 먹었어요.

다음 날 아침 5시에 성진항에 도착했고, 다시 거룻배를 타고 해안으로 갔습니다. 거기서 저희는 로스 씨 댁에서 아침 식사를 했고, 싱글레이디스 하우스에서 선교부 만찬을 먹었고, 그리어슨 의사 댁에서 저녁을 먹었어요. 성진 선교지부에게는 영 양이 돌아오고 그 밖에도 많은 손님이 찾아오는 특별한 날이었어요. 영 양은 성진의 간호사입니다. 이제 막 언어학교에서 돌아왔어요. 로저스 양이 만찬 때 우리를 대접해 주었습니다. 토마스 양과 로스 씨는 시골에 나가 있었고요. 그리어슨 의사는 그들과 함께 시골에 가 그 전날 밤 진행된 공부반을 막 끝낸 참이었습니다. 그리어슨 의사는 밤새 걸어서 새벽 6시에 집에 도착했어요. 그의 두 딸인 도로시와 비비안은 아버지가 돌아온다는 것을 알고 마중하러 가기 위해 밤중에 고갯길을 오르기 시작했어요. 한국인 일꾼도 함께요. 산을 반쯤 올라갔을 때 그들의 일꾼은 하이에나가 울부짖는 소리를 듣고는 돌아가 버려서 여자아이들 홀로 길을 갔어요. 고갯길 꼭대기에 도착하자 거의 1시가 되어 있었는데, 아버지는 그곳에 안 계셨어요. 기다리기에는 너무 추웠고, 또 아무래도 아버지와 길이 엇갈린 것 같다는 생각에 아이들은 다시 고갯길을 되돌아 내려오기 시작했고, 새벽 4시 반이 되어서야 집에 돌아왔습니다. 그다음 날 아이들은 꽤 피곤해 보였어요. 비비안은 찰리 정도 커요. 찰리라면 과연 그 밤중에 곰, 하이에나, 호랑이가 어슬렁거리는 언덕을 걸어갔을지 궁금합니다. 그리어슨 의사는 특별히 아버지께서 자신을 기억해주길 바라셨어요. 저희는 교회를 보았는데, 주중에는 건물이 부족한 남학교에서 사용하고 있대요. 거의 완공된 여학교 건물도 있었습니다. 여자아이들이 새 건물로 이사 가면, 남자아이들이 여학교에서 쓰던 그 건물을 갖게 될 것입니다. 그곳엔 교육사역 담당자가 없어서 현재는 복음사역 담당자인 로저스 양이 학교를 맡고 있어요. 병원은 규모가 꽤 컸지만 환자는 단 세 명뿐이었고, 환자 모두 본관 뒤편에 있는 한국인 병동에 있었어요. 본관은 아래층 한구석을 차지하고 있는 진료소를 제외하고는 비어 있고 놀리고 있는 상태이기 때문에, 커다란 보일러가 있음에도 한 번도 제대로 작동된 적이 없습니다. 그리어슨 의사는 복음사역으로 너무 바빠서 병원 일을 할 시간이 거의 없어요. 그래서 병원은 대개 한국인들에게 맡기고 있습니다. 밤에 저희가 다시 배에 탔을 때 꽤 큰 파도가 일었어요. 그래서 사람들은 파도와 파도 사이에서 기회를 엿봐 거룻배에서 사다리로 재빨리 뛰어올라야만 했습니다. 로즈 양은 계산을 잘못해서 흠뻑 젖고 말았지만, 저희 나머지 사람들은 괜찮았습니다.

다음 날 아침 저희는 청진에 도착했고, 배가 파도 꼭대기에 있을 때 거룻배로 뛰어내려야 했습니다. 짐과 화물은 더 큰 거룻배에 실었는데, 그 배는 6명의 남성이 노를 젓는 작은 거룻배에 의해 끌려갔습니다. 저희는 세관에서 아무 문제 없었고, 여권만 보여주면 됐습니다. 하지만 한국인들은 그들이 가진 모든 것을 열어야 했고, 직원들은 사람들의 주머니와 심지어 지갑 안까지 살펴보았습니다. 저희는 밧줄과 못을 더 구해서 로즈 양의 몇몇 짐을 다시 묶어야만 했습니다. 제 짐들은 괜찮았어요. 저희는 일본 여관에서 그들이 "큰 방"이라고 부르는 3m x 3m 정도 크기의 방에서 아침과 점심을 먹었어요. 방에는 앉을 수 있는 쿠션과 숯을 태우는 화로가 있어서 따뜻했습니다. 우리는 차를 마셨고, 감자튀김과 소고기 스테이크, 그리고 토스트를 먹었어요. 점심 도시락에서 남은 음식과 함께 근사한 한 끼 식사가 되었습니다. 오후에 우리는 우리 짐을 약 50cm 간격의 철로 위에 놓인 볼품없이 작은 기차에 실어 약 2.5km 떨어진 기차역까지 보냈습니다. 차량은 작고 평평했으며, 쿨리들이 기다란 막대기로 밀고 있었어요. 쿨리들은 노가 잘 움직일 때까지 뒤에서 밀며 뛰었고, 그 후 올라타 관성으로 한동안 앞으로 가다가 다시 내려 밀고 뛰기를 반복했습니다. 저희는 저녁때 회령에 도착했는데, 역에는 선교부 전원인 맥밀란 양과 베시 가족이 마중 나와 있었습니다. 베시 가족은 맥밀란 양이 올 때까지 이곳에 홀로 있었습니다. 회령은 365일 중 300일이 강풍이 부는 황량한 곳입니다. 세 채의 선교부 사택은 냄새나기로 유명한 중국인 논밭으로 둘러싸여 있어요. 집들은 너무 크고도 거대해요. 베시 네 집에 세 명이 살고 나머지 집에 두 명씩 삽니다. 벽은 안쪽이 진흙으로 도배된 반쪽 벽돌로 만들어져서, 벽 사이의 공기층이 있을 데가 없고, 일부 방에는 창문이 여섯 개나 있으며 바람막이 창문도 없습니다. 집 안에서는 건조한 바람이 불어오는 것을 느낄 수가 있습니다. 집 안을 따뜻하게 유지하는 것은 불가능합니다. 집을 그렇게 크게, 그리고 문과 창문 주변에 안이 들여다보일 정도로 큰 틈이 있도록 지은 것은 미친 짓이었습니다. 회령에서 살아야 하는 동료들이 불쌍합니다.

일요일에 우리는 교회에 갔습니다. 전에 제가 묘사한 다른 교회들과 마찬가지였습니다. 여기에는 최근에 새로 생긴 훌륭한 여학교가 있습니다. 남학교는 아직 보지 못하였습니다. 병원도 없고 선교부의 진료소조차 없지만, 일본병원 혹은 정부병원이라고 불러야 할 것 같은 꽤 큰 병원이 하나 있습니다.

11살짜리인 딕 베시는 총을 가지고 있는데, 까마귀와 까치는 말할 것도 없고 엄청 많은 꿩을 잡았습니다. 오늘 오후에도 딕은 밖에 나갔는데, 불과 몇 분 만에 까마귀와 까치를 잡았습니다. 이 근처 언덕에는 늑대, 하이에나, 호랑이가 삽니다. 저희가 오기 전날 밤 하이에나가 언덕에서 울부짖는 소리가 밤새 들렸대요. 하지만 저는 전혀 듣지 못하였습니다. 동물이 마을에 내려오지는 않습니다. 아버지 방을 장식할 근사한 호랑이 가죽이나 표범 가죽을 구할 수 있으면 좋겠어요. 만주에서 하나 구할 수 있을지도 모릅니다.

그런데 이곳에서는 랜턴이 매우 유용하다고 모두가 말하고 있어요. 또 대부분의 선교사들은 환등기를 가지고 있습니다. 그래서 아버지께서 만약 사용하지 않고 계신다면 이곳으로 보내주세요. 저희가 현장에서 사용할 수 있을 것입니다. 만약 푸트 박사가 가지고 오기에 너무 늦었다면 아마 D. W. 맥도날드가 돌아올 때 가지고 올 수 있을 거예요. 언젠가 알렉스가 캐나다에서의 삶이나 성경그림 혹은 다른 재미있는 것으로 환등 슬라이드를 만들 수도 있을 것 같네요. 제가 보낸 크리스마스 선물을 잘 받았길 바랍니다.

모두에게 사랑을 담아,
플로렌스

제창병원
(캐나다 장로회 선교부)

만주, 중국
지나[중국] 북간도 용정
S. 해빌랜드 마틴, 의학사

우편 주소
카네이를 경유한 간도
조선(일본)

날짜: 1921년 12월 26일

남동생들에게,

이 편지는 너희가 11월 11일에 보낸 편지들에 대한 답장이란다. 매우 기쁘게 읽었고, 더 많은 편지를 애타게 기다리고 있다. 그런데 그 편지들은 내가 여기 오는 길에 하룻밤 묵은 작은 한국 집에서 내게 전달되었어. 약 3주 동안 나는 편지를 한 통도 받지 못하고 있었던지라, 그 편지 묶음을 받고 매우 기뻤단다.

내가 이 글을 쓰고 있는 동안 너희는 크리스마스를 위해 모두 케이프 브레턴에 있는 집에 모여 있을 테지. 만약 얼타운이나 오리어나 핼리팩스였다면 전체적인 장면을 상상할 수 있었겠지만, 레이체스 만은 자세히 그림이 그려지지 않는구나. 당연히 너희는 함께 행복한 시간을 보내고 있겠지. 내가 이날을 위해 보낸 물건이 제시간에 도착했으면 좋겠다.

편지 보내고 싶은 모든 사람에게 내가 따로따로 다 쓸 수가 없는데, [학생]자원운동 그룹에게는 한 통 쓰고 싶어. 이 편지에서는 회령에서 이곳까지 온 여정에 대해 들려줄게. 아마 자원운동 그룹은 흥미 있어 할지 몰라. 이 나라에서 우리가 어떻게 여행하고 있는지 어느 정도 알 수 있을 거야. 용정으로 가는 여행의 첫 부분을 언급한 나의 지난 편지도 자원운동가들에게 읽어줄 가치가 있을 거야. 너희 중 한 명이 내 안부와 함께 이 편지를 그들에게 전해 줘. 그리고 우리가 그들 중 몇 명이라도 이곳에 오기를 간절히 그리고 조급히 기다리고 있다고도 그들에게 좀 말해 줘.

회령에는 삼봉까지 가는 협궤열차가 있어. 삼봉이 종점이야. 객차는 핼리팩스의 트램 정도의 크기로, 그렇게 크지 않고 양옆으로 좌석이 있어. 한쪽 가운데에는 작은 난로가 있다. 어두워지면 승객들은 스스로 불을 떼고 오일 램프를 켜. 나는 베시 씨의 조사와 함께 갔어. 한국인인 그는 3년 임기로 간도로 급히 발령받아 부인과 가족에게 작별인사를 할 기회도 없이 떠났어. 왜냐고? 그는 사람들에게 지도자로서 인정받고 있는데, 강한 사람들은 언제나 의심을 받기 때문이야. 외국인은 물론 나밖에 없었고, 객차는 한국인과 중국인으로 가득 차 있었어. 이 지역에는 중국인이 엄청 많이 살거든. 사람들은 내게 큰 관심을 가졌고, 나를 꼼꼼히 살펴봄으로써 자신들이 가진 자연스러운 호기심을 최대한 만족시켰다. 그들의 관심은 거기서 짧게 끝나지 않았고 내 신발, 특히 레이스 부분을 살펴보고 또 만져보았어. 어느 정거장에서 한 무리의 남학생들이 기차에 탔는데, 내가 읽고 있는 잡지에 실린 사진을 보기 위해 내 주위로 몰려들었어. 나는 페이지를 넘겨 모든 그림을 보여주었어. 그들은 매우 흥미로워했고, 해당 물건의 영어 이름이 뭔지 물어봤어. 그래서 우리는 바로 객차 안에서 수업을 했지. 그들의 밝은 얼굴을 보는 것은 매우 흥미로웠어. 비록 깨끗한 얼굴이라고는 할 수 없지만 말이야. 그들은 사진을 보면서 영어 단어를 계속 해서 계속 해서 반복했어. 그들에게 뭔가 가치 있는 것에 대해 말할 수 있기를 얼마나 바랐는지 몰라. 하지만 내가 많은 이야기를 할 수 있게 되기까지는 아직 시간이 좀 더 필요할 것 같아. 그들은 하나같이 손수건이 몹시 필요해 보였는데, 물론 가지고 있는 아이는 한 명도 없었다. 모든 한국 어린이들은 항상 매우 심한 감기에 걸린 상태인 것 같아 보이는데, 손수건은 매우 드문 사치품이야. 그 한국인 전도사는 상황을 알아차리고 아이들에게 코를 닦으라고 말했어. 아이들이 주목하지 않자, 그는 자신의 주머니를 뒤져서 오래된 신문지 한 장을 발견했고, 그것을 가지고 돌아다녔어. 나는 청결함이 경건함 다음으로 중요하다고 들어 왔는데, 전도사 한 명이 고향의 공공장소에서 그렇게 열심히 청결함을 실천적으로 시연하고 다닐지는 몰랐다.

삼봉에 도착한 우리는 어느 곳에서든 도착 즉시 맞닥뜨리게 되는 경찰과 실랑이를 벌인 끝에 일본 여관으로 가고 있었는데, 용정 병원의 간호사인 화이트로 양이 우리를 마중하러 오는 것이 보였어. 그녀는 병원 조사랑 함께 오고 있었는데, 조사는 병원에서 알렉산더로 알려진 젊은 한국 청년이야. 그녀는 나보다 몇 시간 전에 마을에 도착했고, 우리가 머물 근사하고 깨끗한 한국인 집을 준비해 놓았어. 그 집은 기독교인들이 모여 예배를 드리는 장소인데, 우리가 하룻밤 묵을 수 있게 초대해 주었어. 그곳에 상당히 많은 기독교인이 있음에도 아직 교회도 없고 사역을 맡을 사람도 없어. 제일 먼저 식사를 했어. 대부분의 외국인들은 한국음식을 그다지 즐기지 않기 때문에 우리는 각자 점심을 가지고 왔어. 실제로 이질이나 다른 감염병을 피하고 싶다면 한국음식을 먹는 것은 안전하지 않아. 하지만 그들은 우리에게 따뜻하고 맛있는 밥, 뜨거운 물, 그리고 삶은 달걀 몇 개를 가져다주었는데, 아주 맛있었어. 우리가 식사를 시작하기 전에 방문객들이 우리를 찾아왔는데, 다행스럽게도 한국에서는 남들 밥 먹는 자리에 있는 것을 매우 좋지 않게 여겨서 손님들은 우리가 식사 하려 하는 것을 보자마자 잠시 자리를 비켜줬어.

　식사 후 기독교인들이 도착했어. 남성들은 부엌에 있었고, 십여 명 정도 되는 여성들은 그 절반 정도의 아기를 데리고 우리가 있는 2.5m x 2.5m 정도 되는 방에 모였어. 전도사가 그 가운데 있는 문지방에 서서 예배를 인도했어. 찬양을 부르고 성경 구절을 읽은 뒤 짧은 설교가 있었다. 화이트로 양이 그날 저녁 의사가 올 것이라고 말했던 것 같아. 그래서 우리는 그때 그곳에서 진료소를 열게 되었다. 비록 불쌍하고 불행한 그 의사는 그런 모임을 전혀 예상하지 못했고 또 큰 도움도 되지 못할 것이라 생각했지만 말이야. 그러나 우리는 아픈 귀와 눈과 종기를 모두 살펴보았고, 화이트로 양을 통해 쓸 만한 충고를 해 준 뒤, 나중에 병원에서 약을 보내주겠다고 약속했어. 마지막 사람이 가고 난 후, 우리는 우리의 담요와 쿠션을 꺼내 바닥에 깔고 잠자리를 만들었어. 바닥은 온돌방이 아니었는데, 기온은 영하 몇 도였기 때문에 우리는 온수병에 뜨거운 물을 채우고 일본식 난방기 두 개를 켰어. 그러자 꽤 편안해졌어. 일본식 난방기 하나는 시가 모양의 작대기 숯이나 숯 비슷한 것이 담긴 크고 납작한 깡통으로, 숯 하나에 불을 붙인 뒤 통 안에 넣고 깡통을 단단히 닫아. 그러면 시가는 몇 시간 동안 천천히 타는데 꽤 따뜻해.

다음 날 아침 식사 전에 또 다른 환자가 도착했고, 적절한 처방을 받았어. 아침 식사 후 우리는 용정까지의 37km 여행을 시작했어. 기온은 영하 8도여서 우리가 담요를 여러 장 가지고 있는 게 얼마나 기뻤나 몰라. 한국과 만주의 경계선인 두만강까지는 그리 멀지 않아서 거기까지 걸어갔어. 그러고 나서 우리는 여권을 보여주고, 카드를 내고, 나이를 말하고, 온갖 종류의 의식을 너무나 사랑하는 일본 사람들의 마음에 너무나 소중한 여러 절차를 거쳐야 했어. 얼어붙은 강 위를 건넌 뒤 반대편에서 우리는 마차에 탔어. 중국 영토에 들어가면서 나는 적어도 당분간은 관료적인 경찰과 면담할 필요가 없다는 사실에 감사한 마음이 들어 깊은숨을 들이쉬었어. 날씨가 너무 춥고 칼바람이 불고 있었기 때문에 마차에 올라탄 뒤 우리는 담요로 최대한 따뜻하게 둘러쌌어. 그리고 우리가 탄 러시아 마차와 알렉산더가 내 손짐을 들고 탄 다른 마차 모두 출발했어. 내가 출발했다고 했니? 출발은 잘 했는데 곧 멈춰 섰어. 무엇 때문에 멈췄는지는 아무도 몰라. 다시 출발했고, 또다시 멈춰 섰는데, 이유는 같아. 다시 출발했지만 우리는 곧 저 멀리서 마주 오는 다른 마차를 보고 멈춰야만 했어. 마차 두 대가 지날 수 있을 만큼 넓지가 않았거든. 우리는 상대편 마차가 지나가기를 기다렸어. 그 뒤 우리가 그 좁은 길로 들어섰지만, 곧 더 많은 마차를 보내주기 위해 다시 넓은 길로 되돌아가야 했어. 한쪽은 가파른 바위 절벽이었고 아래에는 강이었지만 마침내 우리는 그 길을 지났고 강에서부터 멀어졌어. 우리가 처음 출발하기 전에 내 쪽 타이어가 터져서 수레바퀴살과 약간의 밧줄로 묶어 놓았었는데, 얼마 뒤 그 타이어와 바퀴의 테두리가 완전히 틀어져서 다른 바퀴와 보조를 맞출 수 없을 정도로 벌어져 있는 것을 알게 되었어. 그래서 우리는 다시 멈춰 수리하는 동안 도로변에서 기다려야만 했어. 수리한 것은 효과가 없었거나 혹은 임시방편이었다는 것이 곧 드러났고, 다음 마을에 도착하기 전에 우리는 마차에서 굴러 떨어지지 않고 나와 걸을 수 있게 된 것을 즐거워했지. 아무튼 나는 이번에 러시아 마차를 타는 가장 좋은 방법은 그 옆에서 걷는 것이라고 결정했어. 마을에 도착한 뒤, 화이트로 양과 나는 몸을 녹이기 위해 중국 세관에 들어갔어. 그곳의 책임자는 영어를 굉장히 잘하는 한국인이었어. 내가 마틴 의사를 대신하여 새로 부임하고 있는 의사라는 소개가 그에게 들어가자, 우리는 거기에서 다시 한 번 진료소를 열어야 했어. 그 뒤 나는 가게에 가서 내 발을 얼지 않도록 해 줄 중국산 펠트 부츠를 한 켤레 샀어. 부츠는 너무 따뜻했는데, 이맘때 이곳의 날씨에 딱 알맞은 것이었어. 그때쯤 바퀴가 제법 잘 묶여졌고, 우리는 다시 한 번 길을 떠났어.

이제 우리는 용정까지 거의 반쯤 왔는데, 내가 러시아 마차가 어떤 것인지 너희에게 말해주지 않았네! 그건 정말 꽤 호화로운 운송 수단인데, 이 나라 이 지역에서 유일하게 스프링을 뽐낼 수 있는 미차야. 가장 큰 단점은 너무 개방적이고 높아서 이렇게 늘 강한 바람이 부는 곳에서는 바람을 너무 많이 맞는다는 것이야. '말'(steed)은 만주 조랑말과 달리 '큰 말'로 알려진 동물인데, 고향에서 우리는 보통 꽤 작은 말을 떠올리지. 마차에는 바퀴가 두 개 있고, 바퀴의 바큇살을 밟고 올라타야 해. 일단 위로 올라가면 너는 담요, 온수병, 난방기로 어지러운 곳으로 떨어지는데, 가능한 한 우아하고 품위 있게 떨어져야 한단다.

하지만 길에서 볼 수 있는 것이 단조롭게 러시아 마차들밖에 없다고 생각해서는 안 돼. 내가 장담하는데 러시아 마차, 중국 마차, 한국 마차, 베이징 마차, 등짐 실은 조랑말, 그리고 말에 올라탄 중국 군인들과 때때로는 일본 군인들, 이렇게 마차가 이어지는데 모두 관심을 갖고 쳐다보게 돼. 한국의 우마차는 내가 예전에 설명한 적이 있어. 중국 마차는 큰 바퀴 네 개를 가지고 있는데, 네 마리의 만주 조랑말이 한 끌채에 묶여서 끌고 그 앞에 다시 나란히 선 세 마리의 조랑말이 끄는 형태야. 마치 말과 양을 교배한 것처럼 보이는 작은 말이야. 몇몇 사람들과 다르지 않게, 제멋대로인 다루기 힘든 생명체들이야. 베이징 마차는 아주 높고 천으로 된 덮개를 가지고 있는데 역시 말이 끌어. 그리고 일반 콩이 아닌 동양의 대두를 싣고 그것을 수출하기 위해 시장에 가고 있는 수많은 수많은 한국 마차들이 있어. 부딪히기 직전 마지막 순간까지 어느 쪽도 길을 비키지 않는데, 대부분 아주 근소한 차이로 충돌을 피하고 있어. 한국 마차들은 바퀴 뒤로 30cm 정도 돌출된 거대한 축을 가지고 있고 또 그 축으로 인해 마차가 굉장히 크고 무거워져 한국 마차는 결코 다치는 법이 없어. 그래서 그들은 다른 종류의 마차와 마주치더라도 신경 쓰지 않아. 우리 마부가 한두 번쯤 개인적 볼일로 마차에서 내리고 없었던 적이 있어. 하지만 그는 마차를 계속 가게 내버려 뒀지. 그러다 한국 마차를 마주쳤는데 양쪽 다 비켜서지 않았고, 결국 우리 마부가 도착해서 말을 길 밖으로 끌고 갔어. 마부는 거의 항상 말을 끌었는데, 그게 우리의 빠른 진행을 설명하는 데 도움이 될지 모르겠다. 아, 마부가 길을 내거나 또는 동물을 격려할 때 내는 고함과 포효 소리를 너희가 들어봐야 하는데. 어느 쪽이든 너희가 생각하고 싶은 대로 상상해봐. 때때로 내가 레코드판을 만드는 기계였으면 하고 바랐단다. 재즈 음악을 좋아하는 사람이라면 누구라도 내가 만든 음반을 좋아할 거야.

약 2시쯤 우리는 뭔가를 좀 먹기 위해 다른 마을에 들렀어. 우리는 중국 여관에서 이전 두 끼의 남은 음식과 우리가 탐닉했던 약간의 뜨거운 물로 호화로운 만찬을 즐겼어. 그 여관은 신선한 공기가 드나들 수 있도록 계속 문을 활짝 열어 놓고 있었고, 방에서는 불을 지펴 요리를 하고 있었는데 거기서 향긋한(?) 냄새와 엄청난 연기를 공기에 더해주고 있었어. 안쪽 방에서는 한국인, 중국인, 일본인이 각자의 취향에 따라 즐기고 있었는데, 말 그대로 흥청망청 떠들썩한 소리로 가득 찼어. 우리는 좀 더 사적인 공간으로 들어갔는데, 처음에는 너무 어둡고 연기가 자욱해서 우리의 눈이 희미한 빛에 익숙해질 때까지 거의 아무것도 볼 수 없었어. 그 뒤 우리는 창문이 모두 종이로 되어 있는 것과 진흙으로 되어 있는 바닥 한쪽에 돗자리 깐 부분을 빼고는 마구 침이 뱉어져 있는 것을 보았어. 거기서 우리는 양철통에 지펴진 연기 자욱한 불에서 최대한 가까운 바닥에 앉아 점심을 즐겼어. 여러 중국인들이 우리의 식사를 보고 감탄했는데, 중국인들에게는 확실히 한국인들처럼 밥 먹는 사람을 쳐다보지 않는다는 좋은 풍습이 없는 것 같아. 그곳에서 완전히 몸을 녹인 뒤 우리는 다시 출발했고, 더 이상의 모험 없이 어두워지기 전에 용정에 도착했다. 거기서 우리는 큰 환영을 받았고, 나는 바로 집에 온 것 같이 느껴졌어.

알렉산더가 우리와 동행해 준 것은 정말 대단한 일이었어. 그는 경찰과는 일본어로, 한국인들과는 한국어로, 여관에서는 중국어로, 그리고 내게는 영어로 말해. 그는 병원에서 실습을 하고 있고 비단에 아름다운 그림을 그리는데, 그 밖에도 다양한 재주가 있을 것으로 나는 확신해. 그는 마틴 의사가 돌아오면 의학을 공부할 거야. 그동안은 나를 돕도록 하기 위해 그를 여기에 두기로 했어.

다음 날 아침 마틴 의사와 나는 병원으로 갔어. 그는 다시 일어나 일하고 있지만 최근의 병으로 인해 상당히 절뚝거리고 매우 힘들어 보여. 하지만 그는 열정과 에너지로 가득 차 있어. 이 병원은 내가 여태껏 본 우리 선교부의 어느 다른 병원보다 훌륭하고 시설도 잘 갖춰져 있어. 마틴 의사가 6년 전 여기 처음 왔을 때 이곳에는 아무것도 없었기 때문에, 이건 모두 그의 공로야. 처음에 그는 싱글레이디스 하우스의 방 2개에서 진료소를 열고 수술을 시작했어. 지금 그는 병원과 선교부 사택에 불을 밝히고 안식년에서 돌아올 때 가지고 돌아올 엑스레이를 작동시킬 전기 발전기를 만들고 있는 중이야. 그는 의사이면서도 전기 엔지니어이고 아마추어 천문학자야. 비록 일 년 중 이맘때에는 뜨거운 바닥을 좋아하는 환자들이 병원은 춥다고 생각해서 환자가 별로 없지만, 여기에는 정말로 할 일이 있어. 매일 많은 외래환자들이 와서 존재의 단조로움을 느낄 틈을 주지 않는다. 마틴 의사는 환자들에게 한국어 또는 중국어로 말하는데, 나는 여기서 감탄과 절망을 느낀다. 나도 중국어를 배우기 시작했지만, 내가 적어도 조금은 한국어로 말할 수 있게 될 때까지 대부분의 시간을 한국어 공부에 쏟아야 해. 약 절반의 환자가 중국인들인데, 육체적으로 크고 훌륭한 표본이야. 고향 집 주변 세탁소에서 볼 수 있는 작은 녀석들과는 전혀 달라. 그날 아침 나는 중국인을 대상으로 나의 첫 수술을 했어. 안과 수술이었는데, 여기는 이런 환자가 너무 많아. 나는 오전에는 병원에서 일하고 오후에는 공부할 거야. 이 모든 일상에 익숙해지려면 꽤 시간이 걸릴 거야. 또한 고향에서 기대하는 것과 달리 이곳 병원에는 너무 많은 일들이 있다. 병의 종류가 다르고, 고향에서 흔하다고 생각했던 병들이 이곳에서는 매우 드물어. 또한 여기서는 고향에서 흔히 볼 수 있는 것보다 더 많은 온갖 종류의 합병증을 보게 된다. 어느 중국 여성이 자신의 전족 발을 내게 보여줬어. 정말 불쌍해 보였다. 저렇게 기형적인 것을 아름답다고 생각하는 사람들이 있다는 게 정말 이상하지 않니? 그들이 그러한 발로 절룩이며 다니는 방식은 어쨌든 훌륭하단다. 지금까지 내가본 대부분의 중국 여성은 전족이었고, 상당히 많은 남성은 여전히 변발을 하고 있었어. 이곳에는 결핵이 아주 흔해. 모든 사람들과 모든 지역에서, 그리고 전통 치료법은 증상을 돕는 것이 아니라 오히려 많은 경우 악화시키는 경향이 있어. 많은 환자들은 소위 '의사'라고 불리는 토착민의 손에 치료를 받은 결과 흉터로 뒤덮여 있어. 침과 뜸은 가장 인기 있는 치료법이야. 뜸이란 아픈 곳의 피부 위에 인화성 가루를 포개놓은 뒤 거기에 불을 붙이는 것이야. 복부에 그런 흉터가 20개 이상 있는 환자가 많다. 침은 길고 무겁고 디러운 바늘을 아프다고 여겨지는 곳에 찔러 넣는 것이야. 어제 복부 종양이 있는 한 남성을 보았는데, 그곳에 침이 세 개가 삽입되어 있었어. 그런 치료로 많은 화농성 관절염과 복막유착이 생겨.

　포스터가 맥두걸 의사에게 이 편지를 보여줘도 될 것 같아. 그가 관심 있어 할 것 같거든. 내가 좀 더 많은 환자를 보게 되면 일에 대해서 그에게 편지를 쓸 게. 또한 케이-그로브의 젊은이들이 이 편지를 보고 싶어 할지도 몰라. 내가 원하는 만큼 많은 사람들에게 편지 쓸 시간을 확보하는 게 어렵구나.

다음 편지에서는 만주에서의 나의 첫 크리스마스에 대해 말해 줄게.

사랑하는 누나,
플로렌스

만주, 카네이를 경유한 간도, 용정
1922년 1월 6일

찰리에게,

  네가 보낸 편지에 날짜가 쓰여 있지 않아서 내가 어느 편지에 답장하고 있는 것인지 모르겠지만, 네 편지를 받아서 정말 기뻤고 또 네 사진을 보내줘서 정말 고마워. 정말 훌륭한 사진이야. 게다가 네가 사진 인화를 직접 배우고 있다니 기쁘구나. 너도 그런 종류의 일은 잘 알지 못 하지. 하지만 [그런 기술이] 언제 유용하게 사용될지 모르고, 너 자신과 타인에게 언젠가 기쁨의 원천이 될지도 모른단다. 어머니께 받은 지난 두세 통의 편지에서 어머니는 알렉스가 한밤중까지 사진을 인화하고 있다고 하셨어. 그래서 알렉스가 내게 한두 장 정도는 보내줄 것이라 생각했는데 아직 한 장도 받지 못했다. 해양소년단 유니폼을 입은 네 모습이 정말 보기 좋구나. 그리고 내가 생각한 것보다 더 자랐구나. 어쨌든 너는 네가 남자답게 크게 되기까지 기다릴 필요가 없단다. 나의 모든 남자 형제들에게는 비열함이란 찾아볼 수 없고, 나는 너희가 늘 자랑스럽단다.
  레이체스 만에 있는 집과 부지에 대해 길게 묘사한 편지를 내게 꼭 써 줘. 내가 그 집을 본 적이 없다는 걸 기억해 주렴. 너희가 모두 집에 있는 모습을 상상할 수 있게 되기를 바란단다. 네가 경험하게 될 학교와 재미있는 일들에 대해 모두 내게 이야기 해 줘.

네가 여기서 나와 함께 시내를 걸을 수 있다면 넌 매우 좋아할 거야. 우리의 선교부지는 영국 조계지, 즉 중국 안에서 우리가 치외법권을 가진 지역 안에 있어. 이게 중국이 군축회의에서 풀고자 하는 문제라는 것에 대해서는 너도 분명히 읽어본 적 있을 거야. 아무튼, 용정에 온 날 깃대 꼭대기에 걸려 있던 영광스러운 유니언잭을 보게 되어 너무 좋았단다. 우리가 원하기만 한다면 우리 관내에서 거들먹거리고 있는 경찰을 내쫓을 수 있고, 그럼 경찰은 나가야만 해. 언덕 옆에는 회색빛이 도는 이 지역 벽돌로 만들어진 집 네 채가 일렬로 서 있어. 한쪽에는 높은 벽돌담으로 둘러싸인 영국 세관원 직원들의 부지가 있어. 우리 부지에는 철조망만 둘러쳐져 있어. 사택들 앞에는 병원이 있고 조금 옆으로 단독 건물이 하나 있어. 병원 바로 뒤에는 한국인 조수장이 사는 집이야. 그는 가까이 살면서 밤 근무와 야간 호출을 모두 담당하고 있어. 한편 우리들 사택 뒤에는 일꾼을 위한 진흙집이 있어. 보다시피 우리는 꽤 작은 조직이란다. 학교와 교회는 멀리 떨어져 있어. 이곳의 사택은 회령의 집들보다 훨씬 잘 지어졌고 훨씬 더 편안해. 여기의 기온은 줄곧 0도나 혹은 그보다 낮지만, 사실 나는 여기에서보다 캐나다에 있을 때 더 추위를 느꼈어. 이곳은 너무 건조해서 눈이 결코 많이 오지 않고, 눈이 오더라도 강한 바람에 곧 날아가 버려. 주변의 언덕은 온통 하얗지만 땅은 눈에 덮여 있는 곳이 거의 없다. 어디를 봐도 어떤 크기의 나무든 하나도 없어. 선교사들이 여러 차례 나무를 심어봤는데 일부는 아직 살아있지만 조금밖에 자라지 않았어. 이곳은 과일나무가 없고 또 작은 열매는 겨울 동안 뿌리가 다 죽어버리기 때문에 이곳에서는 과일을 구하기가 힘들어. 다른 곳에서는 보지 못했던 것이 한 가지 있어. 이곳의 땅은 얼면 균열이 생기고 균열은 봄이 될 때까지 겨우내 점점 깊고 넓어져서, 사람들은 종종 그 폭이 수십 센티미터까지 되기도 한다고 말해. 지금은 그 너비가 약 7~10cm 정도야.

내가 어학 공부에 들여야만 하는 시간을 확보하는 것이 어려워. 거동이 가능해진 마틴 의사가 병원에 있을 수 있어서 이번 달에는 그가 일을 하고 나는 계속 공부하는 것에 동의해 주었어. 그는 어쨌든 4월까지는 어디 갈 수도 없기 때문에 나는 그가 떠나기 전까지 공부에 전력할 시간을 조금은 확보했다. 하지만 내가 병원에 잠시라도 들르면 해야 할 일이 수십 가지고, 그래서 나는 보통 한 시간 반 정도 머물고 있어. 게다가 나를 보기 위해 특별히 병원에 오는 여성들이 있는데 그들을 돌려보내기란 참 힘들다. 어제 나는 시내에 있는 환자 다섯 명을 그들의 집에서 진찰했어. 한 곳에서는 사람들이 죽어가고 있다고 말하는 한 여성을 진찰했어. 그녀는 결핵성 고관절로 인해 약 3년간 걸을 수 없었고, 지금은 병이 전신에 퍼져 있어. 나는 그렇게 마른 사람을 본 적이 없다. 그녀는 완전히 뒤틀려 있고, 항상 고통을 느끼고 있어. 우리가 그곳에 머물고 있는 동안 한 여성이 길 건너편에서 왔다며 집에 있는 아픈 여성을 보러 와 달라고 부탁했어. 그래서 보러 갔어. 내 환자들 가운데에는 한국인 아기와 중국인 아기가 있어. 한국 아기는 병원에서 태어났고 지금은 집에 갔어. 중국 아기는 그제 집에서 태어났고. 머리카락이 검은색인 것만 빼면 여느 다른 아기들과 똑같아. 아기 부모는 광둥에서 왔는데, 그 지역 사람들은 모든 단어에 아홉 개의 성조를 가지고 있어서 같은 단어라도 많은 다른 의미를 가질 수 있대. 그들이 말하는 것을 듣는 것은 재미있어. 마치 노래를 부르는 것과 같고, 만주의 중국인들이 말하는 표준 중국어와는 전혀 달라. 아기 아빠는 영어를 굉장히 잘해. 물론 그들은 아기가 여자라는 것을 알았을 때 대단히 실망했다. 부모는 아직 신자가 아니야.

네게 우표 몇 장과 어느 한국인 신사의 명함 한 장을 보내. 명함은 내가 회령에 있을 때의 어느 일요일에 명함 주인이 내게 직접 준 거야. 여기서 명함은 중요한 물건이어서 본인을 누구쯤으로 여기는 사람이라면 꼭 가지고 있는 거야. 그것은 또한 경찰에게 보여주기에도 매우 유용해. 여기에서는 한국에서만큼 명함이 필요하지는 않지만, 나도 조만간 인쇄해야 할 것 같아.

이곳 마을 옆을 흐르는 강이 하나 있는데, 강 건너편에는 포신포우라는 마을이 있어. 화이트로 양과 나는 요전날 밤에 아픈 사람을 보러 강을 건너갔어. 우리가 들어간 한 집은 1m x 2m 정도의 부엌이 있고, 다른 방은 2m x 2m 정도였어. 다섯 명이나 살고 있음에도 불구하고 모든 것이 깔끔했고 제법 깨끗했어. 부엌은 보통 진흙으로 낮게 지어지고 집의 나머지 바닥은 높게 올려. 그럼 부엌 아궁이에서 나오는 연기가 방 아래로 들어가 방을 따뜻하게 해. 방금 말한 아궁이는 진흙으로 지어진 오븐의 일종으로, 불을 때는 곳 혹은 바닥 높이의 부뚜막이 있어. 진흙 위에는 냄비를 놓아 요리할 수 있는 구멍이 있어. 연통은 보통 바닥에서부터 몇 미터 떨어져 있고 벽에 뚫린 구멍일 뿐이지만, 가끔 바깥쪽으로 연통에 쇠 파이프가 덧대있는 것을 볼 수 있어. 아니면 내가 며칠 전에 본 것처럼 오래된 멍석으로 굴뚝같은 것을 만들기도 하는데, 간혹 진흙으로 만들어 놓기도 해. 굴뚝을 그렇게 높은 곳에 만들어 놓은 것은 좋은 것 같아. 밤에 저녁 식사 준비하느라 불이 지펴진 길을 걸어갈 때 사람들의 눈에 연기가 들어갈 일이 많지 않거든. 한국인 마을이나 도시는 아침과 저녁 하루에 두 번씩 모두가 땔나무를 태워서 연기로 뒤덮인단다. 내가 옷을 입을 때 창밖을 내다보면 그 모든 연기 기둥이 이른 새벽빛을 받아 매우 아름답게 보여. 그럴 때면 데이비드 리빙스턴이 아프리카에서 비슷한 풍경을 본 것을 언급했던 것이 떠올라. 만약 그게 무엇이었는지 기억나지 않으면, 그의 책을 다시 가져와 찾아보렴.

　여기서는 닭보다 꿩이 훨씬 싸. 또 너무 흔해서, 바커 씨에게 크리스마스 선물을 하고 싶었던 어느 한국인 한 명이 8마리를 들고 왔는데도 너무 적게 가져왔다고 사과할 정도였어. 꿩은 정말 근사하단다. 이곳에서 잡히는 것들은 서울에서 우리가 먹던 것보다 더 맛있어. 전혀 질기지도 않고, 맛있을 뿐이야. 깃털도 꽤 아름다워. 알렉스가 여기 오면 꿩 중 몇 마리에는 올라타고 싶어 할 게 분명해. 내가 까치에 대해 말해 줬나? 여기에는 까치가 아주 많은데, 짓궂고 쾌활하기로 최고인 새들이야. 언제나 용감한 자세로 콩콩 뛰어다니고 아무것도 두려워하지 않는 것 같아 보여. 또한 광택 나는 검은색과 순백색의 깃털을 가진 굉장히 매력적인 생김새를 자랑하는 새들이기도 해. 무리끼리 모이면 엄청 재잘거려. 우리가 원산에 있을 때의 어느 아침에, 집 근처의 어느 오래된 한국 무덤으로 까치 한 마리가 오는 걸 우연히 봤어. 곧 다른 한 마리가, 또 다른 한 마리가, 또 다른 한 마리가 하는 식으로 모여들기 시작했고 1분쯤 되었을 때는 떼로 모여들었어. 생각할 수 있는 정말 짧은 시간 안에 너무 많아져서 우리는 까치가 모두 몇 마리인지 셀 수조차 없었다.

　나의 한국에서의 그리고 중국에서의 크리스마스에 대해 네게 들려주고 싶지만, 그 부분은 먹지를 대고 쓸 거야. 그래야 다른 아이들도 읽을 수 있을 테니. 너무 시간을 길게 두고 내게 편지 쓰지 말고, 많은 소식 말해주는 거 잊지 마. 아버지와 어머니께 사랑한다고 전해 줘. 그리고 그 사랑의 일부는 네 것이란다.

너의 사랑하는 누나,
플로렌스

카네이를 경유한 간도, 용정
만주
1922년 1월 9일

머레이들에게[동생들에게],

안녕? 너희들 도대체 왜 그러니? 너희가 나에게 편지 많이 써 달라고 부탁했고, 써주면 답장 쓰겠다고 약속하지 않았니? 그래서 내가 지금까지 카드 여섯 장과 편지 한 통을 보냈는데, 이 모든 시간 동안 나는 너희의 펜 긁적이는 소리도 듣지 못했다. 이번 편지에도 아무런 반응이 없으면 가망 없는 것으로 알고 포기할 거야.

너희 아버지가 그렇게 비참한 상황이라니 유감이다. 이제는 훨씬 나아지셨기를 바란다. 지금쯤 아마 캐서린이 집에 다시 가 있겠지. 오랫동안 자리를 비운 후 다시 와 달라는 요청을 받아서 그녀는 분명 기뻤을 거야. 아마 그녀가 여러 소식을 가지고 내게 편지 써 줄지 몰라. 많은 가족들이 모두 북쪽 끝으로 가버려서 소식을 들으려면 다른 사람에게 의존해야 할 테니까.

용정은 우리의 선교지부 가운데 가장 북쪽에 있고 또 이 편지의 머리글에서 볼 수 있듯이 중국에 위치해 있어. 하지만 우리 선교부지는 외국인 치외법권 제도의 영향 하에 있는 영국의 조계지 안에 있다. 너희도 워싱턴 회의에서 들어봤을 거야. 내가 용정에 처음 도착했을 때 깃대 꼭대기에 걸려 있는 익숙한 유니언잭을 보게 되어 정말 좋았단다. 선교사 사택은 총 4채로 언덕 옆에 나란히 서 있어. 건물은 이곳에서 만든 회색 벽돌로 지어졌어. 병원은 언덕에서 조금 더 내려간 곳에 있다. 우리 선교부에서는 가장 좋은 병원이고, 도착한 다음 날 아침 마틴 의사가 병원을 보여줬을 때 나는 정말 들떴단다. 나는 덩치 큰 중국인을 수술하며 [도착을] 축하했어. 여기는 중국인 환자가 많아. 우리 환자의 거의 절반이 중국인이야. 그들은 또한 [몸이] 좋은 사람들이기도 해. 고향의 세탁소에서 보는 남쪽 출신의 키 작은 사람들과 전혀 달라. 여기 사람들은 크고 세 보이면서 꽤 멋지게 생겼단다. 마틴 의사가 돌아온 이후에도 내가 계속 이곳 선교지부에 머물게 된다면, 나는 한국어뿐 아니라 중국어 공부도 시작해야 할 거야. 마틴 의사는 중국어를 할 줄 아는데, 정말이지 감탄할 따름이다. 그들이 마틴 의사를 얼마나 사랑하는지 너희가 봐야 하는데! 간도에 그만큼 평가받는 사람이 없어. 그는 전 지역에 알려져 있단다. 마틴 의사는 예전보다 훨씬 나아졌어. 사실 그는 약 4개월 동안 침대에서 나오지 못했고, 아직도 약하고 매우 절뚝이고 있지만, 그럼에도 투지가 대단해. 그는 병원 일을 하고 있고, 환자들을 진찰하고, 또한 매일 수술을 집도해. 게다가 전기 발전기를 만들고, 병원에 전등 배선을 설치하고 있어. 그는 안식년에서 돌아올 때 엑스레이 기계를 가져오고자 하는데, 전기발전기는 그 엑스레이에 전력을 공급하게 될 거야. 그는 전신 기사이고, 전기 기술자이고, 음악가이고, 천문학자이기도 하는 등, 내과·외과의사라는 직업 외에도 여러 가지 다른 일을 하고 있어. 그는 이곳에서 유일하게 의학교를 졸업한 의사이고, 매년 2만 2천 명 이상의 환자를 진료해 왔어. 6년 전 그가 여기 처음 왔을 때는 아무것도 없었어. 그는 자신의 서재에서 환자를 보기 시작했고, 응접실에서 수술했어. 그런데 그가 지난 6년간 이룬 것을 봐봐. 좋은 시설을 갖춘 수술실과 40명을 수용할 수 있는 입원실이 있고, 많은 외래 환자들이 치료를 받기 위해 찾아오고 있다. 한국인 조수들은 정말 신앙이 좋고 아주 잘하고 있지만, 물론 의학교를 졸업한 의사들을 대신할 수는 없어. 우리는 마틴 의사가 자리를 비울 동안 한국 의사를 초빙하려고 매우 애를 썼어. 왜냐하면 내가 어학 공부를 충분히 해 나가려면 나의 모든 시간을 병원에 쏟을 수가 없어서야. 하지만 지금까지 초빙하지 못했다. 우리와 함께 있는 한국인 소년 가운데 한 명은 대학에 갈 준비가 되어 있지만, 올해는 단지 나를 돕기 위해 여기에 머물기로 했어. 그는 한국어를 하는 것은 물론이고, 영어, 중국어, 일본어도 할 줄 알아. 만약 너희 중 누구라도 그들이 우리만큼 똑똑하다고 생각하지 않는다면, 그 생각을 극복할 수 있을 때까지 아무에게도 그 사실을 말하지 마.

이게 현실이란다, 동생들아! 너희 모두 좀 더 큰 몫을 감당할 수 있으면 좋겠다. 네가 이곳에 없었다면 이루어질 수 없는 무언가를 사람들을 위해서 하고 있음을 아는 것은 가치 있는 일이다.

너희 모두 새해 복 많이 받고, 편지 쓰는 것 잊지 마!

정말 진심을 담아,
플로렌스

카네이를 경유한 간도, 용정
만주, 조선(일본)
1922년 1월 15일

남동생들에게,

이 편지는 애나를 위한 것이기도 하다. 한동안 우편물이 거의 오지 않았지만 곧 오리라 생각해.

나의 크리스마스가 어땠는지에 대해 이야기해 주고 싶지만, 그러면 선교사의 주된 목적이 잔치에 가서 잔뜩 먹기만 하고 일은 하지 않는다는 인상을 남기게 될까봐 걱정이다. 그건 정말 잘못된 생각이야. 정말 대단했긴 했지만 일 년에 단 한 번뿐이란다. 1년의 대부분은 그렇게 잔치로 가득 차 있지 않아.

나는 요즘 공부하느라 바빴어. 이번 달 나는 거의 모든 시간을 어학에 쏟으려 노력하고 있어. 다음 달부터는 병원에서 규칙적으로 일을 해야 해. 금요일에 나는 젊은 한국 남성의 맹장수술을 맡았어. 경과가 좋았고 환자는 잘 회복되고 있어. 동양에서는 맹장염이 잘 발견되지 않는다고 말하는 사람의 이야기는 듣지 말도록 해. 이번 경우는 여러 차례의 급성 발병을 동반한 만성 맹장염의 전형적인 사례였어. 맹장은 두 군데에서 심하게 뒤틀려 있었고, 심각하게 유착된 조직 덩어리 안에 파묻혀 있었어. 세상에! 수술실에서 다시 일하게 되어 너무 기분이 좋았어.

포스터가 이번 겨울에는 오랫동안 건강히 지내고 있다니 너무 기쁘구나. 오래 시달리고 있는 천식을 극복할 수 있기를 바란다.

내가 북쪽으로 온 이후 날씨는 줄곧 춥다. 어느 날 밤은 기온이 영하 20도까지 내려갔어. 보통 때는 비록 0도 위로 올라가는 일이 거의 없긴 하지만 그렇게 춥지는 않아. 추운 날씨로 인해 땅에 균열이 생겨. 지금 그 균열은 조심하지 않으면 발이 빠질 정도로 넓어졌어. 사람들이 그러는데 겨울 내내 계속 넓어질 거래. 대기가 너무 건조해서 눈도 많이 오지 않아. 오더라도 강한 바람에 다 날아가 버려. 언덕 꼭대기만 항상 하얗다. 땅은 물론 얼어 있지만 우리 고향에서처럼 딱딱하게 얼어붙는 대신, 가루처럼 얼어 있어. 마을 옆에는 큰 강이 있는데 좋은 스케이팅 장소가 되어 있어. 하지만 너무 추워서 즐길 수는 없다. 어쨌든 나는 스케이트화도 없어.

내가 『달하우지 가제트』를 받지 못하고 있는 이유가 무엇인지 궁금하다. 너희 중 누군가가 받아서 내 주소로 보내주기로 했었는데, 한 번도 받지 못했어. 그리고 나는 『달하우지 리뷰』도 구독했는데 단 한 부만 받았을 뿐이야. 지금까지 최소한 세 부는 왔어야 하는데. 프레이저 씨는 그 두 개의 저널을 몇 부 받았어. 『리뷰』 2부, 『가제트』 1부였던 것 같아.

나는 지금까지 두 명의 아기를 돌보았어. 한국인 아기 한 명과 중국인 아기 한 명이야. 한국인 아기는 병원에서 태어났고, 중국인 아기는 집에서 태어났어. 아기 아빠는 이곳의 세관원 가운데 한 명인데, 만주의 중국인들이 말하는 표준 중국어와는 상당히 다른 광둥어를 해. 그는 영어도 매우 잘하는데, 그가 아내에게 광둥 방언으로 말하는 것을 너희가 들을 수 있었으면 좋겠어. 광둥어는 하나의 똑같은 음에도 일곱 개인가 아홉 개의 성조가 있어서, 발화되는 성조에 따라 의미가 달라진대. 대화할 때의 소리는 매우 이상하게 들려. 좌우간 그들은 아직 기독교인이 아니야. 하지만 그들 가족 중 자기들만 빼고 모두가 신자라고 하더라고.

얼마 전 화이트로 양과 나는 마을에 있는 어느 집의 요청을 받아 다녀왔어. 그 집에는 고관절과 척추골이 결핵에 걸려 3년 동안 걷지 못했던 불쌍한 여성이 있었어. 그녀는 뼈만 남은 것처럼 보일 정도로 쇠약해져 있었어. 살아 있는 사람 가운데 그렇게 마른 사람을 본 적이 없어. 그녀는 스스로에 대해 조금 분노하며 바닥에 누워 있었는데, 그러한 분노도 거의 바닥을 드러낸 것 같아. 그녀는 늘 고통 속에 놓여 있고 그녀의 남편과 두 명의 작은 아이들을 빼고는 그녀를 돌볼 사람도 없었어. 3살 정도 된 작은 남자아이는 약간 짧은 길이의 코트를 제외하고는 아무것도 입지 않았고, 그래서 추위를 피하기 위해 내내 어머니의 이불 아래 다리와 몸을 넣고 있었어. 질병을 맞닥뜨릴 때 어떻게 치료하면 좋을지에 대한 발상이 떠오르면 정말 좋은데, 이런 경우와 마주칠 때면 아무런 생각도 떠오르지 않는다. 화이트로 양과 한국인 간호사 한 명은 어린아이를 위해 옷을 몇 벌 만들어 주었고, 가까이 가 아이와 엄마를 목욕시킨 뒤 깨끗한 옷으로 바꿔 입혔어. 그리고 그들이 최대한 편안할 수 있도록 해 주었어. 그 집 아버지는 굉장히 열심히 일하지만 돈을 많이 벌지 못하고, 번 돈을 모두 아내가 거의 유일하게 먹을 수 있는 연유를 사는 데 쓰고 있어. 연유는 여기서 매우 비싸단다. 여기는 신앙심이 깊은 사람이 별로 없어. 그는 교회에 나가고 싶다고 말하지만, 어떻게 아내를 내버려 두고 갈 수 있겠어? 우리의 한국인 간호사들은 훌륭한 설교가

이고, 설교할 수 있는 이런 기회는 절대 놓치지 않아. 우리가 그 집에 있을 때, 건너편 집에서 몇몇 사람이 와서 자신들의 집에 있는 아픈 여성을 보러 와 주지 않겠냐고 물었어. 그래서 갔지.

　사람이 손가락 없이 어떻게 사는지 모르겠어. 여기 사람들은 손가락 동상에 너무 많이 걸려. 나는 이해를 못하겠어. 영하로 떨어지는 날 남자들은 그들의 머리는 싸매면서 손은 그냥 맨손으로 나가. 아이들은 머리에든 손에든 아무것도 두르지 않는 것 같아. 그들은 집 안에서나 밖에서나 똑같이 입고, 외출할 때 결코 뭔가를 더 껴입지 않아. 이곳의 많은 남성들은 커다란 검은색 모피 모자를 쓰는데, 커다란 귀마개가 달려 있어서 바람이 불면 한 쌍의 날개처럼 펄럭거려. 일본인들은 웃기게 생긴 작고 동그란 모피를 귀에 쓰는데, 보통 귀가 다 덮이지 않아. 중국인들은 온갖 종류의 것을 다 입어. 깔창의 두께가 5cm 정도 되는 펠트 부츠도 있고 그보다 얇은 것도 있는데, 너희가 볼 수 있으면 좋겠다. 펠트의 색깔은 밝은데, 그들의 발 크기보다 최소 네 사이즈는 커 보여.

　어젯밤 나는 마틴 의사네 집으로 차를 마시러 갔고, 후에 스냅 사진을 몇 장 인화했어. 전에도 어느 날 저녁에 그와 필름 몇 개를 함께 인화했었어. 그는 한국 생활에 대해 담은 좋은 사진들을 가지고 있었고, 중국 생활을 담은 좋은 사진도 있었어. 최근에 그는 베이징의 록펠러 협회 개원식에 다녀왔는데, 그곳에서 좋은 사진을 많이 찍어 왔어. 그가 고향에 있을 때, 중국 전체에서 다섯 개만 허용되는 장학금 가운데 하나를 받아서 앞으로 더 공부할 수 있게 되었어. 그가 핼리팩스에 갔을 때 너희 모두 그를 만나볼 수 있으면 좋겠다. 그는 3월 말에 여기를 출발할 거고, 고향인 뉴펀들랜드로 가는 길에

5월 초쯤 핼리팩스에 도착할 거야. 그는 아주 재미있는 이야기를 많이 가지고 있어. 예를 들면, 각기병의 급속한 확산을 들 수 있어. 이곳 언덕에서 수 km 떨어진 곳에서 수십 명의 사람들이 죽어 갔는데, 그가 그곳에 도착한 뒤 단 한 명의 사망자도 나오지 않을 정도로 그는 대단한 일을 했어. 약 1년 전 한 때 이곳 병원에는 약 50건의 총상 환자가 있었어. 마틴 의사를 조금만 펌프질하면 짜릿한 경험에 대해 들을 수 있을 거야. 그는 그린펠 의사와 함께 래브라도에서 몇 년 지냈는데, 그곳에서 구사일생으로 탈출하기도 했지. 그가 제시간에 그곳에 도착해 의사회 학생들과 만날 수 있으면 좋겠다. 남자아이들은 그를 매우 좋아할 거야. 그는 다른 면에서 매우 실용적인 사람이기도 해. 그는 전기 기술자, 전신 기사, 아마추어 천문학자 그리고 또 다른 몇 가지 역할을 하고 있어.

지금 이곳 사택들에는 보일러가 설치되고 있어. 요전날 일꾼 중 한 명은 매우 얇은 코트를 입고 있었고, 일을 시작하기 전에 몸을 녹이기 위해 부엌에 들어왔어. 마틴 부인은 그가 언제나 팔짱을 끼고 있다는 것을 알아챘어. 다른 일꾼들이 모두 간 뒤, 그는 코트 아래에서 강아지 한 마리를 꺼내면서 그 강아지를 코트와 바꿀 수 있는지 물었어. 강아지가 그를 따뜻하게 해 주는 유일한 것이라고 했대. 그래서 마틴 부인은 적십자사에서 그런 경우 사용할 수 있도록 병원에 기증한 낡은 중국 군용 외투 하나를 그에게 주었어. 그리고 아이들은 강아지를 갖게 되었지.

바커 씨, 프레이저 씨, 그리고 캐스 양은 지금 성경공부반 수업을 진행하기 위해 다른 곳으로 나가 있어. 그들은 보통 열흘에 걸쳐 수업 하나를 지도하고 2개의 수업을 지도한 뒤 선교지부로 돌아와 신선한 음식을 먹고 다시 한 번 문명화된 언어로 말할 수 있는 기회를 얻는단다. 그것이 내가 진짜 선교 사업이라고 부르는 일이야. 지금 꽤 춥지만, 사람들은 선교사들을 물기 위해 달려드는 모기 및 파리가 있는 6월보다는 훨씬 낫다고 말해. 모기와 파리는 보통 소집단으로 존재하지는 않는다고 하네.

너희가 쓴 12월 13일자 편지가 지금 막 도착했어. (1월 16일) 내가 그 편지를 받아서 얼마나 기쁜지는 말할 필요도 없다. 너희들이 크리스마스 소포를 제때 받았기를 바랄게. 그리고 사진 몇 장 같이 보낼게.

모두에게 사랑을 담아,
플로렌스

만주, 간도, 용정
1922년 1월 16일

어머니께,

　오늘 저는 캐나다에서 온 여섯 통의 편지를 받았는데, 지금까지 한 번에 온 편지 중 가장 많은 것이었어요. 그중 절반은 크리스마스 카드일 뿐이었는데요, 어찌 보면 카드는 편지의 자리를 대신하지는 못하는 것 같아요. 남자아이들에게서 좋은 편지 한 통이 왔지만, 집에서 온 것은 없었어요. 분명 며칠 더 걸리는 것 같아요. 며칠 동안 타자기가 고장이 났었는데, 저는 편지들 사이에서 길을 잃은 것 같습니다. 지난번 편지를 언제 그리고 뭐에 대해 썼는지 기억이 잘 나지 않습니다. 타자기는 제가 잠시 시간이 생겼을 때 직접 고쳤어요.
　지난번 편지에서 제가 어머니께 저의 크리스마스에 대해 말씀드렸던 것 같아요. 25일부터는 그런 흥분이 가라앉았기 때문에, 별로 더 이상 드릴 이야기가 없습니다.
　지난주에 화이트로 양과 저는 불쌍한 가족을 보고 왔습니다. 가족 중 여성은 결핵으로 죽어가고 있었고, 작은 아들은 짧은 코트 말고는 옷이 없었어요. 그래서 대부분의 시간을 추위를 피하기 위해 엄마의 이불 아래에 들어가 있어야만 했습니다. 화이트로 양은 그 아이를 위해 멋진 패딩 옷을 만들어 주었고, 그녀와 다른 간호사 한 명이 한 번 더 그들을 보기 위해 병원에서 집까지 방문하러 갔습니다. 그들은 그 불쌍한 여성과 작은 아들을 씻기고 입힌 뒤, 아픈 엄마를 최대한 편안하게 해 주면서 그들 모두를 행복하게 해 주었습니다. 그 집 아버지는 항상 일하지만 많이 벌지 못해요. 그리고 번 돈의 대부분을 아픈 아내를 위해 여기서는 아주 비싼 연유를 사는 데 쓰고 있습니다. 간호사들이 가족을 위해 해 준 것에 감사를 표하려 애쓰던 그의 눈에 눈물이 고였습니다. 그들은 믿음이 강하지 않아요. 그는 교회에 가고 싶다고 말하지만, 어떻게 그의 아내를 떠날 수 있겠어요? 화이트로 양은 병원에 오지 않거나 올 수 없는 아픈 사람들을 보러 나가는 데 매우 열정적이에요. 그리고 그녀와 간호사들은 사람들을 만나러 갔을 때 설교할 기회를 절대 놓치지 않는답니다.

저는 저의 개인교사와 매우 재미있는 대화를 나누고 있습니다. 그가 말하길, 4년 전 그의 삼촌이 함흥에서 멀지 않은 산에서 호랑이를 네 마리나 잡았다고 해요. 그들은 그 고기를 먹었는데, 매우 맛있었다고 합니다. 소고기와 비슷한 맛이었대요. 그는 개도 맛있다고 말하고, 그러나 고양이는 먹어본 적 없다고 합니다. 저희가 참여한 크리스마스 잔치에서 저희가 개나 호랑이를 먹었다고 해도 놀라지 않을 것 같아요. 알면 재미있을 것 같습니다.

저희 선교부지 바로 뒤에 있는 산에는 큰 묘지가 있습니다. 그곳은 중국인, 한국인, 일본인 등 각 국적별로 구역이 나뉘어 있어요. 중국인들은 죽은 사람을 커다랗고 무거운 송판 관에 넣어 묻는데, 관이 너무 무거워서 움직이기 위해 말 두 마리가 필요합니다. 그들은 관을 묘지로 끌고 간 뒤, 땅에 묻기 좋은 길일이 될 때까지 몇 주 또는 몇 달을 땅 위에 놓아둡니다. 도로 바로 근처의 땅 위에는 적어도 12개의 관이 놓여 있고, 땅속에 묻혔다고 하는 것들도 땅 위에 놓인 채로 위에 흙만 조금 흩뿌려 놓은 정도라서, 묻힌 관이라 해도 묻히지 않은 것들만큼 눈에 보이는 경우가 많습니다. 한국인들은 관 위에 엄청난 봉분을 만듭니다. 일본인들은 화장을 한 뒤 그 재를 묻습니다. 그래서 그들의 매장지는 땅의 표면과 같은 높이에 아주 많은 조그만 무덤들이 가깝게 모여 있는 작은 규모입니다. 그들은 또한 한자 이름을 적은 말뚝 같은 나무 조각을 세웁니다. 그중 하나에는 십자가가 새겨져 있었어요. 그곳에 묻힌 사람은 아마 기독교인이었을 것입니다. 제가 함흥에 있을 때, 무덤으로 온통 뒤덮인 산에 대해 예전 편지에 썼던 것 같아요. 한 번은 영 씨의 작은 딸이 그것을 본 뒤, "저렇게 봉분이 많은 것을 보니, 함흥 사람이 거의 다 죽은 게 틀림없어."라고 말한 적이 있었지요.

참, 영 씨와 폭스 양의 약혼이 발표되었어요. 함흥은 사역자가 한 명 늘었지만, 세브란스는 한 명 잃었습니다. 애비슨 의사는 꽤 낙담할 것입니다. 그녀는 작년에 왔어요. 그들은 봄에 결혼할 예정입니다.

바커 씨, 프레이저 씨, 캐스 양은 시골 다른 지역에 흩어져 수업을 진행하고 있습니다. 그들은 보통 한 장소에서 열흘 정도 머무는데, 신선한 음식과 문명화된 삶을 보러 하루 이틀 정도 돌아와 있기 전까지 보통 몇 개의 수업을 진행합니다. 이곳은 지금 굉장히 춥습니다. 어느 날은 밤 기온이 영하 22도까지 내려갔고 또 대부분의 밤이 그 정돈데요, 하지만 사람들은 파리와 모기가 선교사를 특별식으로 생각하며 물려고 달려드는 여름보다는 지금이 낫다고 해요. 바커 씨가 제게 시골 [순회 선교] 여행에 같이 가자고 했지만, 이번에는 거절했어요. 조금 더 지나서 너무 춥지 않고 제가 조금 더 말할 수 있게 되면 가는 게 좋을 것 같아요. 제가 이해할 수 있는 제한된 대화에만 머물러 있어야 한다면 2주가 그다지 재미있을 것 같지 않아요. 마틴 의사는 시골에 굉장히 자주 나가고 있습니다. 물론 그에게 처음부터 큰 병원이 있었던 것은 아니에요. 그는 자신의 서재에서 일을 시작했고, 싱글레이디스 하우스의 응접실에서 수술을 하기도 하였습니다. 한번은 바커 씨가 먼 마을에서 돌아와서는 그곳 사람들이 이상한 질병을 앓고 있다는 이야기를 했어요. 수업 중에 누군가 쓰러지면 몇 시간 안에 죽었다고 해요. 작은 마을에서 30명이 죽었습니다. 그래서 마틴 의사와 바커 씨는 곧장 돌아가 열심히 일했고, 그들이 마을에 도착한 이후로 경과가 아주 나쁜 경우도 몇몇 있었지만 더 이상 아무도 죽지 않았다고 합니다. 그들은 각기병을 앓고 있었는데, 각기병이란 하얀 쌀만 먹어 비타민이 섭취되지 않았을 때 발병하는 것으로 여겨지고 있어요. 그래서 의사는 사람들에게 통밀과 겨 등을 실어 오게 한 뒤, 그것과 더불어 감자, 껍질 등 온갖 것을 사람들에게 먹게 하였어요. 경과가 매우 좋지 못한 경우에는 병원으로 다시 데려갔습니다. 살리지 못할 것이라 생각한 한 어린 소녀도 얼마 뒤 회복되었어요. 바커 부인은 그 어린 소녀를 자신의 집에 오랫동안 데리고 있었습니다. 그 아이는 요전날 의사를 보러 다시 병원에 왔습니다.

저희 모든 사택에 보일러가 설치되고 있어요. 며칠 전 일꾼 한 명이 몸을 녹이기 위해 마틴 부인의 집에 들어갔습니다. 이후 그는 얇은 코트 안에서 작은 강아지를 한 마리 꺼내며, 그 강아지가 자신을 얼지 않게 만들어주는 유일한 것이라고 말했어요. 그는 아이들이 함께 놀 수 있는 강아지를 코트와 바꾸고 싶다고 했습니다. 그래서 마틴 부인은 적십자사가 바로 그런 목적으로 병원에 기증한 낡은 중국 군복 중 한 벌을 그에게 주었고, 아이들은 강아지를 갖게 되었어요. 현재 여기 사택들은 러시아 난로로 난방을 하고 있어요. 그건 약 1.5m 높이의 벽돌로 된 커다란 정사각형 형태이고, 어떤 것들은 거의 천장까지 닿습니다. 내부에 구불구불한 연도가 있어서 열기가 넓게 돌고 표면 전체가 뜨거워집니다. 난로가 결코 엄청 뜨거워지지는 않지만, 열기는 오래 지속됩니다. 불은 오전에 한 번 그리고 오후에 다시 한 번 붙여지고, 그 사이에는 붙여지지 않습니다. 이곳에는 식당과 복도, 그리고 화장실에 러시아 난로가 있어요. 제 방에는 구식 철판 히터가 있습니다. 아침이 되면 제가 일어나기 전에 사람이 와서 불을 붙여줘요. 제가 일어나 옷을 갈아입을 때면 언제나 방이 따뜻합니다. 정말 사치스럽지요! 제가 캐나다로 돌아갈 때쯤이면 예전과 달리 제가 아주 버릇없어질 것 같습니다. 바커 씨 네는 보일러 공사를 막 마쳤는데, 집이 정말 편안해졌어요. 게다가 번거로운 작업과 날리는 먼지, 흙이 줄어들게 되었습니다.

이번 주 저희에게는 엄청 신나는 일이 기다리고 있습니다. 선교부 집행위원 회의가 이곳에서 있을 예정이라, 각 선교지부에서 대표들이 올 거예요. 저는 싱글레이디스 하우스로 갈 것이고, 남성 2명이 제 방을 차지할 것입니다.

며칠 전 저는 맹장 수술을 훌륭히 해냈어요. 젊은 한국 남성인 그 환자는 좋아지고 있습니다. 마틴 의사가 저를 보조해 주었는데, 그가 한국에 온 이후로 그렇게 즐거웠던 적이 없었다고 말씀하셨어요. 늘 책임을 지고 본인이 직접 일을 해야만 했던 그가 다른 누군가의 보조가 될 기회를 얻은 게 처음이었기 때문이었다고 해요. 게다가 그가 수술실에 있을 때 영어를 할 수 있었던 것도 즐거웠던 이유 중 하나였답니다. 저도 수술실로 돌아와 정말 기뻤습니다. 기분이 꽤 좋았지만, 가끔은 수술대 건너편에 맥두걸 의사의 친절한 얼굴과 매킨토시 의사의 유쾌한 얼굴을 볼 수 있었으면 하고 생각해요.

제가 커튼을 달려고 했을 때, 제 방 창문이 4개인데 제게는 커튼이 두 쌍밖에 없다는 사실을 깨달았어요. 그래서 비축 물품이 많은 화이트로 양이 친절하게도 제게 두 쌍을 빌려주었어요. 제 것과는 잘 어울리지 않고 매우 달라요. 머클 플레이스 33에 있던 제 물건들을 어떻게 처리하셨어요? 만약 어머니께서 그 커튼들을 사용하지 않고 있고 또 보낼 만한 상태라면, 언젠가 제게 보내주셔도 좋을 것 같아요. 비싸지 않게 우편으로 보낼 수 있습니다. 참고로 이곳은 새 상품도 보낼 수 있고, 5달러가 넘지 않으면 면세입니다. 이곳 만주는 세금이 지나치게 높지 않습니다. 과도한 것은 일본 세금뿐인데, 간도에 있는 저희는 그 영향을 받지 않습니다. 어머니께서 난로나 그 밖의 것들을 파신다면, 그 돈을 학교나 대학에 들어갈 동생들을 위해 어머니께서 가지고 계세요. 저는 지금 제가 원하는 만큼 충분한 돈을 가지고 있습니다.

어머니 생신 선물로 스카프와 안경집을 보내요. 멋진 행사일에 맞춰 받아보실 수 있기를 바랍니다. 스카프는 중국산이고, 안경집은 한국산이에요. 어머니께서 가끔 안경 찾는 데 어려움을 겪으셨던 것이 기억났어요. 손이 잘 닿는 벨트에 안경집이 달려 있어서 어머니께서 원하실 때 항상 찾을 수 있으면 좋겠다고 생각했습니다. 만약 안경집이 닳으면 알려주세요. 제가 다른 것을 보내드릴게요.

제가 그곳을 떠나기 직전 찍었던 가족사진은 받으셨나요? 어머니가 받으시면 저도 한 장 갖고 싶습니다. 제가 사진사를 자주 방문하고 여러 노력을 했음에도 불구하고 저는 아직도 제 학급 사진을 받지 못했어요. 어머니께서 제게 우편물을 보내실 때, 에디의 2학년 때 사진을 같이 보내 주세요. 제가 집에 놓고 온 게 분명합니다. 함흥에서 짐을 풀었을 때 제 물건 안에 없었어요.

찰리를 위해 사진 한 장 동봉했습니다. 한국에서 가끔 입는 비옷의 왕이에요. 그리고 우표 세 장도 함께 넣었어요. 두 장은 인도, 한 장은 일본 우표예요. 또한 제가 함흥에 있는 어느 한국인 목사에게 받은 크리스마스카드도 같이 넣었습니다. 읽을 수 있으신지 한번 보세요. 제 개인교사에게 저 대신 답장을 써달라고 해야만 했어요. 비록 저희가 첫해에 상용 한자 100개를 쓸 수 있을 것으로 기대되고 있지만, 저는 아직 한자를 떼려는 시도를 하지 않았기 때문입니다.

찰리는 제가 예전에 보냈던 우표를 받았는지 못 받았는지 말을 한 적이 없습니다. 제가 보낸 물건들이 그곳에 도착했는지 여부를 알 수 있으면 좋겠어요. 얇은 라벨은 주소가 재 지정될 경우 편지에 붙여지는 꼬리표예요. 로즈 양은 그런 라벨이 10개나 붙은 편지를 받은 적이 있습니다.

음, 이제 편지를 마무리하고 한국어 혹은 한국인들이 부르는 대로라면 조선말을 공부해야겠어요. 어머니의 생신과 한 해에 축복 가득하기를 빕니다.

사랑하는 딸,
플로렌스

만주, 간도, 용정
1922년 1월 25일

남자아이들에게,

오늘 정기 우편을 받았어. 레이체스 만에서 온 편지가 두 통 있었는데, 그중 하나는 크리스마스 다음 날 가족들이 보낸 편지였고 지금 알맞게 잘 도착했어. 그리고 세 통의 크리스마스카드가 있었는데, 너희도 눈치챘겠지만 조금 늦었네. 너희 셋이 크리스마스 때 집에 갔다는 소식을 듣고 매우 기뻤다. 만약 가지 않았다면 아버지와 어머니가 많이 실망하셨을 테고, 아직 그곳에서 좀 외로워 보이는 찰리는 말할 필요도 없었겠지. 찰리는 자신이 아는 사람들은 모두 매우 친절하지만 아직 또래 소년은 한 명도 모른다고 말했어. 하지만 그가 학교에 가게 되면, 아마 이 편지를 받기 훨씬 전에 학교에 가기 시작하겠지만, 금방 친구들을 사귀게 될 거야. 만약 그쪽 아이들 중 다수가 내가 시드니에서 알던 아이들과 같다면 아마 엄청 빠른 속도로 친해지겠지. 아버지와 어머니는 새집과 그곳에서의 삶에 만족하고 계신 것 같아 보이는구나. 아버지께서 한동안 외로움을 느끼셨고 따분해하셨던 것을 생각하면, 부모님이 마침내 정착하게 되어서 너무 기쁘다.

그건 그렇고, 오늘 온 우편물 가운데 한 통은 5센트 [우표]로 다른 두 통은 3센트 [우표]로 도착했어. 최근에 나는 다른 가격을 붙인 편지도 몇 통 받았는데, 분명 이곳 당국에게는 모든 게 다 똑같은 것 같다.

내가 보낸 기념품이 크리스마스에 맞춰 그곳에 도착하지 못해 유감이다. 아무래도 편지보다 소포가 훨씬 더 오래 걸리는 것 같구나. 아버지께서 내게 보낸 소포도 아직 도착하지 않았어. 기념품들이 나중에라도 좋은 상태로 도착해서 너희가 잘 나눠가질 수 있기를 바란다.

나는 나의 개인교사와 흥미로운 대화를 나누었는데, 그로부터 한국인에 대한 새로운 사실들을 알게 되었어. 그가 말하기를, 그들은 호랑이와 개도 먹는데, 맛이 매우 좋대. 내가 여태까지 참석했던 다양한 동양의 식사자리에 얼마나 많은 종류의 고기가 나왔던 것이었는지 궁금해졌어. 음식마다 이름표를 붙여서 자신이 무슨 음식을 먹고 있는지 안다면 재미있을 텐데. 그에 따르면 호랑이 고기는 소고기와 같대. 중국인들은 고양이도 먹지만 한국인들은 먹지 않는대. 모든 사람들이 이상하게 생기고 희한한 맛이 나는 온갖 종류의 조개류와 해조류 등을 먹어. 내가 먹은 것 중 괜찮은 것도 있었어. 그리고 한동안 생각하지 않으면 괜찮아.

영 씨와 폭스 양이 얼마 후 봄에 결혼할 예정이야. 영 씨를 생각하면 매우 기쁜 일이다. 혼자 사는 것은 그에게 다소 기운 없는 일이었을 거야. 하지만 그것은 우리가 지금 가지고 있는 몇 안 되는 간호사 중 한 명을 잃는 것을 의미해. 그녀가 세브란스를 떠난다면, 우리 선교부는 그곳에 간호사를 한 명도 두지 않는 게 돼. 그래서 세브란스 사람들은 성진에 있는 영 양을 데려오려 하고 있어. 그렇게 되면 성진은 한 명을 잃는 거야. 포스터는 그가 아는 모든 간호사 가운데 몇 명을 우리에게 보내기 위해서라면 뭘 해야 하는지 알지도 몰라. 우리는 절대적으로 세 명이 더 필요하고, 선교본부에서 보낼 수 있는 만큼 다 자리가 있어.

내가 지난번 편지에서 불쌍한 어느 가족에 대해 언급했던 것 같아. 어머니가 결핵으로 죽어가고 있던 그 가족 말이야. 음, 우리는 거의 발가벗고 있는 어린 아들에게 옷을 입혔고, 엄마를 씻기고 정돈해줬고, 그리고 간호사들은 여러 번 더 그녀를 방문했었어. 그 후 그녀는 죽었고, 그녀의 남편은 병원에 와서 부인에게 그렇게 친절하게 대해 준 것에 대해 감사를 전해왔어. 온 가족이 교회에 갔다 왔고 앞으로도 계속 성실하게 출석할 것이라고 말했어.

이 집에 있는 작은 남자아이[9]는 노래 부르는 것을 좋아하는데, 가끔 가사를 약간 바꿔서 불러. 요전날 아침에 그는 '다니엘이 되어라'라는 노래를 부르고 있었어. 다음은 그 아이가 부른 가사야. "진실된 목적을 가지고 서라, 그가 그렇게 만들었다, 보라색 의자에 걸터앉아."

남학교 학생들은 지금 설교 여행을 하기 위해 마을에서 나가고 없어. 그들은 교회든 어디든 청중을 모을 수 있는 곳이라면 설교를 할거야. 그들 중 몇몇은 저녁에도 설교를 해. 그리고 나서 그들은 다른 곳으로 가. 낮에는 이동하고 저녁에는 설교하고. 그들은 약한 교회를 몇 곳이나 도왔고, 교회에 정기적으로 가지 않는 많은 사람들에게 말씀을 전했어.

---

9 머레이 선교사가 함께 생활하고 있는 프레이저(Edward James Oxley Fraser) 선교사 부부의 아들을 말한다.

지금 우리에게 있는 환자 가운데 가장 흥미로운 환자는 10살짜리 중국인 여자아이야. 그녀는 손에 아주 심각한 결핵성 염증을 앓고 있어. 낫더라도 뻣뻣해지고 힘을 못 쓰게 될 거야. 그 아이가 병원에 왔을 때 발이 차갑다고 말했어. 그래서 우리는 아이의 발을 살펴봤지. 그 불쌍한 발은 꼭 묶여 있었고 10cm밖에 되지 않았으니 차갑다고 하는 말은 전혀 놀랄 일이 아니었다. 그렇게 불쌍하도록 기형적인 발에 무슨 혈액순환이 될 수 있겠니? 우리는 그녀의 아버지가 아이의 발을 풀어주도록 노력했어. 만약 아이가 병원에 있는 동안 아이 아버지가 복음을 들을 기회를 얻어 기독교인이 되기만 한다면, 분명 발을 풀어줄 거야. 그러면 발은 다시 튼튼하게 자랄 수 있는 기회를 얻게 되겠지. 그렇게 되지 않는다면, 그 아이는 절뚝거리는 불쌍한 장애인이 되어 여생을 살게 될 거야. 그녀는 예쁜 어린아이야. 너희가 그 아이의 밝은 눈과 빨간 리본으로 뒤로 묶은 검은색 머리를 볼 수 있으면 좋을 텐데.

　내가 맡은 맹장 수술은 더할 나위 없이 잘 되었어. 마틴 의사는 매우 만족했어. 지금까지 나는 병원에서 많은 시간을 보내지는 않고 있어. 가능한 한 많은 시간을 언어 공부에 쏟고 싶기 때문이야. 어학 공부는 정말 시간이 걸리는 일이고, 가끔 나는 내가 아무런 진전도 이루지 못하고 있다는 생각도 들어. 하지만 6개월 안에 누가 영어를 배울 수 있겠니. 개인교사는 나에게 내 발음이 좋다고 말하지만, 나의 선생님이 그렇게 말하는 것은 믿을 수 없어. 왜냐하면 그는 그게 맞든 틀리든 언제나 예의 바른 말만 하려고 하기 때문이야.

　지금까지 우리는 다른 한국인 의사나 한국인 간호사를 구하는 데 성공하지 못했어. 그래서 마틴 의사가 떠나고 나면 꽤 힘들어질 것 같아. 지금 우리에게는 [간호학교] 졸업한 한국인 간호사가 한 명 있는데, 그녀는 능력이 있으면서 믿음직스럽기까지 해. 게다가 충실한 기독교 사역자다. 그런 그녀가 늙고 병든 모친을 방문하기 위해 한국의 남쪽으로 갈 거야. 그녀는 돌아오겠다고 약속했지만, 그것을 방해할 많은 요소들이 발생할지도 몰라. 우리는 정말로 그녀가 돌아오기를 바라고 있어. 그녀 없이 우리가 어떻게 지낼 수 있을지 모르겠어. 확실한 것은 잘은 못 지낼 것이란 사실이야. 그녀가 모든 수술실 일을 하고 있고, 또 많은 여성들의 드레싱도 맡고 있어. 화이트로 양은 그녀에게 크게 의존하고 있어. 왜냐하면 화이트로 양은 전체 병원을 감독해야 하고 재정도 돌봐야 하기 때문이지. 그래서 간호 업무는 많이 할 수 없어. 화이트로 양은 내일 그녀와 함께 회령으로 갈 거고, 나머지 길은 선교부 집행위원회가 남쪽으로 가는 길을 동행해서 같이 갈 예정이야. 한국인은 혼자 여행하는 것보다 외국인과 같이 여행하는 게 훨씬 편하고 즐겁기 때문에, 그녀는 지금 가는 것을 선택했어. 또한 일 년 중 추울 때 환자가 가장 적기 때문에, 그 어느 때보다도 지금 가는 걸 선택한 게 우리에게 좋기도 해. 우리는 분명 그녀가 다시 돌아오길 바랄 거야. 우리가 나중에 다른 간호사를 구하게 될지라도 우리는 두 명이 필요하고, 우리가 다른 사람을 구할 수 없다면(현재의 상황을 비춰 볼 때 그렇게 될 것 같은데), 우리 일은 큰 지장을 받을 거야.

　알렉스는 말하길, 로이스는 자기가 한국에 갈 때 부인을 데려가야 한다고 생각하고 있대. 그녀가 직접 오고 싶어 할지도 몰라. 알렉스야, 그녀에게 직접 물어보기는 해 봤니? 매콜 씨가 선교부에서 유일한 젊은 독신자인데, 그는 때때로 혼자 사는 것을 다소 외롭다고 생각하고 있는 것처럼 보여. 물론 그는 꼭 혼자 살 필요가 없고, 한동안은 다른 가족과 함께 살고 있었는데, 그는 살림을 해 보고 싶은 것 같아. 독신자가 더 많아져서 그들끼리 시설을 갖고 같이 사는 것도 좋을 것 같다. 하지만 앞으로 당분간은 하나의 선교지부 안에 독신 남성이 충분히 있을 것 같지는 않아. 만약 네가 부인 없이 온다면, 우리는 우리가 살 집을 하나 더 구해야 할 거야. 이제 내가 하려는 말에 네가 미소를 지을 것 같은데, 나는 늘 훌륭한 남자 형제들에 둘러싸여 살아왔고, 또 주변에 수많은 의대생들과 의사들이 있는 것에 익숙해져 있어서, 이곳에서 나는 무엇보다도 젊은 남성이 그립단다. 너희 중 몇 명은 나와 함께 살아주기 위해 이곳에 와야 할 것 같아.

밤이 점점 깊어지고, 오늘 밤 꼭 조선말 공부를 해야 해서, 이만 잘 자라는 말과 모두 사랑한다는 말로 글을 마칠게.

플로렌스

용정
1922년 1월 25일

아버지와 모두에게,

 이번 주 저는 집에서 보낸 네 통의 편지를 받았어요. 그래서 함께 답장을 씁니다. 아버지께서 12월 12일에 쓰신 편지가 삼사일 전에 왔고, 그 뒤 픽토우 랜딩에서 어머니가 보내신 편지가 같은 날 왔습니다. 오늘은 12월 19일자와 26일자 편지가 왔어요. 그래서 저는 그 편지들을 모두 읽으며 가족 모두가 새로운 집에서 크리스마스를 보내는 모습을 떠올리며 행복한 저녁 시간을 보냈습니다. 제가 보낸 작은 기념품들이 무사히 도착해서 모두가 나눠 가졌으면 좋겠어요. 아버지가 쓰신 뒤 제게 보내셨다는 성서도 아직 도착하지 않았어요. 소포가 편지보다 오래 걸리기 때문인데, 꼭 도착하긴 할 것입니다. 저는 아직도 크리스마스카드를 받고 있어요. 오늘 우편물 속에도 세 장이나 있었는데, 꼭 한 달 늦었네요. 그건 그렇고, 하나에는 5센트짜리 우표가, 두 개에는 3센트짜리 우표가 붙어 있었고, 모두 편지처럼 봉인되어 있었습니다. 최근에 같은 우편요금이 붙은 편지를 여러 통 받았는데, 이곳 당국에게는 모두가 똑같은 모양입니다.
 제가 고향으로부터 아무런 신문도 받아 보지 못해서 가족들도 모두 걱정했었지요. 제가 서울에 있는 동안은 정말 신문이 그리웠어요. 하지만 우리 선교부는 어느 사택에나 신문이 충분히 있다는 것을 알게 되었습니다. 제가 지금까지 구독을 하지 않은 이유는 제 주소가 최종적으로 어디가 될지 몰랐기 때문이고요. 또한 제가 거주할 집에는 어떤 신문이 배송되는지 보고 싶었기 때문이에요. 지금 함께 사는 프레이저 씨 댁은 *Presbyterian Witness*을 비롯해, 동서양의 소식을 잘 전해주는 영문 주간지인 *Japan Chronicle*과 *Korea Mission Field*, *East and West*, *Presbyterian Record*, *Missionary Messenger*, *Ladies Home Journal* 등을 받아보고 있습니다. 그래서 저는 마치 고향에 있는 것 같이 느껴집니다. 그 가운데 *East and West*, *Record*, 그리고 *Messenger* 등의 몇몇 신문은 선교사들에게 무료로 배송되는 것 같아요. 적어도 저는 그 신문들을 받기 시작했거든요. 다른 모든 사람들도 받고 있고요. 그 신문들은 묶음 상태로 엄청 많이 선교지부로 배송됩니다. 그래서 일단 저희가 소속 선교지부에 오게 되면 신문이 부족하지는 않아요. 아버지께서 지난번 편지를 쓰시기 직전 받은 제 편지에서 제가 너무 우울하게 이야기했던 게 틀림없어요.

어머니께서 케이프 브레턴에 가시기 전에 잠깐이라도 친구 방문을 받아서 다행이에요. 어머니 편지에는 마치 제가 직접 그곳에 갔던 것처럼 느껴질 정도로 랜딩과 던로빈에 대한 많은 소식이 담겨 있었어요. 그리고 크리스마스 다음 날 여러분이 제게 써 준 편지 뭉치에는 중복된 내용이 거의 없었습니다. 한 사람 한 사람이 모두 다른 내용을 생각해 제게 말해 주었기 때문에, 여러분을 통해 엄청나게 많은 소식을 얻을 수 있었습니다.

지난번 편지에서 저는 혹시 어머니께서 쓰지 않는 커튼이 있으면 제게 좀 보내주실 수 있는지에 대해 썼었어요. 만약 어머니께서 아직 커튼을 보내지 않았다면, 신경 쓰지 않으셔도 될 것 같아요. 왜냐하면 커튼 재료가 서울을 경유해 이곳으로 배송될 수 있다는 것을 알게 되었거든요.

아버지께서 집과 만을 담은 스냅 사진을 보내주셔서 기뻤습니다. 그곳이 어떤 곳인지 그려보는 데 도움이 될 거예요. 정말 감사합니다.

제가 사진 몇 장과 청첩장 한 장을 동봉했어요. 보시면 한글을 잘 쓸 경우 어떤 모습인지 보실 수 있을 거예요. 그리고 제 개인교사가 북쪽으로 오기 위해 여권을 받았을 때 제게 써 준 카드도 동봉했어요. 그가 영어를 얼마나 잘하는지 아버지께서 보실 수 있습니다.

이곳은 아직도 매우 추워요. 저는 감기에 걸려 이삼일 간 외출을 하지 않아서 이번 주는 새로운 소식이 없네요. 하지만 지금은 감기가 많이 나았어요.

저희에게 한 명 있는 간호학교 출신 한국인 간호사는 고향이 한국의 남쪽인데요, 수년간 집에 가지 못했고, 지금 아픈 어머니를 보기위해 굉장히 가고 싶어 해요. 그녀가 그렇게 멀리 가면 돌아오지 않을까 걱정되어 저희는 그냥 머물러 달라고 설득하였지만, 그녀는 가기로 결심하였고 다시 돌아올 것이라고 말했어요. 그래서 내일 화이트로 양이 그녀를 회령까지 데려다 줄 것이고, 그곳에서 역시 집으로 돌아가는 다른 실행위원회 멤버들과 함께 남쪽으로 갈 것입니다. 그녀는 매우 신뢰할 만하며 유능한 간호사이고, 또한 열정적인 기독교 사역자이기도 합니다. 그렇기 때문에 만약 그녀가 어떤 이유로든 돌아올 수 없게 된다면, 우리는 정말로 그녀를 그리워하게 될 것입니다. 저희는 다른 간호학교 출신 간호사를 구하려 노력해 왔지만 지금까지 성공하지 못하였습니다. 화이트로 양은 이 간호사가 세브란스를 졸업한 사람 중 최고라고 말하고 있어요. 당분간 저희는 일

손이 부족해지겠지만, 날씨가 추울 때는 어쨌든 환자가 그렇게 많지
는 않습니다.

모두에게 사랑을 담아,
플로렌스

용정
1922년 2월 2일

아버지께,

　이번 주에는 아직 집에서 아무런 편지도 오지 않았지만, 한 통 정도 올지도 모릅니다. 그리고 저는 신약성서를 받았는데 너무너무 마음에 들어요. 이것보다 더 좋은 것을 보내시기는 힘드셨을 거예요. 진심으로 감사드립니다. 저는 아직도 크리스마스카드를 받고 있어요. 오늘은 샬럿타운에서부터 한 통이 왔는데, 시온 사람들에게는 아직 한 통도 받지 못하였습니다. 오늘 받은 것은 에블린 스티븐슨이라는 장로회 여성 콘퍼런스에서 제 연설을 들은 적 있는 오래된 지인이 보낸 것이었습니다. 그녀는 교사이자 속기사인데, 지금 선교사로 한국에 오고 싶어 합니다. 저는 그녀에게 디커니스 훈련 학교와 새로운 선교학교에 대해 이야기 해 줬어요. 여기에는 속기사가 할 만한 일이 없고, 대학 교육을 받지 않은 교사들이 할 만한 일도 거의 없기 때문이에요. 그녀는 훌륭한 여성이에요. 그녀가 그러한 수업을 듣고 [선교사로] 나올 수 있을 만큼 충분히 용감하기를 바랄 뿐입니다.

　그리고 프린스에드워드아일랜드 병원 간호사 두 명에게서도 멋진 카드와 쪽지를 받았어요. 그들은 제가 지난번에 병원을 방문하러 샬럿타운에 갔을 때 그곳에서 좋은 만남을 가졌던 사람들이에요. 그중 한 명은 지금 당장 제게 올 준비가 되어 있기를 바랐다고 제게 말했어요. 그래서 저는 그녀가 준비되었을 때 같은 기분을 느끼기를 바라고 있습니다.

그나저나, 혹시 에디 사진 한 장이 어디 없었나요? 제게는 에디 사진이 없고, 그가 제가 한 장 줬으니, 제 생각에 분명 집에 있을 것 같아요. 아버지도 분명 한 장 받으셨을 테니, 만약 [제가 받은 사진이] 어디서든 발견되면 제게 보내주세요. 그리고 가족 단체 사진 아직도 못 받으셨나요? 사진이 이미 완성되고도 남을 충분한 시간이 분명 지났어요. 그 사진관은 클림 네만큼 느린 것 같아요. 약 3년 전쯤에 완성되었어야 할 저희 반 사진도 아직 받지 못하였습니다. 만약 그 자리에 있는 누군가가 문제를 제기하지 않는 한, 그 사진은 영영 받지 못할 것 같아요.

공부할 시간을 아끼기 위해 개인적인 이야기는 조금만 쓰고 일반적인 소식은 아버지 쪽과 핼리팩스에 있는 아이들에게 다른 종이에 한 번에 같이 쓸게요.

어머니와 찰리에게 사랑한다고 전해주세요.

플로렌스

용정
1922년 2월 15일

어머니께,

　지난주 저는 몇 개의 쪽지를 썼어요. 하지만 한동안 집에서 오는 편지를 받지 못했기 때문에 조만간 한 통 정도는 오지 않을까 싶어서 보내지 않고 놔두고 있었습니다. 편지가 오기 전에 답장을 쓰려고 애쓰는 것보다 답장할 편지가 있는 것이 훨씬 좋네요. 오늘 한 통이 왔어요. 어머니께서 1월 9일에 쓰신 것으로, 제 생일을 축하해주는 편지가 제 생일 바로 전날 도착했습니다. 마틴 의사 부부는 저를 위해 생일파티를 열어주려고 했는데, 마틴 부인이 심한 감기에 걸려 몸져눕게 되어 파티는 다음 주로 연기되었어요. 하지만 화이트로 양의 생일이 제 생일 다음 날이어서 우리는 내일 저녁 병원의 한국인 직원을 위해 사교적 모임을 가지기로 했어요. 저희가 아는 한 한국인 직원들은 취미나 사교생활을 거의 하지 않는데, 그럼 모임을 매우 좋아하거든요.
　[마틴] 의사와 저는 경찰서에 환자를 보러 갔었어요. 하지만 그 이야기는 다음에 써 드릴게요.
　어머니께서 행복한 생일을 보내시고, 또한 제가 보내드린 하찮은 물건이 제때 도착하기를 바랍니다. 그 한국인 노신사의 사진을 받으셨고 또 마음에 드신다니 기뻐요. 멋진 얼굴이지 않나요?

저는 방금 알렉스가 손글씨로 주소를 적은 [봉투에 담긴] 스파이서의 스냅 사진들을 받았어요. 하지만 글은 별로 없었어요.

저는 그 차에 대해서 샬럿타운으로부터 들은 게 하나도 없어요. 그것이 배송되었는지 않았는지 모르겠습니다. 그곳에서는 아무도 편지를 써 주지 않는데, 이상하지 않나요? 저는 여러 사람에게 여러 차례 편지를 보냈습니다.

방금 맥케논 맥키니스에게 멋진 크리스마스 편지를 받았어요. 그들이 아기를 잃은 것에 대해서는 물론 매우 안쓰럽게 생각하고 있습니다. 그녀가 말하기를 애니 앤더슨 딕슨 의사에게는 아들이 한 명 있대요. 애니는 지금 누구에게라도 편지를 쓸 시간이 없을 거예요.

함흥에 있는 남학교에서 며칠 전 불이 났다는 소식을 오늘 들었어요. 어떻게 된 일인지 자세히는 모르겠습니다. 그것은 형편없는 임시변통이었지만, 없는 것보다는 나았어요.

아버지께서 칸토가 만주에 있는지 물어보셨었어요. 부모님께서는 이름의 바벨탑에 놀라고 계신 게 틀림없는 것 같네요. 당연히 한국의 모든 장소에는 한국어 이름과 일본어 이름 두 개씩을 가지고 있어서 약간의 혼란이 있습니다. 그리고 만주에서는 지명이 중국어, 한국어, 일본어 등 세 개씩이에요. 칸토는 이곳 지역의 일본식 이름입니다. 용정은 이 마을의 한국식 이름이고, 류세이손은 일본식 이름, 롱징춘이나 루디고는 중국식 이름이에요. 저희 외국인 우편은 일본 우편으로 오기 때문에, 우리는 일본식 주소를 쓰고 있습니다. 일본은 만주가 아직 그들의 영토가 아님에도 불구하고 이곳에 경찰서, 학교, 은행, 우체국 그리고 심지어 병원까지 갖추고 있어요. 그들은 만주에 사는 한국인들은 모두 그들의 시민이며, 따라서 그들을 돌보기 위해 여기 와야만 한다고 주장하고 있습니다. 정말 대단히 구시대적입니다.

아버지께서 이곳의 전통 가옥들은 햇볕에 말린 벽돌로 되어 있는지도 물어보셨어요. 그 벽돌은 일반 주택에는 많이 사용되지 않습니다. 벽은 짚으로 엮은 밧줄에 진흙을 입혀 만들어졌습니다. 찰리가 공부를 잘하고 있기를 바랍니다.

모두에게 사랑을 담아,

플로렌스

제가 보낸 거의 모든 편지에는 엽서에 담긴 사진을 동봉하였는데, 그것을 모두 받으셨는지 궁금하네요.

용정
1922년 3월 11일

찰리에게,

이 편지는 네가 많은 행복한 기억들을 쌓고 또한 이제까지 중에 가장 행복한 생일이 되기를 기원하는 편지란다. 네게 작은 선물을 보내고 싶었는데, 우편으로 물건을 보내기가 쉽지 않고 또 올바른 목적지로 잘 도착할지도 미지수야. 마침 [마틴] 의사가 내가 집으로 보내고 싶은 것이라면 무엇이든 가져가 주겠다고 말해 주셔서 그때까지 기다려 몇 가지 물건을 보내려고 해. 그러니 네가 잊힌 게 아니라는 것을 알아줘.

오늘 나는 아버지와 어머니로부터 편지를 받았는데, 네 편지는 없었어. 네게 쓸 만한 이야기가 많지 않았겠거니 생각하는데, 나는 편지 받는 것을 늘 좋아한단다.

이번 주에는 편지에 쓸 만한 일이 그다지 일어나지 않은 것 같은데, 네가 흥미를 가질지도 모르는 몇 가지 이야기를 최선을 다해 해줄게. 이번 주에 우리는 두 선교지부 간의 회의를 가졌어. 나는 아직 그들이 말하는 것의 절반도 이해하지 못하기 때문에 이런 종류의 회의에 보통 흥미를 느끼지 못하지만, 다른 부서에서 다른 사역자들이 하는 일이 무엇인지에 대해 배우기에는 가장 좋은 방법인 것 같다. 그들은 지금 한국에서 학교 선생을 구하기 위해 힘든 시간을 보내고 있대. 그 어느 때보다 더 많은 학생들이 공부하고 싶어 해서 교사가 충분하지 않기 때문이래. 이곳의 경우 한동안은 여학교와 남학교 모두 교사가 부족했었고, 남학교는 교사가 너무 없어서 잠시 문을 닫아야 하기도 했지만, 지금은 다시 운영되고 있어. 여기서 남학교 혹은 남학원이라고도 부르는 학교는 [마틴] 의사 댁 바로 건너편에 있어서, 매일 아침 식사를 할 때마다 나는 소년들이 학교에 모이는 것을 본다. 난방기는 필요한 부품의 일부가 운송 도중 오지 않았거나 혹은 도난당해서 설치할 수가 없었어. 그 부품이 뭐였는지 잊어버렸네. 두 개의 교실만 연통이 창문을 통해 밖으로 튀어나와 있는 난로로 데워지고 있어. 그들은 보일러를 설치할 것이라 생각했기 때문에 난로를 위한 굴뚝은 만들지 않았대. 나는 그 소년들이 어떻게 추위를 견디고 있는지 모르겠지만, 그들은 매일 학교에 오며, 매우 붐벼. 연통이 있는 건물 벽 쪽으로 바람이 불면, 난로가 되지 않아 정말 추워진단다.

3월이 되면 한 학년이 끝나고, 그 주에 여학교는 시험을 치른다. 그 뒤 일주일간 방학을 가진 뒤 다시 학교가 시작될 거야. 나는 그들에게 신체단련을 가르치는 것을 정말 즐겼는데, 마틴 의사가 떠나고 나면 할 일이 너무 많아져서 그걸 가르칠 시간이 없어질 것이고, 그러면 다시는 그 일을 하지 않게 될 테지.

홍콩에서 일어난 항만노동자 파업 때문에 대부분의 태평양 횡단선이 한 달 동안 연기되었고, 그 때문에 떠나야 하는 우리의 모든 선교사들도 출발이 지연되었어. 그들이 언제 갈 수 있을지 아직 모른단다.

여기는 지금 날씨가 매우 좋아. 매우 춥지는 않지만 바람이 많이 분다. 간도에는 늘 바람이 분대. 확실히 그런 것 같은데, 매우 건조해. 2~3주 전 우리가 겪은 눈폭풍도 땅을 진창으로 만들지 않았고 땅속으로 스며들어 버렸어. 차량들로 인해 진흙탕이 만들어진 길가를 제외하고는 오히려 더 건조해졌어. 햇빛은 고향에서보다 훨씬 더 강해.

안식년으로 귀국을 앞둔 선교사들은 한국인들에게 친절한 선물을 많이 받고 있어. 의사 가족은 모두 한복을 받았는데, 매우 근사하고 대부분 비단으로 되어 있어. 그들은 받은 옷을 모두 차려입고 어느 날 오후에 사진을 찍었어. 한국인들은 어떤 외국인이든지 한국 옷을 입거나 한국 음식을 먹을 때 매우 기뻐해. 의사는 이미 벽에 거는 긴 비단 족자를 세 개나 받았는데, 족자에는 그에게 아첨하는 다양한 글들이 한글로 적혀 있어. 그중 2개는 병원에 있는 그의 사무실에 걸려 있는데, 만약 기증자들이 볼 수 있는 곳에 놓아둘 정도로 선물에 감사를 표하지 않는다면 그들은 실망할 거야. 다른 하나는 집 서재에 걸려 있어. 그것은 밝은 녹색에 검은 글자가 가로 또는 세로로 읽는 형태로 적혀 있단다.

월요일 아침. 음, 토요일 밤에 우리는 오랫동안 연기된 파티를 열었어. 그건 가난을 [주제로 한] 파티였고, 모든 사람들이 낡은 옷을 입고 왔어. 꽤 이상하게 보이는 옷도 있었단다. [마틴] 의사는 바지를 입고 있었는데, 밑단은 다른 옷을 만들기 위해 잘려 나가고 없었어. 나는 마틴 부인의 낡은 블라우스를 입었는데, 완전히 줄어들어 있었고, 양 소매는 뜯어졌으며, 옷깃은 한 쪽에서만 몇 가닥의 실로 매달려 있었어. 내 치마 역시 군데군데 찢어져 있었어. 손님들 모두 적절한 옷을 입었는데 매우 재미있었단다. 몇 가지 새로운 게임을 했는데, 옆구리가 아플 때까지 웃었어. 우리는 아이스크림과 케이크를 먹었는데, 온갖 기이하고 깨진 접시에 담아 온갖 버터칼과 숟가락, 이상한 국자 등과 함께 제공했어. 그 파티는 대성공으로 꼽혔고, 모든 사람이 즐거운 시간을 보냈다고 생각해. 나는 그랬거든.

어제는 교회에서 특별한 날이었어. 아침에 7~8명의 한국 아기들이 세례를 받았거든. 아버지 중 세 명은 우리 병원 직원들이었는데, 그래서 우리는 우리가 잘 대표된다고 느꼈어. 그중 한 명은 겨우 2주 전에 세례를 받았는데, 이제 자신의 아기를 데리고 온 거야. 너도 알다시피 한국에서는 남자들이 아내와 함께 사람들 앞에 나타나지 않아. 심지어 기독교인들조차도 거의 마찬가지야. 어제 우리가 교회로 걸어가고 있을 때, 우리 앞에 우리의 한국인 보조 의사가 가고 있는 것이 보였어. 그는 외국인들과 수년간 함께 일해 왔고, 이 동네에서 가장 훌륭한 기독교인 가운데 한 명이야. 그의 아내는 아기를 안고 약 백 미터쯤 뒤떨어져서 걷고 있었어. 이게 보통의 한국 방식이야. 이런 사람조차 아직도 그렇게 하는 게 괜찮다고 생각한다면, 다른 사람들이 마찬가지인 것은 놀라울 게 없지. 어떤 관습은 바꾸는 데 오랜 시간이 걸린다. 아무튼 그들은 자신의 아이들이 세례를 받을 때 함께 서야 했어. 남자들은 그들의 이름이 불리면 맨 앞에 나가 줄지어 서 있었고, 여자들도 아기를 품에 안고 앞으로 나와 남편 앞에 각각 섰어. 부인 뒤에 서 있는 남자들을 보고 모든 회중은 미소를 지었지. 그리고 모두가 앞으로 나온 뒤 그들은 모두 바닥에 앉았고, 예배가 시작되었어. 바커 씨가 세례를 집전했는데, 아주 멋졌어. 아기들은 모두 얌전했고 어떤 소란도 피우지 않았어. 한국 아이들이 보통 집이나 교회에서 원하는 대로 행동하는 것을 생각했을 때, 놀라운 일이 아닐 수 없었다. 예배에서도 아이들은 울거나 웃거나 소리 지르면서 방해하지만 누구도 관심을 기울이지 않는 것 같아. 물론 모든 엄마들은 아기를 데려와. 그렇지 않으면 교회에 올 수가 없거든. 종종 어린 여자아이가 다른 아기 한 명을 돌보고 있기도 해. 그런 아이들이 어제는 매우 귀여워 보였단다. 아이들은 모두 세례식을 위해 아름다운 색상의 옷을 입고 가능한 한 깨끗하게 하고 있었어. 엄마들 역시 말쑥하게 차려입었고, 각각의 머리에는 눈처럼 하얀 천을 쓰고 있었어. 기독교인들이 얼마나 더 깨끗하고 더 잘 차려입는지를 완전히 이해하기 위해서는 이교도들이 어떻게 하고 있는지를 봐야 해. 만약 교회에서 더러운 사람을 보면, 흔히 그렇듯이 그 사람은 이교도이거나 새신자인 것을 단번에 알게 돼. 기독교인들이 스스로 깨끗이 하게 되기까지는 오래 걸리지 않아. 다른 일들은 말할 것도 없고 말이야.

지금 이곳 선교부의 모든 지역에서는 그들이 '공부반' 혹은 사경회라고 부르는 공부 모임이 한 달에 걸쳐 이루어지고 있어. 한국인 목사들과 선교사들은 그곳에서 가르치느라 바빠. 매년 한 달씩 공부하는 5년 과정이야. 전 과정을 마치면 성경 전체를 다소간 철저하게 배우게 되는 거야. 많은 사람들이 공부하기를 갈망하지만, 작년에 너무 건조해 흉작이었기 때문에 올해는 돈이 매우 부족해. 이곳은 훌륭한 농업 지역이지만 철도가 없고 바다로부터도 멀리 떨어져 있어서 그들의 제품을 시장에 내놓을 쉽거나 저렴한 방법이 없어. 그래서 풍년일 때에도 농작물을 처분하는 것이 어려워. 남성 수업이 끝나자마자 여성을 위한 수업이 있을 거야. 그래서 우리는 성진에 있는 토마스 양이 수업을 돕기 위해 와 줄 것을 기대하고 있어.

어제 오후 교회에는 사람이 너무 많아서 아이들은 2시 30분에 오도록 해서 특별 예배를 따로 드렸어. 그 뒤, 3시 30분에는 성찬예배가 있었는데 성찬 참여자가 많았어. 그 예배도 아주 좋았어. 이곳 장로들이 얼마나 위엄이 있는지 고향의 녀석들 중 몇몇이 와서 봤으면 하고 바란단다. 이곳의 장로들은 고향의 장로가 통상 하는 것보다 훨씬 더 진지하게 자신들의 의무를 받아들인다.

모두에게 사랑을 담아,
플로렌스

1922년 3월 12일

아버지께,

이번에는 찰리의 편지에 메모만 넣어 보냅니다. 이번 주에는 쓸 만한 일이 그다지 없었어요. 아버지께서 2월 6일에 쓰신 편지가 며칠 전에 왔습니다. 저는 늘 편지를 눈 빠지게 기다리고 있어요. 특히 집에서 오는 편지들을요. 그러나 지금은 [편지가 오는 것이] 하나의 큰 이벤트가 되었습니다.

아버지 [교회] 회중의 출석률이 나아지고 있다는 것은 좋은 소식이네요. 아버지와 어머니의 노고에 상응하는 결과가 곧 보이리라 믿어 의심치 않습니다. 어찌 되었든 사람이 일을 하는 것은 좋은 일인데, 최선의 노력을 다하는 것을 보는 건 정말 멋진 일입니다. 아버지께서 벌써 그렇게 평가를 받으신다니 기쁩니다.

저는 또한 에디가 이번 여름에 선교지로 가기로 결심했다는 소식을 듣고 기뻤습니다. 에디가 잘 해낼 것이라 믿습니다. 그가 과거에 그랬던 것처럼 일들을 심각하게 생각하지 않는 것은 유감입니다. 일주일쯤 전에 에디가 쓴 편지를 받는데, 크리스마스 시험 결과에 대해서 그는 자신의 실패를 운이 나빴던 탓으로 돌렸습니다. 그가 아직도 소위 운과 자기방종을 구분하지 않는 것이 이상해 보였어요. 에디는 저에게 그가 1년 전 수학을 풀 때 몸이 좋지 않았다는 증명서를 써서 보내달라고 했습니다. 이번 크리스마스에 그가 다시 받은 낙제점 때문에 같은 과목을 다시 한 번 들어야 하게 되었는데, 증명서를 받으면 그 대신 특별 시험이 허락되기 때문이에요. 제가 어떻게 해야 할지 모르겠어요. 이전에 시험을 볼 때 에디가 몸이 좋지 않았다는 것은 제가 완벽하게 기억하고 있긴 하지만, 제 생각에는 에디가 자신의 실패를 불운 탓으로 돌리는 것을 그만두고 용기를 내서 좀 더 근면 성실해졌으면 좋겠어요. 만약 에디에게 최선이라고 생각한다면 저는 그를 받아주고 싶어요. 그래서 증명서를 작성하여 아버지께 보내드립니다. 만약 에디에게 이 증명서를 보내는 것이 최선이라고 생각하신다면 아버지께서 에디에게 주세요. 아마 알렉스가 아버지나 저보다도 이 상황을 더 잘 알고 있고, 증명서를 에디에게 보내는 것이 최선일지 여부를 더 잘 판단할 수 있을지도 몰라요. 어쨌든 저는 아버지께 맡기겠습니다.

아버지께서 저희에게 여기서만 나무를 태우느냐고 물으셨지요. 아니요. 저희는 석탄을 태웁니다. 이 근처에 탄광이 있고 나무가 매우 적기 때문이에요. 석탄은 중국인 수레에 실려 광산에서 직접 배달되는데, 나무보다 싸요. 선교사 모든 사택에서 석탄을 사용하고, 저희는 병원에서도 사용합니다.

마틴 부인이 며칠 전에 사과를 한 상자 받았어요. 한동안 사과를 보지 못해서 저는 이미 철이 지났다고 생각했어요. 사과가 더 이상 그다지 좋은 상태는 아니고 다소 건조하며 맛이 없지만, 그래도 과일이 없는 것보다는 나아요.

남자애들이 쓴 편지를 통해 앨리스터의 상태가 상당히 좋지 않다는 이야기를 들었는데, 매우 유감입니다. 이 편지가 도착하기 전에 그가 이미 떠났을 테죠. 그리고 그의 어머니와 자매들이 매우 황망

해 하고 있을 것이 틀림없습니다. 불쌍한 매기 이모. 그녀는 많은 문제를 겪었습니다. 맥두걸 의사가 약 1년 전 그[앨리스터]를 처음 봤을 때 스스로를 잘 돌보라고 경고했어요. 그리고 그의 주변 사람들에게는 그에게 희망이 전혀 없다는 것을 말하지 않은 채 앨리스터의 상태가 매우 심각하다고 말하려 했습니다. 저도 그에게는 가능성이 거의 없다는 생각에 사람들을 준비시키기 위해 여러 번 노력했습니다. 하지만 사람들을 불필요하게 놀라게 하고 싶지 않았어요. 그 결과 그들은 너무 늦기 전까지 그의 상태가 심각하다는 것을 깨닫지 못하였습니다. 그리고 그 아이도 자기 자신을 돌보는 것에 전혀 신경 쓰지 않았어요. 어쨌든 슬픈 이야기이지만, 저는 그들이 어떻게 그를 위해 아무것도 하지 않은 채 지난겨울의 그 모든 몇 주와 몇 달을 그냥 흘려보냈는지, 그리고 어떻게 모든 것이 정상적이라고 생각하고 있었는지 아직도 이해가 가지 않습니다.

네, 1년 전에 파괴된 교회와 학교 중 상당수는 재건되었지만, 굉장한 피해가 있었던 몇몇 지역은 다시 시작하기 힘들어하고 있습니다. 특히 작년에 남자들이 떠나고 작황이 매우 좋지 못한 곳은 상당히 힘들어하고 있습니다.

1922년 3월 25일. 이 편지를 쓰기 시작한 지 꽤 되었어요. 지난주에 다른 것을 쓰기 위해 이 편지를 기계에서 뺐는데, 편지 발송할 때 그만 누락되고 말았어요. 그래서 내용을 조금 추가해 이번 주에 보냅니다. 유감스럽게도 지난번 편지는 이 편지와 함께 보내려고 한 것이어서 그렇게 길지 않았어요. 우리는 정말로 매우 바쁜 한 주를 보냈어요. 일들이 연이어 생겨서 하고 싶은 공부는커녕 어떤 편지도 쓸 겨를이 없었습니다.

사랑을 담아,

플로렌스

용정
1922년 3월 15일

포스터에게,

이 편지는 네가 쓴 2월 6일자 편지에 대한 답장이야. 나머지 사람들이 자고 있고 타자기는 그들을 방해하기 때문에 손으로 편지를 써. 이번 주에는 쓸 내용이 별로 없어 보인다. 지난 6개월 동안 있었던 가장 흥미로운 일들에 대해서는 네게 거의 다 말해 준 것 같아. 내가 의사 친구들을 위해 쓴 편지의 사본을 한 장 네게 보낼게. 다른 사람들은 흥미를 느끼지 않겠지만, 의료계 사람들은 우리가 여기서 겪는 많은 사례에 대해 아이디어를 얻을 수 있을 거야. 핼리팩스를 떠나기 전에 나는 아서 마샬에게 이곳의 일에 대해 편지를 쓰고 병원 사진을 보내주겠다고 약속했어. 사진 몇 장도 동봉했는데, 의학과 관련된 편지를 그에게 보여주고 또 사진을 그에게 보여주면 고맙겠어. 만약 그가 사진을 갖고 싶다고 하면 그에게 줘. 그가 사진을 원했다고 내게 말해주면 내가 네게 사진을 좀 더 보내줄게. 내가 그와 이야기할 때 그가 꽤 관심을 보였었는데, 그가 여기로 와도 좋을 것 같아.

나는 만주를 매우 좋아해. 만약 선교사들이 스스로를 젊고 생기 있다고 생각한다면, 이곳의 선교구역은 우리의 모든 선교지부 가운데 가장 좋아. 반면 다른 선교지부 중 일부는 함께 즐길 수 있는 젊은 사람이 너무 적고, 나이 든 사람들은 다른 사람이 좋아할 만한 활동에 별로 관심이 없어. 마틴 가족, 프레이저 가족, 힐톤 가족이 곧 떠나고 또한 캐스 양과 페일소프 양이 6월에 떠나면, 이곳은 훨씬 많이 외로워질 거야. 지금까지도 우리는 스콧 가족과 나를 제외하고 누가 그들의 자리를 대신할지 모르지만, 인원수는 상당히 줄어들 거야.

앨리스터가 많이 아프다는 소식을 듣게 되어 매우 유감이야. 네가 말하는 것으로 판단해 보면, 그리 오래 살지 못할 것 같구나. 불쌍한 친구. 그는 스스로를 돌볼 생각이 별로 없었던 것 같아. 매기 이모가 많이 힘들어할 것 같아 걱정이구나. 맥두걸 의사와 내가 약 1년 전에 그를 처음 진찰했을 때, 우리는 그의 가능성이 희박하다는 것에 동의했었어. 하지만 사람들에게 솔직히 말함으로써 그들의 모든 희망을 꺾어버리고 싶지 않았어. 내가 이해할 수 없는 것은, 그들이 그에게 관심을 갖거나 그를 위해 무엇인가를 하려 하기 전까지 왜 그를 그냥 내버려 뒀냐는 것이야.

알렉스가 내게 보내 준 리톨은 안전하게 도착했고, 지난밤에 사용해 봤어. 내가 가지고 있던 다른 것들보다 훨씬 빠르구나. 고마워.

푸트 박사는 오늘 회령에 도착할 예정이야. 그는 그곳에 살면서 블라디보스토크에서 일할 예정이야. 우리에게 필요한 교과서를 그가 가지고 오지 않아서 유감이야.

나는 최근에 많은 수술을 하느라 특히 바빴어. [마틴] 의사와 나는 환자와 수술을 기록하는 시스템을 시작하려고 노력하고 있어. 지금까지는 그다지 만족스럽지 못하고 과학적인 관점에서 매우 가치 있는 사실들을 충분히 제시하지 못하고 있어. 우리에게는 영어로든 한국어로든 기록을 하는데 능한 사람이 한 명도 없어. 그리고 나의 언어 공부 단계에서, 나의 한국어 기록은 가치가 없다. 나는 또한 그 모든 걸 다 할 시간이 없어. 하지만 전신 마취 상태에서 거행된 수술은 최소한 기록하려고 노력할 거야. 그나저나, 이번 주에 우리는 좋은 사례가 하나 있었어. 60리터의 액체가 들어 있는 난소 낭종이야. 환자는 괜찮아지고 있어. 하지만 그게 다발성 낭종이어서 제거하기 힘들었고, 모두 제거할 수 없었어. 그리고 여기저기가 유착되어 있었어.

우리는 날마다 먼지가 날리는 진짜 3월의 바람을 맞고 있어. 하지만 핼리팩스의 날씨처럼 몹시 춥지는 않고 건조하기만 해.

지난 토요일에 오랫동안 미뤄왔던 내 생일 파티가 열렸어. "가난한 파티"였고, 손님들의 황폐한 의상은 보기에 멋졌다. 우리는 재미있는 게임들을 하며 즐거운 시간을 보냈어. 그 이후부터는 짐을 싸서 안식년을 가는 부산함으로 분위기가 확 바뀌었어.

이제 그만 써야겠다. 내가 쓴 의학 편지는 의료진들 사이에 네가 원하는 만큼 사용해도 돼. 아서 마샬이 그 편지를 읽은 후에는 여성 의사들에게도 보여줘. 그리고 맥두걸 의사에게도 한 번 보여 줘도 돼. 그렇게 하면 내가 많은 편지를 쓰는 시간을 절약할 수 있어. 너는 어쨌든 그 사람들을 만날 거잖아. 고마워.

모두에게 사랑을 담아,
플로렌스

용정
1922년 3월 25일

가족들에게,

 푸트 씨가 회령에 도착했다는 소식을 들었습니다. 하지만 아직 용정에는 오지 않았습니다. 그는 그곳의 맥머린 가족과 함께 살면서 블라디보스토크에서 많은 시간 일할 것입니다. 그가 곧 그리로 갈 것이라 믿습니다. 분명히 그는 가장 먼저 [용정으로] 오는 사람에게 제 시계를 들려 보낼 거예요. 다음 주에 성진의 토마스 양이 이곳에서 한 달간 진행되는 여성성서학원을 지도하기 위해 올 것으로 예상됩니다. 작년에는 약 150명의 여성들이 참석하였는데 올해도 그 정도 참석할 것으로 짐작되고 있어요. 우리는 지난주에 토마스 양도 약혼한 사람의 대열에 합류하였다는 소식을 들었는데, 아직까지 공식적으로 확인된 바 없고 또 그 행운의 남자가 누구인지 아무도 모릅니다. 만약 그 소식이 사실이라면, 여성해외선교부는 1년 사이 세 명의 소속 선교사를 잃은 것에 대해 다소 분개할 것이 분명해 보여요. 하지만 힘내시길. 이제는 싱글 남성이 많이 남아 있지 않기 때문에 같은 방식으로 더 이상 [소속 선교사를] 잃지 않을 것입니다.
 이곳의 날씨는 보통 이맘때의 고향 날씨와 거의 같습니다. 그렇게 눅눅하거나 살을 에지는 않지만 말이에요. 거의 매일 강한 바람이 불어요. 정말 매일이라고 말 할 수 있는데, 다음 달에는 바람이 잦아들 것이고 그 뒤에는 몇 주간 더 이상 바람이 불지 않을 것이라고 확신합니다. 매일 먼지가 날리고 있습니다.

저는 너무 무리하지 않으면서 건강히 잘 지내고 있습니다. 선교부의 모든 사람은 친절하게도 제 건강과 습관에 관심을 가지고 있으며, 제가 충분한 수면을 취하며 또 너무 열심히 일하지 않도록 개인적인 관심을 쏟아주고 있습니다. 특히 바커 부인은 제게, 자신이 처음 왔을 때 너무 열심히 일했고 그것 때문에 지금도 고통 받고 있다고 경고하고 있습니다. 그래서 비록 제가 너무 건강하지만, 그 문제에 대해 판단을 내리고 합리적이 되려고 노력하고 있습니다.

아버지께서 저희가 서울에서부터 얼마나 북쪽에 있는지 물으셨지요. 저희는 [서울에서부터] 직선거리로 600km 정도 떨어져 있는데, 이곳까지 오는 길은 훨씬 더 멉니다. 네, 이곳은 만주이고 중국의 일부입니다.

아버지께서 또한 이곳의 부흥에 대해 물으셨어요. 이제는 부흥이라고 하지 않지만, 믿는 사람들이 늘고 있으며, 최소한 나이 많은 기독교인 중 많은 사람은 비신자 사이에서 매우 성실하고도 신실하게 일하는 일꾼들입니다.

패튼의 입금계좌 전표를 보내주셔서 감사합니다.

아버지가 앨리스터의 장례식 때문에 떠나 계셨을 때 어머니가 쓰신 편지가 도착했습니다. 저는 그의 부음을 듣고 슬펐지만, 이전에 쓴 글에도 언급했듯이 그 소식을 예상하고 있었습니다. 그의 가족은 그것에 대해 매우 기분이 나쁠 것입니다. 특히 매기 이모는요. 이모는 매우 힘들 거예요. 이나가 맥두걸 박사에게 마음을 조금 주었다고 들었는데, 그것은 좋을 수 없고 부당하기에 유감으로 생각합니다.

의학회 회비와 관련해서, 저는 노바스코샤 의사회에 가입한 적이 없으며, 핼리팩스와 영연방 의사회에만 가입했습니다. 지금 저는 핼리팩스 의사회를 귀찮게 하고 싶지 않고요, 다른 하나도 역시 저널을 제외하고는 신경 쓰지 않고 있습니다. 그 저널은 어차피 지금 제게 오지도 않고 있어요. 만약 여러분이 그 저널을 구독신청하지 않았다면, 제가 이미 한여름 호까지 지불해 놓았기 때문에 갱신을 요청하지 않을 것입니다. 그러니 신경 쓰지 마세요. 제가 여기서 갱신할게요. 그러면 신문을 집 말고 여기로 배송해 줄지도 모릅니다.

옷 샘플 몇 개를 함께 보냅니다. 이 옷은 한국 미션스쿨의 상업부 중 한 곳의 학생들이 만든 것으로, 그 학생들은 경제적으로 자립된 상태에서 공부도 하기 위해 이 일을 하고 있습니다. 어머니가 이 옷들에 관심이 있을 것이라 생각했어요. 매우 멋지지 않나요? 그리고 가격도 적당해요. 그들은 이 옷을 아시아 전역의 외국인들에게 팝니다. 이곳 사람들은 이런 종류의 옷을 그다지 입지 않거든요.

제가 파커 부인에게 어머니가 당신을 기억하고 계신다고 말하자, 파커 부인은 잠시 생각하더니, "혹시 모자를 만든 분이 어머니셨나요?"라고 했어요. 그녀는 비록 그 당시의 기억이 많지는 않지만 어머니를 기억하고 있고, 자신이 이전부터 어머니를 알고 있었다는 것에 매우 기뻐했습니다. 그 이후로 그녀는 그것에 대해 여러 번 말하였습니다.

저는 이제 사람들에게 조금 더 가까이 다가갈 수 있는 위치에 근접하고 있어요. 사람들이 물어보는 질문이 재미있습니다. 한 여성은 얼마 전 제게 몇 살인지 물었고 그 후, "그래도 당신은 여전히 멋져 보여요."라고 말해줬습니다. 그리고 요전날 한 중국인 여성은 제게 아이가 몇 명 있냐고 물었습니다. 그건 사람들이 종종 첫 번째로 묻는 질문입니다. 그게 아니라면, "당신의 아들은 몇 살입니까?"입니다.

지난 토요일 오후에 [마틴] 의사, 마틴 부인, 아이들 그리고 저까지 모두 어느 부유한 중국인 네 집에 초대를 받아 갔어요. 그는 이곳 중국인 교회에서 목사와 목사 가족을 제외하고 가장 든든한 반석이에요. 우리는 [그 부유한 중국인] 가족, 목사 가족, 그리고 중국 기독교학교 학생들과 사진을 찍기 위해 오후 일찍 가야만 했어요. 일본인 사진사가 왔고, 울타리 너머에는 사진 찍는 것을 구경하는 한국인들도 물론 있었습니다. 이곳은 매우 다양한 민족이 그들의 특색을 지닌 채 살고 있는 훌륭한 곳이에요. 사진을 찍은 후 다른 외국인들도 잔치를 위해 속속 도착했어요. 그들은 사진 속에 들어가는 큰 특권을 누리지 못하였습니다.

오, 그 잔치! 어머니가 그런 초대를 받았으면 얼마나 좋았을까 생각했어요. 우리는 30cm 정도 높이 되는 탁자를 둘러싸고 바닥에 앉았어요. 탁자 아래에 둔 발을 몇 시간이나 지속된 잔치 내내 너무 많이 움직여서, 제 수직 축에서 반 바퀴는 돌아갔고 결국에는 발을 바깥쪽 뒤로 두게 되었습니다. 우리는 사람이 바랄 수 있는 그 모든 다양한 음식을 받았어요. 처음에는 차와 케이크에서 시작을 했고요, 그 뒤 수프, 닭고기, 야채, 시럽을 입힌 튀긴 소시지, 생선, 해초, 애벌레가 나온 뒤 바다 민달팽이[10]로 끝났어요. 제가 중국 잔치에

---

10 여기 나오는 '바다 민달팽이'는 중국 고급 식재료로 사용되는 '해삼'이었을 것으로

참석하는 게 이번이 두 번째였는데요, 이번에는 애벌레를 제대로 먹을 수 없어서 민달팽이로 바로 갔습니다. 하지만 다음번에는 전체적으로 더 잘 도전할 수 있기를 기대합니다. 민달팽이는 미끈미끈하고 전체적으로 못생긴 뿔로 덮여있었지만, 맛은 겉보기만큼 나쁘지 않았습니다. 남자들은 모두 한 방에 있었고, 여자들은 다른 방에 있었어요. 그 집에는 한 가족 전체가 살고 있어요. 진짜 중국인 가족으로, 네다섯 명의 아들과 그 부인들 및 가족들까지 다 같이 살고 있었고, 그 가족의 본래 딸 중에서도 몇 명은 아직도 함께 살고 있습니다. 그들 중 몇 명은 중국어뿐 아니라 한국어도 할 줄 알아요. 그리고 손님으로 참석한 어느 중국인 여성이 영어를 조금 할 줄 알았습니다. [마틴] 의사는 다른 언어를 할 줄 모르는 사람과는 중국어로 대화했어요. 그래서 모두가 누군가와는 이야기할 수 있었고, 우리는 정말 우호적인 시간을 보냈습니다. 식사를 마치자마자 일어나 가는 것이 예의이며, 가족들은 문 앞에서 고개 숙여 작별 인사를 합니다. 우리도 똑같이 해요. 그리고 똑같은 행위가 문 밖에서도 다시 한 번 이루어지고, 길에서도 또 한 번 이어져요. 만약 중요한 사람이라면 특별한 예의를 보이기 위해 길을 따라 조금 더 걸어가면서 다시 한 번 똑같은 인사를 되풀이합니다.

월요일에 마틴 부부는 답례를 하기 위해 몇몇 중국인들을 이곳에 초대해 차를 마셨습니다. 그들은 대략 5시쯤 왔고 마틴 가족은 손님을 위해 축음기를 켜고 피아노를 연주했는데, 손님들은 매우 즐기고 있는 것처럼 보였습니다. 그리고 우리는 그들에게 흥미로운 사진 몇

추정된다.

장을 보여줬어요. 마틴 부인이 익숙한 찬송가 몇 곡을 연주하자 중국인들은 그에 맞춰 중국어로 노래를 부르기 시작했습니다. 그들 모두 기독교인이었어요. 나이 든 중국인 목사님과 그의 아들, 며느리가 왔는데, 아들 내외는 둘 다 영어를 조금 했습니다. 그리고 토요일에 우리에게 잔치를 베풀어 준 부유하고 나이 든 중국인 부부도 있었어요. 또한 이 지역의 중국군 사령관 부부도 있었는데, 보시다시피 매우 특별한 손님들이었어요. 여러분이 볼 수 있듯이, 우리는 가장 높은 사회 집단으로 옮겨갔습니다. 유감스럽게도 그들은 우리의 음식을 우리가 그들의 음식을 좋아했던 것만큼 좋아하지는 않았어요. 하지만 어쨌든 그 상황에서 우리는 우리가 할 수 있는 만큼 그들을 즐겁게 해 주었고, 제 생각에 그들은 초대를 받아 외국인들이 뭘 먹고 집에서 어떻게 살고 있는지 볼 기회를 갖게 되어 좋아하는 것 같았습니다.

목요일 저녁 바커 부인 댁에서 여학교 학생들을 위한 파티가 열렸는데, 저도 교직원으로 쳐 줘서 초대 받았습니다. 우리는 게임을 하며 즐거운 시간을 보냈고, 먹을 게 많지 않으면 제대로 놀지 못했다고 생각하는 한국인들을 위해 먹을 것도 많이 갖춰져 있었습니다. 케이크, 쿠키, 그리고 서양 음식을 담은 접시가 얼마나 많았는지 몰라요. 그리고 그 접시들이 사라진 것으로 보건대, 학생들이 음식을 좋아했던 것으로 보입니다. 그들은 게임과 파티 자체에 엄청 즐거워했어요. 그 아이들의 삶에는 그런 종류의 행사가 많지 않고 또 그렇게 대접받는 게 드물기 때문인 것 같습니다. 그들이 그렇게 즐거워하는 모습을 보는 것만으로도 기분이 좋아집니다.

프레이저 가족은 캐나다로 떠날 채비를 하느라 무척 바쁩니다. 그런데 불행하게도 프레이저 부인이 말라리아에 걸려서 여행을 시작하려는 찰나 몸이 약해지고 지쳐버리고 말았습니다. 어린아이 세 명을 데리고 지구 반 바퀴를 도는 여행은 장난이 아니지요. 그들은 월요일 아침 일찍 출발해서 회령으로 곧장 갈 것입니다. 남겨질 우리들은 그들이 떠나는 것을 도저히 즐거운 마음으로 바라볼 수가 없습니다. 곧 출발할 세 가족을 위해 우리는 작은 증정식을 열거예요. 일요일 예배 후 오후에 작은 인사말과 함께 선물로서 돈을 줄 예정입니다.

그들이 떠나기 전에 많은 일을 처리해 두기 위해 몇 차례의 선교부 회의도 가졌습니다. 그리고 금요일 오후에는 스콧 가족과 저의 환영회 겸 안식년을 떠나는 프레이저 가족, 마틴 가족, 힐톤 양의 송별회로서 한국인들이 성서학원에서 잔치를 열어 줬어요. 안식년을 떠나는 사람들을 위한 여러 인사말과 증정식이 있었고, 모두가 먹을 수 있을 만큼 많은 음식이 있었습니다. 제가 처음 참석한 진짜 한국 대형 잔치였습니다. 이전에 한국 음식을 먹어본 적은 있었지만 말이죠. 방의 삼면을 따라 탁자가 놓여 있었고, 탁자 양쪽에 의자가 놓여 있었습니다. 음식은 뜨거운 것을 제외하고는 다 한상에 차려 있었고, 우리가 도착했을 때 탁자는 온통 하얀 종이로 덮여 있었습니다. 한국 여성들은 남성들과 함께 식사를 하지 않기 때문에 외국인 여성 말고 다른 여자들은 없었지만, 한국 남성들은 많이 있었습니다. 먼저 연설과 증정식이 있었고, 그 후에 음식을 먹었습니다. 떠나는 모든 사람들에게 그나 그녀의 미덕을 칭송하는 아름다운 비단 족자가 증정되었습니다. 다양한 색깔의 족자가 있었는데, 한국인들이 가장 좋아하는 선물인 것 같습니다. 마틴 의사는 이제까지 대략 6개 정도의 족자를 받았습니다. 선물 수령 뒤 한 명이 받은 사람 대표로 인사말을 전하였습니다. 그 뒤 모인 사람들에게 족자가 회람되고 읽혔습니다. 탁자를 덮고 있던 종이가 거둬지고 음식이 드러났습니다. 여러 종류의 한국식 케이크를 비롯해 한국식 빵과 계란, 땅콩, 그리고 작은 냉동 오렌지가 있었습니다. 그 뒤 그릇에 닭 반 마리 및 국물이 담긴 닭고기 수프가 나왔습니다. 각자 젓가락 한 벌씩 제공되었는데, 중국인들과 달리 음식을 먹기 좋게 잘게 잘라 주지 않는 한국인들이 가져다준 내 닭고기는, 그 젓가락으로 엉망진창 해부되었습니다. 케이크와 밥과 수프와 닭고기는 맛있었지만, 예전에 먹어보려다가 비참한 결과를 빚었던 빵[11]은 시도하는 것 자체를 자제했습니다. 저는 그 잔치에서 살아남았을 뿐만 아니라, 바로 그날 저녁에 프레이저 가족을 기념하는 만찬에 참석하여 제공된 음식을 섭렵하는 것에도 성공하였습니다. 우리는 8시가 되어서야 식사를 시작하였는데, 16명의 외국인이 함께 앉아 있었습니다. 매우 큰 규모의 저녁 파티였습니다. 만약 프레이저 부인이 올 수 있었다면 17명이 되었을 것입니다. 이곳 선교지부에서 외국인이 함께 모여 식사를 한 규모로서는 가장 컸던 게 아닌가 싶습니다. 세관원과 나다로프 부인도 참석했습니다. 그때 우연히 만난 그리어슨 씨의 손님에 더해, V가 다섯 개 있는 계급장을 한 장교도 한 명 있었어요. 그는 현재 영국군 연락장교로서 블라디보스토크에서 일본 군대와 함께 있습니다.

우리의 간호학교 출신 간호사가 다시 돌아왔어요. 그건 우리 병원

---

11 머레이가 한국 빵(bread)이라고 한 것은 떡이었던 것으로 보인다.

관계자들의 기쁨일 뿐만 아니라 우리 선교부 모두의 큰 기쁨이었습니다. 지금까지 우리는 다른 간호사나 한국인 의사를 한 명도 구하지 못했고, 앞으로 당분간 계속 바라고만 있어야 할 일처럼 보이기 시작했습니다.

제가 예전에 우리가 수술한 종양 환자에 대해 언급했던 것 같아요. 음, 그녀는 기독교인이 되기로 결심하였고 그녀의 시어머니와 가족 모두 그녀를 따랐습니다. 최근에 잘 안된 환자도 있었어요. 다리에 심각한 골절을 당한 중국인 소년이었는데, 복합골절로서 감염도 심했어요. 그 다리를 살리기 위해 우리는 최선을 다 하였지만 소용이 없었습니다. 그래서 우리는 아이 아버지에게 다리를 절단해야만 한다고 설명했는데, 그는 친구들 특히 그 아이를 산 남자와 상의하지 않고는 동의할 수 없다고 하였습니다. 그 남자, 즉 그들이 다른 아버지라고 부르는 그 남자는 동의하지 않았고, 그들은 아이를 집으로 데려갔습니다. 이동 중에 분명 큰 고통을 겪었을 것이고, 아마도 조만간 감염으로 죽을 것입니다. 무지로 인해 사람들에게 가해지고 있는 막을 수 있는 고통이 너무 많습니다.

이제 글을 마치고 프레이저 네로 잠시 가 있어야 할 것 같습니다.

모두에게 사랑을 담아,
플로렌스

용정
1922년 3월 27일

에디에게,

오늘 네가 행복하게 하루를 마쳤기를, 그리고 새해 복 많이 받길 바랄게. 이 편지가 네게 도착할 때쯤이면 너는 아마 핼리팩스를 떠나 여름 선교지에 가 있거나, 혹은 새로운 일을 시작하기 전 집에서 며칠 보내고 있는 중이겠지. 나는 네가 그 일에서 성공하길 바라고, 네가 어떠한 경솔한 태도도 보이지 않고 있으며 또한 어떤 사소한 책임도 회피하지 않을 것이라고 확신해. 네가 때를 가리지 않고 부지런하기를 바라고, 또한 그 일을 통해 많은 축복 받길 바랄게. 우리가 어떤 일에 들이는 것에 비례하여 뭔가를 얻을 수 있다는 것을 기억하렴. 성실함과 신실한 노력은 결코 사라지지 않는다. 우리가 바라는 것보다 결과가 초라해 보일지라도, 인격적으로 훨씬 풍부하게 우리에게 돌아온단다.

너는 큰 영향력을 행사하게 될 것이고, 네가 하나님을 위해 그 영향력을 최대한 사용할 것이라고 믿어. 너는 또한 사람들이 더 많은 선교 일을 하도록 영향을 끼치기 위해 최선을 다할 것이라고 확신해. 네가 어디 있는지 어떻게 지내고 있는지 내게 알려주겠니. 네가 생각하는 것보다 나는 더 흥미를 가지고 있단다.

너희 생일 때마다 몇 가지 작은 것들을 보내고 싶었는데 우편으로 보내기는 힘들뿐더러 [배달될 지] 확실치도 않았는데, 마틴 가족이 내가 보내고 싶은 것은 뭐든 가져가 주겠다고 해서 그들 편에 한꺼번에 보낼 계획이었어. 그렇게 하면 너도 역시 그쪽에서 세금을 낼 필요가 없거든. 하지만 지금 그들의 짐이 너무 많아서 다른 사람 것을 가져갈 만한 공간이 있을지 확실치가 않아. 그래서 두고 봐야 할 것 같아. 만약 그들이 물건을 가져가 줄 수 없다면 다른 방법으로 보내줄게.

프레이저 가족은 오늘 아침에 떠났어. 우리 모두는 그들을 배웅하기 위해 일찍 일어났다. 세 명의 아이를 데리고 지구 반 바퀴를 도는 것은 꽤 힘든 일일 거야. 그중 한 명은 젖먹이 아기인데, 그 아기가 세 명 가운데 가장 문제를 적게 일으키는 아이일지도 몰라. 그들은 출발에 앞서 약간 흥분되어 있었어. 프레이저 가족은 두 대의 중국 마차를 고용했는데, 아기를 안은 프레이저 부인은 서울까지 그들과 동행해 줄 한국인 여성 한 명과 함께 첫 번째 마차에 있었어. 프레이저 씨와 다른 두 명의 아이들은 두 번째 마차에 있었고. 주위에는 그들을 배웅하려는 사람이 많았는데, 외국인은 전부 있었고 한국인들도 엄청 많았어. 그래서 말들은 수많은 사람에게 둘러싸인 채 추위 가운데 서 있으려니 안절부절못하기 시작했지. 출발 준비가 다 되었을 때 말들은 거의 도망치려는 상태가 되었고, 두 번째 마차의 말은 정말 그렇게 하여 엄청난 힘으로 기둥에 부딪혔어. 마차가 거의 뒤집힐 뻔했어. 하지만 사람들이 말들을 멈췄고 수레를 바로잡고 마구를 풀었어. 다만 기둥을 정리하고 다시 출발할 수 있도록 말을 충분히 뒤로 끌어당기는 데까지 어려움을 겪었다. 마침내 정리가 되었는데, 그때 마차와 말을 연결해주는 두 개의 철봉이 떨어져 땅에 끌리고 있는 것이 발견되었어. 우리 고향에서뿐 아니라 이 나라에서도 말과 마차 사이에 눈에 보이는 연결 도구를 부착하는 것을 여행에서 선호하는 것 같아. 그래서 그것들은 다시 한 번 연결시켰는데 끊어졌고 다시 연결시키고 그랬어. 하지만 말들은 여전히 사소한 도발에도 도망가려 하는 단호한 모습을 보였어. 혼자라면 그런 식으로 여행하는 것도 매우 좋겠지만, 동시에 돌봐야 할 세 명의 아이가 있을 경우에는 전혀 다른 이야기가 되겠지. 마틴 가족은 3주 후에 떠날 거야. 그러고 나면 선교지부는 진짜로 삭막해 보일 거야.

토요일 오후에 [마틴] 의사, 마틴 부인, 그리고 나는 지난번 중국인 대령 내외 및 목사 아들 내외와 함께 찍은 사진을 찾으러 일본 사진사에게 내려갔어. 목사의 아들은 왕이라는 이름을 가진 [마틴] 의사의 중국어 선생인데, 병원에서 드레싱 전담원이며 또한 대부분의 마취제를 투여해. 나는 [그의] 말을 모르고 그는 영어를 거의 못하는데, 나는 그런 마취사와 수술을 해야만 하는 자신을 발견하고 있다.

음, 곧 있으면 나의 개인교사가 이곳에 올 시간이라, 이제 글을 마치고 공부를 해야겠어. 한국인 친구가 방금 타자기를 보러 와서 몇 글자 더 적는다.

너의 사랑하는 누이,
플로렌스

용정
1922년 4월 3일

어머니께,

토요일이 애나의 생일이었겠네요. 저는 여러 번 애나의 생일을 떠올렸어요. 그녀가 행복한 하루를 보내고 있기를 바랍니다. 시험이 다가오고 있으니 애나가 열심히 공부하고 있었을 것이 분명합니다. 그녀가 충실하게 공부하고 있음을 알기에 시험 기간이 다가와도 괜찮을 거라 믿어요. 시간이 너무 빨리 흘러서 이제 4월이고 봄이 코앞이라는 사실을 거의 깨닫지 못하고 있어요. 핼리팩스에 있는 녀석들은 해마다 돌아오는 시련에 빠져들고 있겠지요. 그건 제가 너무 잘 알죠. 제가 북쪽에 온 지 얼마 안 되는 것 같이 느껴져요. 며칠 전 저는 제가 한국에 도착한 지 7개월이나 되었다는 것을 떠올렸어요. 이제는 확실히 집처럼 느껴지긴 하지만 아직도 모든 것이 새롭습니다. 거의 매일 새로운 것을 봐요. 그리고 자주 보던 것들도 여전히 흥미롭기만 합니다.

이 편지가 도착할 때쯤에 애나는 아마 집에 있겠지요. 만약 그렇지 않다면 저는 어디로 편지를 보내야 그녀에게 닿을 수 있는지 몰라요. 그러니 어머니께서 애나가 어디에 있든 이 편지를 그녀에게 보내주셔도 될 것 같습니다. 그녀가 뭔가 괜찮을 일을 하기를 바랍니다. 만약 그 아이가 원한다면 가르치는 일도 좋을 것 같고요, 아니면 여름 내내 계속할 수 있는 뭔가 다른 일도 좋을 것 같아요. 다만 제가 군수품 가게에서 일했던 그 여름같이 여름 내내 일하거나 너무 피곤해지지는 않도록 해야 해요. 그때 저는 피곤이 다소 회복될 때까지 대학에서 공부를 제대로 할 수 없었습니다.

제 시계가 며칠 전에 도착했어요. 막 학기가 시작된 여자성서학원 일을 돕기 위해 토마스 양이 이곳에 올 때 성진에서부터 시계를 가지고 와 줬어요. 성진에서 푸트 씨는 맥멀린 씨 댁에서 기거하고 있습니다. 그는 여권문제로 러시아 입국에 어려움을 겪고 있고요, 아직도 블라디보스토크에 가지 못하고 있습니다. 러시아인들은 일본인들만큼이나 여권 때문에 소란을 피웁니다. <u>러시아에서는 사람이 몸과 영혼과 여권으로 이루어져 있다고 말하기도 해요.</u>

어머니께서 제 생일 때 아무것도 보내지 않은 것에 대해 스스로를 책망하고 계신 것 같아요. 그렇게 생각하지 마세요. 물건을 보내는 게 쉽지 않다는 것도 알고요, 저 역시 아직 필요한 것이 없습니다. 어머니께서 저를 잊지 않고 계시다는 것을 잘 알고 있습니다. 게다가 어머니께서 제게 보내주실 수 있는 물건은 이미 제가 다 알고 있는 것들이에요. 하지만 제가 보내드릴 수 있는 동양의 물건들은 어머니께 새롭고 참신하지요. 만약 어머니께서 정말 제게 뭔가를 보내기를 원하신다면 제가 그때 굉장히 감사를 드릴 텐데요, 그것이 두꺼운 겨울 스타킹 한 켤레라면 딱 좋을 것 같습니다. 이번 겨울에 신었던 스타킹은 매우 부드럽고 따뜻했지만, 착용하기에 너무 부드러웠고 또 수선하는데도 시간이 너무 들었습니다. 지금쯤이면 어머니께서 주변에 뜨개질을 좋아하는 나이 드신 할머니들을 알고 계실 것 같아요. 그런 할머니들 중에서 진짜 좋고 강한 양모로 며칠씩 구멍 나지 않는 스타킹을 만들 수 있는 분이 계실지 모르겠네요. 일주일에 한 번 이상으로는 수선할 필요가 없는 스타킹 한 켤레를 구할 수만 있다면 정말 좋을 것 같아요.

『노바스코샤』가 정기적이지는 않지만 배송이 시작된 이후 발행된 모든 호를 받았습니다. [그 신문을 통해] 제가 세상과 계속 접촉하고 있는 것처럼 보여요. 비록 제가 예상했던 것만큼 멀리 떨어져 있는 것을 제가 개의치는 않지만 말이에요. 여기서 우리는 많은 신문을 받아보고 있습니다. 세관원에 좋은 도서관이 있는데, 적은 요금만 지불하면 이용할 수 있어요. 마틴 의사가 그 도서관 이용자라서 저도 제가 원하는 것은 다 볼 수 있습니다. 신문은 당연히 모두 영국 신문이라서 캐나다 뉴스는 별로 없지만, 세계 정세를 잘 다루고 있고 또 에브리맨스 라이브러리[12] 책들도 엄청 많아요. 아직 읽어본 적은 없지만요. 지금 당장은 가능한 한 많은 시간을 [어학] 공부에 쏟아야 한다고 느껴요. 그래서 [신문이나 책은] 오직 세상에서 일어나는 일을 따라잡을 수 있을 정도로만, 그리고 적절한 취미 정도로만 읽고 있습니다.

어머니께서 몸이 안 좋다니 안타까워요. 이 편지가 도착하기 전에 나아지셨길 바랍니다. 약을 드시기 전에 제게 처방을 받아야만 하신다면, 약이 떨어진 상태로 오래 계셔야 할지도 몰라요. 복용량에 대해 다시 알고 싶으시면 포스터에게 물어보세요. 그 아이도 완벽하게 잘 알고 있고, 또 저보다 훨씬 빨리 어머께 답해 줄 수 있습니다. 카로멜을 복용하는 가장 좋은 방법은 소량으로 먹는 것입니다. 2그

---

12 1906년 창간된 영국을 대표하는 문고본 도서.

레인을 1/4 그레인씩 15분 간격으로 복용하세요. 보통 그 정도면 충분한 양이지만, 효과가 없다면 최대 그 2배까지 복용할 수 있습니다.

어머니의 문제를 위해서는 당분간 매일 소량을 복용하는 것도 괜찮을 거예요. 1/3 그레인씩요. 또한 어머니는 인산염도 끊을 필요는 없습니다.

모두에게 사랑을 담아,
플로렌스

용정
1922년 4월 11일

포스터에게,

네가 즐거운 나날들과 행복한 생일을 보내고 있기를 바란다. 의심할 여지 없이 너는 시험이 한창일 테고 매우 바쁘겠지. 하지만 그럴 때조차도 즐겁고 행복한 하루를 보낼 수 있단다. 모두 좋은 결과 있길 바랄게.

최근 몇 가지 좋은 사례들이 있었어. 어제는 3년 동안 신장 결핵을 앓은 여성에게 신장 절제술을 시행했어. 1년 동안 그녀는 방광제어가 전혀 되지 않았고 소변에는 고름이 가득했어. 예후가 그다지 밝아 보이지 않았지만 수술 외에는 전혀 희망이 없는 상태였어. 오른쪽 늑하부에 커다란 신장 모양의 종양이 있었는데, 단단하고 낭포성이며 움직여지지 않았고 압력에도 약했어. 앞에서 뒤로 혹은 그 반대로도 만져졌지. 수술 때 보니 신장은 정상보다 약 3~4배 이상 커져 있었고, 농양 공동이 있는 곳을 알려주는 다양한 소절(小節)을 갖고 있었어. 전체가 섬유성이었고 단단했어. 수많은 유착이 있었고 결절화 과정으로 인해 요관이 너무 두껍고도 짧아져서 종양을 절제하거나 네가 기억하는 것같이 상당한 크기인 신장 혈관을 노출시켜 묶는 것도 힘들었어. 하지만 우리는 그것을 끄집어냈고, 그것은 좋은 표본이야. 만약 경과가 좋다면 우리는 이 수술에 대해 매우 기뻐하게 될 거야.

우리가 가진 또 다른 사례는 한 가지 측면에서 일반적이지 않은데, 심장이 오른쪽에서 잘 움직이고 있는 경우야. 심첨 박동이 유두에서 안쪽으로 1.3cm, 위쪽으로 1.3cm 정도 올라간 곳에서 느껴져. 왼쪽 가슴은 액체로 가득 차 있었고, 폐에는 공기가 전혀 없거나 혹은 적어도 입증할 수 없어. 우리는 액체를 세 번 뽑아냈어. 액체는 탁했지만 고름은 아니었고, 바늘을 통해 자유롭게 흘러갔어. 액체를 모두 제거했음에도 불구하고, 심장은 여전히 이전의 위치를 고수하고 있지만, 호흡소리가 들리지 않던 그 아픈 폐에서 이제는 전체적으로 소리가 잘 들려. 이 사례는 몇 주간에 걸쳐 계속되었어. 오늘 그 환자가 많이 좋아져서 밝은 얼굴로 왔는데, 그 얼굴을 네가 봤었어야 해. 그는 여러 번 불운을 겪었고 상처투성이였지만, 지금은 행복해. 오늘 아침에 그 사람의 아버지가 그와 함께 왔는데, 감사 인사로 12개의 달걀을 더러운 천에 싸 가지고 와서 사무실에 있던 마틴 의사에게 선물했어. 너는 진료를 본 뒤 아마 더 많은 돈을 받을 수 있겠지만, 우리가 여기서 보는 환자들만큼 더 고마워하는 환자는 볼 수 없을 거야.

이곳에는 안질환 환자들이 많아. 결막염, 각막궤양, 안검내번, 그리고 안검염 환자가 많아서 놀랐어. 유루증도 많아. 어제 그중 한 명을 치료하였는데, 눈금이 매겨진 몇 개의 탐침을 비루관으로 통과시켰어.

음, 너의 4학년도 거의 끝나가는구나. 네가 이 편지를 받을 때쯤이면 너는 인턴과정에 들어가려고 하고 있겠다. 네가 빅토리아제너럴[병원]의 일반과정에 들어갈 수 있다면 가장 좋을 것 같아. 새로운 병동의 수많은 인턴은 쉽지 않을 것이 쉽게 상상된다. 특히 2~3명의 의사들이 동시에 인턴을 원할 때는 말이야. 그들은 모두 남들과 다른 방식으로 일이 처리되길 바랄 거야. 하지만 일을 처리하는 다양하고도 좋은 방법을 배울 수 있을 것이고, 서로 다른 방법의 비교적인 가치를 스스로 판단할 수 있게 될 거야. 어느 파트에 들어가든 네가 일을 할 때 유용하게 사용될 많은 것들을 배울 수 있을 것이고, 네가 눈을 뜰 수 있도록 해 줄 거야. 너에게 또 다른 이점이 될 게 분명한 것은 사례를 보고 그것을 배울 수 있다는 것이야. 그렇게 하지 않으면 그중 일부를 잊어버리고 그런 사례와 관련된 좋은 관점을 잃게 될 가능성이 있어.

스크랩과 사진 잘 받았어. 모두 매우 훌륭했어. 고마워. 내가 다시 대학과 병원을 보면 거의 알아보지 못할 것 같아.

네가 이 편지를 받을 때쯤이면 다른 아이들도 도시를 떠나 있을 것 같구나.

너의 사랑하는 누이,
플로렌스

용정
1922년 4월 12일

가족들에게,

여러분에게 편지를 쓰고 난 뒤 저는 집으로부터 한 뭉치의 기쁜 편지들을 받았습니다. 케이프 브레턴에서 2통(3통이 아니라), 남자 아이들에게 2통, 그리고 애나에게 한 통입니다. 저는 적어도 두 번씩 그 편지들을 모두 읽었는데, 그렇다고 제가 향수병에 걸렸다는 이야기는 아닙니다.

엘리자베스 서롯이 맥밀란 의사 자리를 대신하러 올 생각을 하고 있다는 소식을 알렉스가 전해줘서 기뻤습니다. 그녀가 그렇게 해 주길 바라고, 그녀가 가기로 결정한 곳이든 아니면 선교본부가 보내는 곳이든 그녀가 당장 나갈 수 있도록 노력해야 한다고 생각합니다. 언어는 나중에 배우는 것보다는 지금 시작하는 것이 더 좋을 것이고, 동양의 의료상황에 대해서는 어쨌든 그녀가 현장에서 배워야만 할 것입니다. 그녀는 어린이 병원에서 6개월 있었는데, 그녀가 눈을 뜨고 있었다면 병원관리에 대해 많은 것을 배웠을 것입니다.

알렉스의 석사 과정은 어떤가요? 오랫동안 그 이야기에 관해서는 아무것도 듣지 못했습니다. 알렉스가 수학과 과학을 더 수강하고 있는 것에 대해 이야기 했었어요. 그가 작년에 수강했던 과목들을 포기했나요? 고향에서 몇 가지 중요한 일을 본 뒤 막 돌아와 이곳의 남학교 교장을 맡고 있는 스콧 씨에게 부탁해서 알렉스에게 편지로 어떤 준비를 해야 도움이 될지 말해 달라고 할 생각입니다. 그는 시카고에서 좀 일했었는데 그곳이 좋은 곳이라고 생각하고 있습니다. 현장에 있는 사람 중 누구보다도 그는 그런 종류의 일에 대해 많은 준비를 해봤던 것 같습니다. 그는 대부분의 외국인들보다 한국어를 더 잘하고, 한국인들의 사랑을 많이 받고 있습니다. 교장들은 보통 영어 수업 빼고는 그다지 가르치는 일은 하지 않고, 일반적인 학교 관리 및 일 처리를 하는 것 같아요. 물론 교장은 많이 알아야 하겠지만 대개 관리직이라고 믿습니다. 그리고 학위에 관해서는 우리보다 한국인들 사이에서 더 고려되고 있는 사안입니다. 이곳에서 사람들의 학교 성적은 그렇게 높지 않지만, 중등학교에서 학생에게 성적을 줄 수 있게 되면서 매우 빠르게 향상되고 있습니다.

지금 날씨는 꽤 따뜻하고 봄 같습니다. 여전히 건조하고 매일 부는 소용돌이 바람 속에서 많은 먼지가 날리고 있기는 하지만 말이에요. 저녁은 항상 고요하고 최근 달빛이 매우 아름다워졌어요. 어느 날 일요일 저녁 교회가 끝난 뒤, 우리 셋은 선교지부 구내 뒤편의 언덕으로 긴 산책을 갔습니다. 제가 여기 온 뒤 처음으로 나간 저녁 산책이었는데, 정말 즐거웠어요. 이곳에서 그리워하던 것 중 하나였습니다. 갈 곳도 없고, 아주 멋진 산책로도 없고, 대개 다들 가고 싶어 하지 않아 혼자 산책하는 것은 별로 재미있지 않아요. 제가 가끔 제 형제들 가운데 한 명과 함께 산책하러 가기를 갈망하지 않을까요!

아버지는 만주에서는 쌀이 나지 않는다고 생각하셨어요. 다른 사람들도 오랫동안 그렇게 생각해 왔지만, 최근에는 건식방법이라고 그것이 뭐든지 간에 쌀을 재배하고 있습니다. 저는 아직 못 봤지만 사람들이 그러길 <u>이제 여기서도 밀, 보리, 호밀, 기장, 옥수수 말고도 많은 쌀이 난다고 하더라고요.</u>

어머니는 핑글랜드 양의 자리를 누가 대신할 것이냐고 물어보셨어요. 현재 안식년 중으로 학사 학위(B.A.)를 마치려고 1년 이상 [고향에] 머물렀던 맥에천 양이 이번 여름에 돌아올 예정인데요, 그녀가 틀림없이 함흥에서의 일을 맡을 것 같습니다. 핑글랜드 양이 그녀의 자리를 대신하고 있었어요. 이곳 선교지부 소속의 캐스 양과 페일소프 양도 이번 여름에 안식년을 갈 것으로 예상하고 있습니다. 시간이 다 되었고, 그 둘 다 시간을 잘 보냈습니다. 페일소프 양은 매우 심각한 두통을 앓고 있기에 모두가 그녀의 안식년이 늦춰져서는 안 된다고 주장하고 있습니다. 만약 핑글랜드 양이 성진으로 간다면, 로저스 양이 이곳으로 올라와 그 둘 중 한 명의 자리를 채울 수 있을 것 같습니다. 여기 올 수 있을 만한 사람이 없기에 다른 사람은 바랄 수 없는데, 우리가 그녀를 얻지 못할 수도 있습니다.

우리는 신문에서 유럽과 미국에 독감이 크게 유행하고 있다는 기사를 보았어요. 우리는 여기에서 많은 질병을 보고 있지만, 서방 세계에서 보도되고 있는 것 같은 전염병은 없었던 것으로 보입니다. 일요일 밤에 교회에서 백일해에 걸린 아이가 있다고 들었지만, 이 나라에서는 그 정도쯤은 아무것도 아니라고 생각합니다. 최근에 우리는 매우 가엾은 결핵 환자를 보았어요. 한두 명의 아이가 등이 심하게 휘었더군요. 심하게 기형화되었고 그들의 폐도 영향을 받았습니다. 여기서 슬픈 점은, 그들이 제때 치료를 받으러 왔다면 등이 그렇게까지 구부러지지 않을 수 있었으며 완전히 예방할 수 있었다는 사실이에요. 하지만 대개는 너무 늦어서 손 쓸 수 없는 지경이 되기 전에는 오지 않습니다.

어머니께서는 우리가 우유로 무엇을 하는지 물으셨어요. 모든 사람들이 캔 우유의 공급을 받고 있는데, 요리할 때 쓰거나 순회여행 갈 때 가져가요. 선교지부 구내에는 두 개의 작은 외양간이 있는데 몇몇 외국인들은 거기서 소를 기르고 있습니다. 바커 가족도 한 마리 키우고 있는 것 같아요. [마틴] 의사도 예전에 한 마리 키웠지만, 지금은 우유를 파는 어느 일본인 업자에게서 하루에 4리터씩 구매하고 있습니다. 보니까 깨끗하고 꽤 좋은 우유인 것 같아요. 우리가 우편으로 조금씩 주문하는 게 아닌 한, 서울에서 물건을 받는 데 최소한 3~4주씩 걸리기 때문에 식량은 미리미리 주문해 놓아야 합니다. 몇몇 사람들은 얼마 전 캐나다에서 캔류와 다른 식료품들을 대량으로 주문했습니다.

네, 프레이저 씨는 돌아가신 D. 스타일스 프레이저 목사의 아들인 E. J. O. 프레이저가 맞습니다. 프레이저 씨는 한국에 온 뒤 아버지를 잃었고, 프레이저 부인도 그녀의 아버지와 언니, 남동생을 잃었어요. 그래서 그들은 돌아갈 집이 없고 남은 가족도 많지 않습니다.

저는 새로 생긴 결핵 병원과 산부인과 병원, 그리고 자원운동 밴드의 사진을 받았어요. 그리고 남동생들의 다른 사진들도요. 사진이 다 너무 좋네요. 감사합니다. 저도 보내드릴 사진이 좀 있는데, 제 사진은 아니에요. 다만 [마틴] 의사가 떠나기 전에 그에게 한 장 찍어 달라고 할 생각이에요. 제가 그들의 강아지와 함께 있는 사진 한 장을 찍고 싶어요. 이제 우리는 좋은 친구가 되었고, 그가 달려드는 걸 개의치 않아요. 다만 진흙탕이 된 날 그의 젖은 발이 제 코트에 온통 찍혀버리려 제 옷이 엉망이 되는 날만 빼고요.

마틴 부인과 함께 일하던 젊은 한국인 여성이 오랜 투병 끝에 결핵으로 세상을 떠났어요. 그녀는 신실한 기독교인이었지만 남편과 남편 가족은 그리 믿음이 좋지 않았어요. 그들은 일요일에도 일을 했었고 교회에 가지 않았으며 그다지 그리스도처럼 살아가지도 않았습니다. 하지만 투병 중에도 리디아는 그들을 위해 기도하고 그들과 대화하고 또 그들에게 아름다운 기독교 정신을 보여, 그들을 모두 되찾았어요. 마틴 부인은 매일 그녀를 보러 가서 함께 성경을 읽고 기도했습니다. 장례식이 끝난 다음 날, 그녀의 남편은 이곳에 와서 의사와 마틴 부인에게 자신이 전에는 외국인은 쓸모가 없고 기독교라는 종교는 자신의 종교보다 낫지 않다고 생각했었다고 말했어요. 하지만 이제 리디아가 어떻게 살았고 외국인들이 그녀에게 얼마나 잘해 줬는지를 본 뒤, 그 종교에는 무언가가 있다는 것과 외국인들이 진실로 한국인들을 사랑하며 선한 일을 할 수 있다는 것을 알게 되었다고요. 그는 이전의 행동에 대해 사과했고, 이제부터 그와 그의 가족은 신실한 신자가 될 것이며 교회를 돕고 싶다고 말했습니다. 한국인이 와서 그렇게 말하는 것은 대단한 의미를 지니고 있습니다. 왜냐하면 그들은 우리들보다 더 위엄을 중시하며 굴복하거나 혹은 그들의 말대로 "체면을 구기는" 일을 싫어하기 때문입니다. 이것은 기독교 생활의 영향력을 보여주는 것이며 또한 그리스도의 종교가 지닌 가치를 세상에 증명하는 데 도움이 되는 고무적인 일이 아닐 수 없습니다.

병원에 입원한 또 다른 가족이 신자가 되기로 했어요. 한 남자가 치료를 위해 아내를 데려왔고 관습대로 그는 아내와 함께 머물렀는데, 어제 그가 우리에게 와서 그들이 기독교인이 되기로 결심했다고 말했어요. 그들이 자신들의 이교도 마을에 돌아가 기독교 병원에서 몸과 영혼이 어떻게 되었는지를 말하는 것은 대단한 일입니다.

저는 지금 제 진찰실을 마련하기 위해 병원에서 방 하나를 수리하고 있습니다. 지금 [마틴] 의사가 환자들을 진료하고 있는 방은 한국인 조수들이 같은 용도로 사용할 것이고, 저는 저만의 방을 갖게 될 것입니다. 저는 물론 마틴 의사가 했던 것만큼 많은 일을 할 수 없습니다. 왜냐하면 저는 아직 많은 부분 통역을 끼고 일해야 하며 어학공부에 충분한 시간을 가져야 하기 때문입니다. 토요일 아침에 저는 처음으로 혼자 일하는 시도를 해 봤어요. 오전 내내 저의 어학교사만 데리고 일하였고, 마틴 의사나 화이트로 양도 저를 돕지 않았습니다. 마틴 의사는 평소보다 상태가 좋지 않아서 병원에 전혀 나올 수 없었어요. 80명의 환자를 봤는데, 그렇게 많은 사람들을 진찰한 것은 꽤나 대단한 하루였다고 누구나 인정할 것이라고 생각해요. 특히 절반도 이해하지 못하는 낯선 언어를 통해 그들의 어디가 문제인지 파헤치고 또 같은 방식으로 그들에게 처방을 내려야 할 때라면 더욱이 말이에요. 물론 한국인 조수도 환자들을 진찰했습니다. 그는 남자들을 진찰했고 저는 여자들을 진찰했어요. 재미있었지만 힘든 일이었고, 일이 끝나니 머릿속이 뿌옇게 변하였습니다. 신경 쓰지 마세요. 일주일만 더 있으면 마틴 가족이 떠나기 때문에 그 뒤는 제가 모든 것을 맡게 될 것입니다. 이렇게 오랫동안 마틴 의사와 함께 할 수 있었던 것은 제게 정말 대단한 일이었습니다. 고향에서는 배울 수 없는 것을 이곳에서는 수없이 마주치게 되요. 실수와 경험이라는 고통스러운 체험을 통해 스스로 발견해 나가는 것보다 그것을 발견한 다른 사람에게서 배우는 것이 훨씬 쉽습니다. 그가 고향에 갔을 때 여러분 모두가 그를 만날 수 있기를 바랍니다. 제가 그에게 케이프 브레턴과 레이체스 만에 가면 대단한 환영을 받을 것이라고 장담했더니, 그도 방문하기를 희망하고 있어요.

토요일 오후에 [마틴] 의사와 마틴 부인, 그리고 저는 이곳에 사는 몇몇 중국인들을 만나러 갔어요. 마틴 부부는 작별인사를 하기 위해, 그리고 저는 친분을 쌓기 위해서였죠. 먼저 우리는 이 마을의 관료 국장인 고우 씨를 찾아갔습니다. 그는 도지사 다음의 권한을 가지고 있습니다. 그는 매우 훌륭한 중국식 집에 살고 있는데, 외국인의 눈에는 호화롭지도 편안해 보이지도 않았습니다. 그와 그의 부인은 둘 다 젊고 매우 밝고 멋져 보였어요. 그는 영어를 조금 할 수 있었으며 부인은 중국어밖에 할 줄 모르지만, 우리를 반갑게 맞아주었고 [마틴] 의사에 대해 매우 좋은 말을 해 주었어요. 그러고 나서 그들은 전화를 걸더니 중국 정부 병원에서 일하는 중국인 의사에게 건너와 우리와 영어로 대화를 나눠 달라고 부탁했어요. 그래서 그가 왔고 우리는 모두 함께 차와 케이크를 먹었습니다. 그들은 너무 똑똑하며 교양 있으며 매우 친절하고도 다정해서, 그들이 아직도 불신자라고 생각하는 것이 매우 힘들었습니다. 매년 크리스마스에 고우 씨는 멋진 선물을 외국인 거주지로 보내왔는데, 올해는 우리가 4층짜리 커다란 케이크를 만들었어요. 각 집에서 한 층씩 만들었고 꼭대기에는 한자로 그에게 크리스마스의 행복을 비는 글을 썼습니다. 중국에는 신자들이 대부분 하층민 출신이며 교육받은 사람 중에는 복음을 받아들인 사람이 거의 없다는 것은 유감스러운 사실입니다. 그다음 우리는 중국인 목사 댁으로 갔습니다. 나이 든 목사는 친절한 분이지만 교육을 잘 받지 못하였고 매력적인 외모를 가지지도 못하였어요. 하지만 그의 아들과 특히 며느리는 똑똑하며 잘생겼고 훌륭한 기독교 일꾼들입니다. 목사의 부인은 오랫동안 아팠고 또 우리의 치료를 받고 있었기 때문에, 그녀가 많이 나아져 다시 일어나 돌아다닐 정도가 되었다는 것을 알게 되어 기뻤습니다. 딸과 며느리는 스스로 기독교 여학교를 운영하고 있는데 무급으로 일하고 있습니다. 여기에는 중국인 소년들을 위한 기독교 학교가 없어요. 수백 명의 학생들이 다니는 거대한 유교 학교는 있지만 말이에요. 용정에는 지금 1,500명의 학생이 있습니다. 얼마나 큰 기회인지 생각해 보세요! 기독교 학교를 다니는 학생들은 모두 교회에 가야 해서 매주 일요일과 수요일 저녁은 사람으로 붐빕니다. 일주일 전 아침 예배에는 867명의 사람들이 있었고, 지난 일요일에도 거의 그 정도로 사람이 많았어요. 어떻게 교회에 그 이상의 사람이 들어갈 수 있는지 모르겠어요. 그들이 얼마나 껴 있었는지를 본다면, 그렇게까지 많은 사람이 들어갈 수 있다는 것에 놀랄 것입니다.

우리는 목사의 집에서 중국인 의사 집으로 갔어요. 츠 의사(발음 그대로)는 매우 잘생긴 사람이며, 그의 아내는 내가 본 중국인 여성 가운데 가장 예쁜 사람이었습니다. 그녀는 소녀 같았어요. 수많은 중국인들이 그들의 나이에 비해 늙어 보이는데, 그 반대의 상황을 마주한다는 것이 신선했습니다. 그들에게는 한 살과 세 살 정도의 어린 두 딸이 있는데, 여러분이 상상할 수 있는 가장 귀여운 아이들이에요. 조금도 부끄러워하지 않고 큰 아이는 전혀 말썽피우지 않은 채 우리 무릎 위에 앉아 있었어요. 아기는 진짜 유모차에 타고 있었고, 다른 한 명은 작은 세발자전거를 탄 채 매우 매력적인 방법으로 방을 돌아다녔어요. 그렇게 친절하며 잘 교육받은 사람들이 어떻게 아직도 귀신과 조상숭배를 믿을 수 있는지 이해할 수 없었습니다. 저는 그들 중 많은 이들이 그러한 것에 대한 믿음을 잃었다고 생각하지만, 아직 앞으로 나아와 한 분이신 참된 하나님에 대한 믿음을 고백하지 않습니다.

음, 저는 이 편지를 이삼일 간 타자기에 껴 놓았는데, 이제는 진짜 그만 써야 할 것 같습니다. 그렇지 않으면 여러분은 제가 아파서 편지를 쓸 수 없는 것이라고 생각할 거예요. 저는 매우 건강하고 햇살과 봄 날씨를 즐기고 있습니다. 여러분 모두 사랑하고, 만약 가족 중 누군가 자리에 없다면 그들에게도 이 편지를 보내 주세요.

플로렌스

용정
1922년 4월 13일

여동생에게,

　네 편지를 받아서 얼마나 기뻤는지 모른다. 네게 편지가 더 자주 왔으면 좋겠다고 생각했어. 네가 그렇게 심한 감기에 걸렸다는 이야기를 들으니 마음이 아프구나. 내가 이 편지를 쓰기 위해 자리에 앉기 훨씬 전에 다 나았기를 바란다. 돈이 너무 없다니 안됐구나. 나도 차비가 없는 게 어떤 것인지 잘 안단다. 내가 약간의 돈을 보내 줄게. 네가 이 돈을 받을 때쯤이면 그 해의 수업을 마치고 아마도 다시 스스로 돈을 벌고 있으리라 생각하지만, 그래도 보낼게.

　화학에서 어려움을 겪고 있다니 안됐구나. 네가 그것을 철회하지 않고 계속 해 나가길 바란다. <u>사람이 뭔가를 진짜로 시도하기 전까지는 자신이 무엇을 할 수 있는지 결코 알 수 없어. 그리고 뭔가를 열심히 노력했을 때 만족감을 얻을 수 있지만, 끝까지 해냈을 때 가치가 있단다.</u> 네가 어렵다고 생각하는 과목의 교수님을 찾아가서 모르는 부분에 대해 질문한다면 도움이 될 거야. 또한 교수님들 입장에서도 질문을 할 정도로 그 과목에 관심을 보이는 학생이 있다는 것에 기뻐할 테고. 나는 종종 그랬었고, 교수님들은 나를 기꺼이 도와줬어. 네가 만약 펙 씨에게 칠판의 필기를 좀 더 오래 놔둬 달라고 부탁하면, 그가 그 필기를 충분한 시간 동안 남겨두지 않던 것을 알려준 네게 고마워할 거야. 네가 공부를 열심히 그리고 성실히 한다면, 교수들이 너의 좋은 종이라는 것을 알게 될 거야. 만약 네가 회피하기만 한다면 너는 그들이 너의 힘든 주인이라고 생각하게 될 거야.

너는 네가 노래를 부르거나 춤을 추지 않고, 또는 다른 여자아이들이 누리는 것을 하지 않기 때문에 많은 부분에서 '소외'를 느낀다고 말했어. 나도 똑같은 경험을 했기 때문에 네가 하는 말에 공감이 된다. 사실 네가 나보다는 이점을 가지고 있어. 왜냐하면 너는 예술에 몸담고 있고 나보다 예술인을 더 많이 알고 있잖아. 의대의 여학생이 지금보다도 더 호기심의 대상이었던 그때, 나는 그저 불쌍한 의학교 신입생이었을 뿐이었다. 나도 종종 소외감을 느꼈지만, 사교계에서 인기 있는 사람이 되는 것보다 훨씬 더 가치 있는, 더 확실한 만족감을 주는, 그리고 더 지속적인 즐거움을 주는 일들이 있는 법이란다. 하지만 나는 네가 좀 더 사교 생활에 시간을 할애하면서 그런 자리에서 네 자리를 차지하는 방법을 익혀야 한다고 생각해. 너무 얼거나 어색해지지 않도록 말이야. 이건 네가 훈련해야 하는 한 방면의 일 중 하나이고, 너의 다른 일보다 소홀히 해서는 안 돼. 중요한 것은 일의 상대적 중요성을 알아내고, 올바른 일에 적절한 시간과 에너지를 쏟는 것이야. 내 말은, 우선순위를 매기고 가치가 그렇게까지 있지 않은 일에는 상대적으로 적은 시간을 할애해야 한다는 것이야. 그냥 단순하고 자연스럽게 되고자 한다면 어떤 사교모임에서도 너무 튀거나 혹은 아주 잘못된 행동을 하지는 않을 거야. 또 다른 중요한 규칙은, 항상 네 자신의 즐거움보다 다른 사람의 즐거움을 생각해야 한다는 것이고, 그렇게 하면 너는 즐거운 시간을 보낼 거야. 다른 사람들을 즐겁게 하기 위해 네 몫을 다하는 것을 너무 부끄럽게 생각하지 마.

너는 지금쯤 시험 준비로 바쁠 테지. 네가 너 자신에게도 가족에게도 명예롭게 행동할 거라 믿는다. 그리고 여름에 집 근처에서 좋은 자리를 얻어서 가족들과 함께 할 수 있기를 바랄게. 다음 가을이면 네가 2학년에 들어서면서 의학에 입문하게 되겠지. 분명 마음에 들 거야. 이제부터 진짜 공부에 들어가는 건데, 네가 나중에 선한 일을 하고자 하고 또 일을 즐기고 싶다면, 처음부터 성실히 공부해야 해. 포스터가 공부를 통해 큰 기쁨을 얻는 중요한 이유 중 하나는, 그가 준비 공부를 잘 해놨고 기초를 탄탄히 쌓아 놓아서, 처음 보고 듣는 것도 항상 이해할 수 있게 되었기 때문이야. 네가 그 발자취를 잘 따른다면, 의학이 가장 매력적인 학문이라는 것을 너도 잘 알게 될 거야. 만약 네가 공부를 제대로 하지 않는다면, 의학은 가장 어렵고 피곤한 학문이 될 것이고, 너는 종종 막막함을 느끼게 될 거야. 나는 네가 공부를 잘할 것임을 알고, 네가 의학을 엄청 즐기게 될 것이라고 확신한다. 이곳에는 이미 네가 오기를 고대하고 있는 사람들이 몇 명 있다는 것을 알면 네가 놀랄지도 모르겠는데, 그러니 시간을 낭비하지 마.

너와 모든 가족들에게 사랑을 담아,
플로렌스

용정
1922년 4월 28일

가족들에게,

　지난주 제가 편지를 쓴 직후에 저는 케이프 브레턴에서 사랑스러운 편지 한 통과 남자아이들에게서 한 통을 받았어요. 볼 양에 대해 듣게 되어 기뻤습니다. 저는 시간이 나는 대로 그녀에게 편지를 쓸 생각입니다. 그녀가 당장 올 수 있기를 바라지만, 올해 나오려면 지원서를 지금 당장 선교본부에 보내야 할 거예요.

　지금껏 수개월 동안 샬럿타운에서는 편지가 한 줄도 오지 않았습니다. 다만 오래전에 랭길 가족에게 예쁜 편지 한 통이 왔을 뿐이에요. 그들이 왜 편지를 쓰지 않는지 이해할 수 없습니다. 그곳의 다양한 사람들에게 저는 수많은 편지를 써 보냈습니다. 다음에는 J. T. 매켄지 가족에게 편지를 써 봐야겠습니다. 그들은 답장을 보내줄 것 같아요. 그들은 언제나 저의 친절한 친구들이었거든요.

　네, 제 도구는 모두 이곳에 가지고 왔지만 병원에서 다 사용하지는 않아요. 병원에서 부족한 것과 이곳에 없는 것 몇 개만 병원에 가지고 왔습니다. 나머지는 아직 제가 가지고 있어요. 저를 함흥 선교지부로 전근시키자는 이야기가 있지만, 북쪽에 있는 두 선교지부 사람들은 이곳이 의사 없이 방치될 것에 대해 매우 반대하고 있어요. 저 또한 할 일이 있는 이곳에 남는 것을 선호합니다. 함흥에는 아무 할 일도 없을뿐더러 일본인들의 엄격한 규제 아래에 있어요. 일본인들은 자신이 좋아하는 것은 허락하지만, 보고 싶지 않은 것은 뭐든지 거부합니다. 그들의 친절한 검열을 우선 그리고 언제든 받지 않으면 아무것도 할 수 없는데, 확실히 일에 상당히 방해가 됩니다. 그곳에서는 의료 업무를 보는 만큼의 시간을 경찰에 보고서를 보내는 데 쓰고 있다고 합니다.

마틴 가족은 금요일에 떠났습니다. 정말 많은 한국인들이 배웅하기 위해 집에 몰려왔고, 작별인사를 하며 길을 따라갔습니다. 마틴 의사는 우리 가족과 만나기를 고대하고 있어요. 여러분이 그와 함께 즐겁고도 좋은 시간을 보내고, 또 그가 쉴 수 있도록 해 줄 것이라 확신합니다. 그는 상당히 지쳐있을 거예요. 세 명의 어린아이들과 함께 지구 반 바퀴를 여행하는 것은 소풍이 될 수는 없지요. 그는 친절하게도 제가 여러분에게 보내는 몇 가지 작은 물건을 가지고 가 줬어요. 그리고 정말 아주 좋은 물건 하나를 가져가고 있는데, 그건 제가 보내는 게 아니고 그가 드리는 것입니다. 그건 바로 어머니께 드리는 꽃병인데요, 그것에 관해서는 마틴 의사가 직접 말씀드릴 것입니다. 아버지의 수집품에 추가해 드리기 위한 중국산 파이프가 하나 있는데, 마틴 의사가 그것을 어떻게 피우는지 보여줄 것입니다. 중국 신발 한 켤레, 한국 양말 한 켤레, 컬러 단추와 장식용 단추를 담으면 좋을 것 같은 놋쇠 상자 하나, 찰리가 붓펜으로 글을 쓸 수 있는 한국산 먹 하나, 이곳 여학교 학생들이 만든 벨트에 달 수 있는 작은 지갑 몇 개, 나무 받침을 가진 작은 놋쇠 향로, 그리고 애나를 위한 한국 전통 여성 허리 치마 한 벌입니다. 누구의 것인지 지정되지 않은 물건은 남자아이들이 원하는 대로 나눠 가지면 됩니다. 그들이 무엇을 가장 좋아할지 몰라서 각자 스스로 선택하길 원하는데, 그 가운데 뭐가 됐든 모두가 가질 수 있었으면 좋겠습니다. 이건 앞으로 돌아올 그들의 생일 선물로 제가 보낸 것이기 때문입니다. 더 자세히 설명해 드리면 좋겠지만, 마틴 의사가 각기 다른 모든 물건에 대해 제가 할 수 있는 것보다 설명을 더 잘 해드릴 수 있을 것입니다.

포스터가 그렇게 잘 지낸다는 말을 들으니 정말 기쁩니다. 그가 4학년을 즐길 줄 알고 있었어요. 어떤 면에서는 5년 가운데 가장 좋습니다. 확실히 공부를 위한 해이지만, 병원에서의 해도 조금 다른 면에서 볼 때 중요합니다. 더운 날씨는 포스터가 가장 힘들어하는 시기이기 때문에, 더울 때 너무 지나치게 공부하지 않도록 해야 합니다. 덩치가 크고 건장한 동료들이 인턴과정을 하러 갔다가 창백하고 지치고 마른 채 봄이 되어 돌아오는 것을 본 적 있습니다. 힘든 해이기에 포스터 스스로 조심해야만 하고 너무 많은 시도를 해서는 안 됩니다. 하지만 그는 다른 동료들에 비해서는 자신의 한계를 더 잘 알고 있습니다. 의대와 병원 일에 대해 저는 항상 궁금합니다. 그러니 가능한 한 자주 제게 편지 쓰는 것을 잊지 마세요.

어머니께서 제게 허리치마를 좀 보내주시겠다고 하셨어요. 굉장히 고맙습니다. 하지만 제가 아직 많이 가지고 있어서 그걸 먼저 입는 게 나을 것 같습니다. 아마도 내년쯤이라면 보내주셔도 감사할 것 같습니다만, 여기서도 좋은 물건을 구할 수 있어요. 매우 훌륭한 외국식 드레스를 만들 줄 아는 한국 소녀가 여기 한 명 있어요. 그녀는 마틴 부인을 위해 멋진 옷들을 만들었습니다. 거의 대부분의 한국 여성은 바느질에 매우 능숙합니다. 물론 그들은 외국 옷에 대해 잘 알지 못하기에 우리가 스스로 천을 잘라야 하고, 그들이 천을 잇는 과정을 지켜봐야 하기에 모든 과정을 스스로 하는 것만큼 어려운 것처럼 보입니다. 그들은 수선도 매우 잘하고, 일당이 35센트에 불과합니다. 저는 제가 공부하기에 완벽하게 좋은 시간을 스타킹을 꿰매고 단추를 꿰매고 트인 옷을 꿰매느라 사용하는 것이 지혜롭지 않다는 판단이 들어서, 이번 주에는 꿰매야 할 것이 충분히 쌓일 때까지 기다린 뒤 한국 여성을 한 명 고용하여 일을 맡기는 신나는 일을 시도해 보았습니다. 좋은 투자였다고는 생각이 들어요. 제 시간과 성질을 절약해 주었고, 가족을 부양하느라 매우 힘들게 일하는 여성을 도울 수 있었습니다. 그녀는 또한 제가 1년 전에 수를 놓았던 그 쿠션, 그러니까 제가 오랫동안 원했던 그 날하우지 쿠션도 만들어 주었습니다.

아니요, 이유가 무엇이었든 간에 일 년 내내 『가제트』는 한 부도 받지 못하였습니다. 그 저널을 구독하는 것이 넌더리가 날 지경입니다. 프레이저 씨가 가신 후 그가 구독하는 호를 가지러 가 봤는데, 그에게도 배송되지 않았어요. 그는 1년 내내 3부 정도만 받았습니다. 저는 학생들이 나이 든 달하우지 선배가 동양을 여행한 것에 관심이 있을지도 모른다고 생각해 『가제트』에 약간의 기사를 써 보냈었는데, 편집장의 능력과 업적에 대해 제가 들은 것만 감안한다면 그런 종류의 이야기에 관심이 있을지 매우 의심스럽습니다. 그 기사가 혹시 실린 적 있나요? 저는 어떤 개인적인 이유로 대중 앞에 나서려 하고 있는 것이 아니라, 학생들에게 [세계에는] 이런 곳도 있고 여기에는 할 만한 가치가 있는 일이 있다는 것을 상기시키는 것이 좋을 것이라고 생각했습니다. 저는 그것이 최근 수년간 『가제트』의지면을 장식한 것들 가운데 일부만큼이나 인쇄할 가치가 있다고 생각합니다.

알렉스는 존 맥케이가 총회에 간다고 했어요. 그렇다면 그가 올해는 한국에 오지 않을 것으로 보이네요. 그가 고향에 있을 때 아무런 특별 훈련도 받지 않고 있기 때문에, 그가 결국 한국에 올 것이라면 매우 애석한 일입니다. 올해 누가 오는지에 대해 우리는 아직 아무런 소식도 듣지 못하였습니다. 저는 존과 에델이 오기를 바랐고, 만약 그렇다면 그들은 선교부에서 유일하게 비어있는 집인 이곳의 [마틴] 의사네 집에 있게 될 가능성이 높습니다. 혹은 D. W. 맥도날드가 가을이면 틀림없이 돌아올 것이기 때문에 그를 따라 올 수도 있습니다. 물론 그들은 언어를 공부하고 있는 동안 다른 곳에 정착할 수도 있습니다.

그저께 저로서는 처음으로 백내장 수술을 집도하였습니다. 그 환자는 1년 반 동안 완전한 실명 상태였어요. 어제 제가 붕대를 바꿔주었을 때, 그가 다음과 같이 말하는 것을 듣고 마음이 아팠습니다. "보여요! 보여요!" 그가 소리쳤습니다. "여기에 세 명이 있지 않나요? 그리고 그들이 움직여요! 당신의 손가락을 셀 수 있어요!" 그래도 그는 행복한 사람이 아닌가요? 병원에 올 때 그는 상투를 튼 이교도였지만, 우리는 그가 이곳에 있는 동안 기독교인이 되길 바랍니다. 우리의 많은 입원 환자들도 그렇습니다. 그 불쌍한 남자가 눈이 다시 보여 기뻐하는 것을 보니 기분이 좋았습니다. 스스로를 도울 수 없는 사람들을 돕는 것보다, 그리고 누구도 도와주지 않는 사람을 돕는 것보다 삶에서 더 기쁘고 만족스러운 일은 있을 수 없습니다.

오늘 불쌍한 사람이 한 명 실려 왔는데, 슬픈 경우였습니다. 하지만 여러분이 그를 데려온 행렬을 봤어야 했어요. 행렬에는 14명이 있었는데 모두 상투를 틀고 말총으로 만든 모자[갓]를 쓰고 있었어요. 상투만으로도 누가 이교도인지 거의 골라낼 수 있어요. 대부분의 기독교인들은 머리칼을 단번에 잘라내기 때문이지요. 비록 기독교인 중 일부도 아직 상투를 틀고 있지만, 모두 노인들뿐으로 그들은 말총 모자를 고수하고 있습니다. 우리가 그 불쌍한 사람을 보러 갔을 때, 그들이 우리를 보지 않았을까요? 그는 일종의 들것에 실려 왔는데, 들것은 어린나무와 가지를 엮은 뒤 자루 몇 개를 덮어 놓은 것이었습니다. 저는 군중의 사진을 찍고 싶었지만, [누군가에게] 빌려줬던 제 카메라를 아직 돌려받지 못했어요. 그 환자는 결핵성 폐렴으로 이미 돌이킬 수 없는 상태였고, 고관절도 같은 증상으로 허벅지에서 엄청난 양의 고름이 흘러나오고 있었어요. 그를 위해 우리가 할 수 있는 것은 거의 없었고, 사람들은 그를 다시 데리고 돌아갔습니다. 그들은 아마 우리가 환자도 치료할 줄 모르는 형편없는 집단이라고 생각했을 거예요. 저는 모두가 동시에 말하고 있는 군중의 한가운데에 둘러싸여 서 있었는데, 여러분이 저의 그런 모습을 볼 수 있었으면 좋았을 것입니다. 합창단의 말을 단 한 마디도 알아들을 수 없어서, 저는 제 어학교사를 데리고 와서 핵심 내용을 다시 말하도록 해야 했습니다.

지난번 편지에서 제가 기숙사에서 여자아이들을 며칠 밤씩 괴롭힌 사람이 있었다고 말씀드렸던 것 같아요. 며칠 밤 동안 기숙사에 서너 명의 중국인 경찰을 배치했더니, 경비가 세워진 이후로는 아무도 얼쩡거리지 않고 있습니다. 어느 날 밤, 종이 문 가운데 네 군데에 [경비를] 세우지 않았더니 손이 구멍을 통해 들어왔고, 문 안쪽에서 잠금장치가 열렸습니다.

어제 토마스 양, 화이트로 양, 그리고 저는 간호사 숙소에 식사 초대를 받아서 정말 근사한 식사를 했습니다. 어떤 한국음식은 훌륭했고 어떤 것들은 형편없었지만, 그런 자리에 초대된다면 언제나 충분히 다양한 선택지가 있어서 좋아하는 것만 선택하고 나머지는 놔두면 됩니다. 그들은 우리에게 밥이 가득 담긴 큰 그릇과 고기·계란·야채로 만든 작은 완자가 담긴 엄청 거대한 국을 가져다주었습니다. 그 밖에도 계란볶음, 콩나물, 녹색 채소, 볶은 토마토, 사우어크라우트의 일종[김치], 미트볼, 여러 종류의 케이크가 있었어요. 저는 밥과 수프를 맛있게 먹었고, 콩나물도 맛있었어요. 우리는 마틴 부인 댁에서 그것을 종종 먹곤 했습니다. 지금껏 오랫동안 저희는 녹색 채소를 먹고 있는데, 어디서 났는지 잘 모르겠습니다. 왜냐하면 잔디가 이제 막 초록색이 되기 시작했을 뿐이고, 다른 식물들은 아직 이거든요. 나뭇잎이 나기도 전 이른 봄인 이곳 언덕은 사랑스러운 진달래로 덮였어요. 그들은 매우 일찍 언덕에 나가 나뭇가지를 베어 집으로 가져와 꽃이 필 때까지 물에 꽂아 두었어요. 진달래는 고향의 월계수와 약간 비슷하지만, 그보다 훨씬 예쁘고 더 오래 갑니다. 색깔은 월계수와 비슷해요. 어제 저의 개인교사와 병원 소년들 중 한 명은 또 다른 종류의 꽃을 사서 제 상담실 및 화이트로 양과 저의 서재에 큰 다발로 가져다 놓았어요. 어제는 꽃봉오리에 불과했는데, 오늘은 폈습니다. 최고로 사랑스러운 섬세한 분홍색 꽃은 벚꽃과 비슷하면서도 더 크고, 꽃이 하얀색이 아니라 분홍색이에요. 그들이 그렇게 해 준 것이 너무 친절하지 않나요?

토요일, 4월 29일: 여느 때처럼 저는 이 편지를 [쓰기 시작한] 그 다음 날 마치고 있습니다. 토마스 양이 오늘 아침 성진으로 돌아갔습니다. 적어도 그녀는 출발하였고 오늘 밤에 아마 회령에 도착할 거예요. 그녀가 없으니 이곳 식탁이 쓸쓸해 보이지만, 화이트로 양과 저는 식탁이 작아 보이는 것에 익숙해져야 해요.

오늘 아침 병원의 기도회를 여러분이 볼 수 있었으면 좋았을 것입니다. 우리가 기도하던 방에 20명이 넘는 사람이 모였고, 각 문마다 몇 명씩 더 서 있었어요. 그들 중 다수는 이교도였습니다. 우리 직원들은 그들에게 열심히 설교하고 있는데, 신자가 된 사람들도 꽤 있습니다. 지금 우리는 그런 경우를 잘 추적해서 그들이 사는 집에서 가까운 목사에게 통지하여 가서 그들을 살펴보게 하는 시스템을 구축하려고 노력하고 있습니다.

오늘 저희는 아침부터 수술이 필요한 환자 세 명을 진찰하는 등, 점심을 먹으러 가기 전까지 즉 9시부터 2시까지 계속 바빴습니다. 오늘 본 환자 가운데 두 명은 월요일에 수술을 할 예정이에요. 그들이 다시 돌아온다면 말이죠. 그들 중 몇몇은 언제나 마지막 순간에 겁을 먹고 수술을 받으러 오지 않습니다. 저는 조제실을 살펴보며 우리가 가지고 있는 약과 없는 약을 파악하고 있습니다. 어제 상당한 양의 약과 병, 그리고 다른 유리제품이 도착해서 화이트로 양과 제가 검사하러 갔습니다. 모든 것이 좋은 상태로 왔습니다.

오늘 아침 저는 크로디스 씨에게 멋진 편지를 한 통 받았어요. 애나가 자기 사진을 동봉하여 보낸 긴 편지 한 통도 함께요. 제가 애나의 사진을 매우 기다려온 것은 사실이지만, 사진에는 조금 실망했습니다. 그 사진은 애나와 그다지 닮아 보이지 않아요. 그 사진이 누구인지 알아보기까지 약 5분간 쳐다보았습니다. 물론 제가 그런 헤어스타일을 하고 있는 애나를 본 적은 없지만, 표정이 최악이었습니다. 그 사진에서는 전혀 표정이 없는 것 같았어요. 애나가 적어도 조금은 [표정을] 지을 줄 아는데 말이지요.

우리 한국인 일꾼 가운데 한 명이 방금 들어와, 이 모든 소음을 내고 있는 기계가 뭔지 보여 달라고 했습니다. 타자기의 벨소리를 들었을 때 그는 병원전화로 캐스 양에게 전화를 걸어 방금 전화가 울렸다고 말했어요. 그는 무식한 늙은이이지만, 의지를 가지고 우리의 불을 지피고 물을 나르고 정원을 파는 등, 여러 명이 하는 일보다 더 많은 일을 하고 있습니다. 그래서 그와 함께 하고 있는 것에 우리는 기뻐하고 있어요.

병원 풍경을 찍은 사진 몇 장을 동봉하였습니다. 집에서 본 뒤 포스터에게 보내 주세요.

모두에게 사랑을 보냅니다. 제가 여러분을 항상 생각하고 있다는 것을 알아주세요. 그리고 알렉스가 서둘러 이곳으로 오길 특별히 고대하고 있다는 것도요.

플로렌스

용정

1922년 5월 8일

가족들에게,

　지난주 이후로 남자아이들에게서 온 편지는 없었어요. 다만 이 편지는 아버지와 어머니께서 보내신 3월 27일자 편지 및 애나가 그 전날 쓴 편지에 대한 답장입니다. 독감이 나아졌다는 소식과 특히 어머니께서 다시 좋아지셨다는 것을 들으니 기쁩니다. 이곳에도 상당히 많은 질병이 발생되어 왔지만, 서구 세계에 만연했던 전염병은 없었던 것 같습니다. 그러나 저는 평소보다 더 많은 질병이 있었는지 없었는지에 대해 말할 입장이 아직 아닙니다. 어차피 병원에 오는 사람은 극히 일부에 불과합니다. 하지만 전국을 돌아다니는 사람들은 최근 평소보다 아픈 사람이 더 많아 보인다고 말합니다. 바커 씨는 시골 여행에서 돌아올 때마다 항상 아픈 사람들을 데리고 병원에 오며, 다른 사람들은 그의 충고에 따라 후에 병원에 옵니다. 저희가 의료 순회 여행에서 진찰한 사람들이 치료를 받기 위해 아직도 병원에 오고 있습니다. 그리고 저는 심지어 그들 중 일부를 기억하고 있는데요, 제가 마침내 한국인들의 얼굴을 조금은 알아볼 수 있게 되는 것 같습니다. 다행히도 이곳에서는 사람을 그들의 이름으로 부르지 않습니다. 사실 여성들은 아주 최근까지도 자기 이름을 가진 적이 없어요. 비록 일본인들이 모든 사람에게 등록을 의무화하였고,

그 목적을 위해 이름이 필요하게 되었지만 말이에요. 만약 어떤 사람이 자신의 이름을 등록하러 가지 않는다면 일본인들은 그에게 이름을 하나 지어주는데, 정작 당사자는 그 이름을 알지 못할 수도 있습니다. 여기서 우리는 환자를, "어제 수술한 환자" 또는 "어디 어디에서 온 남자" 또는 "그 눈을 가진 여자"라고 부르거나, 우리가 그들에게 말해야 할 때 혹은 그들의 주위를 끌어야 할 때에는 "여기요"라고 말합니다. 혹은 그들을 한국의 좋은 관습에 따라 언니, 어머니, 아버지 등으로 부릅니다.

지난번 『노바스코샤』지에서 모간 박사가 뉴 글래스고에서 훌륭한 회의를 개최했다는 기사를 보았어요. 그 소식을 듣고 기뻤고, 아버지가 거기에 계셨기를 바랐답니다.

볼 양이 기꺼이 이곳에 오고 싶어 한다는 소식을 들어서 좋았습니다. 저는 그녀에게 그녀가 알고 싶어 할지도 모른다고 생각한 몇 가지 사항을 편지로 써서 알려주었습니다. 화이트로 양도 그녀에게 편지를 써서 간호사로서의 사역에 대해 조금 알려 줄 거예요. 저는 그녀가 나오길 바라며, 몇 명 더 나와도 자리가 있습니다. 함흥과 성진에 [간호사가] 한 명도 없거든요. 그리고 화이트로 양은 지금부터 1년 반 후면 안식년으로 집에 갈 것입니다. 지금 당장 누군가 와야 그때까지 사역에 대한 준비를 겨우 마칠 수 있습니다.

최근에 랭길 부인과 맥이웬 부인에게서 편지를 받았어요. 랭길 부인은 제가 아직 차를 받지 못하였는지를 물었습니다. 이것은 제가 토론토를 떠난 이후 처음 언급된 것이었습니다. 그리고 그것조차도 그다지 확실하지 않습니다.

아버지께서는 이곳의 농작물에 대해 물으셨지요. 며칠간 안개 낀

어둑어둑한 날이 지속되었고 비도 조금 내렸지만, 안개가 걷히고 용정 주변의 언덕을 다시 볼 수 있게 되자 풍경에 변화가 생겼음을 알았습니다. 헐벗은 갈색 언덕들이 검게 변해 있었어요. 즉, 그 사이에 소가 끄는 조잡한 쟁기가 언덕의 흙을 뒤집어 놓았던 것이지요. 이곳의 일부 지역에서는 질병이 발생해 많은 소를 죽음에 이르게 하는 큰 고통을 겪고 있습니다. 바커 씨는 그가 가장 마지막으로 떠났던 시골 여행에서 어떤 사람들이 자신들의 소가 다 죽어버려 쟁기를 직접 끌고 또 직접 수확하고 있는 것을 보았다고 해요. 저희는 저희 사택 주변의 땅을 지난주 토요일에 쟁기질하였고, 그전에는 정원을 가꾸었습니다. 작년 병원 주변은 모든 것이 잘 정돈되어 있었고 훌륭한 꽃이 있었던 게 분명한데, 저희는 [올해도] 풀과 꽃을 좀 가꾸려고 노력했어요. 나무와 꽃이 없다면 이 지역과 선교부 구내는 헐벗은 것처럼 보입니다. 올해는 병원 주변과 학교 주변, 그리고 병원에서 사택까지의 길을 따라 많은 나무를 심었어요. 네, 우리는 감자와 모든 종류의 채소를 집에서 기르고 있어요. 한국 채소는 조금 다르지만, 그래도 우리는 스스로 재배하고 있으며 또 구입하기도 합니다. 저희가 계절보다 앞서서 구했던 좋은 채소는 모두 토종 요리에 사용되는 것들입니다. 하나는 콩나물로 된 일종의 녹색채소인데, 두 달 혹은 그 이전에 구한 것입니다. 그 뒤 저희는 초록색 새싹이 돋아나기 한 달 전 혹은 그 이전부터 다른 맛있는 녹색채소들을 먹고 있습니다. 어디서 자랐는지 전혀 모르겠지만 맛은 좋아요. 어젯밤 저는 마틴 네 정원을 둘러보았는데, 그곳에서 오늘 밤에 충분한 장군풀을 수확할 수 있을 것 같습니다. 과일나무도 여러 차례 시도해 보았지만, 잘 길러 보기에 이곳은 너무 추워요.

어머니께서 보내주신 예쁜 옷깃이 잘 도착했어요. 감사합니다. 저희는 편지로 운송되어 오는 어떤 것에 대해서도 세금을 낼 필요가 없고요, 이곳 중국에서는 그 어떤 것에 대한 세금이라도 한국의 일본정부 아래보다 훨씬 쌉니다.

저는 이 편지를 세 번의 수술을 마친 뒤 저녁에 마저 쓰고 있습니다. 오늘 있었던 세 수술은 안과 환자, 목에 있는 화농샘 환자, 그리고 또 다른 화농 환자에 대한 것이었어요. 그 밖에 저희에게는 조제실에서 약을 처방받는 환자가 60명이 있고, 드레싱룸에서 단순히 드레싱만 받는 사람들도 있습니다. 따라서 저희는 여러분이 생각하는 것보다 훨씬 바쁘고, 언어 공부할 시간을 그다지 확보하지 못하고 있습니다. 제 개인교사는 지금 제게 한국어를 많이 가르치겠다는 가망을 상당히 져버리고 있습니다. 지금 공부하지 않는 와중에서도 저는 조금씩 배우고 있는 것 같아요. 처음에는 어떤 것을 할 수 없었는데, 일정한 단계에 도달한 후에는 가능해집니다. 오늘 저는 제 개인교사에게 마취제를 놓게 하였는데, 아주 잘 해냈습니다. 그동안 마취제를 놓아 오던 중국인은 일을 잘하지 못하여 최근 몇몇 환자는 걱정되어 소생시켜야만 할 정도였습니다. 고향에서 제대로 자격을 갖춘 마취과 의사와 함께 수술을 하는 것과 이곳에서 [마취에 대해] 잘 모르면서 또 제가 하는 말은 몇 마디 이상 알아듣지도 못하는 중국인과 함께 일을 하는 것은 전혀 다릅니다. 게다가 우리 중국인은 건강도 별로 좋지 않고 그다지 신뢰할 만하지도 않습니다. 저희는 지난주에 드디어 맨스필드 의사에게서 전보를 받았는데요, 그가 일전에 편지에서 저희에게 언급하였던 그 의사가 추천할 만하지 않다고 하더군요. 따라서 올해 저희는 한국인 의사를 구하지 못할 것으로 보입니다. 일하는 것 자체는 괜찮지만 공부할 수 있는 시간이 제한적인 것이 마음에 걸립니다. 하지만 추천할 만하지 않은 사람을 받아들이는 것은 좋지 않을 것입니다.

어머니께서 제게 옷 한 벌을 보내주시겠다고 말씀하셨는데요, 저는 옷이 충분히 많고 게다가 특별한 옷을 입을 일이 없습니다. 어머니 자신이나 애나를 위해 새 옷을 좀 사시는 게 나을 것 같습니다. 저보다는 어머니나 애나가 옷이 더 필요하잖아요.

오늘 아침 우편물 가운데 집에서 온 편지와 남자아이들에게서 온 편지가 있었습니다. 아버지께서 모건 의사로부터 연락을 받으셨다니 매우 기쁩니다. 저는 노바스코샤에서 있었던 회의에 대해 어제 [기사로] 읽었습니다.

한국인들이 가지고 있는 생각을 듣는 것은 재미있습니다. 알렉스의 편지를 읽은 뒤 저는 최근 파인 힐 사람들 사이에게 유행하고 있다는 몇몇 농담과 장난을 제 개인교사에게 말해 주었습니다. 저는 그가 웃어주기를 기대하였지만 그는 어리둥절한 표정을 지으며 그것이 우리나라의 관습이냐고 제게 물어봤습니다. 분명히 한국인들은 서양인들에게서 배우기 전까지는 짓궂은 장난이나 심지어 게임에 대해서도 전혀 이해하지 못합니다. 학생들은 축구나 테니스 같은 것들을 열정적으로 배우고 있지만 말이에요. 하지만 심지어 그런 것들조차도 한국인들은 그들의 방식으로 해 버립니다. 팀워크나 협업이라는 것은 전혀 모르는 것처럼 보이고, 모두들 오직 자신이나 자신의 영광을 위해 경기에 임합니다. 그들은 특정한 절제나 위엄을 가지고 경기하는데요, 저희가 보기에는 전혀 어울리지 않습니다. 하지만 나중에는 그런 정신[팀워크]도 더 배우게 되겠지요. 제가 보기에 협업이나 오직 어떤 일을 위해 그것을 하는 것, 그리고 최선을 다하는 것 등은 그들이 배워야 할 요소인 것 같습니다.

바커 씨가 알렉스를 위해 가지고 있는 사진 촬영 장비에 대해 물어볼게요. 그건 그렇고, 제가 스콧 씨에게 부탁한 대로 스콧 씨가 알렉스에게 이곳에서의 교육사역에 대해 편지를 썼어요. 스콧 씨의 견해가 알렉스에게 도움이 될 것이라고 생각합니다.

요전날 저는 7년 전에 천연두에 걸렸던 11살짜리 소녀 환자를 진찰하였습니다. 7년 전 당시 아이의 콧구멍이 반흔 조직으로 인해 폐색되어 그동안 입으로만 숨을 쉬어야 했습니다. 폐색이 오직 표면에만 한정되어 있었기 때문에 저는 수술을 할 예정이었습니다. 그 아이를 잘 고쳐낼 수 있었지만 그날 아침은 시간이 없었는데 그들은 수술이 불안하다고 말한 뒤 오후에 돌아오지 않았습니다. 이곳에서는 그러한 실망에 익숙해져야만 합니다. 그 환자는 꼭 시도해 보고 싶었습니다.

지난주 또 다른 날 늦은 중국인 거지 한 명이 저희에게 왔는데요, 제가 이제껏 본 것 중 가장 누더기로 된 인간이었고, 한센병 환자였습니다. 한쪽 발은 완전히 기형화되어 부풀어 올라 있었고 발가락 중 일부는 없었으며, 발바닥에는 약 10cm 길이의 거대한 궤양이 있어 거기로부터 엄청난 금이 가고 있었습니다. 그는 확실히 흥미롭게 보이는 늙은이였어요. 제가 그에게 사진 한 장 찍기 위해 문 밖으로 나와 줄 수 있냐고 묻자, 꽤 기뻐하며 자신의 낡은 목발을 짚고 빠르게 걸어 나왔습니다. 그는 의자에 앉아 목발 가장자리에 그의 아픈 발을 내밀었습니다. 만약 사진이 잘 나오면, 제가 [뒤 문장 누락].

제가 최근의 편지에서 여학교 기숙사 주변에서 말썽을 일으킨 사람들에 대해 말씀드렸던 것 같아요. 음, 며칠 밤 동안 네댓 명의 중국 경찰을 세웠는데, 그 이후로는 평화의 방해자들에 대해 아무것도 듣지 못하였습니다.

어제 오후에 저는 병원으로부터 긴급 전화를 받았습니다. 일요일에는 환자 진료를 보지 않는다는 것을 정규화해 놓았기 때문에, 일요일이었던 어제 병원 직원은 대부분 비번이었습니다. 일요일에는 꼭 필요한 드레싱만 하며, 아주 심각한 경우나 먼 곳에서부터 오는 경우에 한해서만 진료를 봐요. 이곳의 모든 사람들은 일요일에 문을 닫는 것을 알고 있기 때문에 저희는 조금 쉴 수 있습니다. [긴급 전화를 받고] 화이트로 양과 저는 [마을로] 내려갔는데, 그곳에서 외국인 옷을 입은 커다란 한국인을 발견하였습니다. 그는 제가 여태까지 본 한국인 가운데 가장 컸습니다. 그는 몹시 괴로워하며 저희에게 그의 비통한 이야기를 했습니다. 그는 여기서 가까운 시골 어딘가에서 성진으로 여행을 하고 있었는데, 친구 몇몇이 그에게 한국 알코올음료인 '술'을 마시라고 설득했습니다. 조금 마시고 술에 취했을 때, 그는 양잿물을 두어 모금 마셨습니다. 그 후 그는 구토를 하였고 많은 피를 흘렸습니다. 그와 그의 친구들은 깜짝 놀랐고, 그는 심각한 화상을 입었기 때문에 당연히 불편함을 느끼게 되었습니다. 우리가 그를 위해 할 수 있는 일을 다 했음에도 불구하고, 그는 아직 편안함을 느끼지 못하고 있습니다. 기실 그가 양잿물을 마신 지 5시간이나 지났기 때문에 우리가 할 수 있는 일이 그렇게 많지는 않았습니다. 오늘 다수의 친구가 그와 함께 있었는데, 그들은 모두 그가 좋아질 것인지 아닌지 몰라 매우 불안해하고 있습니다. 저는 그가 회복할 가능성이 꽤 크다고 보지만, 양잿물을 마셨을 때의 후유증이 그다지 좋지는 않습니다.

토요일에 어느 남자와 그의 아내가 아내의 다리에 있는 커다란 궤양을 치료받기 위해 먼 곳에서부터 우리에게 왔습니다. 그녀는 4년 전부터 다리에 약간의 통증을 느꼈고, 어느 한국인 의사가 그녀에게 죽을 것이라 말한 것을 들은 뒤부터 병이 계속 악화되었다고 합니다. 이제는 궤양이 손바닥만 하고, 너무 깊어져 뼈를 반 정도 잠식해 들어갔습니다. 그녀는 오랫동안 걸을 수 없었습니다. 우리의 비서와 화이트로 양은 그녀의 남편에게 설교를 하였고, 그는 기독교인이 되기로 결심하였습니다. 그는 큰 가톨릭교회가 있는 지역에서 왔는데, 그곳에 개신교인은 그리 많지 않다고 합니다. 그는 가톨릭교회에 나오라는 압력을 여러 차례 받아 왔고, 그래서 복음에 대해 상당히 잘 알고 있었습니다. 그는 새로운 종교[개신교]에 대해서 그리고 우리가 가르치는 것과 가톨릭교회의 가르침이 어떻게 다른지에 대해 상당히 지적인 질문을 해 왔습니다.

캐스 양과 페일소프 양은 다음 달 캐나다로 떠날 것 같습니다. 화이트로 양과 스콧 부인은 원산에서 열리는 연례회에 참석하러 갈 때 그들과 동행해 함께 남쪽으로 갈 생각을 하고 있습니다. 만약 그들이 가 버린다면 선교지부에는 우리도 [연례회에 참석하러] 출발하기 전까지 꽤 오랫동안 스콧 씨와 저만 남게 되는 것입니다. 왜냐하면 바커 가족도 오랫동안 구토를 해 온 바커 부인이 나아지길 희망하며 일찍 떠나려 하고 있기 때문입니다.

어젯밤 저의 개인교사가 교회에서 설교했습니다. 이 집에 사는 다른 사람들은 그가 정말 잘했다고 말했습니다. 그는 성실하며 사람들을 위해 더 많은 것을 할 수 있기를 바라고 있습니다. 그는 의학을 공부하고 싶어 하는데, 학생들 중 일부가 그러한 것처럼 자신을 위해 돈을 벌기 위해서가 아니라 일부 선교병원에 도움을 주고 또 동시에 설교를 할 수 있기를 바라기 때문입니다. 예전에 이곳의 조제사로 있었던 학생 한 명이 지금은 서울에 있는 세브란스의학전문학교에 다니고 있습니다. 작년에는 연희전문학교에 다녔고요. 세브란스는 그 어느 때보다도 직원의 규모가 커지고 있지만, 그들은 늘 돈때문에 어려움을 겪고 있고, 정말 많은 의사들이 그 언어[한국어]를 잘하지 못하고 또 언어를 공부할 시간도 없어서 모든 수업을 영어로 해야 하나 진지하게 고민하고 있습니다. 현재 수업 중 일부는 영어로 이루어지고 있으며 통역되고 있습니다. 물론 그것은 매우 만족스럽지 못하며, 더구나 수강하는 수업을 모두 알아들을 수 있을 정도로 충분한 시간을 외국어 공부에 들여야 하는 학생들이 더 힘들어할 것은 뻔합니다. 만약 고향에서 그와 같은 요구가 있었다면 항의가 대단했을 것이라고 확신합니다. 물론 나중에는 그들에게도 큰 이익이 될 것입니다. 그들이 영어로 된 교과서를 사용할 수 있게 될 것이기 때문입니다. 그들의 언어로 된 교과서가 전혀 없기에 그들은 크게 지장을 받고 있거든요. 이제 그들은 일본어 교과서를 사용해야만 하는데, 제가 거기에 삽입된 삽화와 전반적인 장절을 보고 판단하건대 많이 부족해 보입니다. 고향에서 우리는, 우리가 우리의 교과서를 가지고 있어서 얼마나 쉽게 공부하고 있는지 깨닫지 못하고 있는 것 같아요. 우리만큼 좋은 머리를 가진 다른 사람들과 비교했을 때 우리가 얼마나 이점을 가지고 있는지 모릅니다.

모두에게 사랑을 담아,
플로렌스

용정
1922년 5월 8일

여동생에게,

　의심의 여지 없이 지금쯤이면 오랜 시험이 모두 끝나고 너는 길었던 고생 끝에 다시 집에서 휴식을 취하고 있겠지. 네가 공부를 잘해 왔고, 네 능력을 훌륭하게 발휘했을 것으로 확신한단다. 네가 집에서 이번 여름을 즐겁게 보내고 또 기억에 남는 방학이 되기를 바랄게. 물론 네가 찰리를 격려하고 도울 수도 있을 거야. 그럼 찰리는 분명 작년보다 훨씬 더 잘할 수 있을 게다. 네가 여름에 할 만한 일을 구해서 스스로를 원조해 나갈 수 있기를 바란다. 무엇인가를 하고 또 [경제적으로] 자립할 수 있는 것은 좋은 일이야.
　너의 대학 2학년이 끝났다는 사실을 실감하기 힘들구나. 불과 얼마 전만 해도 너는 학교 다니는 어린 소녀였고 나는 막 대학을 다니기 시작했던 것 같은데 말이야. 그리고 그때는 과정의 끝이 너무 먼 일로 보였기 때문에 나는 감히 대학 시절이 끝나고 인생의 진정한 일이 시작될 순간을 생각조차 할 수 없었어. 그런데 말이야, 그렇게 생각하는 것이 올바른 방법은 아니더구나. 네가 정말 대학을 마쳤을 때, 너는 이전에 해 왔던 것도 모두 진정한 일이었음을 깨닫기 시작할 거야. 그리고 이전의 일이 잘 되어 있지 않는다면, 다른 모든 일들은 나머지 모든 시간 동안 고통을 겪게 될 거야.

최대한 많은 시간을 음악 연주하는 데에 사용해. 음악을 연주할 가장 좋은 기회이고, 악기를 잘 연주하는 것이 너 자신과 타인들에게 항상 즐거움을 가져다주기 때문이야. 또한 그 밖에도 도움이 될 거야. 네가 여기로 오면 우리 같이 달하우지 노래 몇 곡을 부르자꾸나. 이곳에는 그 노래를 연주하거나 부르는 사람이 아무도 없어. 나 혼자서는 할 수 없고, 이곳 선교지부에는 동부에서 온 사람이 바커 가족밖에 없는데, 그들은 뉴브런즈윅 대학 출신자들이거든.

　춤 문제에 대해 네가 어떻게 생각하고 있는지 이해해. 나도 오랫동안 같은 생각을 품어왔기 때문이야. 늘 '외톨이'라는 느낌이 드는 것, 다른 모든 여자아이들과 달리 타인에 대해서나 어떤 것들에 대해서 말할 수조차 없는 것, 다른 사람뿐 아니라 다른 모든 목사 딸들이 당연하게 받아들이는 일을 하기에는 너무 독선적이라고 느껴지는 것 등이 모두 기분 좋은 일은 아니었어. 나는 의학생과 학생자원운동가 외에는 아무도 몰랐기 때문에 가끔 그런 모험을 할 때 꿔다 놓은 보릿자루가 되어 버리는 것도 기분 좋지 않았어. 대학생 외에는 아무도 없고 또 늘 그랬던 것처럼 많은 보호자가 있는 대학교 사교댄스장에서 나는 어떤 사악한 장면도 본 적 없었어. 내 눈에는 별반 문제가 없어 보였지만, 내가 [만약 댄스장에 간다면 그 사실이] 아버지와 어머니를 고통스럽게 만들 것임을 알고 있었기 때문에 나는 셀 수도 없이 많이 포기했다. 나만큼이나 너도 부모님의 감정을 존중한다는 것을 알아. 네가 조금 더 나이가 들고 조금 더 많은 경험을 하게 된다면, 너도 내가 그랬던 것처럼 춤과 몇 가지 다른 것들에 대한 아버지와 어머니의 견해가 정확하게 옳다는 것을 이해하게 될 거야. 그리고 춤이 왜 그리고 어떻게 잘못된 것인지 이해하게 될 거야. 춤으로 인해 어떤 해악도 끼치지 않는 사람들이 많다는 것을 나도 꽤 확신하지만, 춤을 추기 시작하기 전에는 너도 그런 사람 중 한 명이 될지 어떨지 결코 확신할 수 없단다. 그리고 만약 네가 그들 중 한 명이 되지 못한다고 한다면, 춤추기를 멈추는 것이 뭐 그렇게 어렵겠니. 네가 신경 쓰고 있는 한 괜찮다고 한다 해도, 기독교적 생각을 가진 사람이 어떻게 다른 사람이 옳은 일을 하는 것을 어렵게 만드는 그런 일을 계속할 수 있겠니? "내가 내 형제의 보호자인가?"라고 묻는 건 굉장히 오래된 물음이야. 그리고 이런 물음은 사람들이 옳은 일을 하는 것을 어렵게 만든다. 나는 우리 대학의 학생 가운데 그랬던 사람을 직접 알고 있어. 그들 중 일부는 좁은 길에서 멀리 벗어났다. 지금 내가 쓰는 글이 네게 도움이 되기를 바란다. 만약 알렉스와 단순히 수다 떠는 것에만 그치지 않는다면 그는 네게 그의 관점을 알려 줄 것이고, 네가 거기서 도움을 받게 될 것이라 믿어. 알렉스는 내게 항상 큰 도움이 되었고, 네가 그에게 기회를 주기만 한다면 네게도 도움이 될 거야.

시간이 늦어지고 있구나. 화이트로 양이 잠을 자려 하고 있어서 나는 이 기계의 쿵쾅거리는 소리를 멈춰야만 해. 가능할 때 내게 편지를 써 주렴. 나는 언제나 네게서 오는 편지 받는 것을 좋아하는데, 충분히 자주 오지 않는 것 같구나.

너의 사랑하는 언니,
플로렌스

용정
1922년 5월 16일

모두에게,

　이 편지는 원래 3일 전에 쓰려고 했었어요. 그런데 그날 아주 작은 감염에 걸려 지금까지 쓸 수가 없었습니다. 제 손가락 하나가 약간 감염되었는데요(아마 병원에서 그렇게 된 것으로 추정됩니다). 손가락은 그다지 심각하지 않은 것처럼 보였는데 겨드랑이와 목에 몇 개의 결절이 생기고, 며칠간 침대에 누워있게 만들 정도의 열이 났어요. 하지만 지금은 괜찮아졌고, 어제 병원에 나가지 못한 것에 상당히 부끄러움을 느끼며 오늘 아침 다시 출근했습니다.

　이번 주는 편지에 쓸 만한 특별한 소식이 없는 것 같습니다. 그렇다고 아무 일도 일어나지 않았다거나 혹은 제가 따분하게 느끼기 시작해 주변의 제가 모르는 것에 대한 흥미를 잃고 있다거나 하는 것을 의미하지는 않습니다. 제가 지금 이 편지를 왼손의 집게손가락과 가운뎃손가락 끝을 똑바로 내민 채 자판의 모든 키를 훌륭하게 두드리며 쓰고 있는 것을 여러분이 본다면, 아마 꽤 재미있는 광경이라고 생각할지도 모르겠어요. 확실히 우아해 보이지는 않지만, 제가 평소에 타자기를 치는 것만큼 속도를 낼 수 있습니다.

　병원에도 타자기가 한 대 있습니다. 임페리얼社 타자기로서 한 벌식 자판인데, 멋진 기계예요. 조금만 연습하면 누구라도 쉽게 사용할 수 있습니다. 지난주 어느 날 저는 그 기계를 꺼내서 청소를 한 뒤 한번 살펴보았어요. 리본이 빨간색 면을 제외하고는 심하게 닳아 있어서 그 빨간 면을 사용하도록 바꿔놓았습니다. 제가 새 리본을 구해주고 싶은데 어디서 살 수 있는지 모르겠어요. 페일소프 양은 그녀의 리본을 구하기 위해 [기계를] 미국에 보내야만 했는데, 그렇게 하면 물론 시간이 좀 걸립니다. [병원의] 그 기계는 제 타자기보다 훨씬 가볍고 작습니다.

최근에 랭길 부인에게 편지를 받았는데, 제 차를 받았는지에 대해 물어 왔습니다. 제가 캐나다를 떠난 뒤 자동차에 관해서 들은 것은 이번이 처음이었는데, 그 자동차가 선적되었는지 돈이 지불되었는지 무엇이 이루어졌는지 등에 대해서는 언급이 없었습니다. 그들이 제게 뭔가 확실한 것을 말해주길 바라고 있습니다.

이제 꽤 푸르러지고 있습니다. 들판은 아직 어둡고 벌거벗고 있지만, 이파리들이 완전히는 아니어도 멀리서도 푸르름을 알아볼 수 있을 정도로 모든 나무가 싹을 틔우고 있습니다. 스콧 씨네 집에는 배수관이 파여 있는데, 그곳의 땅은 1.5m 이상 깊이로 여전히 얼어붙어 있습니다. 어제와 오늘은 꽤 포근했지만, 봄이라고 하기에는 다소 추운 날씨를 저희는 오랫동안 느껴 왔습니다.

신학자들의 [임지가] 정해진 이후로 제가 집과 남자아이들에게 편지를 받아왔음에도 불구하고 에드가 어디로 가게 되었는지에 대해 아무도 언급해 주지 않은 것이 다소 의아하게 생각됩니다. 알렉스가 어디로 가는지는 한 명이 제게 말해 주었는데 말이지요. 알렉스가 탱크에 가지 못한 것은 실망스러운 일이네요. 그가 거기로 가길 원했고, 그들도 누군가 와 주길 원한 게 분명했는데 말이에요.

만약 알렉스가 그곳에 갈 수 있었더라면 모든 면에서 만족스러운 결정이 되었을 것으로 보입니다. 하지만 우리의 방법과 계획이 결국 항상 가장 현명한 것은 아니며, 처음에는 실망스러웠던 것이 종종 큰 축복으로 밝혀집니다.

제가 애나에게 쓴 편지를 이 편지에 동봉하였습니다. 지난주에 쓴 편지였는데 잘못 놓아두고는 [지난주 가족에게 쓴 편지] 봉투를 봉하고 난 후에서야 발견했어요.

네, 편지를 쓰는 데 종종 일주일을 넘기곤 했어요. 열흘 정도 된 적도 유감스럽게도 여러 번 있었지만 2주가 된 적은 한 번도 없었습니다. 제가 다른 곳에서 잠을 자야 하는 기간에는 특히 편지 쓰기가 쉽지 않습니다. 동료들이 일찍 잠자리에 들기 때문에 타자기를 딸깍거리면 그들에게 방해가 될 테고요, 낮 동안에는 [스케줄로] 시간이 꽉 차 있습니다. 최근에는 왕진 전화가 그렇게 많지 않아서 간호사들이나 조수들 중 한 명에게 대개 응대하도록 하고 있습니다.

오늘 저는 이곳의 세관에서 일하는 중국인 중 한 명에게서 그의 아기에게 백신을 접종시켜 달라는 훌륭한 편지를 받았습니다. 그 아기는 제가 [받은] 첫 번째 외국인 아기였기 때문에 특별히 관심을 기울이고 있습니다. 그리고 저는 정말로 세계의 이쪽에서나 저쪽에서나 이 아기보다 더 예쁘고 더 훌륭한 아기는 본 적이 없습니다. 그런데 말이죠! 여러분은 제게 편견이 있다고 말할지도 모릅니다. 어쨌든 그 아기와 제가 매일 봐야만 하는 더러운 아이들 사이의 차이점을 여러분이 볼 수 있기를 바랍니다. 태어났을 때부터 매일 머리에서 딱지가 떨어지고 피부는 온통 때로 덮여 있는 불쌍한 어린 아이들. 이 아이는 가족 주치의의 지시에 따라 양육된 모범적 아이입니다. 가장 놀라운 것은 이 아이는 낮에는 세 시간에 한 번씩 그리고 밤에는 딱 한 번 정기적으로 젖을 먹는다는 것입니다. 낮에만 최소 15번 그리고 밤새 젖을 먹는 대신 말이지요. 그런 분별 있는 보살핌 아래에서 이 아이는 알맞게 통통하며 잘 성장하고 있습니다. 그들은 그 아기가 거의 울지 않으며 하루의 반 정도는 잠을 잔다고 매우 자랑스럽게 제게 말하였습니다. 한국인들에게 그런 지시를 내렸을 때 그들은 불쌍하고 무식한 서양 의사를 내려다보면서 그 방법이 서양의 아이들에게는 괜찮을지 모르지만 입을 벌렸을 때마다 먹여야 하는 자신의 아이들에게는 괜찮지 않을 것이라고 설명합니다. 제 경험에 따르면 한국 아이들은 일반적으로 입을 크게 벌리고 있고, 만약 무엇인가 그 입으로 들어가지 않는다면 매우 큰 소리가 나옵니다. 하지만 거기서 저는 극단적이 되어서는 안 됩니다. 한국 아이들 중에도 깨끗하고 돌봄을 잘 받고 있는 착한 아기들도 있습니다. 어머니께 한 명 보내드리고 싶네요. 어머니는 분명 그 아기를 사랑할 것이고 저를 위해 즐겁게 돌봐줄 것입니다. 어머니에게는 검은 눈과 검은 머리카락을 가진 아기가 없었으니까요. 하얀 머리카락과 나쁜 성질을 가진 아이들과는 약간 다를 것입니다. 어머니께서 저에 대해 가끔 하셨던 말씀 기억하시나요? 아버지가 말씀하셨죠, "너도 네 엄마처럼 네 마음대로 하려고 작정했구나." 그러면 어머니께서 말씀하시지요. "너는 네 아빠만큼 고집이 세구나." 그럼으로써 저는 엘리야의 두 가지 영적 측면을 가지고 있는 것이 되요. 그리고 제가 특별히 폭력적인 행동을 한 후에 저는 항상 다음과 같은 말을 들었지요. "나는 우리 첫째 아이가 딸이어서 나머지 아이들을 상냥하게 가르쳐 주기를 원했단다. 하지만 네가 가장 말

괄량이고 가장 거칠구나.”(아, 이것이 애나에게는 위안이 되지 않을까요? 애나는 지금의 자신이 최악이라고 생각하고 있을 것으로 짐작됩니다. 쥐구멍에도 볕들 날이 있단다, 애나야.)

중국 아기 이야기가 나와서 말인데요, 지난주 어느 날 다른 종류의 아기가 왔습니다. 가장 크고, 가장 건장하고, 가장 텁수룩하고, 가장 쾌활하고, 최고 중의 최고의 중국 어르신이 그의 3대손 혹은 4대손인 어린 아기를 제게 봐달라며 데려왔고, 즉시 치료를 받았습니다. 이 서한이 도착했을 때 만약 마틴 의사가 그곳에 있다면 그가 그 어르신에 대해 좀 더 이야기해 드릴 수 있을 거예요. 선교지부 구내 대문에서 그가 자신의 말을 구타하는 것을 막기 위해서 바커 씨와 맨스필드 의사가 때리려 했던 그 늙은이입니다. 그는 바커 씨와 맨스필드 씨가 무엇을 위해 그러는지 알지 못했었죠. 그 이후로 그는 외국인을 볼 때마다 몸을 거의 두 배로 구부리면서 외국인들의 좋은 친구가 되었습니다. 그 아기의 엄마가 부종으로 온몸이 부어서 치료를 받으며 회복 중에 있었는데, 어느 날 마틴 의사와 저는 그 아기 엄마에게 처방해 주기 위해 그 늙은이의 집에 간 적이 있었어요. 그래서 그는 이미 저를 알고 있었고, 들어오면서 만면에 미소를 띤 채 상자 속의 잭처럼 인사하고 몸을 구부렸어요. 그는 “뉘 타이푸, 뉘 타이푸[女大夫]”라고 말하며 그 과정을 다시 거쳤습니다. 그러고는 그는 저를 가리키며 웃고 또 웃으며 고개를 더 숙여 인사했습니다. 처음에는 재미있었지만 다른 환자도 많았을뿐더러, 오전 내내 환자 한 명만 맡고 있을 수가 없어서 통역해 줄 중국인 간호사를 불러오게 했습니다. 제 개인교사는 한국어, 일본어, 영어밖에 할 줄 모르거든요. 그런데 그 어르신은 너무 행복해서 그 간호사에게 제가 그 뉘 타이푸(여성 의사)라고 말하기 전에 모든 과정을 다시 한 번 재연해야만 했어요. 마침내 우리는 다소간 간접적인 방법으로 병력을 알게 되었습니다. 그 어르신은 그의 가족이 갖고 있는 문제와 슬픔에 대해 제법 길게 중국인 간호사에게 말했습니다. 간호사는 제 개인교사에게 한국어로 그 이야기를 전했고, 저의 어휘적 한계를 알고 있는 개인교사는 다시 그 이야기를 제가 이해할 수 있게끔 압축하고 단순화시켰습니다. 조언과 처방이 그것을 듣기 원하는 사람에게 다시 한 번 거꾸로 거슬러 올라가야 했습니다. 제가 진료실에서 30명의 환자를 보고 병동을 한 바퀴 둘러보며 오전 일을 잘 마쳤다고 생각하는지 궁금하진 않나요. 서둘러, 포스터, 발을 담그렴. 이곳에서는 앉아서 환자가 오기를 기다릴 필요가 없단다. 그들이 오지 않는다면 너는 언제든지 네가 알고 있는 옛 언어로 마법을 부릴 수 있단다.

음, 이 편지는 제가 몇 달 동안 집에 쓴 편지 가운데 확실히 최악인 것 같지만, 여러분에게 들려줄 만한 이야기가 환자 사례를 빼고는 떠오르지 않네요. 여러분이 저만큼 환자 이야기에 관심을 갖길 기대할 수 없다는 것을 알고 있습니다. 여러분을 지루하게 만들고 싶지 않아요. 여러분이 만약 가족 외의 누군가에게 이 편지를 보이고 내가 그것에 대해 듣게 된다면 저는 여러분에게 다시는 편지를 쓰지 않을 것입니다. 참, 일본에서 발행된 한국 관련 잡지를 아버지께 보내드립니다. 아버지께서 흥미로운 것들을 발견하실 수 있을 것 같고, 아버지가 관심 있는 것에 대한 결론을 스스로 이끌어 내실 수 있을 것입니다.

모두에게 사랑을 담아,
플로렌스

용정
1922년 5월 29일

가족들에게,

이번 주에는 답장할 편지가 오지 않았고 또 쓸거리도 많지 않지만 그래도 최선을 다해 볼게요.

저는 모든 학생[인 동생]들이 어떻게 시험을 치렀는지 그리고 그 아이들이 어떤 일을 하고 있는지에 대한 소식을 듣게 되길 고대하고 있는데, 이제 곧 편지가 도착할 것이 틀림없겠지요.

저희 집은 캐스 양과 페일소프 양이 안식년 가는 일로 모두 매우 흥분되어 있습니다. 모든 옷이 5~6년 유행에 뒤처져 있는데 유행의 첨단을 달리는 사람들과 함께 멋진 배를 타야 하는 것은 꽤나 힘든 일입니다. 그들은 새 옷을 만들고 낡은 옷은 위아래를 뒤집고 안팎을 뒤집고 다시 위아래를 뒤집는 일에 몰두하고 있습니다. 즉, 너무 눈에 띄게 '선교사' 티를 내지 않기 위한 모든 과정을 진행하고 있습니다. 어머니는 이해하시겠지요. 그들 둘 다 지금은 조금도 선교사로 느껴지지 않는다고 말하는데, 그들에게 저는 아직 그렇지 않다고 말하면서 위로하려 노력하고 있습니다. 더운 날씨 속에서 한 달 동안 여행하려면 옷이 많이 필요합니다. 그 기간 동안 세탁도 할 수 없고, 또 5년 반 동안 현장에 있으면서 생필품 보급도 다소 부족하거든요. 그들은 다음 주에 떠납니다. 바커 씨 가족은 금요일에 서울로 갔어요. 그날 이곳을 떠났다고 말하는 게 맞겠네요. 그들은 바커 씨의 건강 때문에 일찍 출발했고 해변에서 열리는 연례회가 끝날 때까지 돌아오지 않을 것입니다. 그래서 우리 선교지부는 점점 작아지고 있어요. 스콧 씨 네도 일찍 출발할 건데, 스콧 씨가 서울의 학교들이 문을 닫기 전에 며칠간 가보고 싶어 하기 때문이에요. 그래서 며칠 동안은 선교지부에 화이트로 양과 저밖에 없을 것입니다. 저는 해변[13]에 전혀 가고 싶지 않습니다. 몇 주 동안 매일매일 온종일 회의에 참석해야만 하는 것이 싫고, 별로 휴식이 될 것 같지도 않아요. 또한 회의에서 요구하는 기간 그 이상 병원을 한국인 직원들 손에 맡기고 그렇게 멀리 떨어져 있는 것이 싫습니다. 그들이 뭘 하는지 알 수 없거든요. 하지만 그사이에 이 지역에 있는 한국인이 모두 죽어가든지 말든지 [회의에] 가야 할 의무가 있는 것 같습니다.

지금은 일이 평소와 다름없이 진행되고 있습니다. 이제는 모든 재미난 일을 말씀드린 것 같아요. 매일 일어나는 작은 사건들은 이전에 일어났던 작은 사건들과 너무 유사하기 때문에 여러분에게 별로 흥미롭지 않을 것입니다. 제가 관심을 가진 것에 여러분이 똑같이 관심을 가질 것이라고는 기대할 수 없음을 기억하려고 노력하고 있습니다.

제가 저의 일에 몰입하면 할수록, 그리고 한국인들에게 직접 이야기를 하면 할수록 제 일이 더 가치 있는 일로 느껴집니다. 저는 이제 그들에게 조금은 설교할 수 있는 정도가 되었는데, 그들 중 정말 많

---

13 여기서 '해변'이란 원산 해변을 일컫는다. 원산에는 캐나다 장로회의 선교지부가 설치되어 있었으며 또한 해변을 따라 초교파 선교사 휴양지가 조성되어 있었다. 교통의 편리성도 있어서 각종 선교회의가 원산 해변에서 이루어지곤 하였다.

은 사람들이 복음에 관심이 있습니다. 또한 제가 처음 깨달았던 것보다 더 많은 사람들이 복음 사역을 통해 기독교인이 되고 있습니다. 지난주에 저는 한 여성에게 예수님을 믿느냐고 물었습니다. 그녀는 병원에 입원한 이후로 믿기로 결심했다고 말했습니다. 그 후 그녀는 퇴원했지만 치료를 받기 위해 매일 진료소에 오고 있습니다. 그녀는 믿기로 결심했지만 말씀에 대해서는 잘 알지 못합니다. 그래서 저는 그녀에게 만약 매일 9시에 올 수 있다면 우리와 함께 기도를 할 수 있고 또 말씀을 들을 수도 있다고 말해 주었습니다. 그 뒤 그녀는 매일 9시 모임에 오고 있으며 주의 깊게 [말씀을] 듣고 있습니다. 그녀는 다리에 큰 궤양이 있어서 남편 등에 업혀서 다녀야 하는데, 첫째 날에는 남편도 들어오게 하기 위해 엄청난 설득이 필요했지만, 지금은 그도 참석합니다.

지난주 어느 날, 우리의 가장 큰 병동이 남성 환자들로 가득 차 있었습니다. 그중 기독교인은 한 명뿐이었지만, 우리는 그곳에서 기도를 했습니다. 그로 인해 병동에 십여 명의 직원과 진료소 환자들, 그리고 또 다른 십여 명의 입원환자 지인들이 한데 모여 큰 혼란이 야기되었지만, 그만한 가치가 있었을 것으로 생각해요. 그들 중 일부는 듣고 싶어 하지 않았지만 노래는 듣지 않을 수 없었습니다. 그리고 다른 사람들은 듣기를 좋아했습니다.

지난주에는 수술이 많지 않았기 때문에 저는 좀 더 공부할 시간을 확보할 수 있었습니다. 하루는 전혀 변화가 없는 것 같지만, 한 달이면 저 자신과 저의 회화[실력]이 어느 정도 향상되어 있는 것을 느낄 수 있습니다.

이 편지는 아침식사를 하기 전에 시작하였는데, 저녁이 된 지금

끝내고 있습니다. 편지 쓰기를 시작한 뒤 저는 집에서 보낸 4월 24일자 편지를 받았어요. 어머니께서 우리가 무엇을 먹는지, 우리의 생필품을 어디서 구하는지에 대해 물으셨네요. 저희는 어머니께서 집에서 드시는 것과 거의 비슷하게 다양한 것을 먹습니다. 저희는 매일 아침 오트밀죽을 먹어요. 저는 하루에 적어도 2번 정도는, 오후 4시에 오트밀을 먹는 것보다는 따뜻할 때 먹는 게 낫다고 결심한 그 특별한 날을 이야기할 기회를 갖는답니다. 제가 잊지 못하는 그 어느 날 아버지께서 특히 인정사정없으셨던 그날, 저는 오트밀죽을 다 먹을 때까지 아무것도 먹지 못했었잖아요. 아버지께서도 그날을 기억하시고 계신가요? 아마 지금 아버지께서는 제가 착했던 시절만 떠올리시겠지만, 저는 제가 그렇지 않았던 시절도 종종 떠올립니다. 꽤 자주 그런 일이 있었던 것 같아요. 아무튼, 저희는 오트밀죽(porridge), 귀리(oatmeal), 밀 크림(cream of wheat) 또는 옥수수(corn)를 먹어요. 그리고 이런 음식 재료는 캐나다나 미국에서 혹은 서울에서 배송시키는데, 서울에서 오는 것도 서양식이고 직접 주문이어서 가격도 싸기 때문에 저희는 주로 서울에서 주문합니다. 물론 저희는 한 번에 대량으로 주문을 넣고요, 다시 받기까지 시간이 너무 오래 걸리기 때문에 항상 많은 물량을 훨씬 이전부터 비축해 놓아야 합니다. 그리고 계란은 이곳에서 싸면서도 흔하기 때문에 훌륭한 식재료로 사용되고 있습니다. 다행히 저는 계란을 아주 잘 먹을 수 있게 되었어요. 거의 매일 아침에 계란을 하나씩 다양한 형태로 요리해 먹어요. 저희는 순회여행을 가는 동료들을 위해 거대한 양의 통조림을 구입합니다. 그들은 2~3주씩 여행을 가는 데 충분한 음식을 가져가야 해요. 그리고 요리할 것이 거의 없는 시골에서 통조림만큼 휴대가 편리하고 준비하기 쉬운 음식은 없는 것 같아요. 저희는 합리적인 가격에 가금류를 많이 구입합니다. 하지만 만주의 닭들은 우리가 고향에서 먹을 만하다고 생각하는 닭 크기의 반 정도밖에 되지 않습니다. 저희는 종종 닭고기와 수프도 먹습니다. 우리는 감자를 비롯해 채소와 당근 그리고 다른 것들을 기르지만, 중국인들에게 감자와 당근을 살 수도 있습니다. 또한 저희가 여름에 해변에 가 버리고 없는 동안 [우리가 기르는] 채소를 잘 돌봐줄 사람이 없고 또한 날씨도 종종 너무 건조하기 때문에, 우리가 기르는 채소는 잘 자라지 못할 때가 많습니다. 한국에는 과일이 많지만 이곳은 과일이 매우 부족하고 비싸서 저희는 통조림 과일이나 말린 과일을 먹습니다. 저희는 해변에 병을 가져가서 그곳에서 잼을 담아 부치기도 하지만, 왕복 운송료와 길에서의 파손 가능성을 생각할 때 그것 역시 비쌉니다. 저희는 여기 용정에서 밀가루를 구입하고 또한 설탕 종류도 살 수 있지만, 먼지가 가득 담겨 있어서 식탁용으로는 별로입니다. 종종 좋은 소고기를 구하는데, 만약 시내에 가서 그 고기가 길거리에 매달려 온갖 먼지와 파리들에게 노출되어 있는 모습, 소머리가 피투성이인 채로 가게 문간에 놓여 있는 모습, 그리고 가죽이 길거리에 펼쳐져 사람들에게 밟혀가며 햇볕에 그을리고 있는 모습을 볼 필요가 없다면 더 맛있게 먹을 수 있을지도 모르겠습니다. 모르는 게 좋을 것 같아서 저는 우리 고기를 어디서 샀는지 물어본 적이 없습니다. 제가 아는 한 우리는 사용할 수 없는 고기를 먹어본 적 없지만, 몇몇 다른 집에서는 몇 번이나 그들의 식사를 버려야만 했습니다. 저희는 이른 봄부터 늦은 가을까지 녹색 채소와 신선한 야채를 살 수 있습니다. 장이 서는 날이면 온갖 종류의 상추, 양파, 시금치 그리고 사랑스러워 보이는 채소들을 구합니다. 저는 어제 교회에 가는 길에 장이 선 것을 봤습니다. 물론 장날은 일요일에도 기간을 두고 돌아옵니다. 그렇게 되면 기독교인들은 항상 큰 유혹을 느낍니다. 그들은 종종 장날부터 그다음 장날까지 미리 사 놓을 돈이 충분치 않고, 장이 서지 않는 날에도 물건을 살 수는 있지만 더 비싸기 때문입니다. 제가 본 양파는 60cm 정도 길이였는데 저희 정원에 있는 양파들은 아직 작습니다. 저희는 완두콩과 콩, 양상추와 무를 기르고 있지만 지금껏 정원에서 먹어치워야만 했던 유일한 작물은 장군풀이고, 저희는 그것을 꽤 바짝 수확합니다. 건기였기에 무는 작고 딱딱하며, 지금은 벌레들이 그들과 친해지고 있기 때문에 무를 많이 수확할 수 있을 것 같지 않습니다. 우리는 토마토 모종도 많이 심었습니다. 5일 전까지만 해도 날씨가 추웠는데 그때 너무 갑자기 날씨가 변하여 저는 거의 실감하지도 못하였습니다. 제가 아침에 병원에 갈 때는 지난 몇 주 동안 그랬던 것처럼 어둡고 쌀쌀한 아침이었습니다. 정오에 돌아올 때는 맹렬한 바람이 불더니 그때부터 매일같이 복날 같은 열기를 품은 바람이 불고 있습니다. 사람들이 이곳은 항상 그렇다고 하더군요. 날씨가 매우 갑작스럽게 변화해 9월 말까지 계속 더울 것이고, 그 후에는 다시 겨울로 급하게 뛰어들 것이라고요.

저희는 캔 하나에 약 1kg씩 들어가 있는 버터를 구입하는데요, 대개 매우 좋습니다. 대부분의 그런 캔 버터는 브리티시컬럼비아에서 오지만, 최근에는 중국에서 우편으로 소량 주문하여 들여오고 있습니다. 이곳에서 사는 대부분의 물건은 운임과 관세가 부과되어 고향에서보다 훨씬 더 비싼데, 그중에서도 버터는 우리가 이곳에서 구입하는 것 중 가장 비싼 식재료입니다. 가장 최근에 캐나다에 대량 주문해 들여온 물건은 운임과 관세가 총 주문비용의 30%에 가깝게 나왔어요. 그럼에도 서울에서 물건을 샀을 때보다 훨씬 싸게 물건을 구입했다고 여겨지고 있습니다. 서울에서 물건을 산다면 이중으로 관세를 지불해야 해요. 일본 관세, 그리고 중국 관세. 하지만 중국 관세는 일본 측과 비교하면 쌉니다. 저희가 여기서 구입하는 건 캔 우유밖에 없는데요, 그것도 꽤 비쌉니다. 그래서 다른 집들 중 일부는 소를 키우고 있습니다. 그들이 착유를 잘하는지는 모르겠지만 말이에요.

제가 들려드렸던, 송아지를 부엌에 둔 러시아 사람에 대한 이야기를 기억하시나요? 음, 바커 씨 가족이 서울로 떠나기 전 가셨던 선교지부 만찬 자리에서 나다로프 부인이 우리에게 해 준 이야기가 또 하나 있습니다. 그들의 송아지 가운데 한 마리가 죽자 [어미] 소는 그 송아지를 비통해하며 우유를 주지 않았대요. 그래서 소의 젖을 짜내려는 몇 번의 헛된 시도 끝에 사람들은 죽은 송아지를 [어미] 소에게서 데리고 나가야겠다고 생각했습니다. 소는 다시 한 번 송아지를 다 핥고는 여느 때처럼 우유를 주었대요. 그래서 그들은 며칠 동안 같은 일을 되풀이했지만, 마침내 송아지는 처리되어야 해서 가죽이 벗겨지고 사체는 묻혔습니다. 다시 한 번 그 슬픔을 가눌 수 없는 소는 우유를 내주지 않으려 했고, 이때 사람들은 송아지 가죽에 짚을 가득 채우고 [어미] 소와 함께 마구간에 넣어두었답니다. 그 이후로 모두가 행복하게 살았고 [어미] 소는 사람들이 원하는 모든 우유를 주었답니다.

그런데 여기에 아직도 더 소름 끼치는 이야기가 있어요. 만약 여러분이 막 식사를 시작하고 있다면 이 편지의 남은 부분을 읽기 전에 식사를 끝내는 것이 좋을 것입니다. 마틴 네와 힐튼 네는 각각 아주 멋지고 큰 개를 키웠어요. 그들이 떠날 때 선교지부의 다른 사람들에게 개들을 잘 돌봐 달라고 부탁하였지요. 두 마리 모두 특히 저와 친해서, 제가 외출할 때 그중 한 마리 혹은 두 마리 모두가 제게 다가와 제 손에 코를 들이밀지 않고는 거의 나갈 수가 없었어요. 마틴 네가 떠나자마자 그들의 개에 변화가 생겼습니다. 다른 사람들은 별로 눈치채지 못하였지만, 저는 마틴 가족이 떠난 뒤 3주 동안 그 개가 제게 한 번도 오지 않은 것 그리고 거의 볼 수가 없는 것이 이상하다고 여러 번 말하였습니다. 스콧 가족이 개들을 먹이기로 했는데, 개는 그 집에도 가지 않았고, 선교부 구내에 있는 한국인 집 가운데 한 곳에서 얻은 음식 찌꺼기를 먹고 있었습니다. 바커 가족은 힐튼 네 개를 돌보고 있었고, 그들이 떠날 때 한국인 중 한 여성에게 많은 개 사료를 주고 갔지만 그녀는 개가 전혀 먹지 않는다고 말하였습니다. 바로 그다음 날, 누군가가 선교지부 구내 뒤편에 있는 큰 묘지에 올라갔다가 개들이 시체를 파서 먹고 있는 것을 발견하였습니다. 물론 개들은 충분히 쉽게 그것을 파헤칠 수 있어요. 아이들은 전혀 관 없이 묻히고 때로는 더 나이 든 시체도 그렇게 묻히는데 그 위로 약간의 흙만 흩뿌려지기 때문이에요. 흙으로 전혀 덮여 있지 않은 경우도 종종 있고요. 그 이야기를 들었을 때 저희는 어떻게 해야 할지 몰랐어요. 그 개들이 우리 개라는 것도 확실하지 않았고, 개 주인들도 떠나 있었고, 우리는 그 개들을 매우 좋아했습니다. 하지만 그것은 생각하기에도 너무나 끔찍한 일이었고, 또한 저는 개들이 한 번 그런 종류의 일을 시작하면 멈출 수 없기 때문에 즉시 사살되어야 한다고 생각했어요. 어쨌든 그날은 아무것도 하지 않았는데, 그날 밤 개들이 다시 그것을 노리고 있었기 때문에 우리는 개들을 쏴야만 했습니다. 정말 끔찍한 일이 아닐 수 없습니다. 이교도들은 죽은 자들의 무덤에서 온갖 소란을 피우고 그곳에서 제사를 지내며, 그들이 다시 그들의 몸을 사용할 것이라 생각합니다. 그런 사람들이 외국인들의 개가 그런 짓을 했다는 것이 알려지면, 어떤 문제가 생길지 뻔합니다.

저희는 최근에 우리 병원의 직원 가운데 한 명인 중국인에게 큰 실망을 하였습니다. 그는 마틴 의사가 떠나기 직전 그에게 제법 큰 액수의 돈을 빌렸는데, 자신의 아버지가 감옥에 가지 않도록 하기 위해 아버지가 진 빚을 갚아야 하기에 그 돈이 필요하다고 말하였습니다. 그의 부친은 이곳의 중국인 목사님으로서 훌륭한 노인이며, [돈을 빌려 간] 그 사람은 [목사의] 외아들입니다. 마틴 의사와 모든 외국인들은 토착민에게 돈을 빌려주는 것에 반대합니다. 그럴 경우 거의 항상 돈을 돌려받기 힘들고 전혀 해결될 기미도 보이지 않기 때문입니다. 따라서 마틴 의사는 그 목사님이 아니었다면 돈을 주지 않았을 것입니다. 그 후 그 젊은이는 그 돈을 갚기 위해 옌지로 가야 했고 나흘 동안이나 병원으로 돌아오지 않았습니다. 그는 지난 몇 달 동안 몸이 좋지 않다고 불평해 왔으며, 아무 말도 없이 결근을 밥 먹듯 해 왔고, 다시 옌지로 가버려 다른 병원 직원이 그 사람의 일까지 떠맡아 너무 많은 일을 한다고 불평하는 지경에 이르렀습니다. 그는 또한 그 [마틴] 의사에게 5일 안에 돈을 받을 수 있다고 약속했습니다. 약속한 5일이 지났을 때 그는 변명을 늘어놨고, 마틴 의사가 떠나야 할 시점에 이르렀을 때에는 돈을 아직 받지 못하였지만 곧 갚겠다고 말하였습니다. 마틴 의사는 돈이 부족하여 저는 그를 돕기 위해 약간의 돈을 주었습니다. 얼마 시간이 지나서도 왕 씨가 제게 돈 갚는 것에 대해 아무 말도 하지 않자, 저는 그에게 돈에 대해 이야기 하였고, 그러자 그는 마틴 의사가 자기에게 메모를 주어서 두 달 동안 갚을 필요가 없어졌다고 말하였습니다. 그것은 그 사람이 마틴 의사에게 즉시 돈을 갚겠다고 했다는 이야기와 너무 달라서 저는 그의 말을 들었을 때 깊이 의심을 하였습니다. 또한 그 메모에 대한 이야기는 뭔가 옳지 않게 들렸습니다. 하지만 그때 저는 아무 말도 하지 않았습니다. 그가 영어를 잘할 줄 몰라서 저희는 중국어를 하는 우리 한국인 중 한 명을 불러와, 그가 결근이 너무 잦고 또 오후에도 너무 늦게 와서 그가 오기 전에 다른 남자가 대부분의 일을 끝낸다는 것에 대해 면담하는 것을 돕도록 하였습니다. 그러고 나서 저희는 그 한국인을 통해, 늙은 아버지인 왕 목사님이 최근에 그의 아들을 찾기 위해 여러 번 병원에 왔었고, 우리가 어째서 그의 아들을 그렇게 자주 늦게까지 일하도록 하는지 그 이유를 물었다는 것을 알게 되었습니다. 그는 결코 늦게까지 일한 적이 없었고, 그의 아버지가 이곳에 왔을 때 그는 대개 여기에 없었습니다. 그래서 상황은 더 나빠 보였습니다. 김 씨가 가서 그의 아버지와 어머니와 이야기를 나누었는데, 그들은 아들이 옌지에서 돌아올 때까지 그가 돈을 빌려 갔었던 것에 대해 전혀 알지 못했다는 것을 알게 되었습니다. 그는 어머니께 그가 돈을 빌렸다고 말하였지만, 무엇을 위해 그 돈을 빌렸으며 어떻게 그 돈을 써 버렸는지에 대해서는 말하지 않았습니다. 물론 그들은 알고 있을지도 모르지만 김 씨에게는 말하지 않았습니다. 그 불쌍한 사람들은 이 모든 것에 대해 몹시 걱정하고 있으며, 자신들이 그 모든 돈을 갚겠다고 약속했습니다만, 그들은 겨우 먹고 살 수 있는 형편입니다. 그 목사님은 아주 적은 돈만 받는데, 그나마 다 받지도 못할 것입니다. 그 젊은이가 도박을 하든지 아니면 우리가 모르는 어떤 것을 하든지 간에, 도박은 특히 중국의 악습입니다. 그것에 대해 무엇을 해야 하는지 전혀 알 수 없습니다. 병원에 그런 남자를 둘 수 없지만, 저희는 할 수만 있다면 그가 다시 돌아올 수 있도록 돕고 싶습니다. 그는 마틴 의사에게 거짓말하였고, 제게 거짓말하였고, 그의 부모님을 줄곧 속였습니다. 그가 앓고 있는 것은 다른 질병이 아닌 죄책감이라고 생각합니다. 그의 증상은 제가 아는 어떤 질병과도 일치하지 않으며, 그가 어떻게 그렇게 갑자기 아팠다가 갑자기 낫는지 이상합니다. 오늘 오후 저희는 그를 사무실로 불러 근무시간을 좀 더 충실히 준수하라고 경고하였고, 그는 여러 차례 결근한 것에 대해 매우 그럴듯한 변명을 늘어놓았습니다. 저희는 그가 우리 병원의 장비를 가져다가 팔아버리는 것을 원치 않는데, 어떻게 해야 할지 정말 모르겠습니다. 그의 아버지는 아들이 기독교 병원에서 일하는 것을 너무나 기뻐했었어요. 기독교 병원이라면 아들이 유혹의 길에서 벗어날 수 있다고 생각했거든요. 중국인들은 한국인과 다릅니다. 그들 중 기독교인은 거의 없으며, 기독교인이더라도 믿음이 강하지 않고, 더 큰 유혹을 받는 것처럼 보입니다. 왕 씨는 결혼한 지 겨우 몇 달 지났는데, 그의 아내는 묵덴 출신의 매우 상냥한 여성입니다. 그가 이곳에 오기 전에 바로 묵덴의 한 병원에서 일을 하였습니다. 그녀는 영어도 조금 할 줄 알고, 그녀와 시누이는 기독교계 여학교에서 가르치고 있습니다. 그 학교는 용정에서 유일하게 중국인을 대상으로 하는 기독교 학교입니다. 일이 어떻게 될지 모르겠지만, 길을 단단히 잘못 든 그 불쌍한 친구가 다시 돌아오길 바랄 뿐입니다. 그 자신을 위해서라기보다 그의 나이 든 부모님을 위해서요. 우리가 마틴 의사에게 왕 씨에 대한 더 나은 소식을 전하지 못한다면 그는 크게 실망할 것입니다.

유감스럽게도 이 편지는 그다지 유쾌한 편지가 아니었네요. 하지만 밝은 면과 함께 우리는 실망스러운 일도 받아들여야만 하죠. 그래도 좋은 일이 나쁜 일보다 항상 더 많답니다. 저는 최근에, "내 은혜가 네게 족하다."[14]라는 구절을 자주 떠올립니다. 이 구절이 전에는 이렇게 좋아 보인 적이 없습니다. 의지할 수 있는 그런 말씀이 있다는 것이 얼마나 대단한 일인지 깨닫기 전에는 그것에 맞서려고 하는 법이지요.

만약 아버지께서 이 편지를 알렉스에게 그리고 포스터가 에드에게 보낼 수 있다면, 가족 전체가 제 소식을 들을 수 있게 될 것입니다.

한 명 한 명에게 사랑을 담아,
플로렌스

---

14 고린도후서 12장 9절.

용정
1922년 6월 6일

집에 있는 사람들에게,

어머니께서는 2주에 한 번 이상 제게 편지가 오지 않는다고 하시며, 제가 그 이상 편지를 쓰지 않고 있거나 아니면 일부가 분실되고 있는 것 같다고 말씀하셨어요. 저는 분명히 2주에 한 번보다는 더 편지를 써 왔기 때문에 후자가 아닐까 싶습니다. 그래서 지금부터는 제 편지에 번호를 매길까 합니다. 그러면 만약 분실된 편지가 있다면 어머니는 번호를 통해 아실 수 있을 거예요. 이 편지가 1번이 될 것이며, 다음 주 편지가 2번이에요. 분실된 것이 있다고 여겨지시면 번호를 확인해 주세요. 제가 이 편지를 하루 늦게 쓰고 있습니다만, 그렇다고 일주일 통째로는 아닙니다. 어제 저는 아버지와 어머니 그리고 알렉스로부터 멋진 편지를 받았어요. 집에서부터는 정기적으로 [편지가] 오고 있지만, 알렉스의 편지는 남자아이들에게 받은 것으로서는 3주 만에 받은 것이었습니다.

네, 저는 *Canadian Medical Journal*을 받고 있습니다. 몇 호를 받았고, 또한 *Montreal Witness*의 첫 번째 호가 어제 도착했는데, 구독 신청되었다는 편지가 들어 있었어요. 어머니께 정말 감사드립니다. 이제 저는 의사를 위한 신문도 받고 있으므로, 신문을 잘 구비하게 되었습니다.

제가 집으로 샘플로 몇 벌 보내드렸던 그 송도[15]의 학교에서 만든 옷이 얼마냐고 물어보셨어요. 정확히는 기억나지 않는데요, 그들이 매우 합리적인 가격에 팔고 있었던 것 같습니다. 상품은 정말 좋아요. 닳을 때까지 절대 색이 빠지지 않는 것은 장담합니다. 한국뿐 아니라 일본과 중국 등 아시아 전역의 많은 사람들이 그 옷을 삽니다.

제가 보내드리는 편지봉투에 쓰인 한자는 '캐나다'입니다. 봉투에 그 글자가 쓰여 있지 않아도 제시간에 편지를 받을 수 있겠지만, 쓰여 있다면 더 빠르게 그리고 더 확실하게 배송됩니다. 부모님께서 보내주시는 모든 편지는 이곳에 도착하기 전에 모두 [봉투 위에] 한자가 쓰입니다. 더 큰 중심지의 큰 우체국에는 모두 영어를 읽는 직원이 있는데, 그들이 영어를 읽지 못하는 작은 지역의 직원을 위해 [봉투 위에 지명을 한자로 쓰는] 일을 합니다.

빅토리아 제너럴 병원에서 더 이상 5년 차 의학생을 받지 않는다니, 포스터를 대신해 유감스럽네요. 하지만 물론 그것은 그 병원과 의료진이 일류기관으로 자리 잡기 위해서라면 적절한 일로 보입니다. 포스터가 의학적인 일을 좀 하기를 바랍니다. 노바스코샤 병원에는 종종 자리가 있어요. 포스터가 일반 실습을 다른 곳에서 하기로 결정하지 않는 한 그는 내년에 병원 스태프가 될 것입니다.

네, 랭길 부인이 보내준 달력 잘 받았고, 매우 즐겁게 사용하고 있습니다. 그 달력을 제 침실에 두었고, 아침에 일어나면 하루의 첫

---

15 '송도'(Songdo, 松都)는 지금의 개성을 일컫는다. 송도는 남감리회의 선교구역으로서 1920년대에는 남감리회에서 설립한 미션스쿨들이 있었다.

번째 일과로서 구절을 읽고 옷을 입는 동안 묵상해요. 그리고 같은 구절을 읽는 집의 동료들도 종종 그렇게 하고 있습니다.

지금 가족들이 살고 있는 곳이 레이체 만(Leitche Creek)인지 레이체스 만(Leitche's Creek)인지 좀 가르쳐 주세요. 제가 받은 편지에는 두 가지 표기가 번갈아 사용되고 있어서, 저는 아직도 어느 것이 맞는지 모르겠습니다. 부모님이 오리어리(O'Leary)를 떠나셨을 때, 더 나은 이름의 주소를 갖게 되어 제가 집에 보내는 편지 봉투에 그 이름을 쓰게 될 것이라 생각했어요. 하지만 저는 이전보다 나아진 것이 없습니다. 오리어리에서는 적어도 독특한 무언가가 있었지만, 어떤 오래된 장소도 '만'(Creek)이 될 수 있고 사실 나라의 일부 지역에서는 굉장히 흔하잖아요. '레이체' 자체도 그다지 예쁜 이름은 아니지요. 지금 제가 살기 위해 선택한 곳은 이름이 3개나 있습니다. 그래서 하나가 마음에 들지 않으면 다양한 선택지가 있어요.

제가 궁금한 또 다른 것이 있는데요, 바로 이것입니다: 알렉스는 왜 그렇게 자주 로크포트에 가나요? 그가 예전에 있었던 선교지로 돌아가고 돌아가고 돌아가고 있던 것을 저는 전혀 알지 못했어요. 집에 있었을 수도 있는 한 주일 내내 머물렀던 것은 말할 것도 없고, 심지어 가기 일주일 전과 갔다 와서 일주일 후까지도 자신의 누나에게 편지 쓰는 일도 잊어버린 채로 말이에요. 만약 이유를 알고 계시면 제게도 알려 주세요.

[이곳] 날씨에 대해 제가 들은 바와 달리, 저희는 기분 좋은 시원한 날들을 보내고 있습니다. 저는 아직 [산책을] 시도할 적절한 날을 찾지 못했지만, 저녁은 대개 상쾌해요. 비록 갈 곳도 없고 또 같이 갈 사람도 없을 때에는 그러한 상쾌함이 별반 차이를 만들어 내지

못하지만 말입니다. 스콧 가족만이 우연이라도 함께 [산책] 할지 모르를 유일한 사람들이라는 것을 분명히 알고 있을 때에는 현관 계단에 앉아 있는 것이 격렬한 흥분으로 이어지지 않습니다.

저는 보통 우울한 생각에 젖지 않고 또한 앞서 말한 현관 계단에 대한 생각을 하지도 않지만, 캐스 양과 페일소프 양이 떠난 오늘은 예외입니다. 저는 그들이 안식년을 떠나는 것을 보며 매우 기뻤지만, 오늘 밤에는 집이 약간 비어 있는 느낌이네요. 저는 [마틴] 의사네 집에 있는 제 마지막 물건을 가져와 빈방 중 하나에 놓았고, 내일이면 저만의 침실과 서재를 갖게 되면서 마침내 정착하게 될 것입니다. 이제 제가 외롭다는 생각은 하지 마세요. 저는 원하는 만큼 바쁘고 이전처럼 일을 즐기고 있기 때문입니다. 또한 이 편지가 도착하기도 전에 저는 [원산] 해변에서 최고의 즐거움을 만끽하고 있을 거예요. 저는 제 최신 유행 옷을 자랑하고 노란색과 검은색으로 된 수영복을 뽐내며 제 인생 최고의 시간을 보내고 있을 것입니다.

저는 일과 관계된 몇몇 문제들을 해결하느라 시간을 보내고 있었는데 지금은 대부분 해결되었습니다. 회계는 [마틴] 의사가 두각을 드러낸 분야가 아니었고, 다행히 화이트로 양이 대부분 맡고 있습니다. 그러나 그녀가 신경 쓸 필요가 없던 몇 가지가 있었어요. 그중 하나는 안경 주문이었습니다. 저희는 여기서 눈 검사를 하지만 안경은 베이징에서 주문해요. 주문했던 안경 몇 쌍이 [마틴] 의사가 떠난 뒤 배송되어 오는데, 누구를 위한 안경인지 아무도 모릅니다. 또한 여기에 안경을 필요로 하는 다른 사람들이 있는데, 그들의 안경이 도착했는지 않았는지도 모릅니다. 그것은 작은 혼동이었는데 저는 지금 새롭게 시작하고 있으며, 방금 도착한 세 쌍의 안경은 누구의 것인지 정확하게 알고 있습니다. 안경 청구서 역시 같은 상태예요. 제가 이 매듭을 풀어야 하는데, 다시는 일이 이렇게 되지 않도록 하리라 다짐하였습니다.

저희는 병원 지붕에 타르 칠을 두 번이나 했는데도 아직도 꽤 심각하게 물이 샙니다. 올해 연례회에 새 지붕을 위한 견적서를 제출할 예정인데, 언제 받을 수 있을지 모르겠습니다. 병원 건축 당시 임시 지붕만을 얹었던 것으로, 처음부터 상태가 좋지 않아서 한동안 물이 새고 있었습니다. 저희는 지금 배수구를 파서 건물 측면으로부터 물을 빼내고 있어요. 예전에는 그곳을 통해 지하로 물이 들어갔는데, 지금은 물이 들어차지 않습니다. 안 그랬다가는 그곳의 모든 전기 기구가 망가질 거예요. 배관도 그리 만족스러운 상태는 아닙니다. 모든 배관이 하나로 연결되어 있지 않아 매우 불편합니다. 또한 가지는 한국인들과 중국인들은 외국 배관을 어떻게 사용하는지 모른다는 것입니다. 그들은 모든 종류의 물건을 대야나 바닥에 내려놓아 늘 우리를 곤경에 빠뜨리고요, 한편 그 방들이 너무 더러워서 우리 건물에 그런 장소가 존재한다는 생각만으로도 부끄러워질 지경입니다. 사택과 병원의 우리 정원은 아직 비가 오지 않았음에도 잘 가꿔지고 있어요. 며칠 전에 작은 무를 조금 뽑았고, 상추도 비록 그 잎의 크기가 1/4 밖에 안 되지만 여러 차례 수확했어요.

어젯밤 여성들이[캐스 양과 페일소프 양] 떠나기 전에 스콧 가족이 와서 차를 마셨어요. 그래서 보다시피 저희는 여전히 신나는 일을 하고 있답니다. 그들은 한국인들로부터 큰 배웅을 받았어요. 일요일 밤에는 교회에서 증정식이 있어서, 여러 지역에서부터 온 족자와 그리고 다른 종류의 수많은 개인적인 선물을 받았어요. 그들은 약 세 벌의 한복을 받았고, 페일소프 양은 족자만 8개 받았다고 하더군요. 캐스 양은 이곳에 온 지 얼마 되지 않았고, 이곳에 있는 동안 학교일도 일부 하였기 때문에 페일소프 양만큼 잘 알려지지 않았습니다. 오늘 아침 집은 작별인사를 하러 온 여성들로 가득 찼습니다. 약 140명 정도의 여학생이 행진해 와 노래를 몇 곡 부르고 나서 모두 함께 절을 했어요. 밝은색 옷을 입고 검은색 머리를 한 그들이 행진하는 모습이 참 예뻤습니다. 캐스 양은 바커 부인이 떠난 이후로 그들의 교장이었습니다.[16] 그녀는 줄곧 그들을 가르쳤어요. 그들은 짐을 먼저 중국 마차에 실어 보냈고, 자신들은 베이징 마차를 탄 채 오전 10시에 출발했습니다. 지금 도로 상태가 매우 안 좋고 끔찍하게 거칠어요. 바커 부인은 떠날 때 회령에서 며칠간 앓았습니다. 저는 여기에서 바커 씨의 전화를 여러 번 받았는데, 하루는 다음 날 일찍 회령으로 떠나야겠다고 생각할 정도였어요. 하지만 바커 부인이 나아지고 있다는 전언이 왔고, 그다음 날에는 더 좋아졌다는 보고가 왔습니다. 이상하게도 일이 겹쳐서 일어나는 것 같을 때가 있지 않나요? 제가 바커 씨의 또 다른 전화를 기다리고 있던 바로 그날, 여기에서 네댓 시간쯤 떨어진 시골 어느 곳에서 한 여성이 죽어 간다며 보러 와 달라는 긴급 전화가 걸려 왔어요. 저는 대신 회령에 가야 할지도 모르기 때문에 갈 수가 없었고, 그렇지 않다고 해도 제가 하는 말의 많은 부분을 그들이 알아듣지 못할 것이기 때문에 제가 가더라도 크게 유용할 것 같지 않았어요. 그렇다고 저희가 한국

---

16 여기서 언급되는 여학교란 캐나다 장로회 선교부가 용정에 설립·운영하고 있던 명신여학교를 일컫는다.

인 간호사 혼자 가라고 할 수도 없는 노릇이었어요. 왜냐하면 시골의 낯선 집에 그녀가 가는 것은 지역사회의 스캔들이 될 것이기 때문입니다. 그래서 결국 화이트로 양과 이(李) 간호사 둘 다 갔고, 다음 날 얼굴이 마치 삶은 바닷가재처럼 빨개지고 다른 부분은 익히지 않은 바닷가재처럼 파랗게 되어 돌아왔습니다. 그러나 그들은 그곳에 간 것만으로 그 여성의 생명을 구했어요. 그들이 그곳에 도착했을 때 그 여성은 죽음에 꽤 가까웠습니다. 사람들은 우리에게 그렇게 먼 시골까지 와 달라는 요청을 자주 하지 않으며 우리도 가는 습관을 들이지 않는데, 이번 요청은 매우 다급했어요. 그리고 그들은 간 것을 기뻐했습니다. 물론 우리에게 큰 수술이 있었다면 가지 못했을 것입니다.

현재 병원에 흥미로운 환자가 있어요. 한 중국인이 우물에 머리부터 떨어져 두개골이 골절된 경우였습니다. 우리는 다소간 치료했지만 그가 죽을 것으로 예상했는데, 그는 곧 나아지기 시작하더니 병원에 온 지 4일이 지난 지금까지도 여전히 이곳에 있습니다. 그가 이겨낼 것 같아 보여요. 13명의 동료들이 그를 널빤지에 실어 병원에 데리고 왔고 그가 치료받는 동안 기다리고 있었습니다. 비록 병실에 그들 중 한 번에 10명 넘게 있었던 적은 없다고 생각되지만요. 그들은 밤낮으로 그를 보살피고 있는데, 그들 중 보통 세 명 정도가 교대로 있습니다. 말해도 소용이 없는데, 그들은 그들만의 좋은 점이 있고 건장한 인종입니다. 그 사람들 중 몇몇은 훌륭한 근육을 가지고 있어요. 어제는 병원에 너무 예쁜 중국 남자아이와 여자아이가 왔었습니다. 저는 카메라를 갖고 내려와 그 아이들 사진을 찍어 부모님께 보내드렸으면 하고 바랐답니다. 그 작은 여자아이의 볼은 장

미꽃처럼 붉었고 두 아이 모두 어떤 아이에게서도 보지 못한 고운 이목구비를 가지고 있었어요. 그들은 아이들이 할 수 있는 한 최고로 깨끗하고 단정했습니다. 여러분이 그들을 볼 수 있기를 바랐을 뿐입니다.

오늘 중국인 목사의 사모와 작은 두 딸이 우리를 방문하였습니다. 그 아이들도 귀여운 아이들인데, 저는 그들의 사진을 찍었어요. 언젠가 곧 제가 그 사진의 현상과 인화를 마치면 보실 수 있을 거예요. 그들은 한국어를 할 줄 몰라서 우리의 작은 중국인 간호사를 병원에서부터 데려와 통역을 하도록 했어요. 그들은 왕 사모님이 아팠을 때 그녀를 위해 우리가 해 준 것에 대해 감사를 하러 왔어요. 지난겨울 우리는 모두 그녀가 죽을 것으로 생각했지요. 하지만 그녀는 다시 크게 회복되었고 이전처럼 돌아다니고 일을 할 수 있게 되었어요. 그녀는 저희에게 중국 떡 몇 개와 캔 몇 개를 가져다주었는데, 화이트로 양이 받아놓아서 저는 아직 보지 못했어요. 우리는 그들에게 차를 대접했는데, 우유나 설탕이 들어가지 않은 진짜 중국 스타일로 차를 탔어요. 그리고 그들이 돌아갈 때는 길의 일부를 함께 걸었습니다.

지난주 편지에서 병원의 중국인 직원 왕 씨가 우리를 실망시킨 일에 대해 말씀드렸던 것 같아요. 오늘 오셨던 분이 그의 어머니세요. 왕 씨도 잘 하고 있습니다. 우리는 비서로 하여금 그와 진지한 대화를 나누게 하였고, 그는 자신이 어리석게 행동했고 나쁜 친구들과 어울렸던 것을 인정했어요. 불쌍한 친구. 그렇게 되기 쉽지요. 그는 이 도시에서 유일한 기독교인 청년입니다. 그는 자신이 한 일에 대해서 그리고 부모님께 너무 많은 걱정을 끼쳐 드린 것에 대해 미안해하고 있는데, 그래서 조짐이 좋아 보입니다. 저희는 모두 그를 도우려 노력하고 있고 그가 바른길로 나오기를 바라고 있습니다.

산적에 대해서는 더 이상 들은 바가 없습니다. 비록 그들이 여전히 언덕을 배회하며 불쌍한 농부들을 도적질하고 있다는 것에는 의심의 여지가 없지만 말입니다. 농부들은 힘든 시간을 보내고 있습니다. 산적과 군인 사이에서 그들은 대부분의 농작물과 닭과 같은 것들을 모조리 잃을 가능성이 충분히 큽니다. 그들 중 많은 이들이 농사의 어려움으로 용정[17]으로 몰려들고 있어요. 그 결과 만약 할 만할 일이 많지 않다면 큰 어려움이 따르게 될 것입니다. 이 도시는 매우 놀라운 속도로 건설되고 있어요. 제가 온 이후로도 큰 변화가 눈에 띕니다.

음력 5월 5일은 중국인들에게도 한국인들에게도 설날을 제외하고는 일 년 중 가장 큰 명절이에요. 이날은 옛날 어떤 위대한 중국인을 기념하는 날인데, 스포츠와 게임의 날입니다. 실제로 '단오'로 불리는 이날의 준비는 며칠 전부터 시작됩니다. 모든 상점들이 문을 닫아요. 모두가 휴일입니다. 남학교[18] 아이들은 여러 학교가 모여 큰 체육대회를 여는 명동으로 나갔어요. 그 아이들은 나머지 학교[의 학생들]보다 실력이 좋아서 그들과 경쟁할 수 없었고, 그저 참관만 했습니다. 그들은 멋진 스타일의 머리 밴드를 하고 갔고, 심지어 하룻밤 동안 친절한 마을 사람들에 의해 대접받았습니다. 용정에서는

---

17 원문에는 중정(Jongjung)으로 되어 있으나, 문맥상 용정(Yongjung)의 오기로 보인다.

18 머레이 선교사가 앞뒤 설명 없이 'The Academy'로 부르고 있는 남학교는 캐나다 장로회가 용정 선교지부 안에 설립해 놓은 은진중학을 일컫는다.

일곱 개의 학교가 참가한 일련의 경주가 있었습니다. 첫날은 전적으로 경주에 전념했어요. 둘째 날은 모두가 무료로 참가하는 씨름대회가 있었는데, 가장 많이 넘어뜨린 사람에게 돌아가는 상은 황소였습니다. 이곳 교회학교[19] 소년들이 쉽게 이겼습니다. 사실 그 아이들은 다른 모든 학교보다 한참 앞서 있었는데, 다른 학교들은 교회학교 팀에 은진중학교 학생이 껴 있다는 것을 증명하려 노력하면서 꽤 소란을 피웠습니다. 교회학교 측은 정정당당히 경기했다는 입장을 고수했고, 결국 은진중학교 출석부를 가져와 교회학교 참가자 명단에 [은진중학 학생] 이름이 없는 것을 확인시켜준 후에, 그리고 참가 학생 이름이 모두 교회학교 출석부에 기재되어 있음을 확인시켜 준 후에야 상품인 족자를 건네받았습니다. 소년들은 그것을 들고 마을을 행진했는데, 그들의 환호성은 마치 고향에서 이와 비슷한 상황 때 들릴법한 소리와 꼭 닮아 있었습니다. 화이트로 양과 저는 저녁에 잠시 나가 보았어요. 사람이 굉장히 많았고, 분명 모두가 즐거운 시간을 보내고 있었습니다. 작은 공연들도 있었어요. 바닥의 구멍 위에 커다란 솥단지를 올린 천막 식당들, 음식을 퍼내기 위한 커다란 국자, 그리고 솥 근처 땅바닥에 쪼그리고 앉아 흔치 않은 진수성찬을 먹고 있는 배고픈 군중들. 참 단순한 삶입니다. 고향의 사람들은 그것이 무엇을 의미하는지 전혀 모를 거예요. 그네가 하나 있어서 굉장한 이목을 끌었습니다. 그네를 타는 사람은 거의 모두가 한국인 소녀들이었는데, 그들은 감탄사를 연발하는 중국인들에 의해

---

19 '교회학교'란 캐나다 선교부가 운영하는 은진중학이 아니라, 한인 교회에서 운영하는 남학교를 일컫는다.

줄곧 둘러싸여 있었습니다. 소녀들이 그네를 탄다는 것에 충격 받은 한국인은 한 명도 없는 것 같아 보였어요. 사탕과 다른 맛있는 것들을 파는 노점상이 섰고, 우리에게는 50센이 있었지요(저희는 보통 돈을 들고 다니지 않아요.). 휴일 기분에 흠뻑 젖은 우리는 우리 돈의 일부를 써 버리기로 결정했어요. 그래서 한 곳에서 5센 어치의 사탕을 샀고, 다른 곳에서 7센 어치를 샀어요. 그리고 저는 어느 노점상에서 분홍색 깃털로 장식된 최고로 멋진 부채를 보았고 그것을 반드시 사야만 했습니다. 그 부채는 우리 돈으로 정말 10센트밖에 되지 않았어요. 이것저것 구매하여 집에 돌아올 때 현금이 바닥나 있었지만, 마치 서커스에 갔다 오는 어린아이 같은 기분이었습니다. 고향에 있을 때도 같은 종류의 어린아이 같은 경험을 한 석이 있었어요. 우리의 보물을 보여주자 가족의 다른 구성원들은 우리가 돈은 있지만 똑똑하지 않은 게 분명하고 칭찬하는 말에 넘어갔다는 둥 하였지만, 저희는 돈을 잘 썼기에 그 말을 신경 쓰지 않았었지요. [행사 주최 측] 사람들은 단을 두 개로 대충 나눴는데, 매우 가파르고 사이가 굉장히 듬성듬성하게 난 사다리를 타고 올라가면 거친 판자 바닥에 앉아 운동장에서 펼쳐지는 경주와 사람들 머리 위를 굽어볼 수 있었어요. 물론 그날 저희는 행사에 참여하고 있어서 한동안 올라가 있었지만, 바닥에서 다른 사람들 사이에 있는 것이 훨씬 더 재미있었어요. 그들은 그렇게 경주를 마쳤습니다. 결승선에는 대여섯 명의 남자들이 서로 다른 색깔의 깃발을 들고 서 있었어요. 빨간색은 가장 먼저 들어온 소년을 위한 것이었고, 두 번째로 들어온 소년을 위해서는 다른 색깔 등등 하는 식이었어요. 1등 한 소년은 빨간 깃발을 든 남자의 팔을 잡고 천막으로 향했고, 거기에서 이름이 적

혔습니다. 그다음은 파란색, 그다음은 노란색 등이었어요. 저는 그 행사에서 정말 즐거운 시간을 보냈고 벌써부터 내년이 기대되고 있습니다. 즐겁게 즐기는 사람들을 보는 것 자체가 하나의 흥미로운 볼거리였어요. 저에게는 경주보다 [사람들 보는 게] 훨씬 더 흥미로웠습니다. 사람들은 마치 [프린스에드워드] 섬의 사람들이 차 마시는 것을 즐기러 가는 것처럼 일찍 와서 늦게까지 머물렀는데, 오히려 훨씬 더 활기차고 진심으로 즐기고 있었어요. 돼지로 가득 찬 간이식 돼지우리 위에서 스포츠를 즐기고 있는 한 무리의 소년들도 보았습니다. 기둥이나 혹은 기둥과 기둥 사이를 연결하는 가느다란 나무 위에 편안하게 걸터앉아 있는 사람들도 있었는데, 그들도 행사를 보고 있었습니다.

저희 병원에 머리카락을 등 뒤로 늘어뜨린 완전한 이교도 소년이 왔는데, 그 아이가 병원에 온 이후로 변태를 겪고 있습니다. 여러분도 아마 한국인 남성들이 결혼하기 전까지는 머리카락을 등 뒤로 늘어뜨리고 있다가 결혼 후에는 머리를 올려 국가적인 상투를 틀었다는 것은 알고 계실 거예요. 이 소년은 15살이었고 결혼하지 않은 게 분명했습니다. 그는 팔꿈치에 골유착이 있어서 완전히 일직선이 된 팔을 가지고 있었어요. 제가 그 팔을 수술하였고, 그는 이제 움직일 수 있는 관절을 갖게 되었습니다. 여기서 며칠을 지내며 도시에서 일이 어떻게 돌아가는지 본 뒤, 그는 자신의 긴 머리카락을 잘랐어요. 그 이발사가 세계에서 가장 훌륭하게 일을 해냈다고는 할 수 없지만, 어쨌든 검은 머리가 사라졌습니다. 그다음 그를 보았을 때 저는 거의 못 알아볼 뻔했어요. 기독교인이 되는 첫 번째 징후는 긴 머리가 사라지는 것입니다. 기독교인이 된 뒤에도 상투를 계속 고집

하는 것은 오직 극소수의 노인들뿐입니다.

이제 그만 마치고 아침을 먹으러 가야 할 것 같아요.

모두에게 사랑을 담아,

플로렌스

2번

용정

1922년 6월 12일

가족들에게,

　지난주부터 저는 제 편지에 번호를 매기기 시작했어요. 그래서 이
제부터 여러분은 모든 편지를 받고 있는지 아닌지 알 수 있을 거예
요. 이 편지가 2번입니다. 번호를 눈여겨 봐주세요.

　지난주에 편지를 쓴 직후, 저는 아버지, 어머니, 알렉스 그리고
애나로부터 또 다른 훌륭한 가족 서한을 받았습니다. 다른 남자아이
들로부터는 소식을 들은 지 한 달이 되었습니다. 하지만 집에서부터
는 매우 정기적으로 편지가 오고 있어요. 단, 찰리에게서는 전혀 소
식이 없네요. 찰리가 지금은 시험 때문에 열심히 공부하고 있을 것
이 틀림없는데, 곧 시간이 좀 더 생기겠죠.

　어머니께서 요즘 많이 편찮으시다니 매우 안타깝습니다. 따뜻하
고 좋은 날씨가 되었으니 감기와 신경통을 모두 떨쳐버리고 다시 건
강과 활기를 되찾을 수 있기를 바랍니다. 만약 애나가 집에 있다면
그 아이가 당분간 [집안] 일을 책임지고 어머니를 [프린스에드워드]
섬으로 휴가 보내드릴 수 있을 것입니다.

　저희는 여전히 매우 건조한 날씨를 보내고 있습니다. 10분에서 15
분 정도 지속되는 소나기가 몇 차례 내렸으나 먼지를 가라앉히기에

는 역부족이었습니다. 작년에는 너무 건조해서 농작물이 거의 흉작이었는데, 올해도 지금까지는 거의 비슷한 상황입니다. 물론 아직은 폭우가 내릴 시기가 아니지만, 만약 빨리 비가 내려주지 않는다면 곡식이 잘 자라지 못할 것입니다. 날씨는 그렇게 덥지 않고, 사실 아직 제법 쾌적합니다. 저희는 저희 정원에서 무와 상추를 재배해 먹고 있습니다. 중국인들은 채소를 잘 키우는 사람들인데, 그들이 어떻게 하는지 모르겠습니다. 지금 시기 이곳에는 아주 멋진 야생화들이 핍니다. 어제 우리 직원이 야생 모란을 꺾어왔고, 오늘은 병원 직원 중 한 명이 야생 장미를 크게 한 다발로 제 방에 놓았습니다. 제가 모르는 다른 여러 종류의 꽃이 있는데, 그중 몇 가지는 매우 예쁩니다.

얼마 전 제가 장로회 출판사에 이곳에서의 경험담을 보냈었는데, 최근에 편지가 왔어요. 원고에 감사하고, 곧 실릴 것이며, [경험담을] 더 보내달라고요. 하지만 아버지의 이야기와는 달리 돈에 대해서는 아무 말도 없었어요. 비록 제가 원고를 보낼 때 돈에 대해서는 생각하지 않았었지만 말입니다. 저는 단지 이곳에 나와 있는 우리가 일도 하고 재미있게 보내기도 하며, 이 모든 것이 가치가 있다는 것을 사람들에게 알리는 것이 나쁘지 않을 것이라는 원론적인 생각에 글을 썼습니다.

저희는 방금 R. P. 맥케이 박사로부터 심각한 적자와 국내의 긴급한 재정 상황에 대해 이야기하는 편지를 받았어요. 상황이 그다지 밝아 보이지는 않네요, 그렇죠? 만약 저희가 매 순간 모든 것의 가격을 생각하지 않아도 된다면, 또한 이 가난한 사람들에게서 마지막 1센트까지 짜내려고 노력하지 않아도 된다면, 더욱 재미있게 일할 수 있을 것 같습니다. 사람들에게 매우 힘든 일임을 알고 있음에도 그들에게 일정 금액을 지불하도록 주장해야만 하는 것이 가장 처절하게 비열한 일로 느껴지지만, 우리의 예산이 너무 촉박하게 운영되고 있어서 지난달에는 겨우 8엔 또는 4달러의 잔고만 남았을 뿐이에요. 입출금에서 그다지 마진이 남지 않습니다. 많은 환자들은 지불 능력이 전혀 없고, 무료로 치료 받은 사람이 일부 있다는 이야기를 들은 다른 환자들은 꼭 지불해야 하는 경우가 아니라면 자신들도 역시 똑같이 돈을 내지 않기를 원합니다. 물론 저희는 누가 지불 능력이 있고 누가 없는지 항상 알고 있는 것이 아닙니다만, 의심할 여지 없이 많은 사람들이 적어도 조금은 지불할 수 있을 것입니다. 본인의 치료비나 가족의 치료비를 낼 수 없다고 말하는 사지 멀쩡한 남성이 너무 많아서 놀랐습니다. 건강한 남자가 왜 일을 할 수 없고 돈을 벌 수 없냐고 제가 물었을 때, 매우 운이 나빴다는 이야기가 많이 돌아옵니다. 중국 산적 떼와 불경기, 흉작, 그리고 높은 세금 사이에서 그들 중 많은 이가 충분히 힘든 시간을 보내고 있습니다. 도적 떼와 군인이 먹을거리를 빼앗아서 더 이상 산에 살 수 없게 된 사람들이 지금 용정에 수많은 집을 짓고 있고, 그래서 이곳에는 지금 일거리가 부족합니다. 오늘 한 남성이 우리가 얼마 전 그를 위해 베이징에 주문한 안경을 찾으러 왔습니다. 그는 기존에 2엔을 지불하였는데 1엔만 더 가져왔어요. 안경은 8엔인데 말이지요. 그는 그 이상 돈을 가져오지 않았기 때문에 우리는 그가 낸 돈에 만족하고 그에게 안경을 내줘야 한다고 생각했어요. 그런 경우가 너무 많아요. 그는 눈이 매우 나빠서 그 안경 없이는 거의 아무것도 볼 수 없기 때문에 분명 돈을 내는 것이 무척 힘들 것입니다. 하지만 우리가 만약 그에게 3엔에 안경을 준다면 누구도 그 이상 지불하려 하지 않을 것이기 때문에, 우리는 그에게 가서 나머지 돈을 모으는 노력을 한 후에 다시 안경을 가지러 오라고 말했습니다. 우리가 늘 스스로를 살아 있는 최악의 늙은 스크루지 같다고 경멸할 정도이지만, 그렇게 해야만 합니다. 그렇지 않으면 우리는 일을 전혀 계속해나갈 수 없습니다. 우리가 그들이 사는 진흙 오두막보다 훨씬 크고 좋은 집에 사는 것을 보면서 한국인들은 자연스럽게 우리가 돈이 굉장히 많고 또한 그들이 이해하지 못하는 방식으로 우리가 비열하다고 결론짓습니다. 우리 직원들은 우리가 지켜보고 있지 않으면 그들이 듣는 모든 불운한 이야기에 굴복해버리고 말 것이기 때문에, 우리는 그들이 돈을 제대로 받고 있는지 항상 살펴봐야 합니다. 그들이 우리의 관점에서 사물을 볼 것이라고 기대하는 것은 거의 불가능하지만, 고향의 사람들은 우리 일꾼을 때때로 온전한 축복으로 여기지 않을 것입니다. 진흙 바깥으로 1cm도 안 되는 회반죽이 덧대있는 벽은 종이에 매달려 있고, 한때 기름 캔이었던 깡통 조각 몇 개가 [그 벽이] 사람 머리 위로 무너지지 않게 못질되어 있는 그런 집을 본다면, 전혀 호화롭지 못하다고 여길 것입니다. 관점 차이가 큰데, 관점을 조화시키는 것이 어려워 보입니다.

아버지께서는 블라디보스토크에 한국인이 많이 사는지 여쭤보셨습니다. 그곳의 러시아인 마을에서 조금 떨어진 곳에 한인 마을이 있습니다. 러시아에는 수천 명의 한인들이 사는데, 더 많은 한국인들이 계속 북쪽으로 이동하고 있습니다. 한국인들은 이곳으로도 매일 [이주해] 오고 있습니다. 그리고 그들 중 많은 사람들이 힘든 시간을 보내고 있습니다. 어제는 일을 찾고 있는 한 가족을 보았습니다. 평양에서 왔는데, 그들이 여기에 도착했을 때 돈이 부족해 짐은 세관을 통과시킬 수 없었고, 그래서 한국 국경에 놓아두어야만 했습니다. 그들은 시골 지역에서 학교 교사가 될 수 있기를 희망하고 있습니다. 사실 그들은 높은 자격을 갖춘 교사는 아니지만 시골 사람들은 종종 어떤 종류의 교사든 오면 좋아합니다. 한국에서는 그런 사람들이 가르치는 것이 허용되지 않지만요. 남성과 그의 아내는 둘 다 교육을 꽤 잘 받았고, 화이트로 양과 한국인 간호사 중 한 명이 그들에게 짐을 찾아올 수 있을 만큼의 충분한 돈을 주었고, 다른 누군가는 그들이 일거리를 찾는 것을 도와주고 있습니다. 교회 사람들은 그런 종류의 사람 누구에게라도 매우 잘 대해주고, 그런 사람들을 돕다가 많은 어려움을 겪기도 합니다. 목회자들도 마찬가지인데요, 특히 나라 밖에 사는 목사들은 동포들에게 큰 책임감을 가지고 있습니다. 그들은 종종 수십 리 떨어진 곳에서 아픈 사람들을 병원으로 보내오거나 데려오는데, 그 환자가 돈을 낼 수는 없지만 치료받아 마땅한 사람이며 우리가 무료로 그를 치료해 주길 바란다는 편지를 첨부합니다.

네, 푸트 부인이 동쪽으로 돌아오는 것을 원치 않는다니 참 안 된 것 같습니다. 이곳 사람들이 말하길, 푸트 의사는 너무 오랫동안 혼자 지내서 정말 다르다고 해요. 그렇게 살아야만 했기 때문에 그는 자신을 위해서 다른 모든 사람들로부터 스스로를 완전히 차단했습니다. 그는 식탁에서 거의 말을 하지 않으며, 식후에는 자신의 방에 올라가 사회적인 인간에게는 건강하지 못한 방식으로 나머지 시간 내내 틀어박혀 있습니다. 어쩌면 그가 안식년 중 그런 것을 극복했을지도 모르겠지만, 그가 돌아온 이후로 저는 그를 본 적도 들은 적도 많지 않아요. 그런데 이곳 사람들은 그가 이 선교지부에 있던 내내 그들 앞에서 드러낸 외로움과 묵살을 개탄하고 있었습니다.

어머니께서 제가 보내드린 옷깃이 마음에 들었다니 기쁩니다. 남자아이들이 그것을 편지에 넣어서 봄이 오기 전에 보냈을지도 모르겠습니다. 어머니께서는 제가 이곳에서 좋은 것을 구할 수 있어서, 어머니께서 보내주신 것을 좋아하지 않을지도 모르겠다고 말씀하셨어요. 반대예요. 이곳에서는 누구라도 중국 옷깃을 가질 수 있습니다. 저는 없지만. 하지만 고향에서 유행하는 최신 옷깃은 모두가 가질 수 있는 것이 아니에요. 그래서 [어머니께서 보내주신] 그 옷깃이 훨씬 더 가치 있는 것으로 여겨지고 있습니다. 그러니, 저는 감사하고 있으며 해변에서 그 옷깃으로 멋진 돌풍을 일으키기를 기대하고 있습니다. 아무튼 용정에서는 그런 것을 구하지 못하고요, 오직 서울이나 남쪽의 선교지부 등 세상에서 너무 동떨어지지 않은 곳에서만 구할 수 있습니다.

가끔 한국 사람들이 와서 저희 사택을 구경시켜 달라고 합니다. 캐스 양과 페일소프 양이 떠나기 직전의 어느 날에는 네댓 명의 여성들이 왔습니다. 그들은 간도에서조차도 드물 정도로 철이 없었는데, 그들의 발언이 때때로 꽤 계몽적이었습니다. 그들은 오르간에 매우 관심이 많았는데, 만약 페일소프 양이 오르간을 연주해 함께 예배를 드려서 오르간이 어떻게 연주되는지 볼 수 있으면 좋겠다고 하였습니다. 그들은 집 안에서 식물을 키운다는 것에 놀랐으며, 페일소프 양이 이 큰 집에 혼자 사는지에 대해 물었습니다. "오, 아니요. 다른 여성도 이곳에 함께 살고 있어요."라고 그녀가 말했어요. 그러자 그들은 페일소프 양의 남편에게는 부인이 두 명 있다고 생각했고, 모든 선교사들에게 두 명의 아내가 있다는 인상을 주지 않기 위해 페일소프 양은 남편이 아예 없다는 굴욕적인 사실을 고백해야만 했습니다. 물론 [방문객들은] 너무 놀라며 거의 믿지 않았고, 더 많은 설명을 요구했습니다.

저는 캐스 양의 방으로 옮겨 자리를 잡았습니다. 캐스 양의 침실을 제 서재로 삼았는데, 그 방이 더 밝기 때문입니다. 더 우중충하고 석고가 떨어지고 있는 방은 제 침실로 삼았습니다. 저는 벽의 구멍 위에 그림엽서를 붙이려고 하룻저녁 내내 시간을 보냈는데, 제가 시작할 때 생각했던 것보다 훨씬 더 멋져 보여요. 우리에게는 완전하게 일상적인 많은 일들이 한국인들에게는 어떻게 해야 하는지 전혀 알지 못하는 경우가 있기도 합니다. 그들은 그 일을 하고 싶어 하지만 어떻게 하는지 모릅니다. 우리 직원 한 명이 저를 도와주러 왔었는데, 그림엽서를 붙인다며 벽에 8cm 못을 박아 제게 쫓겨났고, 나머지는 저 혼자 다 했습니다. 이것은 그들 중 일부가 가지고 있는 일에 대한 적합성에 대한 것입니다. 다른 사람들은 또한 매우 좋은 점도 가지고 있습니다. 지난주의 어느 날, 저는 저의 교사와 그의 부인을 초대해 차를 마시려 하였는데, 알고 보니 바로 그날 그들도 자신들의 집에 우리를 초대할 계획이었습니다. 그래서 우선 저희가 그들의 집에 가서 좋은 시간을 가졌습니다. 여러분이 그 집을 볼 수 있다면 얼마나 좋을까요. 벽은 온통 하얀 종이가 발라져 있었고 가운데에는 파란색 모양의 종이가 액자처럼 붙어 있었습니다. 그리고 몇몇 훌륭한 그림과 성경 본문들, 그리고 성경시대의 팔레스타인 지도가 걸려 있었습니다. 새로 만든 멍석이 바닥에 깔려 있었고 모든 것이 가능한 최대로 깨끗하고 정돈되어 있었어요. 거실에 가족의 온갖 옷과 침구들이 쌓여 있거나 걸려 있는 대신, 미닫이문으로 닫혀 있는 방 뒤쪽에 있는 일종의 옷장에 잘 넣어두었습니다. 정말로 제가 가본 집 가운데 가장 훌륭한 한국 집이었습니다. 아무리 깨끗한 집이라도 신문지로 도배해 놓고 모든 잡동사니를 여기저기 어질러 놓고 있다면 그다지 좋아 보이지 않는 법이지요.

그리고 어젯밤에는 그 교사와 부인을 이곳으로 초대했습니다. 물론 남성이 자신의 아내와 함께 외출하는 것이 한국의 관습은 아니지만, 우리는 서양 스타일로 저녁 시간을 보냈습니다. 그들은 꽤 흥미로워하였고 즐거운 시간을 보내는 것처럼 보였습니다. 나이프와 포크 사용을 힘들어하는 사람들을 본다면, 우리에게 매우 쉬워 보이는 모든 것들이 마치 [우리가] 젓가락을 통제하지 못하는 것처럼 다른 상황에 처할 수 있다는 것을 깨닫게 될 것입니다. 저는 공부할 시간을 전혀 갖지 못하고 있는 것 같지만, 어쨌든 대화에서는 조금씩 실력이 향상되고 있고 대부분의 사람이 제가 말하고자 하는 바를 이해하고 있음을 알아챘습니다. 저희는 저녁 내내 한국어로 이야기하였고 식사 뒤에 적어도 한 시간은 한국어로 찬양을 불렀습니다. 우리 손님들이 너무 즐기고 있어서 멈출 수가 없었습니다. 그들이 오르간에 맞춰 노래 부를 기회를 갖는 것이 드물고, 안 씨와 그의 아내는 노래를 잘 불러요. 불행히도 노래 잘하는 것은 모든 한국인에게 해당되는 것은 아닙니다. 일요일에 시내에서 중국인과 한국인 사이에 큰 싸움이 벌어졌고, 싸움이 끝나기 전에 일본인도 끼어들었습니다. 일요일 밤에 중국인들은 모두 밖에 있었고, 거리는 칼과 막대기를 든 중국인들로 가득 차 있었지만, 그 이상 문제는 없었어요. 하지만 저희는 어쨌든 그다음 날 밤에 손님들[교사와 그의 부인]과 함께 랜턴을 들고 시내에 나가 보았는데, 특이한 것은 아무것도 보지 못했습니다. 그들에게는 너무나 귀여운 아기가 있어요. 그녀는 걸어 다니지만 아직 말은 못합니다. 저녁 내내 그 아기는 조금도 소란을 피우지 않았고, 저녁 식사 후에는 곧 엄마의 등에서 조용히 잠이 들었어요. 아무튼, 그때 일어났던 국제적인 싸움은 한 중국인이 어느 한국인의 손에 껴 있던 금반지를 훔치려고 시도하면서 시작되었는데, 한국인은 이에 분개했습니다. 몇몇 한국인 학생들이 우연히 근처에 있다가 동포를 도와주었고, 그 뒤 중국 경찰이 오자 더 많은 한국인들이 모여들었습니다. 그 뒤 일본 경찰이 왔고, 중국 경찰은 일본인을 구타하고, 한국인은 중국인을 구타하고, 결국 한 중국인이 일본 감옥에 끌려가고 몇몇 한국인이 중국 감옥에 끌려가는 것으로 끝이 났습니다.

여기에는 5개의 남학교가 있고 수백 명의 학생이 있습니다. 시내는 그들로 가득합니다. 모든 학교는 다른 학교들과 불화가 심합니다. 교회학교, 유교학교, 천도학교(부분적으로 종교적이고 부분적으로 정치적인 완전한 이교도의 종파입니다), 한국인을 위한 일본학교, 학교[20]와 중국인 학교 외에 또 어떤 학교가 있는데 잊어버렸습니다. [은진중]학교는 전적으로 기독교인이지만, 교회학교는 그들이 기독교인이든 아니든 학생으로 받아들이기 때문에 절반은 이교도입니다.[21] 그들은 줄곧 같은 선생님들이 2교대로 가르쳐왔습니다. 남자아이가 너무 많아서 한 번에 학교에 다 들어갈 수가 없어서, 한

---

20 캐나다 장로회가 세운 은진중학을 일컬음.
21 당시 용정에는 캐나다 장로회 선교부에서 설립하고 운영하던 은진중학 외에도, 한인 교회에서 설립하여 운영한 중등학교도 있었다.

그룹은 오전 7시부터 정오까지 공부하고, 그 뒤 다른 그룹이 와서
저녁때까지 공부합니다. 찰리에게 어울릴까요?

　모두에게 사랑을 담아,
　플로렌스

용정

1922년 6월 18일

고향의 가족들에게,

이번 주에는 집에서 한 통 그리고 포스터에게서 한 통의 편지가 왔어요. 편지는 매우 규칙적으로 배송됩니다. 보통 월요일이나 화요일에 편지를 받는데, 이번 주는 금요일까지 오지 않았습니다. 지구 반 바퀴를 돌아오는 것임을 감안하면 그래도 꽤 규칙적이라고 할 수 있지요. [이번에 받은 편지에 적힌] 날짜가 5월 17일이었는데, 시간도 알맞게 도착했습니다. 달하우지에서 진행된 학위수여식에 관한 이야기가 흥미로웠습니다. 노바스코샤 사람들에게서도 많은 편지를 받았는데, 이번 주말 원산으로 가는 긴 여행에서 읽기 위해 아껴두었습니다. 저희는 토요일에 이곳을 출발한 뒤 회령에서 일요일까지 머물 예정입니다. 저희가 [다른 선교사들보다] 하루 늦게 출발하는 것이기 때문에 저희가 회령을 지날 때 그곳 사람들은 이미 모두 떠나고 없을 것이 분명합니다. 저희가 아는 한 그건 문제가 되지 않을 거예요. 저희는 어디선가 열쇠를 받을 수 있을 것이고, 들어가 머물면 되요. 저희는 여기에서 어쨌든 많은 음식을 가져가야 하기 때문에 [회령 사택에 음식이] 더 있고 없고는 크게 차이 없을 것입니다.

스콧 가족은 금요일에 떠났어요. 스콧 씨가 연례회의가 시작되기 전에 서울을 며칠간 방문하고 싶어 했기 때문이지요. 힐튼 씨는 건강한 모습으로 화요일에 돌아왔는데 기운은 별로 없어 보여요. 그는 아직 바커 씨 댁에 머물고 있는데, 그가 지금 방앗간에서 수리하고 있는 방으로 이사 갈 것입니다. 화이트로 양과 저는 그렇게 오랫동안 병원을 내버려 두고 싶지 않기 때문에 출발을 가능한 한 뒤로 밀었습니다. 가는 여정에는 꽤 크고 편안한 배도 있고 작고 처참한 배도 있기 때문에, 저희의 출발은 정해진 날 어떤 배가 출항하느냐에 어느 정도 달려 있습니다. 좋은 배를 타고 싶긴 하지만, 마지막 순간까지 출발을 미루고 있습니다. 따라서 연례회의 둘째 날에 저희를 원산까지 데려다 줄 좋은 배를 구하고 있습니다. 저는 어쨌든 투표권이 없어요. 제가 이곳에 온 지 아직 일 년도 되지 않았고 또한 첫해에 치르는 시험도 통과하지 않았는데, 그 두 가지는 선교부에서 투표권을 얻기 위해 필수적인 것입니다. 계속 회의가 있을 것이기에 제가 그곳에 도착한 뒤에도 회의를 즐길 수 있습니다. 제가 어디서 머물지 아직 모릅니다. 독신 여성 중 일부가 소유한 집이 있는데, 아무리 잘 들어가도 7명이 최대입니다. 그런데 그곳에 머물러야 하는 사람이 모두 8명이에요. 처음에는 바커 부인이 그녀가 저를 데려갈 수 있다고 생각했어요. 그녀는 매컬리 네 별장을 사용할 예정인데, 그 집은 홀 의사도 절반의 지분을 가지고 있어요.[22] 홀 의사는

---

22 여기 등장한 '매컬리 네'는 캐나다 장로회 소속으로 1900년 내한하여 원산에서 줄곧 활약한 루이스 매컬리(Louise H. McCully, 1864~1945)와 그의 언니로서 1909년 내한한 엘리자베스 매컬리(Elizabeth A. McCully, 1862~1941) 자매를 일컫는다. 루이스 매컬리는 마르다윌슨 여자신학원을 설립하여 교장으로서 오랜 기간 여성 사역자 양성에 힘썼다. 한편, '홀 의사'는 미북감리회 소속으로 1890년 내한하여 평양과 서울에서 활약한 로제타 셔우드 홀(Rosetta Sherwood Hall, 1865~1951)을

본래 올해는 해변에 가지 않을 계획이었었는데, 지금은 가려하고 있고 자신의 방을 원할 거예요. 그래서 저는 아직 붕 떠 있습니다. 어디든 머물 곳이 있겠지요. 호텔도 있는데 가격이 비싸서 정말 갈 곳이 없지 않는 이상은 그곳으로 가고 싶지 않습니다.

영 씨가 지난주에 결혼했습니다. 그들은 베이징으로 갔는데, 철도라는 일반적인 경로가 아닌 다른 경로로 갔습니다. <u>철도가 다니는 길은 지금 전쟁 중입니다.</u> 또 다른 결혼식의 날짜는 아직 듣지 못하였습니다만, 연례회의 이전이라는 것은 알고 있습니다.

화이트로 양과 간호사 중 한 명이 어제 옌지에 갔습니다. 그곳은 [마틴] 의사와 제가 겨울에 여행을 갔던 곳이에요. 제가 그곳에 대해 편지에 썼던 것 같습니다. 나다로프 가족이 살고 있는 바로 그곳이에요. 그래서 저는 3일간의 고독한 행복을 즐기고 있는 중입니다. 집에 저 말고 아무도 없으면 매우 외로울 것이라고 생각했지만, 저 자신이라는 아주 좋은 동반자를 발견하였고, 아주 조금의 외로움도 느껴지지 않네요. 한 달 정도 혼자 지내도 괜찮을 것 같습니다. 주변에 많은 한국인들이 있고, 저는 이제 그들과 대화를 꽤 잘 할 수 있게 되었습니다. 물론 평범한 대화입니다. 아직도 설교는 거의 알아듣지 못하고요, 가끔은 하고 싶은 말을 하는 데 상당한 어려움을 겪고 있습니다. 아무튼 저는 배우려는 모든 단어를 외우려고 죽어라고 고생하는 대신, 말을 들었을 때 약간의 의미를 알아챌 수 있는 단계에 도달했습니다. 즉, 배움의 더 큰 즐거움과 말할 때의 더 큰 재미

말한다. 남편이었던 윌리엄 홀 의사와 함께 내한하여 평양 개척선교사로 활동을 시작하였고, 내한 4년 만인 1894년 남편이 사망한 뒤에도 평양에 기홀병원, 광혜여원, 평양맹아학교 등을 설립하였다.

를 느끼게 되었다는 것이죠.

월요일 저녁. 저는 이제 캐나다 신문을 받고 있어요. 캐나다 신문과 일본 신문을 읽지 않았다면 저는 [세상 돌아가는 일을] 거의 알지 못했을 거예요. 정말이지 저는 <u>만주에서 "전쟁"이 있었다는</u> 사실을 몰랐을 것입니다. 그곳이 여기에서 그렇게 가깝지 않고, 먹을 것을 비롯해 값나가는 것이라면 뭐든 앗아 가는 군인과 도적들에게서 재산을 지키고자 많은 한국인들이 마을로 이주해오고 있다는 것만 제외한다면, 저희가 직접적인 영향을 받는 것은 전혀 없습니다. 용정은 군법 치하에 있지만, 자정 이후 어둡고 지저분한 거리를 거닐고 싶은 것이 아니라면 여타 지역과 크게 다를 바가 없습니다.

포스터에게,

이것은 너를 위한 한 장이란다. 오랜만에 네 편지를 받아서 얼마나 기뻤는지 모른다. 4학년도의 시험을 치르기 위해 공부하는 것이 얼마나 바쁘고 허둥대게 되는 일이지 나도 잘 알아. 공부량이 꽤 많겠지만 실습도 많은 도움이 되기 때문에, 네가 다른 경우에 그러하듯 책에만 너무 몰입해 있을 필요가 없다. 진료소에서 여러 가지 증상을 보게 된다면, 증상과 치료법 둘 다 기억하기 훨씬 쉬워져. 적어도 나한테는 그랬어. 지금쯤 너는 화사하고 눈부시게 빛나는 하얀 가운을 입고 일반 외과의사 스타일로 간호사 위에 군림하고 있을 것으로 예상된다. 어떤 과에 있니? 재미있었던 일과 졸업생들이 어디로 갔는지 말해주겠니? 특히 여학생들이 어디로 갔는지, 그리고 누가 스태프가 되었고, 지금 어떤 졸업생들이 거기에 있는지도 알려줘. 내가 졸업한 이후 벌써부터 그런 변화가 있었다니, 내가 다시 가면 옛 장소를 거의 알아보지 못할 것 같구나. 그리고 확실히 나는 재학생을 별로 알지 못할 거야. 정말 많은 시간을 보냈고 정말 많은 친구들이 있었던 익숙한 장소에 돌아갔는데 낯선 사람밖에 없다면 소외감을 느끼게 되겠지.

프랭크 월시와 에디 그랜빌이 졸업 후 바로 결혼했다고 했는데, 누가 희생자인지는 말해주지 않았구나. 그 오랜 세월이 지났는데도 혹시 그 경외할 만한 펄이니? 그녀는 확실히 마침내 그를 차지할 만큼 단단히 붙들어 왔고, 또한 그가 졸업한 후에도 그다지 많은 시간을 잃지는 않았다.

네게 보냈던 사진, 즉 작은 카메라로 찍은 그 사진들은 마틴 의사의 몇몇 원판에서 나온 거야. 나는 작은 카메라가 없단다. 자화상 찍는 용도의 장치를 얻었는데, 카메라에 부착시키는 방법을 찾을 수 없어서 아직 사용 못해봤어.

화이트로 양과 간호사들이 월요일 저녁 돌아와서 [그곳에서의] 즐거웠던 시간을 함께 보고했어. 그들은 한국인들에게 큰 환영을 받았고 즐겁게 나다로프 가족을 방문했대. 그들은 온갖 종류의 한국 음식을 먹었고 집집마다 차례로 초대되어 식사를 대접받아서, 그녀가 가져간 도시락을 탐험할 기회가 결코 많지 않았어. 그곳에는 한국인 의사가 한 명 있는데, 그가 세브란스의학교와 병원에서 일하고 가르칠 때 화이트로 양 및 우리의 한국인 [간호대학] 졸업 간호사와 알고 지낸 사이였대. 그는 옌지에 작은 진료소를 내서 잘 지내고 있다고 해. 그는 중국어도 잘해서 중국인 환자도 많나 봐. 대체적으로 중국인 중에는 한국인보다 돈 많은 환자가 더 많단다.

이번 주에는 편지에 쓸 만한 이야기가 그다지 많지 않은 것 같구나. 아니면 아마도 매일 반복되는 대부분의 일은 이미 이야기 해줬던 것 같고, 또한 지금 농번기라 평소만큼 환자가 많지 않다고 말해야 할 것 같구나. 지금 우리에게는 양쪽 무릎이 결핵에 걸린 환자가 있어. 전형적인 흰 종창(腫脹)이 있고 슬와부 근육이 단축되어 있으며, 경골두가 후방으로 변위(變位)되기 시작하였어. 나는 오늘 피하에서 건[힘줄]을 잘랐지만, 심지어 그렇게 해도 충분히 늘어나지 못했고, 벽돌과 접착식 석고 등을 이용해 늘려 사면(斜面) 형태로 다리를 세웠어. 얼마 전 나는 고관절 질환 초기 환자에게서 이상적인 결과를 얻은 적이 있어. 우리는 아직 그 아이에게 부목을 대고 있지만, 몇 주 전에 변형이 모두 사라졌고 모든 것이 잘 되어 가고 있는 것처럼 보여. 네가 지켜보고 있는 사이에 아이를 잘 돌보고 있는 사람들이라 할지라도 그들을 믿어서는 안 돼. 그래서 우리는 가능한 한 오랫동안 우리가 그 아이들을 보살피고자 노력하고 있어. 또 다른 고관절 환자가 있었는데, 우리는 일주일 전에 약 500미리의 고름을 뽑아내었고, 그녀를 길게 입원시키려 했어. 그녀의 어머니는 지금 당장 딸을 집에 데려가고 싶어 하기 때문에, 불쌍한 그 아이에게는 기회가 많지 않을 것 같아. 우리에게는 또 다른 결핵 환자가 있는데, 이번에는 폐결핵이야. 그 환자는 몇 주간 있었는데 줄곧 안 좋아지고 있는 중이야. 환자와 어머니는 선량한 기독교인이고, 할 수 있는 동안 교회를 위해 열심히 일해 왔어. 아버지는 돌아가셨고 큰아들은 몇 주 전에 결핵으로 사망했다. 다른 아들네 집 말고는 갈 곳이 없는데, 그곳은 너무 멀어서 그 딸아이가 가기는 힘들어. 그래서 그 소녀가 살아있는 한 그들이 이곳에 머무는 것 말고는 방법이 없는 것 같아. 그녀는 지금 인후(咽喉)까지 침습되어 속삭이는 것 이상으로 말을 할 수 없지만, 항상 용감하고 밝단다.

네가 시간 날 때마다 편지를 써서 모든 소식을 내게 전해 주렴.

너의 사랑하는 누이,
플로렌스

원문

On the train, nearing Montreal

Tuesday morning, August 2, 1921

Dear Father,

Just a note to tell you that we are having a particularly pleasant trip. Yesterday was cool and not a bit of dust did we see all day. The other passengers are agreeable too.

Miss Rose came aboard at Truno surrounded with a bevy of friends bourne down by parting gifts. She has twenty-three letters given here to be read on successive days of the journey.

Dr. Stewart took us to lunch in the dining car with him and sat and talked with us two or three different spells throughout the day. He is a very kindly and agreeable person. I never knew him very well.

I am anxious to hear how Foster got along with his Medical Board and if there is any word of the lab position at Camp Hill being awarded to anyone. I hope he is better today.

Up here a lot of the grain is out and all stocked up. The corn is headed out too. The season is farther advanced but the pastures are bare and brown and everything seems as dry as at home.

We both had a good sleep last night, went to bed early and just woke up once.

At the present minute, we are just pulling out of St. Hyacinthe and instead of taxies there is drawn up a long line of old fashioned barouches. It is a long time since I saw so many of them.

One place we passed there were about a dozen houses burnt that had been caught by the forest fire.

But I must close for there is really nothing to say yet and we must have some breakfast.

Love to all,
Florence

674 Dundas St., Toronto
August 3, 1921

Dear Alexander,

We had a busy day Saturday getting everything ready to go and the interruptions from the phone and the callers were numerous but everything was ready for the truckman at the appointed hour and father and I went to the station to see about the checks. We got it all checked to Vancouver but no further and I had to pay $53.30 excess baggage.

I managed to sandwich in a few farewell calls too — Clemens, Creighton's, and old Dr. Kenneth Grant, Clifford having told me he was very anxious indeed too see me. Then Jessie and I went to see Dr. Foote and I got some information from him and also written instructions as to how to proceed if no one met us in Kobe. And, O yes, I met two of your loyal Lockport friends at Grant's, the Robinsons.

Foster took Jessie up to the Nurse's Home at Camp Hill on Saturday to visit Sister Harrison and he had an attack of asthma after it.

Sunday evening we had a nice meeting at Kaye-Grove. Dr. Grant and Dr. Foote were both there and Mr. Crowdis' had them on the platform. Father was on the platform too. I was the chief speaker though I did feel somewhat out of place talking about missionary, a youngster like me, when there were such veterans of service present to do it. They presented me with $91.00 and at the close of the service, a lot of people came to shake hands and say goodbye. The goodbyes I hate, and some of them were pretty hard. I didn't know how I was to get through the evening but I did and with a smile for everyone. Several people came up to the house after church so we had no chance of a quiet evening together. I think perhaps I wasn't sorry- it wouldn't have been a very cheerful party. I'm afraid. Miss Harrison was one who came. She said she might come out to Korea — not as a missionary but as a nurse — and she wouldn't like to sign on for life. I think her idea of a missionary is one who preaches and teaches savages under a palm tree, wears a long face, and always carries a big Bible under his arm. I tried to give her a little better idea but did not have a chance to talk much to her. If you know her perhaps a note of encouragement would not be amiss. Jessie is taking her to see Dr. Foote this week, and he will tell her about it.

A good many people came to the train to see me off, the Crowdis's, Mrs. Clemens, Aunt Kate, Clifford Grant, Gwen, and Mary Freeman, and Mr. Killon took me down in his car. I don't dare, yet, to think much about home and what may happen in seven years.

Dr. John Stewart was on the train and was very kind. Miss Rose, and a sister who came to Moncton from Louis were with me, and he took us all into lunch in the dining cars and then helped us with our luggage and saw us aboard our train in Montreal.

We have had very pleasant cold weather since leaving Halifax. The first day was ideal but from Montreal to Toronto was pretty dusty. We found the Deaconess Home closed so came to one of the Y.W. Boarding places where everything is clean and tidy but not sumptuous and the dining room is cafeteria-style and each girl waits on herself.

This morning we went to the Church office and saw Mr. Armstrong and Dr. MacKay. Miss Currie is in town but we have not seen her yet. We don't know where she is staying and I suppose she does not know where to look for us.

Mrs. David MacInnis made me promise to look up Edgar if I had time and I have called up twice but can't find him in.

This afternoon we went through the Toronto General Hospital and the Hospital for the Sick Children. They are large and fine with everything imaginable in the way of equipment and marble flooring and spacious corridors and balconies. However, we manage to do just as good work down in Halifax without an operating room on every floor and with floors of plain wood. Anyway, it was very nice to see it all. And I met Gordon Smith who was a classmate of mine in my first year at Dal. I had to dissect a thorax with him once and all he ever did of the work was to take a big knife, cut one lung into pieces a convenient size to throw, and fling them around the room. I have not forgotten yet how mad I was. However, I was quite glad to see him now and he assured me he had turned over a new leaf and now liked to work.

We leave for Sarnia tomorrow at ten and I may write again on the boat if there is anything worth recounting. But now I must close and go out to mail this or I won't be back before the door is locked.

Your loving sister,
Florence

S.S. "Huronic" On Lake Superior
August 5, 1921

Dear Anna and Charlie,

I am looking forward to getting a letter from you when I get to Vancouver, and I'm going to tell you about my trip so far. I expect you both to keep your geographies by you and look up on the map every place I mention and read up all about them. You will find it any easy way to learn geography and then when you go traveling yourselves you will know something about the places you see. Now, you will do that, won't you, and tell me later how much you enjoyed doing it. If you do it faithfully, I'll send you pictures of some of the places later on. What do you know about the places underlined? From Montreal to Toronto we stopped only at the towns and we stopped at Cornwall, Prescott, Brockville, Kingston Jct., Napanee, Cobourg, Port Hope, and Oshawa. From Toronto to Sarnia we came by the line of railway skirting the lake to Hamilton, the G.T.R., and we went through Brantford, Woodstock, Ingersoll, London, and Sarnia. It is a very pretty country, partly flat and partly with low rolling hills. Different places it reminded me of the island. It is nearly all formed and they seem to grow more grain and raise more fruit than the farmers at home.

The "Huronic" is quite a bit like the car ferry except that she has staterooms. She is a nicely fitted up boat. There are several maids and half a dozen bell boys and about a dozen colored waiters in the dining room. They are all as attentive as they can be and do everything possible to make things pleasant for the passengers. There are a lot of tourists on board. The meals are excellent, a lot of variety and everything is well cooked and nicely served. They served afternoon tea yesterday and passed around cakes and lemonade in the evening — all for nothing — that is nothing extra besides the ticket. Then there is an orchestra that plays at meal times and in the evening. Last night they had a sing-song- most of the passengers gathered round the orchestra and sang some of the old songs, and after that, they had a dance. The weather is hot even here on the lake. The wind is warm, not cool like our Atlantic breezes, and one misses the salty tang in the air. They have no tide at all on the lakes and the current does not seem to amount to much either. Last night we sat out on deck till after ten o'clock without a wrap at all. They have trout and white fishing on the lakes but that is all and the trout is scarce this year. I had trout for dinner last night but I would never have recognized it for such.

We sailed north by west from Sarnia practically in sight of land all the time tho much nearer the American shore than the Canadian. All along the American shore, there are summer cottages and in some places nice looking farms; this is the state of Michigan of course. The corresponding Canadian shore was so far off in places that we could not tell anything about it and often could not see it at all. The lakes are full of shipping, there seem to be dozens of huge freighters with high decks fore and after and nothing but a long low snaky hull in between. We just met a big American passenger boat on her way to Detroit. Our boat calls at Detroit, Sarnia, Sault Ste. Marie, PortArthur, Fort William, and Duluth. Then it turns and goes back over the same route.

When we came on deck this morning we were just entering <u>St. Mary's River</u>. It varies from about a quarter of a mile to three or four miles in width. The Canadian side is mostly forest tho the American side is cultivated. The scenery thro. here is very fine indeed. In one or two places the channel is narrow and crooked and we slacked speed. We were about four hours coming up St. Mary's River to the Soo. It is quite a town with a lot of large manufacturing works and is a coaling station for lake steamers. We took on coal at Soo and were there for about an hour and a half. Five minutes after leaving the wharf at Soo we were at the locks of the Sault Ste. Marie canal. There are two canal systems, the American and the Canadian. There is a difference of about twenty feet in level between Lake Superior and St. Mary's River. We could see the American lock as we came by and the bit of rapids in the river between the two sets of locks. The Canadian canal is 900ft. long, 60ft. wide, 22ft. deep, and cost a million dollars to build. For a long time, it was the largest lock in the world but now the Americans have a larger one.

We just passed thru. the lock a few minutes before I began to write this letter.

RRB is a huge railway bridge set on a revolving apparatus, and the

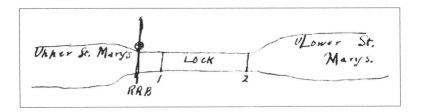

whole thing turns right around. With gate no. 2 open, we sail into the lock. Then the gate is closed behind us, and the valves in a channel under the dock are opened. In a few minutes, enough water comes boiling up from below to fill the dock. Then the gate in front is opened and we sail into the upper reaches of the river. Just after passing thru. the locks we passed forest fires on both sides of the river but a much larger one on the Michigan side. We are now in Whitefish Bay and will be in Lake Superior in a little while. Up till now, the water has been as smooth as a mill pond and there was scarcely any breeze. Now there is a stiff breeze blowing and lots of white caps dancing about, and the ship is beginning to roll a bit.

Now here is a little bit of history for you to mix in with the geography. At Sault Ste. Marie in 1668, Pere Marquette established the first Jesuit Mission in the new world, and the next year two priests came by water from Montreal, the first White men ever to travel to Lake Superior by way of St. Lawrence and the Great Lakes.

We took some snapshots of the lock.

Mr. Armstrong and Mrs. Ross of the W.M.S. came down to see us off at Toronto as well as some friends of Miss Currie's and Miss Ross'. Again at Sarnia, there were friends of Miss Currie's and one of the girls that I knew last spring at the Deaconess home.

Later — nearly bedtime and we are so late we do not know whether or not we can catch the train at Port Arthur. The coaling apparatus was out of order and it took two hours to coal at Soo instead of ten minutes. It has been getting cooler since we got into Lake Superior and is rough enough to make some people uncomfortable but I feel fine. We have had a thunderstorm too and the rain is still coming down in a deluge.

After dinner, the chief engineer took Miss Currie and me thru the engine room and the stokehold. They have twelve furnaces and the engine is 2,500 H.P. They have a sand and gravel filter and an ultraviolet ray apparatus for purifying the lake water for drinking purposes.

I did not find my baggage on board but it probably caught the boat ahead of this as it had one day's start of me and there we lost another day in Toronto.

This afternoon when we got out on the lake and could not see the shore I lay down and slept for two hours. Miss Rose had a sleep after dinner when we were down in the engine room.

There is nothing more of interest to write and I must write to Alex too.

Kind regards to Alice, and love to all the family.
Florence

Lake Superior
August 5, 1921

Dear Alexander,

We had a nice trip from Toronto to Sarnia. Mr. Armstrong and one of the W.M.S. ladies were down at the station to see us off, as well as some friends of Miss Rose's and Miss Currie's.

We came through a beautiful country that reminded me in places of the island, only they seem to grow more grain and raise more fruit than at home.

Sarnia is a pretty town 20 minutes run from the pier. This is a good boat, a little bigger I think than the P.E.I. car ferry. It was so warm yesterday that we sat out on deck till after ten without our coats on, and the water was as smooth as a mill pond. We sailed about northwest thru Lake Huron quite close to the American shore. This morning we entered St. Mary's River. The scenery is fine all along the river, wooded shores and islands, and the blue clear water between and around. We stopped at Soo and ten minutes after leaving there we entered the famous look, which I need not describe to you.

This afternoon we got into Lake Superior and found it both cooler and rougher than it was yesterday. There is a stiff breeze blowing and then came a thunderstorm with a deluge of rain which ought to put out the forest fires, we saw chiefly on the Michigan coast in the afternoon.

Quite a few of the passengers felt uncomfortable and I was among these but was not really seasick as I have been before. A lot more are dancing down in the saloon. They have a good orchestra that plays at meal times as well as in the evenings. Everyone aboard the ship is most courteous and attentive and the dining room services are excellent. There are about a dozen colored waiters and they certainly know their business. There are a lot of tourists aboard.

This evening the chief engineer took us down to see the engine room and the stokehold. It is about the dirtiest engine room I ever saw for a passenger ship the size of this.

We are late and may not be able to catch our train in Port Arthur, but will have to make the best of it.

There is not much to write.

Lovingly,
Florence

On the Train, somewhere in Sask
August 7, 1921

Dear Brother,

Here it is Sunday morning, ten o'clock, and at home you will just about be getting out of church. I can't go to church so I thought I might do worse than write a letter to you. I hope when I get my typewriter, to produce a more legible composition but in the mean time I can only hope you will be able to read this.

Our lake journey was most pleasant but we were detained so long coaling at the Soo that we missed our connections with the C.N.R. at Port Arthur. However, we got our tickets changed to read C.P.R. and come through the Winnipeg on that line. We could not get C.P. beyond Winnipeg and expected to be stranded there over Sunday or at least for some hours. But our own train was held for an hour waiting for us, and some of the train men met the C.P. train with a huge motor bus and drove us out to the C.N. Station halfway across the city where we jumped on board and went thankfully to our berths.

This letter continues the geography lesson for Anna and Charlie.

Port Arthur and Fort William, about three miles apart, call themselves Canada's twin cities though the combined population is only about 5,000. They contain 30 huge grain elevators capable of handling 500,000,000 bushels in a season. The elevators give the town a very unusual appearance to our eastern eyes. At Fort William we turned our watches back another hour.

We sailed for 270 miles on Lake Superior. Early in the morning we got out on deck. The scenery, as one approaches Thunder Bay, is grand. The entrance to the Bay is guarded by the Sleeping Giant — a huge rugged island 900 ft. high that certainly does resemble in form a human being. It is something like this -

There is an Indian legend to the effect that the Sleeping Giant is man-ab-o-sho a friend of the Ojibways who fell under the displeasure of the Great Spirit and is under a curse to die sleeping at the entrance to Port Arthur harbor until the craft of the white man sails no more on northern Lake.

Pass one another between the two train tracks. They have some fine buildings though. But oh the water -the drinking water- or the combination of vile fluids that is used for the purpose here! How any human taste can bear it, I fail to see. It tastes like sulphur more than anything else I can think of, but there are several other objectionable flavors to it that I have not identified so far. And hard — it is like the blade of an axe. One might as well try to wash in a handful of gravel. I know now where the Israelites more when they wanted to stone Moses; and I don't blame them a bit. A handful of the water would have done the trick too if they had only thought of it.

This morning I saw the sunrise over the prairie. We came to a little drop in the line of the horizon and it secured as if the sun just leaped out of the land into the sky. Soon we passed a plowed field and I thought at first that fire had gone over it, it looked so black in the thin light. All the land seems very dark. I have not seen a decent road yet - just trails most of them are, and the best of

Port Arthur has the largest grain elevator in the world — with a capability of 950,000 bushels. It also has the best docks on the Canadian Great Lakes. They can discharge at the rate of 1,000 tons an hour and load considerably faster.

From Sarnia by water to Port Arthur is 614 miles and from there to Winnipeg is 430 miles.

From Port Arthur to Winnipeg we go through about 300 miles of barren Ontario wilderness, scrubby trees and rocks, a weary land, with a station about every 30 miles and not a house between. The biggest settlement we passed till we came to Kenora contained 6 houses. After that we passed through a lake district that was very pretty and reminded me much of our own lake district in N.S. We pass by the northern extremity of the Lake of the Woods and skirt its shores for a time. By the time we got into Manitoba, it was getting too dark to see much.

At Winnipeg, you may defend I kept both eyes open as we rushed through the city to the C.N. Station. The streets they are so broad of seem absurdly wide to us. Of course, they had all Manitoba to build it in but I for one see no special advantage in having a space wide enough for two motor cars to them are muddy apologies for decent roads. The prairie is not such a dead level as I fancied it. A good deal of it is very much like west Prince if you can imagine that place with only scrubby little trees and no evergreens among them, with a few shacks for houses and a few sheds for barns, and four or five houses built in a dead level [illegible] - looking place around a Hudson's Bay Company store called a village.

There seems to be a good deal of oats, more than I expected to see, and none of it is ripe yet. A little of the grain is out and stocked but not much. It is all short but looks good otherwise to me though I do not profess to be an expert on the subject.

There were some quite agreeable people on the boat with us and they came on to Winnipeg too. I so it helped to pass the time a bit. One of them had a little baby that I looked after and she was in the dining car getting something to eat.

We started from Port Arthur with half a dozen cars of harvest excursioners guarded by C.P.R. policeman at the car doors. We did not take them very far, however, but dropped them off somewhere in the howling desert the other side of Kenora.

It rained most of the day yesterday, the first rainy day since we started but it was fine at both Port Arthur and Winnipeg so we didn't mind the rest.

We bought a loaf of bread and some butter in Port Arthur and as long as we had good water we could make nice drinks with our malted milk powder — but I would hate to try it with this liquid we have now.

There does not seem to be anything more to write about so I will close.

Love to all,

Florence

2036 13th Ave W. Vancouver

August 9, 1921

Dear Eddie,

Guess the last time I wrote was on Lake Superior. To resume the narrative at that point. We got into Port Arthur two hours late and so missed our connections and had to come on to Winnipeg by the C.P.R. through a most desolate region. They held the train an hour for us in Winnipeg and took us past haste through the city to the C.N.R. depot.

To me, the prairie is a dreary place. I'd never want to live there. We did not see much of Manitoba as we entered it in the evening and were in Saskatchewan when we woke up in the morning. The prairies part of Alberta is about the same. When we woke up on Monday morning, we were in the Rockies, and they are certainly grand. No mere description can do them justice. To see those majestic peaks towering above the clouds is a magnificent sight. Some of them are covered with trees and scrubby shrubs almost to the summit. Other again are bare rock, and all the different strato of the formation show plainly. It is a grand sight to see the different peaks rising in all directions, some right in the foreground and some away in the distance. We passed through Edmonton at midnight. Miss Currie was awake and saw a little of it and Miss Rose and I were sound asleep. O yes, we stopped at Saskatoon too — a city they call it but it is just a little place perhaps as big as Stellarton that scarcely claims to be a town. It is on the Saskatchewan river which is quite a stream but dirty and muddy. Most of the houses are small and packed closely together. With the whole of Saskatchewan to build in, I do not see why they crowed themselves up so. There are a few fine paved streets and fine buildings in the middle of the "city" but most of it is very much like a country village just set on the prairie.

All the way from Saskatoon to Kamloops, we did not see a place with more than six houses — though, of course, we passed through some during the night, Edmonton included. It was amusing to hear the westerners on the train when we would pass a place with perhaps four shacks, exclaims "Why there's quite a little town here."

We were in the mountains for about thirty hours. At Jasper Park, one of the last stops in Alberta, we stopped for half an hour and took some snapshots of the peaks around there, including Mt. Edith Cavell, and one of an old and famous Indian Totem pole that was brought from the Pacific coast. If they turn out well, I'll send you some when I get them finished. Some of the most majestic peaks we had no chance to snapshot as we saw them from the train but did not stop. At first, we were much disappointed as it was very dark and cloudy and we could not see any of the distant peaks at all. In fact it did rain quite a bit while we were on the eastern slope but, as soon as we got up further, it cleared up, and we could see the peaks through different shades of blue and purple according to the distance. No words can describe the effect of the whole view. Any picture, however fine, can give but a very inadequate idea of the views in the mountains, for any one picture can show but a few peaks in one direction. It is the whole picture of peak after peak, with other peaks beyond that, the massiveness, the immensity of the thing, that gives a gives a grander that is majestic and sublime. Once the eastern range is crossed, one gets into others at once. In fact, one is never out of the mountains from Alberta to the coast. We followed the Athabasca River up the slope nearly to the watershed at the top. Then we followed the headwaters of the Fraser down the other side to Kamloops. From there we followed the Thompson for a hundred miles to Hope where we struck the Fraser again. This part of the journey we made last night. There are 36 tunnels between Kamloops and Hope but I stayed up only long enough to go through a couple of them, but one of them was the longest on the C.N.R. being 2,800ft. long. We went through two or three thousand feet long before that. The Fraser is the queerest color of water I ever saw. They sand and rocks and clay along its course are grey and the water is about the color of the dirty water mother empties out of the tub on wash day.

All up though the Rockies there are little shacks in groups of from two to four or five about ten or twelve miles apart. I suppose the section men live there. In most places, there is hardly enough level ground to build them on. Nearly all the houses are of logs. I suppose we traveled a hundred miles without passing a frame house no matter how small. Just as soon as the valley of the river becomes a few yards wide the funny little forms begin. It is all "dry farming" for you know that on this slope rain rarely falls and there is almost no snow except on the mountain peaks. Kamloops is a railway center. It is in a little valley surrounded by high peaks and the temperature yesterday was above 100 degrees in the shades. I woke this morning at Hope. We were in the mountains till we were about 20 miles from Vancouver and then we could still see them all around us. It is very smoky here today and we can't see outside the city at all, but they tell us that the whole city is surrounded with peaks.

We got in to Vancouver at 8:20 this morning. Nettie Rose's friends met her and Rev. R.G. McBeth was there to see after us all. He took Miss Currie and me to Mrs. Pillar's (the provincial president of the W.M.S.). She has a very nice house. This morning we got some pressing done and wrote some letters. This afternoon we were borne off to a W.M.S. meeting and tonight we are to be shown the city from an automobile. At the meeting this afternoon I met even so many Nova Scotians. It really seemed like meeting old friends, or going to the Island again, they were so friendly and kind. Tomorrow Mr. McBeth is to help us with our baggage and passports. Then we are to have tea with an island girl who is training in the hospital here with the idea of going to Korea. After that, there is a farewell meeting in one of the churches for us and the missionaries to India also, whom we have not seen yet. So we are finding ways to put in the time in Vancouver.

I might write many pages about our trip through the mountains but one has to see it in order to appreciate it. I was wishing father and mother were with me to see it too. It made that text — as the mountains are round about Jerusalem — seem very real. And I thought many times of the Psalm,

Unto the hills I lift mine eyes,
From whence doth come mine aid.

I hope you have got work and are able to be saving something worthwhile toward the expenses of the winter. How is Anna getting on with her music? Did Charlie get word of his exams yet? I am anxious to hear about you all but I must be patient. I hope to get a letter tomorrow, but there can't be very much news in one written the day after I left Halifax. Have any checks come in at all?

I have not heard from Beulah Elderkin yet. I thought she might call up today. Perhaps she will tomorrow. We do not know what time we are to sail Thursday.

I got a good one-off on the girls the other day. They were sitting facing me on the train when Nettie handed one the paper saying, "Here, look at the funny pictures and amuse yourself." "That's easy," I said, "With two of them right in front of me."

But I must close and write to Alex,

Love to all,
Florence

p.s. It is funny to see the youngsters [roaming] around the city in their bathing suits with a coat or sweater on top. Their legs look like grasshoppers. And in the street cars it is quite the thing to carry a parcel consisting of a bathing suit wrapped in a towel.

2037 17th Ave. W. Vancouver
August 10, 1921

Dear Alexander,

I've been trying to get a chance to write to you ever since we arrived here yesterday morning, but the time has been so full that my home letter was all I accomplished yesterday. It seems to me the last letter I wrote you was written in Lake Superior. So I will resume the narrative there.

From the Soo to Port Arthur is 270 miles, a good part of which was out of sight of land, but the last part of which has very fine scenery indeed. Bold high headlands and bluffs rise precipitously out of the water on every ride. There are many wooded islands, and the lake shore is steep and rocky. One island resembles strikingly in outline the profile of a man lying supine. The Indian name for it is the Sleeping Giant and they have a legend to the effect that the Giant is a friend of the Indians, who is under a curse of the Great Spirit to lie there asleep at the entrance to Port Arthur harbor, seeing the suffering of his friends but unable to help them, until the strange craft of the white man shall sail no more upon the waters of Northern Lake. Thunder Cape the white men call him on account of the great and sudden storms that occur there, but all the thunders are powerless to awaken him while the white men rule in the North. Isn't it rather a pretty legend?

Port Arthur and Fort William call themselves the "twin cities" of

Canada though the combined population of both is only about 5,000. There is not much to be seen but grain elevators. There are thirty of them, including the largest in Canada. They handle millions of bushels of grain in a season.

At Port Arthur we were two hours late on account of the coal loading apparatus at the Soo being out of order, so we missed our connections with the C.N.R. and got our tickets changed to C.P.R. to Winnipeg. At Winnipeg, they held our own train for an hour, met us at the C.P.R. depot with a motor bus, and rushed us across the city to the waiting train at the C.N.R. depot. The country between Port Arthur and Winnipeg is mostly wilderness, and very desolate a lot of it is too tho part of it is lake country much like the lake region in N.S. and the scenery is fine. By the time we reached Manitoba, it was dark so we did not see much of that province except for our drive thro Winnipeg. I had always heard of the wide streets in that city and they certainly are wide. Of course, they had all of Manitoba to build their capital in, but for my part, I failed to see the advantage of having space enough for a broad driveway between the train tracks as well as on both sides of them. By daylight, we were in Saskatchewan and I saw the sun rise over the prairie. What a dreary monotonous stretch of land! Parts of it were gently rolling and reminded me of the island if one could think of it with a few shrubby shrubs for trees, a few shacks for houses, and a few sheds for barns. No, thank you, I don't care to live on the prairie.

By daylight the next morning we were in the Rockies. No words can describe them, nor any picture gives any adequate idea of their vastness, extent, nor grandeur. To see those towering peaks rising above the clouds, many of them clad in perpetual snow, peak after peak, hour after hour, in seemingly never-ending succession is magnificent, majestic sublines. When I say that I rose at five o'clock two successive mornings just to gaze at them, you will realize what an impression they made upon me. We were never out of the mountains from the time we once entered the foothills of the Rockies all the way to Vancouver which is also surrounded by towering peaks.

We called at Saskatoon in the afternoon. It has a few fine buildings and nice streets but for the most part, the houses are small wooden affairs, just set on the prairie, without foundation, and closely crowded together. They call it a city in the west but it is perhaps the size of Alberton or a little larger.

We went through Edmonton at midnight and I was sound asleep, and so did not even know I was there at the time.

From five in the morning till we got to Kamloops about nine in the evening the largest settlement we saw consisted of six houses. Practically all the dwellings we saw were of the classical log type. It was amusing to us to hear the Westerners on the train exclaim when we were passing someplace with perhaps four small log houses and a shed or two of the same construction, "O, there's quite a little town here." The isolation is extreme. The mountains are grand to gaze upon but, I should think a mighty poor place to live. We followed the Athabasca river basin up almost to the highest point. Soon after that, we followed the Fraser from its hard waters to Kamloops, and from there the Thompson for a hundred miles to Hope, when we again followed the Fraser. Its waters are a peculiar muddy grey color. Kamloops is a railway centre set in a little valley surrounded by mountains. It had been more than a hundred degrees in the shade the day we were there. They have a nice river shore there where they go bathing.

Just as soon as the Fraser valley becomes a low yards wide the farms begin — if you can call them farms, little bits of affairs they are. Dry farming it is too for rain scarcely ever falls on these slopes but the crops looked about as good as in other parts of the country. Of course, the C.N.R. runs much farther north than other lines and goes thru a new country. I am assured that there are fine farms and nice places to live in B.C. but I haven't seen any of them yet, except perhaps Chilliwack and Vancouver itself. Vancouver is a fine city claiming to be the fourth largest in Canada with about 120,000 inhabitants. The mountain peaks are in plain sight in all directions and the harbor is almost landlocked, having a very narrow outlet though it runs into the land for miles. There is a large town like Dartmouth across the harbor.

Rev. R.G. Macbeth met us at the station and took us up here to Mrs. Pillar's to be entertained. She is provincial president of the W.M.S. and is accustomed to seeing missionaries off. She took us to a missionary meeting the day we arrived and had friends take us for a drive around the park and through the city in the evening. Then yesterday she came with us and escorted us around while we identified our baggage, got it transferred to the C.P.R., and attended to there. From there we went to the Japanese Consulate and had our passports vised. That took most of the morning. In the afternoon I went to see Beulah Elderkin. She looks well and is enjoying her holiday. Then Mrs. Pillar had a nurse, who is thinking of the foreign field, into meet us and have tea with us. After that, we went to a farewell meeting held in Kitsilano Presbyterian Church. There were several of us on the platform, we three for Korea, Mr. and Mrs. Young for India, Dr. Wilson for India, Mr. Smith who is just back from China whether he went to learn Chinese in order to work among the Chinese here, etc. The outgoing missionaries and Mr. Smith all were asked to speak. I began by praising their fine city and saying I thought I had discovered at least one reason for its being so fine - at least a third of the people I had met in Vancouver were Nova Scotians. This made a great hit with the bluenoses and at least a score of them came afterward and told me they were Nova Scotians. Prof. Shaw was there and had a hard time trying to get a few words with me afterwards on account of the pressing bluenoses, but he is coming down to the boat to see me off this afternoon. It was a very nice meeting and we got a warm welcome and a hearty God-speed on our way.

By the way, I got your letter at the C.P. R. Office yesterday along with a couple more. It was pretty nice to get them. I think I gave you my address before.

To Mr. J.G. McCaul,
Gensan, Korea, Japan

I hope to find some mail there when I arrive or very soon after. Don't get the idea I'm as gloomy as I may have appeared in my last letter. I'm enjoying the trip and I don't feel lonely either tho there is time enough for that yet. It is great to think of your coming out in two or three years. I hope you get the scholarship. Our term has been shortened this year so we get home in six years now.

With love,
Florence

THE CANADIAN PACIFIC OCEAN SERVICES, LIMITED
R.M.S. "EMPRESS OF JAPAN"
August 12, 1921

Dear Father,

Here you are thinking I am out on the broad Pacific indulging in an acute attack of seasickness, while all the time here we are having a great time right in Vancouver harbor. The sailing of the boat has been postponed until the arrival of some special mail from Ottawa and we are here till tomorrow morning instead of having sailed yesterday. But let me begin where I left off in my last letter and proceed in an orderly fashion. I sent a few cards in an envelope which I expect you have received before you get this. I think I wrote soon after we arrived at Mrs. Pillar's.

That afternoon she took us to a missionary meeting where we met several Nova Scotians including a Mrs. Bruce who was a Miss Baker of Musquodoboit. She insisted that if we had any spare time we must spend it with her. In the evening Mr. and Mrs. Ramsay (also Nova Scotians) drove us around the park and through the city in their car. Probably the cards I sent give as good an impression of the park as any description I might attempt.

The next morning Mrs. Pillar came down to the C.N.R. station with us. All our baggage was there and we got it sent over the C.P. Pier. Then we had to go there and give in our checks and get receipts. I [paid] $7.50 excess baggage on the boat so the rates are considerably less than on land. The next thing was to visit the Imperial Japanese Consulate where our passports were inspected, ourselves gazed upon, and required to fill out a blank sheet in a book after which, upon paying the fee of $2.50 we had our passports stamped with the great seal and all the other characters that are Japanese to me.

After dinner, I called up Beulah and went down and spent the afternoon with her. She is at present visiting a cousin in Vancouver, Mrs. Fuller. She looks fine [and] likes British Columbia very much, and is enjoying her holidays. She is going to teach in Columbia College again this year. Marguerite did not come further west this summer. From there I hurried back to Mrs. Pillar's to tea at five o'clock to meet a nurse who is interested in the foreign field.

In the evening there was a farewell service in Kitsilano Presbyterian Church. Mr. and Mrs. Young of our party were on the platform, also Mr. Wilson of India and Mr. Smith home from a year in China and about to take up work among the Chinese here. Mr. MacBeth was chairman. We were all called upon to speak, and the others did not say much. Neither did I say very much but I tried to say something worthwhile. I began by saying I was much impressed by their fine city and thought I had discovered one of the reasons for its being so fine — at least a third of all the people I had met in Vancouver were from Nova Scotia. That made quite a hit with the bluenoses and at least twenty more of them came and shook hands afterward and told me they also came from N.S. Mr. MacBeth said he thought the church was making a mistake in sending me out now, they should keep me in Canada for about six months to wake up the folk at home. After the meeting, there was a social time and everyone was most kind. Dr.

Smith of Westminster Hall asked about the whole family and especially requested to be particularly remembered to you. Prof. Shaw and I made several attempts to have a minute's conversation but there were so many wanting to claim their Nova Scotia citizenship that we did not have much chance. I also met Mr. and Mrs. J. S. Gordon, relatives of the [Cascumpee] Gordons. Mr. Gordon traveled to Charlottetown with you six years ago and he wanted to be remembered also. I also met some woman from New Glasgow who used to know grandfather and who insisted that she must have seen me sometime before. I can't remember her name. There were at least half a dozen Halifax people there. Some of the students at the Hall are also from the east. It was certainly a nice evening.

We were to have sailed at 2 p.m. the next day. So we came down and went aboard at 11 a.m. to get settled. When we got here we found that the sailing had been postponed to Saturday pending the arrival of some important mail from the east. So we just stayed on board. Prof. Shaw, Dr. Smith, some of the students, and. Mr. McBeth came down at 2 to see us off, and when they found we were to have extra time here, they invited us to the Hall — at least Prof. Shaw did. Mrs. Ledingham of India came down to see us aboard in the morning and gave us some useful hints about life on board ship. We secured our deck chairs there on her advice. Since we now had some time to put in we went to the park and spent the rest of the afternoon strolling there. In the evening we went to see the "Sky Pilot" in the moving pictures. We were advised to see it and it certainly was excellent. It was the best picture I ever saw with the exception of one of the really historic ones like the "Birth of a Nation."

Then yesterday, the 12th, I went to the stores in the morning with the other girls and at noon we met Mr. and Mrs. Bruce and went with them to the park for a picnic. We stayed in the park till it was time to go to see Prof. Shaw at. 4 o'clock. Much of the park is like ours in Halifax but they have several tea houses in one park and lots of flower beds and shrubs around them. One place is called the Shakespeare garden and there grows every plant mentioned by the poet. Then there are houses filled with cages of birds and animals. The monkeys and bears seemed the favorites. It seems that all the animals eat peanuts. It was amusing to see the huge bears stick their noses as far through the bars as they could and open their mouths wide waiting for someone to throw peanuts in.

At Westminster Hall we were astonished to be received in state by the whole college, staff and students alike. I can imagine how the good dames of the Women's Board would have stared at us in high disappointment had they seen the new missionaries in their men's residence unchaperoned. Not only so and they offered to entertain us for the evening and the other two girls accepted the invitation.

From there I rushed off to meet Ben[illegible] who was going to a Japanese feast and {illegible] asked to bring a friend. The feast as really her honor. It was given by Mr. and Mrs. Yamata, Mr. Yamata having been a pupil of two Japanese missionaries were there too and they could talk to Mrs. Y, who did not speak much English. All the food was Japanese and Chinese and, as it was a feast, there were many courses and dozens of dishes. I was not altogether Japanese in serving though for we sat on chairs around a regular table with a white cloth. Most of the food was served in little bowls though some were on small plates. Chopsticks were at each place in little sealed sterilized paper envelopes. (I am enclosing mine) There were also knives, forks, and spoons for the benefit of the Canadians, but we were asked to try the chopsticks first. I ate my whole meal with them and got on better than I expected to. First, we had thin clear soup with pieces of vegetable in it. We ate the vegetable with the chopsticks and drank the soup out of the bowl. I was feeling quite triumphant on finishing my bowl of rice, and starting valiantly at the next nearest dish, when to my consternation my rice bowl was returned to me again full. There was chop suey, and dear knows what other native dishes. I recognized beans, celery, carrot, cucumber, chicken, rice, onion, and remember bamboo root, bean curds, and forget still more. There were two or three kinds of shellfish like snails. The bamboo root was delicious. A lot of the flavors were very strange but not unpleasant. Then there were two or three kinds of native pickles and cakes and candy and it all finished up with Japanese tea, green tea without cream or sugar. Mr. Yamata made a speech, before the blessing was asked, and said he was honored in our coming and he thanked us so much for coming. After supper, we had some Japanese music by Mrs. Yamata on a Canadian piano and Mr. Yamata sang some Japanese songs. When we rose to leave each of us was presented with a Japanese cake done up beautifully in a box, and I was honored by being given the gladioli and carnations off the dining table.

The Yamata's have two little boys, one nearly three years old and one about six months. They both have Japanese that I can't remember but the meaning of one of them is "The Beauty of the Wisteria." The other is given the name of a great Japanese hero and each is expected to live up his name. The Yamata's are Christians.

There are thousands of Chinese and Japanese in Vancouver and a good many East Indians. There is a family of Hindus on the boat with us. When this family gets away there will be only one East Indian woman left in Canada. Lots of Chinese and Japanese women and children are on the streets and the children especially are very bright and pretty.

On the boat here all the sailors and deck hands and cooks and waiters are Chinese or Japanese, mostly Chinese. They all wear native clothes and talk Chinese among themselves though the waiters and the bell boys understand English pretty well. Some of the passengers are Chinese and Hindus though only one or two are first class passengers. Yesterday we saw some of the crew having breakfast down on the lower deck. They were barefoot or had just a sort of leather sole fastened on with a strap around the foot. They were all squatting around and eating very fast with chopsticks out of bowls. It did not look much like Canada to me.

We have a nice comfortable stateroom on the outside where we get the fresh air. Miss Currie is with me and Miss Rose is just across the corridor. She is alone so far but probably Miss Jeffrey will be with her when she come on board at Victoria. They are sending us as first-class passengers — something they have not always done.

The dining room service seems excellent though I have had only two meals on board in two days. The meals are good and well cooked and there is quite a variety to choose from. There is also a library and writing room where I am writing now.

The Empress of Japan is not a large boat. I do not think she is any bigger than the P.E Island Car ferry, not much at any rate. The Empress of Asia lying at the next pier is a good deal bigger.

There seems to be a very nice crowd of passengers. There are a lot of American missionaries on board for China and Korea. And there are also some for Thibet. We have met two or three already and will soon get acquainted with the rest. There are several children in the party so they are evidently not green horns like us, at least not all.

Yesterday evening after the feast I went out to say good bye to Mrs. Pillar. Beulah came with me and I was very glad we went, they were so pleased. They were a bit disappointed that the others did not come too.

We were told last night that we would sail today at 8 am. (Saturday, the 13th) and Mr.MacBeth, Nettie Rose's cousin, and the Westminster Hall boys were down to see us off. But it is half past ten and we are still here. However, we expect to go at noon.

Perhaps you might send this letter to Alex and it will save me writing all of the news twice. Then if the letter is still in good condition, Alex might send it to the Langills if he thinks it worthwhile. They would be interested in hearing about the Gordons.

My love to all the family,
Florence

The Canadian Pacific Ocean Services limited
R.M.S. "Empress of Japan"
August 13, 1921

Dear Father,

We got our mail three days ago at the C.P. Office. I wish I had asked you to write another here but I never thought of being delayed so long. Probably there is one for me on this very boat only addressed to Korea.

I was glad to hear that you were feeling better.

It seems fortunate that Foster's pension may be commuted. He is scarcely likely to need the money any other time more than he does now. I hope he got Coulter's position in the lab, and that Eddie is working too. I hope Anna is making the most of her music lessons. It is about time she began at her Latin too. It will be fine to get all her matrics off. How did Charlie come out in his exams?

I do hope mother will get her trip to the Landing and the Island. Now that Anna is working it will be harder. She will just have to set some of the boys at the housework. Foster is a regular fellow at it — you should just see the potatoes he can fry. And with a couple of there on the job, I don't see why you should not get on fine for a while.

I've been wishing a dozen times already that you and mother were with me to see the places and the interesting things I am seeing. It has been quite a rush to get to all the places we've been in Vancouver and write the letters besides but I've enjoyed every minute of the whole trip so far except a few on Lake Superior. I am certainly looking forward to the time when we will travel together and when I can show you Korea in my car.

I, too, would like to have said many things those last few days at home, but I could not trust myself to try. I think we understand each other pretty well though without many words. Mere words cannot express all I owe to you and mother, and to the rest too. And I would like you to know something of how I appreciate your encouragement where others have often had to encounter opposition. It has made it very easy for me all along the way. And though there is pain at parting there is also joy in service. The parting is brief but the service lasts. And we look forward to meeting again with joy.

You mentioned the temptation of prospects at home. My experience has convinced me more than ever that we should try to win the young folk to decide for the foreign field while still in high school or the early years in college. The nearer one gets to graduation, the more the attractions of the world seem to call for our attention. Fear, lest I be tempted to turn aside from my course was one of the reasons, though only one, that I wanted to place myself on record publicly as a student volunteer. It was an attempt to burn the boats behind me.

As I see it, the longer a student fails to decide where he or she will serve, the more likely is that decision to be for the easy place with the good salary.

However, if this is to be mailed in Vancouver it must soon go.

O, by the way, I sent a package of snapshots of the mountains addressed to Foster. Send a few to Alex and please give Mr. Spicer half a dozen as I don't know his address and he gave me a lot. The rest are for the family.

Your loving daughter,
Florence

THE CANADIAN PACIFIC OCEAN SERVICES, LIMITED
R.M.S. "EMPRESS OF JAPAN"
August 25, 1921

Dear Alex,

Well, here we are getting into warm weather as we approach the coast of Japan. We expect to get into Yokohama day after tomorrow, and to land at Kobe the next day, thus completing this stage of our journey. Letters mailed tomorrow in the purser's office will be passed over to the "Empress of Russia" as she leaves Yokohama for Vancouver so everyone is busy writing letters. The next you get will bear a Japanese stamp.

We have had a very good trip in this ship. The first week out was fine and pleasant. By the way it is two weeks today since we came aboard. I think I wrote in my last letter about the crew being all Chinese except the officers. How soon one gets used to things. They are still very interesting to me but already not half so novel as they were at first.

There are twenty-eight Presbyterian missionaries on board, all Americans but our party of six, and several others of other denominations but we have not met many of them. One of them is Dr. Shelton about whom there was so much in all the religious papers a year or so ago when he was kidnaped and held for ransom by bandits in Thibet. We have a sort of family worship in the dining saloon every evening, that we call vesper service, and one evening Dr.

Shelton told us about that adventure. It certainly was thrilling. He was almost constantly travelling on mule back among the mountains for more than a hundred days. The band of robbers he was with numbered about 300 and they were pursued by bands of soldiers with whom they had several skirmishes. At last he escaped from them when they thought he was unable to travel anymore, and met on his way back, a band of soldiers with whom were several Americans came to his rescue. I wish you could have heard him tell it. He is a fine story teller and it was no mean tale.

After leaving Vancouver we go north for a week and during this time we were glad for our heavy coats and steamer rugs when we sat out on deck. Yesterday was decidedly warmer and today warmer still. Indeed all the officers appeared out today in white uniforms instead of navy blue serge. Yesterday there were some whales seen at a distance and several schools of porpoises played around the ship.

When we were out a week we ran into some rough weather and for a couple of days the dining room was not very well patronized. I was one of the deserters but was not as miserable by a good deal as I have been on the water.

There are several games to be played on the deck, quoits, hockey, throwing sand bags, and so on. I played hockey till my skins were all bruised and I was stiff all over but it was worth it. I had a try at the other games too but hockey is the best.

Mr. & Mrs. Young who joined us at Vancouver and Miss Jeffrey at Victoria, are very nice indeed, and we have had a fine time together. We all sit at the same table in the dining room along with Rev. Dr. Pearce Who has been 42 years in China. He is a very interesting man and keeps us all entertained with his anecdotes and bright remarks.

The passengers get out a daily paper consisting to two typewritten sheets containing jokes, skits, wireless news which, by the way, has never been news yet. This afternoon we celebrate our approach to the Orient by a game of hockey between the officers and passengers, and tonight there is to be a concert by the passengers. I do to happen to be performing in either occasion but hope to be present at both, and as the hour announced for the game has now arrived. I will close and go out on deck.

I will write again soon and am hungry for some news of home and the rest of the world.

Your loving sister,
Florence

R.M.S. "Empress of Japan"
August 26, 1921

Dear Father,

Here we are expecting to get into Kobe day after tomorrow and to land at Yokohama tomorrow, actually tomorrow. I can scarcely realize it. It seems quite the thing now to sail all day and all night, and to keep on doing it, and to see nothing but sea all around. Two weeks yesterday since we came on board at Vancouver tho we did not get away for two days after that. We expect to meet the "Empress of Russia" as she leaves Yokohama and transfers our mail home to her. If we do, this letter will reach you with three good King Georges on it. If we have it mail it in Japan, you'll see a ten *sen* stamp instead.

I think I wrote from Vancouver how very novel things appeared to me on the steamer. It almost seems a matter of course already, the very interesting still. It does not seem to take long to become accustomed to strange things and to feel quite at home among them. I'll really be sorry when this part of the trip is over, though it will be nice to live in a house again and to get some washing done. Everything I have seems to be dirty now.

We have had a very pleasant trip indeed. After leaving the Strait of Juan de Fuca we turned north and passed just south of the Aleutian Islands though not in sight of them. It was quite cold and we were all glad of our heavy coats and warm rugs. It was dark and foggy day after day and the fog alarm blew every two minutes, especially at night, for hours at a time. But it was smooth for a week and we played quoits, hockey, threw and bags, and played other games on the deck till I was sore all over. Then we had a couple of days when it was rougher and the attendance in the dining room diminished quite perceptibly. I was among the absentees (indeed Miss Currie and Miss Jeffry were the only survivors of our party) but I was not half as wretched as I have been on the water at other times.

Three days ago it began to be perceptibly warmer. Yesterday, officers and crew blossomed out in white uniforms, and this morning, though the port was open all night and an electric fan going in the cabin besides, I could not stay in bed for the best and our writing this attired in my night dress sitting before the aforesaid port and fan, Christine is darning stockings, she being in the same airy attire as I.

We have been turning back our watches about half an hour every night, and last Saturday we dropped out altogether to make up for the hours we had been adding on and had Sunday instead.

There are twenty-eight Presbyterian missionaries on board and some other denominations, nearly all Americans. I think our party are the only Canadians on board. And what we do hear about America! Our fellow men told the Almighty one night at service how they were something on Him to help plant American civilization in a foreign land. I could scarcely help shouting out that if he had nothing better than that to take, he had better stay at home and improve it some first. American civilization, he told the Lord, stood for Christianity. If it does, it's a mighty poor advertisement of it, I'm afraid.

railway line. You see, in comparison with a good many others, I'll just be living in the next town to you.

It has been rather interesting all along to note the course of our progress by the conversation of the other passengers. First the places one heard mentioned were Halifax, Charlottetown, and St. John. Then Quebec, Montreal, and Toronto. Then Sarnia, Port Arthur and Fort William. Then Winnipeg, Calgary, Edmonton, Prince Rupert, Vancouver and Victoria. Since we have been on board it is all Yokohama, Tokyo, Hong Kong, Shanghai, and Canton.

We have had some amusing attempts at conversation with our cabin boy. His knowledge of English, though considerably greater than ours of Chinese, is still not extensive. Christine's shoes, put outside the door to be cleaned one of the rough evenings, were not there in the morning. She asked him about them and he made a perfect jumping jack of himself as he endeavored to explain "Shoes allee one mix up. Too much rock the boat. Too muchee rock. Allee one mix up." And he went into some more contortions to illustrate the "mix up" that occurred when the boat too muchee rock. Another night, he wanted to shut up our port but it was a calm night and we wanted it open and insisted it should be left open. The head shaking, shoulder shrugging, and contortions we [illegible] called upon to witness certainly expressed strong disapproval. "Water coming." He said, "All wet. Water come in — two three buckets. Who fix up cabin? Not me."

Yesterday afternoon there was a hockey match between the engineers and the passengers. It was very funny to watch for there was a very fat man who could not play hockey but who got it everyone else's way and knocked them around and thumped them against the railings, who played on the passenger's team. He got so hot he finally steamed and so breathless he could not shut his mouth. I really began to be apprehensive lest he should burst a blood vessel. The poor fellow on the engineer's team were somewhat at a disadvantage to see the puck past his fatness but they managed to beat the passengers team pretty badly after all.

Then yesterday evening there was a concert put on in the dining saloon for the benefit of any who cared to attend. Nearly everyone did and the concert was nearly all very good. There was an orchestra consisting of piano, flute, violin, and cornet which rendered several selections. They were some excellent duets and choruses and two or three funny quartets. Besides there was some reciting too.

This morning I am finishing this after breakfast, we passed half a dozen little fishing boats though we are still about 300 miles from Yokohama though not that far from the land I believe. We expect to come in sight of land this evening and tomorrow. I won't be able to get into a rickshaw at Yokohama fast enough. Tokyo is only 45 minutes away by rail but the station is a long way from the wharf, and I think there will be enough for us to see in Yokohama the first time any way, without going up there in the few hours we will have in the city.

I've been longing for a glance of "The Evening Echo," though we have a daily paper on board consisting of two typewritten pages mostly skits on somebody. There has been no news at all of course, though we have two or three wireless operators on board who seem to do nothing but play hockey. It will not be so long now though before I may expect a letter from home even if the news it contains is not very recent. I'll write again after we've seen Yokohama.

My love to you all,
Florence

Sanborn Hotel, Kobe, Japan
August 29, 1921

Dear Alex,

We hear that there is a mail leaving for Canada on the 31st and none after that 'till the 24th of September, so we are trying to get letters off for the first mail. I am not going to try to give you any detailed account of what we have done and seen since I wrote before, because I hope when I get my typewriter, to write more fully than I have time for now, and to describe our travel fully then.

I'll just tell you that everything has been quite delightful for the past week. The sea voyage was fine. We saw some flying fish the last couple of days out and it got steadily warmer. In fact, it was a good deal too warm to be very comfortable in our state room the last three or four nights. It is very damp and muggy. In Japan they tell us it is the warmest summer for twenty years, but I have felt days at home that seemed as warm or even warmer. It is the moisture that makes it so depressing after a time. We will be a good deal further north in Korea than this.

We got into Yokohama Saturday morning to hear that there had been a typhoon between here and China and several ships had been thrown ashore. If we had left Vancouver on time we should likely have been in it too.

Yokohama is a big city with fine modern buildings and old Japanese ones too. It is a wonderful mixture of native and foreign, a congreration that no description does justice too. The harbor is a fine large one and very busy, crowded with shipping also native and foreign. There were at least ten or twelve large freighters in port besides a Japanese liner and the C.P.O.S. "Empress of Russia" that took our mail back to Vancouver.

We spent the morning walking about town — and have new and interesting it all was to our western eyes! In the afternoon we took rickshaw's out to the stations and from there the electric train out to Tokyo which is a magnificent city. Here we hired a motor car for an hour and saw as much as we could in the time. Then back to Yokohama to the ship for dinner. In the evening we went to theatre Street and the street was as good as any show I ever saw in my life. While we were making change the rickshaw men a crowd gathered around us in a minute staring at us. My! It was funny. We had some ice cream in a restaurant too. We took some snapshots and got some picture postcards as well.

Yesterday at five a.m. we left Yokohama and got into Kobe about the same time this morning. Kobe is a large city too. We spent the morning getting out luggage thru the customs, and up to the station, getting it weighed and checked, getting our tickets, and sending telegrams, all of which takes a long time when we can't speak Japanese.

Mr. Sanborn, at whose hotel we are staying, is looking out for us at the request of Rev. Mr. Fraser, who sent me a letter and a telegram to Yokohama. Dr. McMillan also wrote to me there.

[3쪽 누락]

We had an evening service a good many nights. Sang a few hymns in the dining saloon, read a chapter, had a little talk by some of the missionaries and a few short prayers. One evening, Dr. Shelton who is returning to Thibet gave us an account of his adventures among the robbers in that country. You remember seeing about it in the papers at the time, about a year or so ago. He was seized, carried off, and held for ransom, by a gang of about 1,000 men, tho there were only about 300 in the particular party that had him in charge. They were travelling thru the mountains, night and day, for over 100 days pursued by bands of soldiers with whom they fought several battles at different times, 'till the doctor was so worn out that they had to leave him in a barn somewhere. Finally he escaped and found that his wonderful America had been making all efforts to secure his release. It was certainly a thrilling story, and excellently told.

Mr. & Mrs. Young, who joined us at Vancouver, and Miss Jeffry, who did so at Victoria, are very companionable indeed and we have been a very pleasant party. They go on to Hong Kong and do not know how long they may have to wait there for passage to India. There are several missionaries going to Thibet, among them a young couple with a baby a few months old. They will have to travel for three months on mule back on be carried in chairs after they get to the end of the

[5쪽 누락]

No one is to meet us till we get to Seoul where we are to stay a few days. From there Nettie and Christine go on to *Hoiryung* in the north and I am to go to *Ham Heung* for a few months, so the letter said. We are leaving here tomorrow morning so that we travel by day light to see the country. We get to Shimonoseki in the evening and go right on board the ferry (12 hours) across to Fusan in south Korea. From there we take the train to Seoul and get there Wednesday evening. Thirty-one days after leaving Halifax. It has been a grand trip. I am almost sorry it is so nearly over and yet I'll be glad to live in a house once more after 18 days in ship board. I can hardly realize I am really in Japan, and yet one can't look about and think of being anywhere else.

Everywhere there are rickshaws; from the time we saw the line of them drawn up on the pier as we docked, we never seem to be out of sight of them. It is the queerest sensation to be in one for the first time. One feels like a baby in a perambulator. It seems too absurd for anything to be perched away up in one of those things with a little man running between the shafts. And they will charge you twice the fare if they can get it out of you. They travel at a slow dog trot but they can keep it up for a long time, and they'll take you anywhere you want to go. There are a lot of bicycles too, with license numbers painted on the rear mud guard. There are quite a few motor cars all with a sort of brush or mop dangling at the side of the wheel to prevent side splashing. The horses are small poor looking creatures and they lead them instead of driving them. But the men themselves carry huge loads on their shoulders or draw them on carts.

All sorts of clothing is worn from proper Canadian fashions down to a pair of tights and a belt around the middle. It is funny to us to see a well-dressed man in foreign clothes carrying a fan and a paper parasol. Perhaps the commonest incongruity is to see one in full native costume except for an up to date straw hat on his head, and a pair of huge horn-rimmed spectacles. Some of them wear full skirts but most of them wear a sort of dressing gown belted at the middle and open at the neck, with

〈A〉

very full sleeves. They keep their fan stuck in their belts and their other things in their sleeves on the front of their gowns. Others wear nothing but a suit of underwear. Most of the shoes are of wood and consist of a sole with two cords to fasten it on, and two under pieces to keep it up out of the wet, thus <A>. The centre part of the cord goes between the big toe and the next one to it. Some of them wear a kind of sock too. When they go in they either go stocking foot or put on a straw shoe instead. You can't imagine what a clatter it makes to have dozens of people thumping along with wooden shoes. Will write again from Korea.

Your loving sister,
Florence

Sanborn Hotel, Kobe, Japan
August 29, 1921

Dear Mother,

We left the boat here today after being on board since the 11th. There is to be a mail leave here for home day after tomorrow, and then no other for three weeks, so we are trying to get out letters off tonight as we go out on the train in the morning. When we got to Yokohama and heard about the typhoon that did damage to shipping I thought you might be worrying and wanted to send a cable but it costs about ten dollars to send two words of a message for you have to pay for every word of the address and the name of the sender too. So I thought I would not send it, and I do hope you are not worrying about me. If we had got away from Vancouver when we expected to, we should probably have been in the typhoon and perhaps been thrown on shore as the other ships were.

I am not going to write fully now about our experiences, for I hope, when I get to Korea and get my typewriter to get up a proper account of our trip that may be of interest to the Y.P.S. of Zion and Kaye-Grove and then I'll send you a duplicate account.

When we landed in Yokohama I got a telegram from Rev. E.J.O. Fraser bidding me welcome to the East and letting me to wire Owens, Seoul, the date of our arrival there, which I did today as soon as I found out when we should arrive. He is to meet us there and we are to stay a few days in Seoul. From there I go to Ham Heung for a few months, and Nettie Rose and Christine Currie go together to Hoiryung. So far that is all we know — we may be sent to the language school at Seoul for the winter perhaps. I also received a letter from Mr. Fraser and one from Dr. McMillian.

This is the hottest summer they have had in Japan for twenty years we are told. The temperature here yesterday was 84 degree. It is very damp and muggy, and though I have often felt much hotter at home, yet they say that when it is long continued here it becomes very depressing. So far we certainly have not minded that heat much except for the past three or four nights when it was almost too hot to sleep in the staterooms even into the port open and the electric fan going all night. On deck one could always find a breezy spot and on shore. I've been much too interested in everything about me to mind the heat.

We got into Yokohama about 5 a.m. on the 27th, passed the quarantine officers and the police inspections, had an early breakfast and went ashore. What a day that was. How I wished you and father were with me to see it too! But you will yet. You must, if we have to embezzle the funds to do it.

Yokohama is a fine city, a busy harbor full of shipping, and fine buildings down to the water's edge. It presents a good appearance from the water for the best buildings are along the water front. We went ashore right after breakfast, and went walking through the town into the most Japanese part we could find. And how interesting it was too! We got past the rickshaw men on the pier, but they seemed to be everywhere, and went into little narrow streets with no sidewalks, where the low tiled shops abutted right on the street. They all have sliding fronts and stand open to the street with the goods as close as possible to the passersby. You can see right through to the houses behind where the people sit on mats or on low platforms, leaving their shoes at the door when they go in. I am sending you some post cards with views, or I think I am sending them to most of the family rather than to you, and we took some snapshots. I wanted to get one of a street but it rained when we were in Yokohama, was cloudy in Tokyo, and dark and rainy again today, so we did not have the best chance to get a street scene.

All sorts and varieties of costume are worn of every imaginable color, and all sorts of mixtures of native and foreign. The native dress is pretty, graceful and comfortable looking, but some of the mixtures certainly look rather incongruous — for instance a flowing robe and wooden shoes topped by an up-to-date western straw hat and horn-rimmed spectacles. Both men and women wear a long kimono-like gown with a sash around the middle but the women wear brighter colors, wider sashes, and have a huge sort of flat bow at the back. Nearly everyone goes bare headed, though there are quite a few western hats worn by the men, and the rickshaw fellows have a funny head dress all their own which you will see when I send you some snapshots I took. The women have wonderful coiffures mostly huge pompadours. Most of the young women are quite nice looking and the children are as cute as can be. Lots of the women carry babies on their backs and many of the small girls even seven or eight years old. Some of the children don't wear much clothes and some of the older people would not be considered very modest in Nova Scotia clad in a suit of western underwear only, or with tights and a sash around the middle, but not many are like that. Most of them have bare feet and legs except for a sort of sole of straw or wood fastened on by a cord across the toes, and with a couple of cross pieces under it to keep them up out of the wet. You can imagine what a clatter they make clumping along on these wooden things on paved streets. Some of them wear a kind of sock that is like a mit with a place for the big toe. The rickshaw men wear these without the shoes and they run along very easily too. Nearly everyone carries a fan, especially the men, who stick theirs in their belts, and scarcely anyone goes out without an umbrella either a native one of bamboo and paper or a foreign one.

There are lots of bicycles with the license number painted on the rear mud guard in which Japanese characters. It is funny to see a man in a narrow skirt, riding a bicycle, and holding up a huge umbrella. There are a few horses that are always carefully lead instead of being driven, and some motors, but man appears to be the chief beast of burden in Japan. It is a queer sensation the first time you are in a rickshaw. I felt like a baby in a perambulator, with another baby taking me and for an airing. It seems absurd to sit in state and have a man half my size draws me through the streets. They travel at a very slow dog trot but they keep it up for a long time, and take you anywhere you want to go and then cheat you into paying too fares for doing it.

In the afternoon we went out to Tokyo, about 18 miles by electric train, got a motor car there and drove around for an hour. It is a wonderful city. In the evening we went out in the street again and it was even prettier and quainter lighted up than by days. The rickshaw men carry Chinese lanterns at night. We went into a

Japanese theatre to see what it was like, and saw some Japanese moving pictures but did not stay long.

This morning early, we got into Kobe, got our goods through the customs without any trouble, thanks to a missionary who came with us on the boat and spoke Japanese. Then we came on to the hotel, and went to the station where we finally got our tickets through to Seoul and our checks. We paid *yen* 33.31s for out tickets and my baggage cost me *yen* 21.75s. A yen is 50 cents Canadian. We also got our money changed, sent our telegrams, and found out about the cable rates, quite a morning's work. We could have gone out tonight but thought we would wait till the morning and see the country. We get to Seoul Wednesday night, 31 days from Halifax.

Love to all,
Florence

Hamheung, Korea, Japan
September 9, 1921

Dear Alex,

Your letter written a month ago came today and very welcome it was. It is just a month since I got letters from you and from home at Vancouver. I got one a week ago from Irene Macaulay written the 8th of Aug. but none from home yet. No doubt they will come tomorrow as there must have been a boat bringing mail or I shouldn't have got your letter. Thank you for the snapshots. They were very interesting.

I think I wrote you last from Kobe. I've seen so much since then I scarcely know what to write about. But I'll begin where I left off and do my best to tell you of our travels.

We left Kobe in the morning by train for Shimonoseki, a southern part of Japan. The railroad was excellent, I've never ridden in a smoother running train but they have no first class, just second and third and sleeper. We went second as we thought we would be more among the Japanese and we wanted to see all we could of Japan while we were there. The seats were along the sides like the old tram cars at home and there was a double row of shoes down the aisle. Some of the passengers drew their feet up on the seat and sat on them. The train was crowded all the way and the day was pretty hot but not so oppressive as the last days on the boat. All the men smoked, mostly cigarettes and some of the older women. The "boy," as they call the porter, came through the car about once an hour with a short-handled broom and swept up the floor between the shoes. Several spittoons were provided for refuse and they were always overflowing. Nearly every passenger had a little teapot under the seat and a little bowl inverted on top of the teapot. At the bigger stations the porter would get the tea pots filled with water and the bowls would be used to drink it out of. The teapots were finally all disposed of as we approached Shimonoseki by the simple process of throwing them out of the car door. Fruit, ice cream, and drinks were peddled at the car windows in all the towns we passed through. We got some fruit, apples, and pears, and peaches done up in wicked work baskets or in bags made of string woven like a net. The apples were not much, and the pears look like our russets but taste like pears tho. They are hard and dry compared to ours. The peaches are huge things but not so soft and juicy as ours.

Lots of grapes there were too and they were good. The ice cream was a poor icy concoction that never knew even milk. Boxes of Japanese food- rice, fish, etc. were sold too and nearly everyone got them. We got one to try — chopsticks and all — and I got through my share tolerably well but Nettie and Christine preferred the dining car where foreign food was served. At a good many of the stations there were taps and basins and mirrors on the platform and the passengers would get off the train wash, and get on again. One woman seized the opportunity of bathing her baby thus. Most of the baths in Japan are public ones by the wayside, quite open to the street.

The country was simply beautiful. We were never out of sight of the hills, not as grand and majestic as the Rockies of course but even more beautiful in one way for they are a beautiful green to the summits instead of bare block rock. The railroad goes through about forty tunnels so it is a hilly enough place. There are narrow plains most places and here and there quite wide ones but everywhere each little bit of land that will produce anything is producing it. The whole country is terraced right up to the steep sides of the mountains and most of it is growing rice. The rice fields rising in terrace after terrace of the freshest green, with little gleams of water here and there, and the mountains behind it all, make a beautiful sight. On the dykes between the rice fields, beans are planted, showing like hedges everywhere for they are shrubs not at all like our beans. A good many mulberry trees are grown too, and as we went further south we found more and more bamboo and a few palm trees. The bamboo is a beautiful thing almost like a fern but twenty feet or more in height. The trees were not only large and mostly fine. The lotus is grown a lot too and has a beautiful flower as you know. It is much like a water lily but larger and grows higher out of the water. They eat the root in Japan.

The boat at Shimonoseki is about the size of the P.E. Island, entirely Japanese and she was simply packed and a lot of passengers had to be left behind then. We could not get any first class accommodation though in [illegible] wired ahead for it. The only cabin available was hot and stuffy and would only take six while there were about thirteen missionaries of us together. So our Canadian party and some of the others spent the night on deck and, I think had the best of the bargain too. I slept very comfortably in a deck chair and some of the others slept on the deck floor. I meant to lie down too but I fell asleep in the chair first and never woke up till morning. The second class passengers have cabins but men and women are put in together in the one cabin, and the third class passengers just lie on the floor inside or out as it suits them. There are scores of them on the floor down below, men, women, and children, as close as they could be, and the atmosphere was mighty close too as you can imagine.

We had our first glimpse of Korea in the morning of the 31st. It looked as mountainous as Japan and the rockier. Fusan is a busy port but not very large place. We had to show our passports again and tell our nationality and where we were born. Here we saw the Koreans in native costume for the first time, and wearing the top knot and the famed black hats. The hat and the long white robe is for gentlemen and dress-up occasions for other people. As a general thing, they wear only the loose baggy trousers and a little short jacket while they are at work. A good many of them have discarded the topknot and wear their hair short. With the passing of the topknot comes the foreign hat or cap. Most of the older men wear long beards. They are very different from the Japanese in dress, habits, and customs, tho if they were dressed alike I could not often tell which was which yet. Rickshaws are everywhere in the towns in Korea but only a few are, nothing like Japan where there are myriads. The "*jiggy*" is a convenient convergence here for loads of all kinds from a suit case to a load of hay or firewood. It is like this <B> in shape and is strapped on a jiggyman's back. The load is strapped or rather tied with straw ropes to the horizontal pieces.

⟨B⟩

We saw no palm or bamboo in Korea but in the south, there was not much but rice fields in the narrow valleys between the mountain ranges. Korea is as mountainous as British Columbia. The Koreans say of their country "Mountains, mountains, nothing but mountains." There are a good many mulberry trees here too. Farther north where we are, there are fields of millet and sorghum and beans as well as rice. And the other day I saw a field of buckwheat in bloom that looked like Canada.

There are not so many towns along the railroad as in Japan and the houses are nearly all mud with thatched roofs looking poorer and not so pretty as the tiled roofs in Japan. On even so many of the roofs there are gourds ripening to be used as dishes later.

We got to Seoul that night and were met at the station by Miss Fox and about a dozen other missionaries who came down to welcome us to Korea. Miss. Fox bore as off in triumph to the Foreign Nurse's Home of the Severance Hospital. She and Dr. Mansfield are the ones from our mission on the hospital staff. She is from Musquodoboit and I had met her before. We were there that night and in the morning went through the hospital and compound before catching our train at 10 am. We met Dr. Avison too.

We were not as crowded on the train that day and had a very interesting time talking to an educated young Korean who is a law student and whom you may meet in Oxford. He spoke English well. At Wonsan there was another group of missionaries, from our own mission this time, to greet us, Miss E. McCully, Miss Rogers, Mrs. Martin, Miss Cass, Miss Palethorp, Mr. McCaul, Miss Cass, and Miss Palethorp came up to *Hamheung* with us for a few days. They have been north in *Yong Jung* and *Hoiryung* and have been having their first visit to the other stations. They have some fine tales to tell of itinerating in the country where the usual morning salutation is, "Has anything bitten you during the night?"

We got another full-sized welcome at *Hamheung* and as the Presbytery was in session here at the time there were a good many to welcome us; Dr. Grierson and Mr. Ross from *Songjin*; Mr. and Mrs. Robb, Mr. Young, Dr. McMillan, and Miss Fingland of *Hamheung*. Miss Currie and I are at the Single Ladies' House with the two latter. Nettie Rose is with Mrs. Robb. We are all boarding for the present. No doubt you have heard of the Robb's losing their only daughter by drowning at the beach this summer. Mr. Robb is away teaching in the college at Pyeng [yang] most of the time so Mrs. Robb is very glad to have Nettie with her. Our house is the poorest on the station but is quite comfortable except for the mosquitoes. The first night I blew out the light and jumped in quick hoping they would not find me. The hope was vain! Next night I set the lamp by the bedside and became a decay. When they advanced to the attack I arose and slew them until I had them somewhat thinned out at least. The next night I slept under a net.

The first morning I was awakened by the sound of singing — a familiar hymn tune but the words all stranger at 6 a.m. It was the Presbytery in the church nearby having a morning prayer service. After breakfast, we took a walk on the hills overlooking the city and again heard singing - the tune He Leadeth Me. It was the boys of the school. They have no place to hold classes but the church and the Presbytery was in that, so the boys were having school out on the hillside. And another class was on the opposite side. Think this city where the missionaries were stoned and driven out twenty years ago having Presbytery meeting here now.

I have a language teacher and am hard at work every day learning to talk again. We are all to go to language school in Seoul for two months in the fall and spring and I am to be here for the winter and go to *Yong Jung* to supply for Dr. Martin next spring while he has his furlough. But I must stop or I'll never get a letter written home. O Yes, they are all expecting you to come here and all talking about it too. Mr. Young says the academy has been waiting for you for a few years now and he hopes you'll be able to take some special work in education and such lines. Even after you get here it takes so long to learn the language before you can do much. One feels so helpless among all the crying need when one can do nothing, and the Koreans welcome us so while we ourselves feel so useless. That different language is like a great barrier separating us from them. Two or three of the pastors said to me, "Since you have come so far to do us good, I am so glad I cannot tell." And you look at the crowd in the church and compare them with the gang in the marketplace, and feel how great the work is, and have worthwhile, and long for the time to come when you too can talk to them and do something for them to change their lives also.

I'll describe the market and the church too in another letter.

Kind regards to Mrs. Mackenzie, whom I suppose you remembered to thank for me for her kind gift, and to Mrs. Fielding to whom I must write before long.

Your loving sister,

Florence

Hamheung, Korea
September 21, 1921

Dear Foster,

You fellows will be back in Pine Hill or perhaps you will be in Camp Hill, long before this letter reaches Halifax. I hope you will all have very successful years at college. I know your year will be very interesting. I enjoyed my fourth-year work most of all the five and I think you will too. I am wondering how things are going at home — if father and mother are still in the city, if Charlie got through his exams, if you got into Camp Hill, if Anna is going into Medicine this year or not, how Catherine Grant is, whether Ina's hair is growing again, if Elizabeth and Lena are both getting into the Children's Hosp., if Dr. McDougall has anyone in my place and so on. I am not at all homesick or lonely, don't get that idea in your head, but I have a very natural interest in these things. We saw in the "Seoul Press" that there was a disastrous explosion in Halifax resulting from a fire but that was all there was about it. I presume the explosion likely was at Imperoyal and that Halifax did not suffer from it to any extent.

I had one letter from home and one from Alex but none yet from you fellows, I hope to hear soon and get some news.

I have a language teacher and am pegging away at the language from nine to twelve and from two till half-past four every day. That is quite long enough for one subject at once but I go at it again in the evening. Besides I am teaching English to some of the teachers from the girls' school and am expected to help out at the hospital in emergencies and at operations.

Get Anna to show you her letter. There is so much to write about that I can't tell about everything in every letter but if you pass them around you will hear about most of the interesting things that way.

Things are quieter in the country than they were but that does not mean that absolute satisfaction reigns.

Every fifth day here is market day and I do wish I could take you to market with me. It is a sight worth seeing I assure you. It occupies several streets and radiates to a certain extent from a central spot on a cross street. The cow market will be on one street and there will be so many cattle there one can scarcely get by. There will be all sorts of Korean food in another place in the market in tubs, and all sorts of utensils, horrible messy looking stuff that a foreigner has no desire to sample, and everywhere the women squatted right down in the street by their property displaying it to the passengers by. There seem to be as many children as women, and one can scarcely get around through the crowd. Everywhere we go we are regarded with great interest and, if we stop one minute to look at anything, we are surrounded by such a crowd coming to look at us that we can scarcely move on again. You should see the costumes! Some of the children have nothing on but little jackets coming half way down their chests, and when they have nothing else on but the jacket, they always have a particularly fine, usually bright red instead of the white and natural colored clothes that are usually worn. Other children find the sunshine all they desire in the way of covering but there are many who are nicely clad. Coolies wear big baggy trousers and short jackets that often do not quite meet in the middle. Evidently, they believe in an air space. Scholars and gentlemen have a very nice and dignified form of dress, like the coolies only with a long loose coat or robe over it, but you don't see many of them in the market. Talk about the babies! They are everywhere, fastened on their mother's backs or on some brother or sister's back, and most of the time they are fast asleep. The little short jacket is a great convenience to the mothers for every time though baby cries, all that is to be done is to give him a pull to one side or the other and he can have his nourishment without disturbing her clothing or interfering with her work. Some of the children are dressed in robes that remind one of Joseph's coat, they certainly have the many colors, green, yellow, red and blue strips being one of the favorites. Now and again you will see a funny little imitation of a western hat on one of these children, looking so ridiculous and out of place with the rest of the costume. The women usually wear a cloth like a folded towel on their heads and the men from the country usually still have the top knots though they are largely discarded in town. In another street will be found the fruit and vegetables; somewhere else will be grains; in another place will be native cloth; a little further on will be straw shoes; up another street will be brass made polished and bright, and the people selling it will be dusting it, as it sets on a straw mat on the side of the street, not by wiping it as we would, but by slashing at it with a long piece of rag. I am going to take some pictures in the market when I can, but the people crowd around so it is hard to get far enough away to get what I want. Sometimes they come behind us in the crowd and feel the material in our clothes.

I am sending you a package of post cards of Korean places and people that are very typical. Most of them I have commented upon on the backs. After the family sees them please let Alex take them to the Volunteer Band if he cares to, and let the Kaye-Grove Y.P.S. have them for a night and the mission band if they wish. Perhaps it would be well to ask Mrs. Crowdis what they would like them for first. After they have seen them in Keye-Grove please have them sent on the Mrs. Langill in Charlottetown. I am sorry to bother you with this, but you will be going to the north end anyway, and if you give Jean Yeoman or Aggie Milligan Mrs. Langill's address they will send them on when they are done with them surely. If mother or any of you would like a set, just say so, and I'll send on another.

I think I told you what I expected in the hospital. Well, I was not mistaken in any point, building, equipment, or staff. The building was put up by a ship's carpenter whose business was to conserve space which is precisely what you don't want in a hospital. The result is doors and passages so narrow that they are very inconvenient and that a carriage of the ordinary width would not go through them with an attendant at the side. The windows were designed on the same plan too. There are two stories and a verandah on the front of each but so narrow that unless the plan was on fire no one would try to get a patient's bed out on one of them. In front of the dispensary part, is a closed in porch of brick that is of no earthly use and makes both the rooms behind it dark. I asked the doctor what it was ever built that way for and she couldn't remember, she thought there was a reason but she couldn't remember what it was now. So much for the building.

There is no heating except by stoves but a furnace (supposed to be hot water) is on the way from Canada. The lighting is by kerosene lamps. The water is carried on the backs of water carriers in standard oil tins. The beds are nearly all clumsy home-made affairs of wood. The drug room is like a closet about four feet wide. The lighting in the operating room is poor in the day time and worse at night. There is not a window blind in the whole institution and the heavy white cotton curtains keeps out any little air that tried to get in the windows when they are hanging in place, and when they are tied together in a knot and thrown over the curtain pole they do not add to the general air of tidiness that pervades the place. The other furniture, instruments etc. are none too plentiful but enough to get along with.

One of my first visits to the hospital was paid just after one of the two Korean doctors had left and when two of the nurses were away. There is no foreign nurse here and no nurse who has had anything like a proper training at all. This day there was one wing of the hospital where there was no nurse on duty at all and things were generally at sixes and sevens. There is no bathroom in the place either, just two toilets and they smelt like a side street downtown only none so. A lot of dirty water had been thrown out of the back door and was reeking in the sun. A little of it was running in the gutter down to the street where it joined the river of similar waste water from other establishments. Two pus pans half full of pus and dirty dressing were sitting on the ground just outside the door attracting flies, and some bloody dressings were occupying a place on the backdoor step, while a dirty bed pan was keeping it company not far off. This is the plain truth so far but I am not going to tell you the rest. I do not really think this is a fair picture of general conditions; they were up against it that day; but it gives an idea of what must be contended with. It is impossible to carry on any decent kind of medical or surgical work without a foreign nurse to oversee things. Dr. McMillan graduated in '97 and she told me herself she had got scarcely a new book in all that time. I have not seen any magazines she takes either, and she doesn't do any surgery herself, but leaves it all to the Korean doctor, Dr. Pak. The way they do things horrifies me. I feel like I did in Boston when I saw the patients experimented on and was helpless to prevent it or do anything better for them. My suggestions were asked for on several occasions, and when I gave them, I was told that they had tried that but they found it did not work well. I am not surprised, considering the after case. They do not even give a laxative before a major operation. And in a bad old empyema they would not take out a piece of rib and were going to pack the opening after draining between the ribs, but at my urgent solicitation they put a tube in instead. Not a stitch was put into bring the tissues together at all and these was a large opening superficially. I was calmly told that a few days before a patient had died after a similar operation and they thought it was the cocaine solution used as a local anesthetic that was the cause of death. I enquired the strength used — they did not know the strength used either on that occasion or on this. And the way it was administered was to give a whole hypodermic full in one place intramuscularly, not subcutaneously. That will give you an idea. I am very glad I am to go to *Yong Jung* for a while. I do not see how I could work here under the circumstances. If I could speak enough to do any one thing independently it would be different, but to assist with work like that!!

And such cases as they get here! Nearly always, or very often in extremes when they come to the hospital, and usually made worse by native treatment. Abdominal conditions especially are needled with long needles and often get generalized peritonitis, or at best have all sorts of adhesions on account of old sepsis caused by acupuncture. And everything is cauterized and blistered. Last week we had two cases of attempted suicide by rat poison — one died and one is getting better. And a woman came in, carried more than a hundred miles, with ten feet of intestine hanging out of a wound in her abdomen inflicted by her husband. Of course, when the doctor saw her three days after the incident, the bowel was dead and putrid and the woman in a state of collapse. She did not attempt to do anything, and her people started off with her again to die on that way.

Hospital discipline is a thing unknown. The patients do not stay in bed unless they are dying, they sit cross legged on them and all their friends come to visit them any time they like, and usually stay all night. They nearly always accompany them to the consulting room and even the operating room three or four of them at a time, in street clothes frequently none too clean. Talk about work! This is the place for it all right — and it is hard to have to wait to learn the old language before I can really start in.

Your loving sister,
Florence

Hamheung

October 5, 1921

Dear Father,

Your letter of Aug. 22 and 29 came on Sunday, for this land mail is delivered every day in the week, and I found it on the table when I came down to breakfast. Today arrived another letter dated Sept. 5, so it really made very good time indeed. It is fine to get such newsy letters with bits from so many of you. I have heard from all the family now except Eddie and Charlie.

In one letter, you referred to my account of the water in Manitoba. I think perhaps I owe Manitoba an apology or at least owe you an explanation. I found later that there was some disinfectant in the tank or the drinking cups and that the water in the tank at the other end of the car was not nearly so vile, though we would not think it very nice.

It is interesting to get news of so many friends. You mention Annie Creelman and her baby but do not say whether he is learning to talk or not. She was quite distressed in the summer when I was at Dunrobin because he was not talking. Is he talking now at all? I am glad to get good news about Catherine and hope Allister will also do well.

It is too bad Charlie made such a poor showing in his exams. He will have to work hard and try to make up for it as much as he can next spring.

I am very sorry to hear about Mr. Crowdis' illness but not surprised. To look at him, one would not think he could have stood it so long. I hope he will take enough time off for a perfect recovery.

I am glad Mr. Foote is to bring me my watch. What ever was the matter with it anyway? My other one stopped a few days ago and refuses to go since. The spring is not broken and it did not meet with any accident, but I think likely I can get it fixed in Seoul where I am to go on Saturday to start language school the first of the week.

Tell mother to keep the towel she found. I have plenty and I found the one that I thought I had mislaid.

I have always heard about the loneliness on the foreign field but have yet to experience it. It is not as if I were away [from] home for the first time. Then the other people on the station are very congenial, and I am busy enough learning the language not to spend too much time in considering the circumstances that separate one from home, and everything here is so full of interest, that I seldom think of being lonely and then it is no worse than when I was in Halifax and home was in the island.

Every day my language teacher is here till four or five o'clock and I find the study very interesting though it takes a great deal of repetition to enable one to remember words and they have so many words. For instance, our expression "put on" is said in Korea in at least seven different ways — there may be more but I've had seven already. For put on your hat is one word, for put on your clothes another, shoes another, and so on. Then there are three or more words for "and" and you must know which one to use and always use the proper one. Then there are three different sets of words for the numbers and you can't use them at random but must know which to use. In telling the time you use one for the hours and another for the minutes. Then of course there is the high, middle, and low talk all of which must be used on appropriate occasions. They tell us that if we study the language hard for three years that a mastery of it should be in sight though still far off. Miss Fingland who has been here for two years and a half cannot yet follow a Korean sermon though she can make herself pretty well understood in conversation, while I was happy last Sunday to have recognized half a dozen words. I have an exercise to write every night and I do a good many simple sentences in Korean. There is no such thing as spelling in the language which is entirely phonetic but so many of the sounds are so similar to us that we are not able to differentiate them without much practice. Each syllable is a character of combination of characters representing the sound. As pronounced by the Koreans my name is Mo ray, and there is what it looks like in Korean characters — 함흥모레 — that is Hamheung, Moray. Here is in Chinese which is the proper way to write a name — 咸興毛禮. All the strokes must be made in a certain order. It is amazing to see how the Koreans will dash off a page of that sort of thing, quite as fast as we can write, and never have to stop to think how in the world the next one is made.

Last Sunday was communion Sunday at the upper church here, and the church was crowded. They used a silver communion set with the old-fashioned flagon and goblets that is the property of Mr. McRae. I was glad that they passed it to the foreigners first. There is a bench at the front for our accommodation. Of course, everyone else sits on the floor. The elders had a hard time before the service began getting the people seated far enough apart that the man with the elements could pass between them. It was a very long service and I think they prayed eight times at least. There were about two dozen people baptized and received into the church and several others who had passed their examinations were promoted to a higher grade of probation.

It was a very impressive service though a Korean audience is not noted particularly for its quietness, especially when there are more than two hundred children sitting together who have already sat through Sunday school immediately before church.

At the lower church, Miss Fingland reported they were so crowded that, after taking the children to another building as they always do, many people could not get in the church, while some old women who could not get in the doors came in the windows instead, one of them so old she was leaning on a piece of a corn stalk for a walking stick.

At this stage, supper intervened and then we had to hurry off to prayer meeting. I went to the lower church with Miss Fingland. It is quite a walk from here, about a mile. I should think and when you have once gone there after dark you will understand why a lantern is included in our outfit list. A few Chinese lanterns, such as we know at home, are used, but more square ones covered with paper in the form of a sort of bag that is pulled up white the lantern is being lighted, and some have a door on the side. They begin early and were singing when we got there. The church was packed, scarcely another person could get in, and there was the usual audience outside at the doors and windows. They have removed the partition in the center of this church and have some benches end to end for about halfway up the church where some of the young men sit with their backs to the women. In front of the benches, there is a row of old women up the middle between the boys and girls. It was announced that next week there would be prayer meeting in the church every morning at five o'clock. Imagine such an announcement made in a Canadian church! Next Sunday is baptism Sunday for babies and I should like to be there but must be in Seoul instead. One of the elders in that church gave up his business when he had made money enough to live on and now gives his whole time to church work. All the elders seem to do much more than the average elder at home. In the upper church, the elders frequently preach instead of the minister and they sometimes do in the lower church too.

I am glad to hear that you like Lochaber so well and have prospects of going there and I'll be waiting to hear what comes of it. It would be nice to be settled before winter, and I hope you will be. I hope mother will be better for a long time after having that bad spell. I am feeling fine — in fact too fine for my own comfort for yesterday while blowing off steam beside the stairway, I got a little too close and skinned my knuckle a bit. However, that will get better in a day or two and I'll stand further off the next time. I'll write again from Seoul. Just continue my address *Hamheung* for by the time your answer to this gets to Korea, I'll probably be back here.

Your loving daughter,
Florence

Seoul, Korea

October 9, 1921

Dear Brothers,

This letter will be for Anna also as I do not know where to address one to her. I expected to get this written before but have been putting a good deal of time on Korean and had some other things to attend to.

You will all be back at college now and hard at work. This is the first year for eight years that I have not been back at old Dal by Oct. 1st. I am still a student at any rate, and still at school too, even if it is on the other side of the world. We came down here yesterday and had a pleasant day on the train. Miss Fox met us and took Miss Currie and me to Mrs. Billings' of the American Methodists where we are to board during language school. Miss Rose is at Mr. Underwood's. The house we are in is the oldest in the mission. It is a Korean house enlarged and improved with foreign doors, windows, and furniture. It is very nice and quite novel to us. The Billings are very hospitable and made us feel right at home. They have three nice little children. The school opens tomorrow and lasts for two months. It is conducted by foreigners and is held for two hours every afternoon. We are to study with our own teachers in the mornings. The Koreans do not understand grammar and the purpose of the school is chiefly to teach us grammar. The teachers are missionaries who know Korean best.

The language is more interesting and not such drudgery as I

thought it might be. Of course, there is enough to learn, and many of the sounds are so similar to us, though quite different to Koreans, as to constitute a difficulty. Then there are three or four words for a simple expression like our "and" and one must know which one to use and use it in the right place. Then there are several words for "if," "then," and so on. I have had seven words already for "put on." Put on your hat is one word, your clothes another, shoes another, and so on. There may be another seven for all I know. Of course, the high, middle, and low talk is a thing we do have to trouble with in English, but it is a serious breach of etiquette to use the wrong sort of talk in Korea.

We all have to have names that be pronounced by the Koreans and also can be expressed by Chinese characters. I think I will stick as closely as possible to my English name as it doesn't happen to mean anything undesirable. It is Mo ray. Here is "Hamheung, Murray", in Korean. 함흥모레. Here it is in Chinese 咸興毛禮. You can't just dash it off any way you like either, but all the strokes must be made in certain order.

I got the graduation number of the "Gazette" last week. Would you be so good as to give my address to the business manager and have the Gazette sent here direct. It will probably still be going home and have to be readdressed. You might pay the subscription out of the money I left home if you please and it will save my sending it.

Last Sunday there were so many people in church that a good many went away [un]able to get in. Two or three old women who could not get in the door, one of them with a cornstalk for a cane, were not to be daunted, however, and climbed in the windows. At prayer meeting, Wednesday nights there are as many people as at church. Friday night I was at the W.M.S. where Mrs. Robb had asked me to speak and she interpreted. I told them about the Student Volunteer Movement and they were much interested. They are going to send a greeting to the Zion W.M.S. in Ch' Town.

Perhaps you are wondering what I am doing with the money I took out with me. Soon after I got here there was a building for sale on property that the mission was very anxious to obtain and there was no one who had the money to buy it with and no time to get any sent, so I advanced the cash in the meantime and will get it back with interest by the time I am in my own hospital. So the money will thus serve the mission twice, as after helping out in the emergency, it will still be used for the work it was intended for by the givers.

When we left *Hamheung* there were only Miss Fingland, Dr. McMillan, and Mrs. Robb left as all the others are out in the country itinerating except Mr. Robb who teaches at Pyeng [yang]. It must be lonely enough for Miss Fingland as the others are so much older than she is. As we passed through Wonsan we saw Miss Louise McCully and Mr. McCaul. He and the two McCully's are the only missionaries there at present which can't be very exciting. The McDonalds are to move there soon, however.

We are still having delightful weather much like October at home. I wonder how Foster's asthma would be out here. I think he'll have to come and try it. How would be like to be Path. & Back. Prof. at Severance Medical College? This is a great city -- the only really large city in Korea where 85% of the people live in villages and are agriculturists. There are about 250,000 people inside the wall and about 50,000 outside. They have a tram car system and many fine buildings of brick and stone. There are a good many foreigners here and several missions have worked in the city.

I had a letter from Isabel Baird. They are soon going into Honan to get settled before winter sets in. They have had a pleasant summer at language study and are delighted to be in China.

It is just dinner time and I will close for this time. But I hope to have my typewriter the next time and to write a longer letter.

Love to all of you and kind regards to anyone who may inquire about me. You can tell them there is plenty of room for more out here. Perhaps Foster could use his influence with those Children's Hospital nurses he knows.

As ever,

Florence

Seoul

October 13, 1921

Dear Father,

Here we are in Seoul at language school. We came down from *Hamheung* last Saturday and had a very pleasant day on the train. Miss Currie and I are together and we have my teacher with us. We are boarding with Mr. and Mrs. Billings of the Northern Methodist Church U.S.A. They have three children and are very pleasant people. Miss Rose is with Miss Young of our mission and they are staying with Mr. Bonwick, the manager of the Christian Literature Society, and his wife. Miss Rose's teacher came with her too. I wish you could see the house we are in. It is a Korean house enlarged and improved up. It is built in the form of three sides of a square and is of only one story, so that it is quite spread out. It has a tiled roof and the bare rafters have been covered over with Korean paper. Everything is very comfortable and nice.

We study with our own teacher in the forenoons and attend the language school from 2 to 4:30 in the afternoons. We have three teachers in the school. Mr. Kerr, Mr. Appenzeller, and Mrs. Chay, a Korean lady who speaks English as well as some of the Americans do. By the way, some of the latter refer to "American" as a language. Live and learn! The idea of the school is mainly to teach grammar for the Koreans have very little idea of that, but they are giving us a good deal of pronunciation besides. The school holds session for two months now and two months again in the spring and the course covers two years. There are thirty-seven taking the 1A class with us. There are fifteen in the 1B Class and 9 in the 2A class. There are missionaries in our class from the two American Pres. & Meth. Missions, the Salvation Army, and the Seventh-Day Adventists. There is a French Catholic Mission here and their church is a very large brick building that could be mistaken for nothing but what it is. They have priests and nuns here.

Twice a week the foreigners' tennis club right near here gives a tea in the afternoon. Yesterday the language school was invited. When we were in the nice brick club house looking out over the courts, with forty or fifty foreigners around and not a Korean in sight but the waiters, and even the native buildings shut out by the wall around the grounds, it did not require much imagination to think ourselves back in the west with the orient far way.

We have an English service every Sunday afternoon and it seems rather nice and respectable to go to church again to a place where the men take off their hats, the women wear theirs, and everyone sits on a chair, not to mention the fact that the sermon is in a language that is familiar. Before the service, we crossed the city and climbed the mountain at the south side of the city where there is a sort of park. We passed Buddhist temples and images on the way up. The stones were all open, of course, and goods of all sorts for sale in the streets. Many people were in the park, Koreans, and Japanese. There are a good many Chinese in the city and the women wearing trousers, and hobbling along on their poor little feet always attract our attention. A good many of the Chinse here still wear pigtails. There is a fine view of the city from the park. The whole city is surrounded by mountains on all sides. We are right near the city wall here. It is a huge affair of earth and rock in places about twenty feet high and about as thick. There are 250,000 people living inside the wall and 50,000 more outside. There seem to be about as many Japanese as Koreans in the place though I suppose there really are not nearly so many. However, the streets seem to be full of them.

A couple of days ago while I was in the Christin Literature Society store, buying some Korean textbooks, a man came in and introduced himself as Mr. Miller, saying he had been wishing to meet me as he used to know you very well. He and you worked together in Chalmers Church when you were in Pine Hill, but he was not sure that you would remember him. I assured him that you would and promised to remember him to you when I wrote. He has been out here connected with the Bible Society for about twenty years. When I told him you were coming out to Korea to pay us a visit he was quite delighted. He seems a very nice man indeed, is rather gray but looks well. There are not so many foreigners in the city but what everyone knows everyone else and is friendly. Day before yesterday we heard this little dialogue on the street, "Hello Jim!" "Hello Bill, how are you? Jump in." It may have been very ordinary and commonplace but it sounded very homelike and reminded me that it was the first remark I had heard on the street since coming to Korea that I understood.

As soon as I got to Seoul I went to the industrial department of the Y.M.C.A. to see if my typewriter were ready. They had been waiting to see what I wanted done — so I told them to go ahead and do whatever was necessary to put it in shape, and do it quick.

Some of the cog wheels are ruined and new ones have to be made. I hope to get it in a couple of weeks. I have to get my watch repaired too but many of the Japanese places have such unsavory reputations that I want to be sure I take it to a reliable one. Miss Rose had to pay *yen* 100 duty on her goods that she got new and Mr. McCaul said mine would likely be as much. A lot of her stuff was smashed, five out of the six plates were broken, and she herself saw a man in the customs office smash a large lamp shade and one or two of her dishes. Mine have reached Kobe but we have had no word yet of their being in Korea.

I have not had a letter since writing before, and have not yet received a single letter from anyone in Canada except my own family though I have had two from China.

It is getting quite cool and fall-like here now. Last night we had frost, but not much apparently for the things in the garden were not frozen though they are getting brown and withered with age. Most of the millet and sorghum is harvested and it is time for the rice crop. Some of it is harvested too but it is later than the other crops. It is very expensive this year and that makes the cost of everything else go up. It costs a lot to live here. We pay *yen* 70 a month rooming together and over *yen* 60 in *Hamheung* where we grow so much in our own garden.

The night before leaving *Hamheung*, I addressed the W.M.S. of the Upper church with Mrs. Robb interpreting. She asked me to tell them about what the students of Canada were doing for missions and they seemed much interested. These women support a Bible woman who is doing evangelistic work all the time. They send collectors around every month to get the contributions as many of the members have small children and are seldom able to attend.

The Japanese are the worst people in the world to do business with. You go to the bank and they take five or six times as long to do anything as bankers do at home. I was cashing a draft the other day and I don't know how long it took them to send that draft through the bank to the teller's wicket. I waited till I was tired and then inquired what was the reason I wasn't getting my money. Then I was asked to wait a while longer. And yet they think they are equal to other nations of the world. It is the same in the post office. It takes several times as long to get any business done as it would anywhere else on earth. And it took days and days to get Miss Rose's boxes through the customs, and they think they are a business-like people and expect the rest of the world to consider them such.

Dr. Martin has had dysentery and Dr. Grierson went up to *Yong Jung* to treat him but Dr. Martin is better and I expect Dr. Grierson is back home before this. Mr. and Mrs. Vesey and family have arrived and are on their way to their station at *Hoiryung*. Have you seen anything of D. W. Macdonald?

Love to Mother and Charlie — I suppose the others are all in Halifax and I hope you are settled by now.

Your loving daughter,
Florence

Seoul, Korea
October 25, 1921

Dear Foster,

This letter is for all you chaps at Pine Hill, but I'm asking a special favor of you this time. I am enclosing a snapshot I took of Jack last summer. I never got a chance to give it to him before leaving but if you will hand it to him I'll be much obliged. Tell him I'm having the time of my life and find more of interest here than I ever did in Halifax and give him my kind regards if he asks you about me. I am also enclosing the negative so if either you or he wish to make prints you can do so. I am also sending two of the totem pole we saw in Jasper Park in the Rockies. One is for you and one for Alex. As Eed has no album I suppose he does not care for one. I'd like to send you dozens of snaps and I will send you more later.

I expect there is considerable excitement over the impending election. We have heard nothing except that there is to be on.

Seoul is a very interesting city that was old when Columbus left on his memorable voyage across the unknown ocean. The wall that surrounds the city has stood for more than five hundred years. It was built in 1396 and is 42 ft. high and 12 miles in circumference, enclosing parts of the rocky hills on both sides of the city in the valley. Yesterday we climbed to the top of the mountain along the wall. It was quite a climb, but the view of the city on this side, and that of the river and the sea and the ranges of hills rising one beyond another with fertile plains in between on the other side, was more than worth the effort. Korea is a beautiful and there are many places of interest around its capital city. In the center of the city is a huge bell 15 ft. in height and 12 in diameter that has swung on its beam since the fourteenth century. When it was cast a little child was thrown into the molten metal. The bell has through all the centuries since tolled the hours for the city gates to be opened and closed and for people to come in off the streets at night. The city gates, seven or eight in number, are still used, but they always stand open now and there are other openings through the walls also, which are more used than the ponderous old gates. The part of the city where the old bell hangs is called Chong-no, meaning Big Bell.

Then there are palaces, shrines, temples, and old royal tombs of much interest but there is no one to explain them to us when we see them.

Sunday evening a woman, who is a scion of royalty, visited us with her two children. They are very wealthy but very unhappy. There are several living together in the old Korean style which required that all the sons with their wives live in the father's house. The men are all dead and the widows live there with their children in such seclusion that some of them do not even go on the verandah, much less be seen on the street. While the men were live there was a police post at their front gate but now they are not watched quite so closely. Only one woman out of the several who live there would venture out and she came in a rickshaw after dark. They wanted to see the house, especially the "place where you sleep." After that, they sat down and the lady took out her cigarette box and matches and had a smoke.

The girl was said to be 13 but looked about 9. She had long hair down to her knees and a skirt that trailed on the floor. The boy was younger. He wore a bright red long coat and perched cross-legged on the broad arm of the chair where his mother was sitting in foreign fashion. When he wanted to get off, he flopped into the seat behind his mother, on to the other arm, and then to the floor. These aristocrats are the hardest people among the Korean to reach.

I got a card from Miss Fingland this morning in which she said I missed it by not being in *Hamheung* church last Sunday night. The preacher held up three women's [switches] which had been given as an offering towards the building of the Boy's School, and kept calling upon the women, "Hurry up and take off your [switches]."

We have been having a lot of fruit; apples that are excellent, grapes, peaches, pears, persimmons, and there are strawberries and cherries but we were too late for them. I have not heard of plums. There are foreign pears as well as Korean pears which are round like a russet apple and not so soft nor delicately flavored as foreign pears. There are small Japanese bananas and oranges for sale but they do not grow in Korea. The persimmons are at their best just now. They are mushy things eaten with salt but lots of people are very fond of them. There are small melons also that are very popular. Tomatoes, egg plants, lettuce.

Korean doctors and nurses besides the foreigners and everything looks very orderly and hospital-like. I am going to try to ship away to the hospital some mornings to get a look at the work that is done. I'd like to see some good cases of malaria, sprue, amoebic dysentery, leprosy, etc. Dr. Mansfield was telling me that he thinks about 50%

of the patients who come to the outpatient clinic have t.b. in an active form. I am finding the language interesting but it is tedious and I do so long to get back at hospital work again. As for my registration, another doctor has been granted it on his British registration as I am expecting that the precedent will be followed again.

But I must close and run off to study "Chosen mal" at the language school. Tell another Marshall that I have not forgotten him and will write when I get my typewriter fixed. In the meantime he can be getting to make up his mind that this is a great place to come.

Love to you all,
Florence

Seoul

November 3, 1921

Dear Charlie,

I am sending you some old Korean stamps that I hope you will like. I bought them from a peddler the other day. These fellows come around to the houses with all sorts of things to sell, especially brass, amber, silk, and lace. All thro the country they always ask two or three times much as is reasonable for a thing and then you have to least them down to a decent price if you can, and you may depend on it they will cheat you if they possibly can. Here in Seoul, however, where they have more dealings with foreigners, a good many of them fix one price and stick to it. If you buy anything from one man, in half an hour, there are two or three more on your door step opening out their bundles.

Just now there is a big Sunday School Convention in Seoul to which delegates have come from all over Korea. Miss Fingland is down from *Hamheung* and I saw Dr. Grierson at the station for a minute when he arrived. So far I have not been at any of the meetings but I am hoping to go tonight, when there is to be a Bible scene pageant put on by the different churches in the city. Last night there was a lantern demonstration of Sunday Schools, buildings, pupils, and methods, in different parts of the world, but it was pouring rain and I did not go. This morning I dismissed my teacher early and sent him to the convention while I went to the hospital for a while to see what was doing and how it was done. I have found the doctors very nice and friendly and may perhaps stay a few days after language school closes, to pick up what I can around the hospital. They have fine buildings and excellent equipment here at Severance. It makes me green with envy when I think of how it compares with what we have in *Hamheung*.

It is getting pretty cold here now — about as it would be in Nova Scotia in November — but the poor people from the Southern states are experiencing the bitterest cold they ever felt. Today some of them went home from language school before the afternoon was over because they could not stand the cold any longer.

Last Saturday a party of about a dozen of us from the language school went north for two hours on the train, then got off, and walked up the mountains on a picnic. It took us about an hour to get up to a place where were four Buddhist temples and a monastery. Here was also a cave in the mountains and a spring of good water. So we stopped here and had our lunch. After that about half the party climbed to the top of the mountain. There was a good path as far as the monastery with rude steps carved out of the stone in places, but beyond that, there was no trace of a path. It looked too much like hard work for a picnic so I did not go and I was very glad when I saw the rest get back, worn out, with battered shoes, torn clothes, and bruised bodies, and still three miles to walk to the station. The mountains were beautiful, covered with green trees and autumn colors that delighted the Americans and the girl from Australia but seemed very tame to us who were accustomed to the gorgeousness of a Canadian autumn.

Love to all,

Florence

Seoul

November 3, 1921

Dear Mother,

For three weeks not a single Canadian letter did I receive. Then they began to come every day, so last week I received one from Alex or from home on five consecutive days and this week two more. They usually come on several successive days like that, even though they all arrive on the same boat. We have three or four mail deliveries a day here in Seoul. I suppose it takes the post office authorities a while to look over the mail before they send it out. So I have four home letters to answer all at once — the first time they have ever piled up so.

So now to answer them. So they are using some of the new buildings at Dal this year. That should help out some. I wonder if the present hard times has affected the attendance this year. This is the first time since 1914 that I have not been there for the opening. It is too bad Jack is having such trouble over his department. The Micks are a mean lot but I don't just see what they gain by that sort of behavior.

It is too bad that father's kodak was out of commission when he was at Lock Katrine, but no doubt Alex has fixed it before now. Speaking of fixing things, my typewriter is still at the Industrial Dept. of the Y.M.C.A. I don't know when I am to get it. I ordered a typewriter desk for it. I got a pair of shoes half-soled the other day by a Chinaman and I don't think I ever had a pair done as neatly at home. The cost was about the same as it would have been in Halifax.

I'll be interested in hearing something about the election and all the news. The only newspaper I've seen since coming to Seoul is *the Seoul Press* and it has very little but press dispatches of European and Eastern affairs, and just now the Washington Conferences.

About the Medical Journals — I suppose it is the *Canadian Medical Journal* for which I subscribed and have not received a copy yet. Evidently, they are sending it to my old address though I thought I sent them my Korean address. Yes, I would like to have the copies that have come. Would it be too much trouble for father to send a card to the publisher asking them to forward to *Hamheung?* There is nothing there in the way of a library and I would like to have a few magazines for reference and to help to keep me from going to seed.

I am sorry that you have not been very well, and hope that now you are quite over your recent sick spell and feeling fine and fit again. I heard in the last letter that Anna might possibly get into Medicine in spite of not getting her Latin off. I'll be anxious to hear whether she did not but probably it will be two or three weeks again before I hear.

I am glad that Catherine is doing so well and sorry about Allister. Hope you will not find it too hard having Doreen Seale there. Does she room with Anna?

You said a while ago that Mr. Spicer left some snaps to be sent to me but I haven't received them yet. Did you forget about them? Also, was the family group picture ever sent? It is a good while since it was taken.

I have never heard a scratch from any of the Zion people since leaving Toronto, at which I am rather surprised for I wrote them from Vancouver, Kobe, Hamheung, etc. But I suppose if it were left to Mr. Taylor it is not surprising that he takes his own good time. If they send the car from Canada the duty here will be very heavy. Everyone here says it is much better to buy here as they can be taken into the country in quantities a great deal cheaper than swing by.

Your last letter enclosed one to father from Mr. K.M. Munro asking if he would go to Leitches Creek. Obviously, it was put in the wrong envelope when it was forwarded to me, but there is nothing to be gained by my sending it back after all this time. I hope that no great harm came from the mistake.

I do not think I owed Dr. Dobson anything. I know I left with an easy conscience thinking everything was paid or at last the money left and arrangements made for paying. I feel sure all my bills there were paid but I do not suppose I have the receipt unless it is among those I left with father. Anyway, it is not worth making a fuss about.

You will be glad to hear that eczema on my hands has not given me any trouble for a long. It is almost entirely gone.

In this country, they have "clean up" days every so often, [when] the police come around and order the yard raked up and the household furniture all put out in the yard while the house is cleaned. Then often they stay around and watch it done. The Japanese are so fond of red tape and officiousness; but it does seem abused in this dirty country with its dirty people, and its dirty streets, open sewers, and filthy ditches, that when foreigners come and live like civilized people in foreign style a dirty policeman should come around and order them to clean house. They take all the ditches and sewers and such things as a matter of course apparently and strain at a gnat while they swallow the camel. They don't know what it is to be consistent.

Nov. 4. Yesterday evening we went to the S. S. Convention. The program was mostly entertainment in the evening. Last night it was chiefly songs and exercises with a few simple pageants put on by the children from the different churches. Some of the singing and exercises were very good and the children did look so pretty in their bright-colored dresses. There were some real pretty costumes too. The foreign children sang two pieces also. There are about 800 delegates attending the convention and the church was crowded. There must have been over a thousand people in it. We were standing at the back with scores more both Koreans and foreigners.

The last two days I have dismissed my teacher early and let him attend some of the convention classes while I rushed off to Severance Hospital and saw a bit of the work that is done there. It was very interesting. I like the X-ray man very much and am going to try to get some special work with him before I leave Seoul.

Today we had a very frivolous time. First, we went to an "At Home" at the British Consul's (this was after school, of course) and then to an "At Home" at the Northern Presbyterian Compound where some new missionaries were being welcomed. After that we were out to dinner at Mr. Bonwick's the manager of the Christian Literature Society of Korea. Miss Rose and Miss Young of our mission are staying there during language school. The Bonwicks are English people and very nice indeed. Miss Fox was there too. They wanted to invite all the Canadians at once but thought that would be too many. One daughter is studying in Canada and two girls are at school here.

I saw Dr. Grierson this afternoon for a little while. We are going to have a good talk sometime soon about the work. He thinks I'll have to go to Kando sooner than was planned as Dr. Martin is still very miserable and not likely to be able to work until he has got out of the country for a while. I also met Mr. McDonald who has moved from *Hoirying* to *Wonsan*. He is a fine-looking man and seems very nice. Miss Thomas, another member of our mission, from *Songjin*, is here, so we are getting pretty well acquainted now.

I hardly know what to think about the increased postage rate. We were notified that the rate was to be doubled the first of October. Then that was denied. Now we hear the new rate is to go into effect the first of the year. But if it is in effect now in Canada, it surely seems strange that it should be different at this end of the line. I'll have to go to the Post Office and see what they have to tell us there.

I am hoping next week to get off some things to you for Christmas. Perhaps I'd better address them to the boys as I don't know where you will be. I'll mark them "Christmas box" and thus marked there will be no duty to pay as Christmas presents come in free. I hope they will arrive in time and in good condition and that you will like them. It seems strange thinking about Christmas already, immediately after hearing that college had just opened.

A number of men were let out of jail today who have been imprisoned since March two and a half years ago. Others are still in jail.

You ought to see what they use here for hot water bottles, huge thick porcelain cylinders with a cork in one side, and the whole affair is called a pig. But they are most comfortable animals to sleep with on cold nights and they hold the heat till morning.

May love to all of you,
Florence

Seoul

November 4, 1921

Dear Alexander,

I received no letters from Canada for three weeks and then I got one every day for five days in succession. You see it takes some time for them to be looked over before they are delivered. Strange, isn't it, how people who consider themselves civilized still resort to such things. Anyway, I know you and the home folks are writing every week and the letter will come sometime.

Your letters are very interesting indeed and I'll be looking forward to getting a lot of college and Pine Hill news when your first letters come from there. Thanks for sending the clipping about Jessie MacLeod's wedding. I don't often see a Canadian paper here and even a clipping looks good apart from the interest of that event. I suppose that means the end of a student volunteer though it is the beginning of a good minister's wife.

I am glad to hear about that new developer you told me about and will try to get some of it. Since coming to Seoul I have had several rolls developed and a good many prints made at a Japanese photographer whose work is very good. The price is about what it would be at home. I did not take my developing and printing outfit to Seoul and I am glad I did not as it takes so much time and I prefer to spend my spare time going about the city when I am somewhere there is something worth seeing. I did not get as good a job of my own prints either as I get here at the photographers. All of mine seemed foggy or dirty and I don't understand why. The sky and margins never came out clear and clean but a mottled grey. What do you suppose is the reason?

Thanks for the snaps you sent. They are very interesting. I am enclosing one a little different from anything you saw in Locksport. Isn't it a comic? I'd like to hear Eddie laugh when he sees it.

This week there is an "All Korea Sunday School Convention" here in Seoul with eight hundred delegates attending. The forenoons are given up to study of Sunday School methods, etc. in various sections; the afternoon chiefly to seeing interesting places about the city; and the evenings to lantern views of Sunday School, scholars and so on in different parts of the world, lectures, moving pictures, concerts, etc. The leaders are both Koreans and Foreign. Rev. Mr. Coleman [head] of the world's S. S. Association for the Orient is here, also another big S. S. man. They, of course, have to speak through interpreters. We were at an entertainment one evening put one entirely by Korean young folks, from the kindergartens up to the high schools. There were exercises and recitations by the tiny ones, pageants and singing by the older ones. It certainly was well done. With the exception of one or two pieces, I think I've never seen any ting of the kind better done anywhere. Last night there was a concert which was excellent. There was a Korean band, different Koreans played the violin, piano, and flute and there were solos, duets, and choruses from the colleges and schools. The entire program was in Korean. Much of the music, especially the instrumental, was classical but they sang translations of Old Black Joe, Old Kentucky Home, U-pi-dee, to the familiar tunes.

U-pi-dee made a great hit and had to be sung the second time. This week I've been dismissing my teacher at 10:30 a.m. so he can go to the 11 and 12 o'clock classes at the Convention, while I go down to Severance Hospital and have a look around there. They have a good plant and fine equipment but are short of staff. Though they have several foreign doctors, one is hospital superintendent and does not do much active medical work, while others give much time to the medical school, and others are studying the language. It is a very interesting place and I saw some nice cases. They have a fine x-ray apparatus and Dr. Hopkirk who runs it has offered to give me some instruction in x-ray work. So I think I will stay in the city a few days after the language school closes and take advantage of his offer.

Dr. Grierson is in the city attending the convention. He reports Dr. Martin very little improved and says he may go on furlough as soon as he is able to travel. In that case, I shall have to go to *Yong Jung* sooner than I expected to.

One of the missionaries was telling me about a man who came with him to attend the convention from way back in the country. When he got to the railway station they would scarcely get him to go aboard the train, so lost in admiration was he at the sight of the "biggest house he ever saw." It must be a great occasion to these fellows to see the wonders of the capital with its many modern buildings, street cars, and the convention itself must be quite a wonder to them. Churches without partitions and men and women on the platform together in the same chorus would be something new also to many from the remoter districts.

Tell Albert Simpson we need him out here to help teach the folks in our mission to sing. They have lots of ambition in regard to volume but not much training in music.

Your loving sister,
Florence

Seoul

November 5, 1921

Dear Foster,

This time I have two letters from you to answer. It was kind of Hypo and Jock to wish to be remembered to me. I was certainly thinking of them about the time college opened. It is the first time since 1914 I have not been there for registration. It is delightful to think of the pleasant relations, good times, and hard work we had in college, but there is more real satisfaction in feeling that the preparation has led up to something worthwhile, and that one is really in something big in which everyone counts. I really feel ashamed for our mission when I compare it with the others out here that have so many more workers and fine buildings and equipment while we have to struggle along as best we may.

Please remember me kindly to all the girls in Medic that I know. How many are there in the first and second years? How does the six-year course seem to be starting off? I am glad to hear that Alice Thorne is able to be back. Your promise to report all fun and football news fills me with cheers. It is so easy out here to get out of touch with things at home and then one feels like a fossil.

I hope this week to get a box of curious and Christmas things off for the folks at home and I think I'll send them to you fellows at Pine Hill as I don't know where father will be by that time. There is no duty on anything marked "Christmas box" so don't let them put one over on you and charge you duty.

The Australian girl who boards with us is chock full of funny stories. What do you think of this one? An old Englishman was traveling to see his son in Australia. From the train, he saw a kangaroo and enquired what that strange thing was. "O, that's one of the natives," was the reply. "Goodness gracious me," said the old fellow, "And my son's going to marry one of them."

She says this is the driest story in the world. An Irishman and a Scotchman went to a hotel together and the Irishman had no money in his pockets. N'est-ce-pas?

I hope you are having no trouble from asthma since getting back to Pine Hill. If you only have decent health you will enjoy fourth year immensely. I think you can do better work usually in the fourth year through the fifth, especially if you get on the staff, from the point of view of passing exams at least. Tell me about the new profs.

The students here do a lot of evangelistic work on their own account. The schools and colleges open in April instead of the fall as at home because they are required to by Japanese law. Then they have vacation in the summer thus breaking up the term. The students organize preaching bands and go out through the country preaching. Among the medical students, the leader of the preaching band is a young chap by the name of Pak. He is Miss Kerr's teacher while she is in Seoul and seems a fine young chap. Mr. Billings has Bible classes in his house here in the evening for the students. Last Saturday night the medical students were here and we played games with them afterwards. I never saw any boys enter into anything with more zest than they did. Of course they have practically no social life at all as we know it, and their homes don't afford them much comfort let alone pleasure, so that what enjoyment they get they must make for themselves outside. I wish you could see how they enjoy and appreciate any little thing that is done for them like that. It also gives them an inside view of a Christian home where men and women eat together and enjoy each other's society in a way that is unknown among the Koreans. Last night the boys from the Technical School were here but we were out at a Korean concert and missed them.

One afternoon last week, after school, we went around to pay our respects to the British Consul and his wife. They seemed very nice indeed and asked us to tea some night. They had a lot of guests including some Japanese ladies whom I met. They were the first Japanese I have met so far. Some of them spoke English very well.

We had a heavy frost one night lately and everyone is complaining about the cold. It is delightful outside but these Southerners don't know how to prepare for cold weather so sometimes it is chilly enough indoors. However, they have got fires on now in the house we are in.

There are beautiful brass-trimmed cabinets of polished wood and very handsome ones with elaborate patterns of mother-of-pearl inlay for sale in many shops here that one would like to buy but they cost a good deal and I would be afraid they would be badly damaged in transport.

Well, I must close for this time,

Yours loving sister,
Florence

Seoul

November 12, 1921

Dear Anna,

I have just got my typewriter back from the Y.M.C.A. where it has been undergoing repairs for some weeks and now I am trying it out. Some way it seems like a different machine but then I remember that it was my father's machine and not this one that I used in Halifax. They seem to have it all fixed up but the big hard rubber wheel at the right hand side that I use when I am turning in the paper and I can get used to doing that with the left hand very well.

Today I sent off some things for Christmas remembrances to all of you folks at home. I hope they will all get there in time and in good condition for I packed them very carefully. If some of them do not arrive until after the others do not think I left some of you out but wait patiently for the rest of the stuff to come. It is hard to know just what would interest you most but I hope you will like the things I sent. I tried to choose interesting ones and I had something else for you but did not get it packed this time so you will get it again. I am sorry not to have had the nice little cards I wanted to send with the presents but we are busy so much of the day with our teachers in the morning and the school in the afternoon and it takes us so long to do any business when we do get down town that I was afraid to wait any longer before getting them sent off. However I can send the cards in my letter and they will get there before the other things yet who knows, for mail is faster than parcel post.

Well, how have you been getting on at college and how do you like medicine? Very well, I expect and I know you are doing good work for you know that the success of your whole course and to a great extent the success of all your after work depends upon how well you lay your foundations now. When you write tell me about all the fun and good times you are having and all the jokes that are going the rounds. How many are there in your year and how many girls and how are the new six year course people fitting in with the old? Did Tina McLeod and Elizabeth Thurrott get into the Children's Hospital as they hoped?

Learn all the languages you can and use every chance you have to speak French especially with someone who can speak it well. When you get into the hospital you will meet French people with whom it will be nice to be able to talk. You will both enjoy it and if will be more help than you realize with learning a new language. Korean is an unaccented language and so is French so in that respect at least it will be valuable but more than that the knowledge of one language helps with every other language.

Today there was a great athletic meet in the school for boy's right beside here. There were more than seven hundred boys attend and they did have a great time. There were races and athletic stunts of all kinds and the cheers and yells sounded just like they do at home. It made me think that you will be in the midst of the football season at home just now and I wondered if Dal was cleaning up the other colleges and the city league this year. You do not have quite as many policemen around the athletic fields at home as there are around the playgrounds here. They had a band playing and altogether seemed to be having a fine time. I did not go on to the field as I was studying in the morning and busy in the afternoon but I watched them for a while from the house and once went out to the fence. There were a lot of people looking on tho; and it made me feel that I should like to be in it too. At such times especially one longs to be able to talk to the Koreans. This strange language of ours is such a barrier between us. It is wonderful how I get on with my teacher though. We can understand each other very well now. Of course I do not know much Korean yet but I am learning more all the time and my teacher is learning English quite as fast as I am Korean if not faster. He had a bit of a start on me too. So between the two tongues we can generally make one another understand.

Write to me often.

Your loving sister,
Florence

Seoul, Korea
November 12, 1921

Dear Father,

Yesterday was armistice day at home but we have no recognition of it here. We do not want to think too much about the Great War but on the other hand we do not want to forget it even if that were possible.

I have not had Canadian mail since writing before but we hear that there is a mail in and I will keep this letter for a day or two before mailing it in case we get a letter. You see all our mail has to go up to *Wonsan* or *Hamheung* and then be readdressed to us here so it takes us longer to get our mail than it does for the rest who get their a direct.

We are getting better acquainted with some of the other members of our mission. Mr. and Mrs. McMullin who came out a year ago and are stationed at *Hoir Yung* are attending the language school as is also Miss Young of *Song Jin* and Miss Fox of Severance Hospital. Dr. Grierson was down attending the All Korea Sunday School Convention and he called to have a good talk with me one afternoon so I saw something more of him. Mr. MacDonald now of *Wonsan* was also here too and seemed very nice indeed. I was quite taken with him. One evening Miss Currie, Miss Fox, and I were invited up to Br. Bonwick's to tea. He is the head of the Christian Literature Society for Korea and Miss Rose and Miss Young are boarding there. We had a very pleasant evening with music, conversation, and games.

I had a letter too from Miss Whitelaw of *Yong Jung*. She says what Dr. Grierson told me, that Dr. Martin is not much improved and is not likely to do much work before he goes on furlough. So that it is probable I shall go there sooner than was expected and take up the work before long. Just now there is no Korean doctor there as Dr. Martin likes an assistant he has trained himself better than any Korean doctor he ever had. But Dr. Mansfield, Dr. Grierson, and I think, and Miss Whitelaw says it is the opinion of the station there that there should be a Korean doctor too. Dr. Martin did most of the work himself and took all of the responsibility and was busy from morning to night. That might be all very well if I had all day to give to the hospital work but if I am ever to learn the language I must have some time for that. So it seems altogether likely that I shall have a Korean doctor to do most of the small things and I shall do the operations and run the show.

All the time we are finding out new things about the country and the people. There is a good deal of cotton grown here and popcorn and peanuts and walnuts and chestnuts. I expect Charlie will want to come right away when he hears that. We often have chestnut soup and it is delicious. Yesterday we had roast pheasant with chestnut stuffing and it certainly was good. Pheasant is quite common here. It seems a good deal like partridge and tastes perhaps a little more gamey. The evening we were down at the station to meet Miss Fingland when she came down to the S. S. Convention there were several Japanese came off the train with guns and pheasants. One man was literally loaded with them. They hung down in front, behind, on both sides until all that could be seen on the man was his head and feet. It was an interesting sight and the pheasants are such beautiful birds.

Miss McLellan has just arrived in the city. She came the night before last but we did not know till yesterday afternoon. She was to go on today and Miss Currie went to the train but did not see her so perhaps she has decided to stay another day or two here. The Vesey's had all their out glass broken and a lot of other things smashed, including the mirror of their chiffonier. After hearing that and the fate of Miss Rose's things I count myself mighty lucky that my things came so well. Not a single thing was broken off all my Eaton orders, and only the cover of a little sugar bowl among the things in my trunks, besides the typewriter. And it was something that could be fixed as you see.

I am not sure if I told you what I did with the money that was given me before coming out. I felt that the donor wished me to use it in connection with my own work and as it then seemed as if I would not be definitely settled for a year or two and the mission needed some money right away I loaned it to them for a year. There was some property for sale that they had wanted for some time and no one on the station had the money to buy it but myself and there was not time to get it from the mission, so you see my money saved the situation for the best of them this time and will still be available for me by the time I want it. Dr. Martin has all the money he needs to run his hospital so I will just keep this till I get into some place where it will be more needed.

Sunday evening after church we were up at Mr. Hobbs' of the

British and Foreign Society for a sing. All the Canadians were there but Dr. Mansfield, who had had a fall and was feeling somewhat shaken up. Besides there was an Australian girl and an English one, missionaries too. It was very nice to be with so many Britishers again. Miss Kerr, the Australian girl, said she noticed all the difference in the world between the Canadians and the Americans, and she could be perfectly at home among us.

I think it is a good deal milder here now than it would be at home this time of year. There have been frosts at night several times but the days are mild and warm mostly and there has been no ice on puddles or hardening of the ground yet as far as I have seen. Miss Kerr has never seen snow and she wears her fur coat and thinks it frightfully cold weather and seems to think Canada lies somewhere between the twentieth parallel of latitude and the north pole. Indeed a good many of the Americans seem to know little more about it. By the way I read "The Sky Pilot in No Man's Land" the other night and Ralph Connor gives the Americans quite a dig in that. But I did not like the book in many ways as well as most of his earlier work.

Did you ever eat a persimmon? They are greatly liked fruits here. I thought they tasted like whitewash and bran at first but now I am getting to be as fond of them as the others are. We have to be very careful about eating fresh fruit and vegetables here. Anything like that that is not cooked must be either very carefully washed or peeled. At a recent meeting of another church in another town there were several cases of dysentery as a sequel and they were supposed to be the result of eating the food at a Korean feast. Some people certainly do eat a lot of it and seem to be immune but others can not do it. All new comers especially are warned to be careful about what they eat for the first year at least. As far as I am concerned, the Korean food has no attraction for me. Eggs, and chicken, and rice are all right, but when it comes to red pepper pickles and some of the other made up stuff I prefer to be excused.

I am enclosing a few stamps for Charlie that he may perhaps have already but if he has he can trade them off with some other boy. And I am sending you a picture of myself in a rickshaw taken in Yokohama. I do not think I sent you one before. If I did, you can give it to Anna. It is pretty good isn't it? I should like to see mother in one of them, wouldn't you? I am sure she would look very dignified if she was not too frightened to open her eyes when she saw the photographer coming. Have you been taking any snapshots with your new old camera that Alex sent you?

This machine runs a good deal lighter than yours did and I am in the habit of striking the keys too hard. So in trying to strike them a little easier I sometimes do not make a mark at all.

I must close for tonight and will add something later if I get a letter in a day or two.

Your loving daughter,
Florence

Monday November 14, 1921

Dear Mother,

Today I got a letter from Alex and one from you enclosing one from Anna, or rather part of one, but there was no mistaking whom it was from.

It seems strange to hear of Mr. Kang's hearing of me and my getting the word about it away out here be soon. I wonder where his home is. I did not suppose anyone forty miles from *Hamheung* would have heard of my arrival unless someone from there was in *Hanheung* at the meeting of the Presbytery when we got there. I have not heard anything of Mr. Cho's people yet but I must enquire. There seemed to much to see and ask about when we were there that I find I have forgotten to ask several things I want to know. It certainly takes time to adjust oneself to the new conditions and get to understand the situation out here. Even when one can speak the language it still takes years and then the oldest missionaries say thou cannot enter fully into a Korean's thinking. However, we are all the time getting useful information and observing all we can, and are really beginning to feel that we are making some progress.

Probably I will get a letter from father tomorrow or the next day. I am not sure but I like this uncertainty of mails. It spreads the letter days out over a longer time and one is never sure but what a letter may arrive at any time.

It is too bad Anna could not get into Medicine but it cannot be helped now. I hope she will study very hard this year and make the most of her time and her subjects. It will be a great help to her to get the habit of concentrating on her work and will help her out many a time later when the work will be harder than now. Of course she will be trying for distinctions this year when she is not handicapped by half matriculation as she was last year. And it will be splendid if she can take some music too. It will be fine in many ways but will be especially helpful when she gets out here. This year too she should have more time for the Volunteer Band.

Charlie might write to me once in a while I think. Surely when he has the afternoons he could find time to write once in a while. I think I have not had more than two letters from ever since I left home. I am really disappointed that he and Anna did not follow up my geography lessons after all the trouble I took with them when it would have been much nicer to be enjoying the scenery or having a good time reading. They have missed a lot of interesting study themselves, but one cannot give the best things to people unless they are willing to take them.

Anna wrote that Doreen Searle was taking a couple of subjects at Dal. Why on earth doesn't she take a full year when she is at it? Ask Anna what she means by saying "there is a girl on Columbus in my class".

I am not in a thinking mood today and so will close.

Give my love to all the family and kind remembrances to all the uncles and aunts and cousins when you see them.

Florence

Seoul, Korea

November 29, 1921

Dear Father,

The day after I last wrote your letters came, and then again yesterday I got another so this week I have two to answer. There is also one from mother and one from Alex. The poor Australians get home mail only once a month but we get ours much oftener than that, really about once a week quite often, the sometimes there is three weeks without any. I also get a nice letter from Mrs. Langill and Harold this week the first from Charlottetown. I have been writing a good many letters since getting the machine back especially as the new postage regulations go into force here the first of the year and our rates double as yours have done. We were afraid that you might have to pay deficient postage on our letters at home, but the postal authorities here say not. Miss Kerr has had to pay extra postage on several letters she received from Australia.

I was delighted to hear about the fishing schooner race. We had not heard anything about it at all and I was wondering several times how it came out. These people here with whom we are staying are such loyal citizens of the U.S. that they do not know much about any other part of the world except the little place they are living in and AMERICA. We have found it necessary to enlighten them a bit on one or two points and I took considerable pleasure in telling them about the outcome of the race. They do not take a single paper at all and so we do not often see one either. I miss the papers horribly. Mr. Billings of course sees the paper each day at the college where he teaches, but that does not do the rest of us much good and I feel that I am getting out of the world completely. Especially now that the Washington conference is in session one would like to see a paper every day. There is a fairly good paper published in Seoul. It has press dispatches of the really big things that are happening in the world but not much detailed information and things are somewhat biased as it is a government organ.

I am not certain yet about the medical exam. Dr. Avison's son who is a young doctor has been granted a license to practise without further examination so it seems that there is a precedent for that. At any rate, since I have to go right to *Yong Jung* and to work, there is no opportunity of taking the exam now supposing it to be necessary, and since the license is not necessary there, there is no special hurry about it, though I am going to begin the negotiations right away. The reason I did not do so before was that I was waiting to receive my British Medical Association certificate which has now come.

No, I have not done anything about life or accident insurance partly because it costs so much and partly because after paying my duty on the goods from Eaton's and after paying the greater expenses of living in Seoul I did not have much money. I think I will let it go for a while.

Mother was asking about my clothes, if they were suitable, etc. I think they are all right. They are about the same as the newcomers have, and nicer and newer than the older folk have. I think they seem quite suitable. It is about the same temperature here as we would have at home this time of year but is said to be much colder in *Yong Jung* and I am glad I have such warm stockings and underwear. I am wearing my nice suit on Sundays and sunny days and usually wear my heavy dresses the rest of the time. Last night we had a regular Halifax fog, the first I have seen in this country. We have had some rains but no heavy ones yet. The rainy season is in the hot weather they say.

Mother also asked what I wanted her to send with Mr. Foote for me. I do not think of anything I want especially but just the watch and as long as this one holds out as it is doing I will not need that either. Yes, the negatives I mislaid turned up and I printed off some and sent them to Mrs. Matheson and Mrs. Turner with some Korean ones I hope they will appreciate. I hope the rest of the community will not be offended because I cannot send some to everyone. When are you going to send me the snapshots Mr. Spicer left for me. You told me about them a long time ago, or mother did.

I am enclosing one of the envelopes a letter from home came in to show you how mail is readdressed here. Also a couple of stamps for Charlie.

Thursday was the U.S. thanksgiving day and it was celebrated by the foreign community here. There was a thanksgiving service in the morning at which Mr. Billings was the preacher and he told us several things to be thankful for but it was altogether too much a U.S patriotic service for me to appreciate to the full. It ended with the U.S national anthem and I thought when there were so many Britishers there it would have done no harm to have sung God Save the King too. We came home and sang it here anyway.

Formerly the Methodists of the Northern Church had a get together and dinner on thanksgiving day but this year there were too many for that so they all ate at home, but had a masquerade social in the evening to which the Billings insisted that we go. We went as missionaries home on furlough, looking as queer and old fashioned as it was possible to make ourselves look out of Mrs. Billings cast off clothes for the last thirteen years. I had my hair like Mrs. Jiggs of worthy fame and with my mask on, you yourself would hardly have recognized me. Miss Currie looked awfully funny too. She was dressed up in a long full green dress with a yoke and high collar around her ears. Then she led a little hat that just barely stuck on the top of her head. One of our teachers at the language school came as a pirate, and there were cowboys, Indians, fairies, little Bo Peep, and several Koreans, as well as others not so striking looking. It was very pretty to see the costumes and we had games, singing contests, and apples and popcorn for refreshments. One of the contests was called the hundred yard dash and I was chosen to represent my side in it. There were four contestants and the game turned out to be a talking contest, to see who could talk longest without stopping for breath. I knew I could talk a good while if I did not have to stop to think of what I could say next, so I started to tell them the story of the rat that tried to empty a granary of grain. First he went into the granary and carried out one grain of wheat, then he went back and carried out another grain of wheat, then another grain of wheat, then another grain of wheat, etc, and I won out easily. Our side won three events to one each by the other three sides.

The other day there was a boy came to the door here to see if Mr.

Billings could tell him where he could get any work. He belongs to our mission field near *Hamheung* and he came down to Seoul to study, with more faith than means, and his money gave out. He tried to support himself by selling patent medicines on the streets but there was not much sale for them and when he came here he had not had a meal for two days. Mr. Billings says there are many cases like that. Of course we helped him in the meantime, and Mr. Billings went to see a man who has several times got work for boys in similar positions, but last Sunday he still was without anything to do. It is much harder for a fellow to put himself through school here than at home for the pay is so very small for anything they can do. Miss Currie's teacher is another who started to college and had to drop out for lack of funds. My teacher wants to go but he has not the means, and will not get it very fast on the wages he gets. Some of the Korean language teachers get on twenty yen a month and a few I believe less than that. Our mission pays better salaries to their helpers than some of the others. Miss Kerr's teacher is a medical student at Severance and he is also the leader of the preaching band there. He preaches nearly every Sunday and spends all his vacations that way. Last summer he was all the way up to Mukden preaching and during his Christmas vacation he has plans to go south into the country to preach again. He is only twenty-one years old by Korean count which may mean only nineteen really. Last Sunday we heard him preach in the Severance compound church. we could understand only a few words but there was no mistaking the earnestness and vigor with which he preached. We are able to sing in Korean very well now, as the language is phonetic, and though we do not understand the words we can read them fast enough to sing them, though we are not very fluent at reading itself. Miss Kerr who sings well, sang in church for Mr. Pak, her teacher, after some practice, and all the congregation could understand her well. I have not taken to singing alone but I always sing with the crowd. It helps one get over that "left out" feeling when one can take some part at least in the service even though one does not understand it. It is interesting now in church to pick up words here and there from the sermon, and it will be a day of great triumph when we understand a sentence or get an idea. It seems to take a long time, but there are some others at the language school who know even less than I do, so that is a little bit of comfort even if a selfish one. My teacher is a better teacher than a good many so I naturally get on better. Then there is a lot in being accustomed to study. Miss Currie is not used to much work of that kind and she easily gets tired. Miss Rose grinds away at it when she is tired and is not taking in what she is trying to learn.

Yesterday the three of us who are boarding here were asked to tea at the British consul's. We had a very nice time. They seem like pleasant people and are very interesting. The vice-consul's wife was there too, but no other guests. The consul is a little man with a white beard and a mustache that is evidently intended by nature to be the same color out really is a bright brown, from too close acquaintance with many cigars I imagine. I should like to give him a good shave. He would certainly look better.

Tonight there are two men from the language school invited in here to tea and to spend the evening. This is apparently for our benefit, and we should appreciate it too, but it is getting so near the time of our exams which come on the end of this week, that we are anxious to get at our work as much as possible. One cannot sit down and plug at it as one did in college, for being the same thing all the time, one gets tired more quickly.

I have had word from *Yong Jung* again and they would like me to go there as soon as possible after language school as the doctor has been in bed more than ten weeks and is still scarcely improving at all. The clinic has been falling off in consequence and they are very anxious to get me as soon as I can come. Consequently they have sent out a circular letter to all our stations for them to vote on, for after the annual meeting any decision cannot be changed except by vote of the mission. The result is not known yet but there seems no doubt but--- I shall go to *Yong Jung* very soon. The Martins plan to leave on furlough as soon as the doctor can travel, and it would probably only be a difference of a few weeks to me at most as they were hoping to go in February anyway. Miss Rose is to be sent to *Hoiryung* where Miss MacLellan is, and she and I will go that far with the MacMullins on their way to that station. Probably someone will come down from *Yong June* to meet me there. I will likely spend Christmas at *Hoiryung.* The McMullins are very nice people, full of fun and very jolly. We were up at the place where they board a few nights ago at their first wedding anniversary, the paper wedding. They got writing paper, envelopes, paper napkins, pictures, wall calendars, and several nice things like that. It was quite a surprise to them.

I must close now and do some "Chosen mal" as the Koreans call their language.

My best love to all, and as you are so near the boys, call them up and let this letter do for you all this week.

Address.

Canadian Presbyterian Hospital.

Kanto via Kainei.

Korea.

Florence

Hamheung, Korea
December 11, 1921

Dear Father,

Your letter of Nov. 8th came yesterday and I thought there would be one from the boys today but it has not come yet. However, there may be several days between the arrival of letters that came on the same boat.

It was great news to hear that Alex has got the scholarship he had set his heart on. It would have been a big disappointment to him if he had missed it. He should plan to take that on his way to Korea and have you come across and visit the old land and then come on out with him to visit the east. If you cannot do that by the time he is ready, you must come out by the time I am ready to go on furlough and we will go home that way.

I am glad to hear there are good prospects of your being settled again soon. You would feel more at home in a manse than in a city flat. Perhaps by this time you are hard at work getting acquainted in a new congregation and getting started at everything. I hope you will like it there and not find it too hard. Yes, I should like to have some snap of the place, to have some idea of what home looks like.

Just now there will be great excitement over the general election. I wish some of you could cast two votes one for me. I have never been able to vote once yet, and now am not likely to.

I have not got any Dalhousie Gazettes yet except the graduation number that came some time ago. It seems to me I asked the boys a while ago to subscribe for it for me and have it sent here, but if it comes to you please send it on. It is nice to keep in touch with the college especially when I still know so many of the students.

I have not seen a Canadian paper since going to Seoul and I miss them very much. At Mr. Billings house the man of the house read the paper at the college and that was evidently supposed to be enough for the family. I do not know when I missed papers so much as when I was there. Here we get the *English daily*, the *Seoul Press*, that has briefs of the really big things that happen in the world with a strong eastern flavor to everything and of course a great preponderance of eastern news. However it is up to date and very much better than nothing. Here they take the *Presbyterian Witness* and the *Record* and *East and West* but I have not had time since coming back to look at them.

I enjoyed the language school very much. I really think if one had a good teacher who could explain things to one, that one could get along very well without the school. But such teachers are a great rarity and there is something about the class and the meeting with the others who are encountering the same difficulties and having the same problems as oneself that is encouraging and helpful, apart from the good teaching altogether. Then it is nice right at the beginning before one has settled down to one's own work that is hard to leave, to get an opportunity of seeing something of the people of the other missions and of seeing some of the work of the other churches. One can get a better idea of the work as a whole in this way then could be obtained on one's own station alone.

Monday we finished our last exam and I spent Tuesday and Wednesday shopping and doing errands for the *Youngjong* folk. I also put in some time in Severance Hospital and visited East Gate Hospital, a women's hospital run by the Northern Methodists. They have a nice plant and two women doctors, both of whom are elderly women. One of them invited me to see the plant and stay to tea but she was not there when I went and the other was busy in the dispensary so all I saw of the hospital was the outside. The dispensary is a Korean house fixed up a bit. They have a new infectious disease building just ready to be turned over by the contractor. It is a good bit larger than our new one here at *Hamheung*. Part of it is built in Korean style with heated floors.

We went up and called on Mrs. Mansfield before leaving Seoul. She has a little boy about ten days old now. They are planning to move into their new house before Christmas. It is a very fine house indeed. It is built of brick, two storeys, with an attic, and a fine big basement. There is running water in all the rooms and a furnace to heat it too. I suppose it is much the finest house in the mission. I am not making a criticism but it does seem to me that people could be very comfortable in a less pretentious house when there is no money to build schools or get proper equipment for the hospitals. We are living very well in a house built of mud plastered over inside and out and it must be a good deal cheaper than brick. And we have no water at all, let alone in every room. Do not repeat what I write for I should not want to be criticizing. What do you think?

When I was coming through the school grounds of the Paichai school in Seoul on my way to the station on Thursday I met the principal who was one of our teachers in the language school. He said, "Would you like to have your marks?". I said I would so he ran into the office to get them but found he had left them at the house. However, he told me I made ninety or a little over in his subject. Now I am anxiously waiting to hear from the rest. I do not expect to make that much in the rest. It is a slow job. But the thing to do is to keep at it and never get discouraged. The Korean word for discouraged and for backslide is the same. Quite a suggestive coincidence, isn't it? The same word is translated either way according to the circumstances.

Mr. and Mrs. McMullin of *Hoi Ryung* came up with us for a little visit to *Hamheung*. They are friends of Mr. Young's and are staying there. Miss Rose has been appointed to go to *Hoi Ryung* for the winter to live with Miss MacLellan. Miss Young of *Song Jin* who has been nursing at Mansfield's is going north too, so we are all arranging to go together. Tomorrow morning we are going to *Wonsan* to pack our things, or at least Miss Rose and I have our dishes there that must be packed. So we will have a visit at *Wonsan* and see the mission and the people there, and sail from there on Tuesday night on a Japanese steamer on which we take our own food. We will probably have twelve hours at *Song Jin* and see the work there. Then I plan to stay for the weekend at *Hoi Ryung* and go on to *Yong Jung* the next week. So I will have seen all our stations except Vladivostok by the time I arrive at my own station. Some of the missionaries are on the field a long time before they get a chance to see so many. My teacher has not got his passport yet. It takes a long time for a Korean to get a passport but his application has been in for some time and I hope it will come through soon as I do not wish to lose any more time than can be helped. I had to get my old passport visaed by the British consul and the Chinese consul in Seoul. But now I can travel anywhere in China but the interior and so I may get a chance to see a bit of China before I come south again.

Yesterday and the day before I was busy packing but I got it all done in time for Mr. McMullin helped me rope up the things last night. I certainly missed your and mother's help this time, but hope the things will go all right even though the work was not done by experts. The trip is not as long this time but it is a hard one. We go by boat and then by rail and the last part of the journey is likely to be in a Chinese cart whatever that is like. However, I can tell you all about it later.

This morning we were at church and many of the people came to bow and shake hands and welcome us back from Seoul. It makes one long to be able to talk to them when they are so eager to talk to us. I met my teacher's wife too. She is a pretty dainty little bit of a woman and does not want to come north at all. So she is going to stay in *Hamheung* for the winter at least.

Since word has come that Miss Rose and I are to go so soon, there has been a real round of gaiety to speed us on our way, since we got back from Seoul. Last night Miss Rose was over here to tea. Tonight I am to go to the Robbs'. And the McMullins are to be here. In fact we wanted to have the whole station but hadn't enough dishes even all together. Last night the McMullins were at the Robbs'. So if that is not a mad round of revelry for a quiet station like this, I do not know what is.

This afternoon there is to be an English service seeing there are so many of us here. Mr. Robb is back from *Pyeng Yang*. We hardly saw him at all before as he was there nearly all the time we were in *Hamheung*. We are supposed to have a man for full time there but have no one for it and so he divides his time between the work there and the work here. The men's class is meeting here now. But just what that mean I have not had time to enquire fully.

I think I told you in a formal letter about Miss Kerr's teacher who is working so hard and is the leader of the preaching and at Severance. Well, he was at the station to see me off when I left Seoul and presented me with his photograph, a very nice one too. He is an awfully energetic fellow, not a bit like the easy-going slow-moving oriental of the comic papers and general western opinion. The missionaries say that the coming of trains and street cars and motors has made a difference in that way. People who a few years ago were too dignified to run or even hurry respectably, now have found that the train goes just the same whether they are there or not, and now they may be seen running like someone trying to catch the Dartmouth Ferry. Perhaps it is a good thing for them in more ways than one. The spirit that wants to change the old customs, the spirit of modernism is making many changes, and in some ways is coming too fast for the country. For instance, the young people are objecting to the old fashioned customs in regard to marriage and want to choose for themselves and not have their parents choose for them. Well, you say, "Very good." But in some cases it is causing trouble, for the ones who have been married according to the old customs are often not satisfied with their partners and would like even now to choose for themselves. A lot of the students who are married to ignorant wives would like to associate with the students in the girl's schools and that is contrary to all custom and of course discouraged by the church and the missionaries. It will take a long time to get to understand the full situation, if indeed a foreigner ever gets fully to comprehend the eastern mind and understand the eastern ways of thinking. Dr. Gale, who has been here so long and is accredited with being one of the best Koreans speakers and one of those who understands the people best, says that one thing he is always sure, viz. that when he preaches to a Korean audience they never do understand just what he says in just the way he intends they should. That is not altogether encouraging, but in one way it is. For much has been done even without a complete understanding of their minds, and no doubt we can be of some use even with less than Dr. Gale's attainments. Still, it remains true that the more the Koreans become educated, the more they demand a high standard in those who aspire to teach them, and the more intolerant they are of what does not appear to them to be true education. We will have to prove to their satisfaction that we have something better than they have before they will pay much respect to us or what we have to say.

I hope you will all have a happy Christmas and a good New Year.

my love to all.

Florence

I saw a very nice picture of an old Korean gentleman which was for sale at the Yomba in Seoul, So I had one sent to you. I hope you will like it. Please tell me what you think of it. I also subscribed to the Korea Mission Field and am sending my copy home.

Address, Yong Jung, Kanto, via Kainei, Chosen(Korea)

Hoiryung, Chosen
December 18, 1921

Dear Brothers,

It is quite two weeks since I got time to write to you but it is longer than that since I heard from you. However, there will no doubt be mail for me at Yongjung when I reach there.

I scarcely remember what I wrote to you last. I finished my exams on Monday nearly two weeks ago and then spent two more days in Seoul doing some shopping and carrying out commissions for people farther north who are glad to seize the opportunity of someone's coming that way to bring them things they cannot get on their own station. I did not get my marks yet except that on my way to the station I met one of the teachers who told me I had made ninety or a little over in his subject, but I know the other marks will not be as good as that. I have been thinking a lot about you folks in the midst of plugging these days and I hope you will all do very well indeed and not be too tired.

Then a week ago last Thursday Miss Currie, Mr. and Mrs. McMullin and I all came up to Hamheung. In this country one has to go to the station at least half an hour before train time in order to get one's baggage attended to, and as we all had a good deal of luggage it took some time. You would be amused if you could see the signs at the station. They are in Chinese characters and in English, but such English! Where we would say Baggage Room they say Arrived

Luggage, and the rest are just as funny. We finally got our stuff fixed up and all had to pay excess on it. Then we had a fine day on the train together. It is so much nicer to travel with other foreigners than to spend hours on the train when there is no one there whom one can speak a word to. At Hamheung we were met at the station by Mr. Young and his car and taken home in state as far as the car could go and it did not take us very long to go the rest of the way. Friday and Saturday were as busy as they could be getting all my things packed for the hard journey to the north, that is hard for baggage and freight, for there are so many changes and instead of being lifted out of the boat it is just dropped out which is not always good for its constitution. By Saturday night I had it all done and got everything roped up. Sunday we went to church and It warmed our hearts the welcome we got from the Koreans even though they had known us for such a short time. We also had an English service in the afternoon since there were so many of us on the station.

Monday morning we all, the McMullins, Miss Rose, and myself, left on the early train for Wonsan. You have no idea all the fuss there is about going anywhere here. Why the night we landed in Hamheung from Seoul we had to tell the police who we were before we left the station and the next morning at breakfast time they were at the house to get the information all over again. It is always like that. It keeps them busy keeping tab on the foreigners they move around so much. Then when you want to go to the station you must get a man the night before to come for your stuff and we had to have two or three for all we had. Then each one has to be paid separately and all the stuff has to be weighed and it must be paid for and the tickets are to be bought and each thing takes so long that one's patience is about all gone before the performance is half over. Everyone has to have a ticket to go on the platform and so there are platform tickets to be bought too for the people who are carrying the luggage, and so it goes. Naturally all this takes longer and is more bother when the people with whom you are dealing can't understand half you try to say. So there is some excitement about travelling in the empire of Japan that one does not get at home. Then of course one is likely to be asked for one's passport at any time and one's goods are subject to inspection by the customs whenever those officials feel like having a look thru them.

At Wonsan we had a busy time too, for all our things that had come by freight were there and had to be packed up. We got that all done and visited and had tea at Mr. McCaul's who is the mission treasurer, and had supper at Mr. McDonald's. Miss Rose and I were staying at the Misses McCully's and the McMullin's were at the McDonald's. We had a very nice time there except that we were so busy packing most of it. However, after we had all our heavy goods sent off on carts to the boat, and all our hand luggage sent off by the jiggy men and got part of the way to the pier ourselves, we met Mr. McCaul coming to tell us that the boat was not to sail till the next day and so we had to turn back and get our stuff back and pay for it all twice. The next afternoon the performance was repeated. At the wharf we had to count our stuff and there certainly was a lot of it. We had to go on board sampans with the baggage and a lot of Koreans and Japanese and be rowed out to the boat in the middle of the harbor. The sampans are queer looking boats with a cut off stern and a flat bottom. Everybody piles in until the things are as full as they will hold with people standing up close together. They are propelled by a long curved sort of oar in the stern and it is surprising how fast they can go. All the freight is loaded on and off sampans, only they have bigger ones for that and they are towed by several men rowing in a small one. The boat we came up on is the Tategami Maru, the biggest and best boat on the east coast. She runs from some port in Japan to Vladivostok. We were fortunate enough to get first class accommodations with two cabins, and nice clean berths for each one. The second class is not quite as nice as everyone going that way has to sleep on the floor with everyone else going second class in the same room and no distinction made between men and women. The third class I did not see, but it is a grade lower still, and the missionaries often have to travel that way. All the food is Japanese food too and we took our own with us. We had nice weather and enjoyed the trip very much. We spent the night on the water and got into Songjin in the early morning. Here we all got into a sampan again and went ashore for the day as the ship did not leave till night. We went to the Single Ladies House first and saw Miss Rogers who has charge of the Girl's School there. Then Miss Rose and I went to the Rosses where we were to have breakfast and where they have two little girls who know more Korean than English. One of them went to one of the other mission houses not long ago and began to talk in Korean. The woman said to her, "Why do you talk to me in Korean? I am not a Korean." "Joanne English no can talk," said the child. You would be amused if you could see them play. Instead of doing it like Canadian children they do it like Koreans. They tie their dolls on their backs and run around with them like that. Funerals are another favorite make believe of theirs. I do wish you could see them with their dolls tied on their backs exactly like an old Korean woman. We had a great day at Songjin, saw the church which is used during the week as a boy's school for want of any other place to have it; saw the new girl's school that is nearly finished; visited the kindergarten, and the hospital, and all the houses. We had dinner at the single ladies house, a station dinner to which everyone on the station came and we had a regular celebration. Then for supper we were asked to Dr. Grierson's where we had a nice time too. He had been out in the country at a class for men and had finished the evening before and walked all night till six in the morning to get home so he was pretty tired. Two of his girls went out to meet him but the Korean man who was with them heard a hyena or a tiger or he thought it was one and he went back. The girls went on to the top of the pass which they reached after midnight but their father was not there as they expected and so they started for home and got back at half past four in the morning and were so tired the next day they did not know what to do. What do you think of girls like that? The oldest is twenty one and the other about sixteen. I think they have some spunk. Dorothy has charge of teaching the other two girls and all the housekeeping and looks after some of the work at the hospital besides, and you should just hear them talk Korean.

The next night we spent time on board the Tategami again and in the morning got off in sampans again at Chongjin. The sea was rough this time as it had been the evening before going abroad and one had to watch for time just after a big wave and jump before another came. Miss Rose did not time her jump very well and she got all wet. Then the swell made the sampan swim about so, she got seasick in going to the land. I had no such mishaps however. Here we had no trouble about the customs though the Koreans had to open everything they carried, have their pockets searched, and even had to show the inside of their purses, though it was just going from one part of the same country to another. We had to show our passports. We landed about eight in the morning and had to wait till after four for a train, but it took a long time getting all our stuff together and some of it was in such a condition that we had to buy more rope and rope it up some more, and one box had to be renailed. My things were not bad however and I hope they will go the rest of the way as well. We went to a Japanese inn where they gave us a room with straw matting on the floor and a pot of charcoal in the center and here we got tea and ate our own food we had brought with us. Then we sent our baggage out a mile and a half to the station on a dinky little railway with rails about eighteen inches apart where the cars were low and flat wooden affairs pushed by coolies by means of a long stick. The coolie would run till he got the car going pretty well, then jump on and coast awhile, then get off and push again. A few years ago one had to come all the way to Hoiryung on such a railway. The train we did come on was punk enough but better than that and when we got here the Vesey's and Miss MacLellan were at the station to meet us. For a while the Vesey's were all alone till Miss MacLellan came. I expect they were all glad enough to see the McMullins and Miss Rose. I am staying with the Vesey's and the others are at the single ladies house in the meantime till the McMullins get moved into their own house. There are just the three houses on this station and not another foreigner for miles and miles away. It is a lonely and isolated station and could not have been much fun for Miss Cass where she was here by herself before and only find one family [illegible] hospital or dispensary [illegible] in the mission enough there is a Japanese hospital in the Kainei.

We have telegraphed thro to Yongjung that I am here and are waiting to hear what arrangements they are making for me to go the rest of the way. One can send telegrams from any post office in Korea and if there is anything of importance to say one always telegraphs as it is much more dependable than the mails.

Mr. Vesey's boy Dick who is nine years old has been out shooting pheasants several times and has got a good many. He has rather a lonely time of it as there are no other children for him to play with. His only brother is away at school in Kobe. There are foxes, hyena's, and tigers around here. They often hear the hyenas howling on the hills around the mission houses. It is a very bare and dreary looking place this time of year and the winds are cold and sweep with great force around the houses. It is unfortunate that the houses here are so flimsily built for the cold weather there is. They are only one brick thick with no airspace in the walls and they are so high and large that it is almost impossible to keep them warm at all not to mention comfortable. There were new furnaces sent out this fall for the houses but they are not installed yet.

We were at church this morning and got a great welcome from the Koreans and now it is time to go to the heathen Sunday School so I must close. I hope you will all have a happy Christmas and a good new year.

Your loving sister,
Florence

Address, Kanto via Kainei,
Chosen, Japan

Hoirying, Chosen
December 19, 1921

Dear Mother,

No letters since I wrote last but likely there will be some waiting for me when I reach Yongjung. I hope you are all well and enjoying life with prospects of a good holiday together. The students will be busy writing exams this week. All success to them I thought of them often last week burning the midnight oil. We heard that you have a change of government in Canada but no details have come yet. Miss Rose has got two bundles of letters since I had any and she says there is cold weather and sleighing in Nova Scotia. It is cold enough here in Hoiryung — real cold snappy weather with high winds most of the time and very little snow. Snow is all blown away by the high winds when it does come. But I better begin at the first and proceed in order with the tales of my adventures.

We left Hamheung on Monday morning, a week ago today, with all the hustle and fuss that goes with traveling in the Empire of Japan. There are cart men to take the heavy baggage, jiggy men to take the hand baggage, tickets to be bought, checks to get, baggage to be weighed, excess to be paid, platform tickets to be got for the people who carry our things on board the train, everybody must be paid explanations must be made to the police, the jiggy men demand more money, the big bell rings, and we rush on board, with some coolie on other still demanding more pay for something. It is always the same no matter how early one goes to the station, and sometimes it is rather exasperating even to a gentle patient individual like your daughter, but one can't change the orient by wishing it different, and one can always see the funny side.

The McMullins, also are very nice young people and have been in Korea nearly a year, and Miss Rose were with me. We reached Wonsan in time for dinner. Miss Ross and I stayed at the McCully's and the McMullins stayed with the D. A. MacDonalds who have been their neighbors at Hoiryung.

[2쪽 누락]

was delayed till the next afternoon. So we had to have the stuff brought back as they would not let it aboard the boat. Next day we got off at last. We got into a sampan (flat bottomed boat with a square stern, rowed by a long curved oar at the stern) with a lot of Koreans and Japanese and baggage all jammed together and were rowed out to the Tategami Maru which is the biggest and best Japanese boat on the east coast. We were fortunate enough to get first-class tickets which entitled us to two nice cabins and a berth apiece. Miss Young joined us at Wonsan. The weather was good and the See of Japan behaved itself as we had a delightful trip. Often the missionaries have to travel second class where men and women lie on the floor together, or third which is a grade lower still. The food did not appeal to us much but we had our own lunch with us.

At five next morning we dropped anchor at Songjin and went ashore in sampans again. Here we had breakfast at Rosses, a station dinner at the single ladies' house, and supper at Dr. Grierson's. It was quite an occasion at Songjin to get Miss Young back and have so many visitors besides. Miss Young is the nurse at Songjin. She was just getting back from language school. Miss Rogers was our hostess at dinner. Miss Thomas and Mr. Ross were out in the country. Dr. Grierson had been with them and they finished the class they were conducting the evening before. Dr. Grierson walked all night and got home at six in the morning. Dorothy and Vivian, two of his girls, knowing he was coming that night started up the mountain pass to meet him, taking their Korean servant with them. Halfway up the mountain their man heard the hyenas howling and he went back but the girls went on alone. When they got to the top of the pass it was nearly one o'clock and their father wasn't there. It was too cold to wait and they thought they must have missed him so they started walking down the pass again and got home at half-past four in the morning. Next day they were pretty tired girls. Vivian is about as big as Charlie. I wonder if he would like a night walk with bears, hyenas, and tigers prowling on the hills around. Dr. Grierson wanted to be especially remembered to father. We saw the church there which is used as a school for the boys during the week for want of another building. They have a girls' school building nearly finished. When the girls move into the new building the boys will have the girls' old one. At present Miss Rogers, who is an evangelistic worker, has to take charge of the school because there is no educational worker there. The hospital is quite a large one but they have only three patients there and they are in a Korean part of the building at the back of the main building. They have a big furnace that has never been in working order and as the building is standing idle and empty except for the dispensary occupying one end of the lower floor. Dr. Grierson is so busy with evangelistic work that he has little time for the hospital, and it is left largely to the Koreans. When we went on board again at night there was quite a swell and one had to watch one's chance and jump quickly to the ladder from the sampan between waves. Miss Rose didn't calculate well and got wet but the rest of us met with no mishaps.

Next morning we landed at Chongjin and had to jump for the sampans when they were on the crest of the waves. The baggage and freight is unloaded into bigger sampans towed by six men rowing in small ones. We had no trouble with the customs but had to show our passports. The Koreans, however, had to open everything they had, the officials felt in all their pockets, and even looked in their purses. We had to get some more rope and nail and rope some of Miss Rose's things more. Mine were all right. We had breakfast and dinner at a Japanese inn, in what they called the "big room," about 10 ft. x 10 ft. with cushions to sit on and a pot of burning charcoal to keep us warm. We had tea, fried potatoes, and beef steak, and toast. With the remains of our lunch this made a fine meal. In the afternoon we sent out goods about a mile and a half to the station on a dinky little railroad with rails eighteen inches apart and little flat cars overpushed by coolies with a long stick. The coolie would run behind and push till he got the oar going well, then jump on and coast for awhile, then push again, and so on. We got the Hoiryung in the evening and were met by the whole station, Miss MacMillan and the Veseys. The latter were here alone for a while till the former came. I expect they were pretty glad to see the McMullin's come back and Miss Rose arrive. Hoiryung is a dreary place with high winds 300 days out of the 365. The three mission houses are surrounded by Chinese gardens whose chief characteristics are smells. The houses are far too large, huge houses and only three people in the Vesey's and two each in the others. The walls are only half a brick thick plastered with mud on the inside and that covered with half an inch of plaster, no air space in the walls, six windows in some of the rooms and no storm windows. One can feel the droughts blow right through the houses. It is impossible to keep them warm. It was crazy to build them so big and the cracks around the doors and windows are big enough to see through. I am sorry for the folks who have to live at Hoiryung.

Sunday we were at the church. It is like other churches I have described before. They have a fine new girls' school here just recently occupied. I did not see the Boys' school yet. There is no hospital here, not even a dispensary on the mission but there is quite a large Japanese Hospital or Government Hospital I should call it I suppose.

Dick Vesey who is 11 years old has a gun and has shot a lot of pheasants not to mention crows and magpies. He was out this afternoon for just a few minutes and shot a crow and a magpie. There are wolves, hyenas, and tigers on the hills around here. The night before we came they heard the hyenas howling on the hills all night but I have not heard any. They don't come into the town though. I'd like to get a nice tiger skin or leopard skin for father's den. Perhaps I can get one in Manchuria.

By the way, everyone says that a lantern is very useful out here and most of the missionaries have some slides. So if father is not using his and would like to send it out, we could use it on the field. If it is too late for Dr. Foote to take it perhaps D. W. MacDonald could take it with him when he comes back. Maybe Alex sometime would make slides of life in Canada or Bible pictures or anything interesting. I hope you have got the Christmas things I sent you.

My love to all of you —
Florence

ST. ANDREW'S HOSPITAL

(Canadian Presbyterian Mission)

MANCHURIA, CHINA   P. O. ADDRESS

支那北間島龍井   KANTO, VIA KAINEI

S. HAVILAND MARTIN, M. B.   CHOSEN (JAPAN)

Date   Dec. 26, 1921.

Dear Brothers,

This is in answer to your letters of Nov. 11. They were much enjoyed and more are eagerly awaited. By the way, they reached me in a little Korean house where I was staying overnight on the way up here. I had not had any for about three weeks and they looked pretty good.

No doubt you are all home in Cape Breton for Christmas as I write this. I could have imagined the whole scene if it were in Earltown, O'Leary, and Halifax, but I can't put in the details in Leitche's Creek. Of course you would have a happy time together. I hope the things I sent for the occasion arrived in time.

I find I can't write separate letters to all the people I would like to and I want to write one to the volunteer band. In this letter I will try to tell you of my trip up here from Hoiryung, and perhaps the band would be interested in that. It will give some idea of how we travel in this country. Perhaps with the account in my last letter of the first stage of the journey to Yongjun it might be worth reading to the volunteers. Will one of you please take it to them with my kind regards, and tell them we are eagerly and impatiently waiting for some of them to get here.

There is a little narrow gauge railway running from Hoiryung to Sambong, the terminus of the line. The cars are about the size of the Halifax trams, not quite so large, and have side seats, and a little stove in the middle of one side. The passengers do their own stoking and light the oil lamp when it gets dark. I went out there with Mr. Vesey's helper, a Korean who was sent out of Kando here for a term of three years on a moment's notice without having a chance to say goodbye to his wife and family. What for? Because he was recognized as a leader among the people and strong men are always regarded with suspicion. I was the only foreigner of course, but the cars were just packed with Koreans and Chinese, for there are many Chinese in this part of the world. They were very interested in me and satisfied their natural curiosity as much as possible by giving me a thorough looking over. Nor did their attentions stop short at that, but my boots had to be examined and handled, especially the laces. At one station a group of school boys got on the train and crowded around to see a picture in the magazine I was reading. I turned over the pages and showed them all the pictures; they were much interested and asked what the English names of the things were so we had a lesson right there in the car. It was interesting to see their bright faces, though they certainly could not be said to be clean ones, as they looked at the pictures and repeated the English words over and over. How I wished I could say something worthwhile to them but it will be some time yet before I can talk much. They all needed handkerchiefs very badly and of course none of them had any. All Korean children always seem to have very bad colds and handkerchiefs are a rare luxury. The Korean evangelist noticed the state of affairs, and told the boys to wipe their noses. When they paid no attention, he searched his own pockets, found a piece of old newspaper, and went the rounds with it. I had heard that cleanliness was next to Godliness but never knew of an evangelist at home to make such a practical demonstration of it in a public place.

Arrived at Sambong, after a parley with the police, which is always the first thing on arriving at any place, we were on our way to a Japanese inn, when we met Miss Whitelaw, the nurse from Yongjung hospital, come down to meet us with a helper from the hospital, a Korean young man known in the Hospital as Alexander. She had got to the village some hours before me, and had made arrangements for us to stay at a nice clean Korean house where we were invited to stay for the night and where the Christians were accustomed to meet for worship, for tho there are a good many Christians there, there is as yet no church and no one to take charge of the work. First thing to do was to have supper. We had each brought a lunch with us, for most foreigners do not relish Korean food and indeed it is not safe to eat it if one wants to avoid dysentery or other infections. However, they brought us some nice hot rice, hot water and some boiled eggs, which went very well. Before we had begun to eat we began to receive visitors, but fortunately for us; it is very bad form in Korea for people to be around where others are eating so as soon as our guests saw we were about to eat, they went away for the time being.

After supper, the Christians arrived. The men were in the kitchen and the women, about a dozen together with half as many babies, gathered in the eight by eight room where we were. The evangelist stood at the door between and conducted worship. They sang a hymn, read a chapter from the Bible, and then there was a short address. After that it appeared that Miss Whitelaw had told them a doctor was coming that evening, so it came to pass that we had a clinic then and there, though the poor unfortunate doctor, quite unsuspecting any such gathering had nothing with her that was of much service. However, we looked at all the sore ears and eyes and abscesses, and after giving some good advice through Miss Whitelaw, we promised to send down some medicine from the hospital later. After the last one had gone, we got out our blankets and cushions and made our bed on the floor. It was not a hot floor and the temperature was several degrees below zero so we filled our hot water bottle and started two Japanese heaters and were quite comfortable. A Japanese heater is a large flat tin can with a cigar shaped stick of charcoal or some similar substance that one lights and puts inside, then shutting the can tightly, when the cigar will burn for several hours very slowly and with considerable heat.

Another patient arrived before breakfast the next morning, and was duly prescribed for. After breakfast we got started on our twenty-three mile to Yongjung. It was eight degrees below zero and we were glad we had several blankets with us. It was not far to the river Tumen, the boundary between Korea and Manchuria, so we walked there. Then we had to show our passports, give our cards, tell our ages, and go through the various proceedings so dear to the heart of the

Japanese who love ceremony of all sorts. Crossing the river on the ice, we got into the carts on the other side. I drew a long breath as I entered Chinese territory thankful that no more interviews with officious police were now necessary for one while at least. We got into the carts, made ourselves as comfortable as we could with the blankets for it was bitterly cold and the wind felt like razors, and got started, the both of us in a Russian cart and Alexander in another one with my hand luggage. Did I say started? We started all right, but we soon stopped, heaven only knows what for. We started again, and again we stopped, for the same reason. Off again, but we soon had to stop at a place in the road that was not wide enough to pass another team and wait for a team that we saw coming in the distance to come up with us, and pass us. We then entered the narrow part ourselves but soon had to turn back to the wider place to pass more teams. There was a steep rocky cliff on one side and the river below but finally we got past this part of the road and turned away from the river. Then it was discovered that the rim of the wheel on my side and the tire which were broken through and had been batched with a spoke and a bit of rope before we started the first time, had evidently had a few words and parted and were now scarcely within speaking distance of one another. So we had to stop again and wait while repairs were being effected by the roadside. These soon proved ineffectual or at least very temporary and before we reached the next village we were glad to get out and walk rather than be spilled out. I had decided by this time anyway that the best way to ride in a Russian cart is to walk beside it. Arrived at the village Miss Whitelaw and I went into the Chinese customs house to get warm. The head man there is a Korean who speaks English very well. When he was introduced to me as the new doctor coming to relieve Dr. Martin we had to have another clinic there. Then I went to a store and bought a pair of Chinese boots of felt to keep my feet from freezing. They are very warm and just the thing for the weather here this time of year. By this time the wheel was pretty well roped up and away we went once more.

Here we are nearly half way to Yongjung and I haven't told you what a Russian cart is like! It is really quite a luxurious conveyance, being the only one in this part of the country that can boast of springs. Its chief disadvantage seems to be that it is so open and so high it catches so much wind in a country where there is always high wind. The steed is an animal known as a "big horse" in contradistinction to a Manchurian pony though at home we would consider it quite a small horse. The carts are two wheeled affairs and have to be mounted by climbing up the spokes of the wheel, once at the top you fall into the mass of blankets, hot bottles, and heaters as gracefully and dignified as you can.

But you must not imagine there is nothing to be seen on the road but the monotony of Russian carts. Let me assure you there is a succession of carts, Russian carts, Chinese carts, Korean carts, Pekin carts, pack ponies, and Chinese and sometimes Japanese soldiers on horseback all to be gazed up with interest. The Korean bullock cart I have described before. The Chinese cart is a large four wheeled affair drawn by four Manchurian ponies one in the shafts and the other three running abreast in front of that one. They are little bits of things that look like a cross between a horse and a sheep. Unruly creatures they are too with uncertain tempers, not unlike some people. Pekin carts have great high canvas covers and are also drawn by horses. There are scores and scores of Korean carts going to market in groups loaded with beans for export, not ordinary beans but the soy bean of the east. No one ever gets off the road till the very last minute and usually a collision is avoided by a very narrow margin. The Korean carts have huge hubs projecting a foot beyond the wheel and as they are so heavy and cumbrous themselves they never get hurt so they do not care if they do run into a few other kinds of carts. Once or twice our driver was off on an excursion of his own and the house left to go as he pleased till we met a Korean cart and neither party would give way till finally the driver arrived and dragged the horse off the road. The drivers lead the horses nearly all the time, which may help to account for our rapid progress. O you should hear the shouts and roars with which he beguiled the way or encouraged the animal whichever way you like to think about it! Sometimes I wish I were a machine for making gramophone records. Any one with a taste for jazz music would be sure to appreciate the record I could have made.

About two o'clock we stopped at another village for something to eat. Here we dined sumptuously off the remains of our two previous meals and some hot water which was all we ventured to indulge in, in a Chinese inn where the door stood invitingly open all the time admitting the fresh air, and the open fire in the room where the cooking was being done added savory(?) smells and plenty of smoke to the atmosphere. In the inner room were Koreans, Chinese, and Japanese each enjoying himself after his own fashion and literally filling the air with the sounds of revelry and feasting. We went into a still more private apartment where it was so dark and smoky at first that we could scarcely see anything till our eyes grew accustomed to the dim light. Then we saw the windows were all of paper and the floor of mud which was freely used as a spittoon except a platform at one side covered with straw matting. Here we sat down on the floor as close as we could get to the smoky handful of fire in a tin pail and enjoyed our dinner greatly to the admiration of several Chinamen who apparently have no such delightful custom in regard to letting people eat unobserved as have the Koreans. After getting thoroughly warmed up here we set off once more and arrived at Yongjung just before dark without further adventure. There we got a great welcome and I felt right at home.

It was a great thing to have had Alexander with us. He talked Japanese to the police, Korean to the Koreans, Chinese at the inn, and English to me. He does the lab work at the hospital, does beautiful painting on silks, and has various other accomplishments I am assured. He is going to study medicine when Dr. Martin comes back. They are going to leave him here to help me in the meantime.

The next morning the doctor and I went over to the hospital. He is up and at work again but is quite lame as a result of his recent illness and looks very miserable but is full of enthusiasm and energy. The hospital is nicer and better equipped than the other mission hospitals I have seen, and as there was nothing at all here when Dr. Martin came six years ago, it certainly reflects great credit on him. He opened his first clinic and had his operating room in two of the rooms in the single ladies' house. Now he is working at an electric dynamo that will light the hospital, the mission houses, and run the x-ray he plans to take back with him when he returns from furlough. He is an electrical engineer and an amateur astronomer as well as a doctor. There is really something here to do things with though at this time of the year there are few in patients, as they like their hot floors and find the hospital cold. However, there are plenty of out-patients everyday to keep one from feeling the monotony of existence. Dr. Martin speaks Korean or Chinese to them in a way that excites my admiration and despair. I have started to learn Chinese too, but must put the most of my time on Korean till I can speak it a little at least. About half the cases seem to be Chinese, big splendid specimens physically, not at all like the little chaps one sees around the laundries at home. I had my first operation that morning on a Chinaman. It was an eye case, there are so many of them here. I am to work in the hospital in the mornings and to study in the afternoons. It takes quite a while to get on to the routine of it all, and there are so many things in the work different from what one expects at home. Different diseases here, and the common ones we think of first at home are some of them very uncommon here, and we have all sorts of complications here too, more than are usually seen at home. One Chinese woman with bound feet showed them to me. Pitiful looking things they were too. Strange, isn't it, that any one should see beauty in such a deformity? It is wonderful though the way they hobble around on them after all.

Most of the Chinese women I have seen so far have bound feet and a good many of the men still wear pigtails. There is a great deal of tuberculosis here. Of all kinds and of all regions, and the native treatment does not tend to help it but rather to make it worse in many instances. Many of the patients are covered with scars, the result of treatment at the hands of a native so called doctor. The chim and the doom are favorite methods of treatment. The doom consists of putting little piles of inflammable powder on the skin over the affected part and then setting fire to the powder. Many patients have twenty or more of such scars on the abdomen. The chim consists of having long heavy dirty needles run into the painful area, be it where it may. Yesterday I saw a man with an abdominal tumor who had had three needles inserted into it. Many suppurating joints and peritoneal adhesions result from such treatment.

Foster might let Dr. McDougall see this letter. I think he would be interested and I will write him about the work a little later when I have seen more of it. Also the Kaye-Grove young people might like to see it. I find it hard to get time to write to as many people as I would like to.

In the next letter I will tell you about my first Christmas in Manchuria.

Your loving sister,
Florence

Kando, Yongjung, Manchuria, Via Kainei.
January 6, 1922

Dear Charlie,

There was no date on your letter so I do know just what one I am answering but I was very glad to get it indeed, and thank you very much for the snapshot of yourself. It was very good, and I am glad to hear that you are learning to print them yourself. You can never know too much of that sort of work. There is no telling when it may come in useful as well as always being a source of pleasure to yourself and others. The last two or three letters I had from mother she was telling me about Alex being printing pictures till midnight so I thought perhaps he would send me one or two but so far have not received any. You look very nice in the Sea Scouts uniform and more grown up than I thought you would. Anyway you don't have to wait till you are big to be manly. And I am sure you always try to be that. There is nothing mean about any of my brothers and I always think of them with pride.

You must write me a long letter describing the house and grounds at Leitche's Creek remembering that I have never seen it and would like to be able to picture you all just as you are in your home. Tell me all about going to school and the fun you will have.

You would be interested if you could take a walk downtown with me here. Our compound is British territory where we have exterritorial rights in China. No doubt you have been reading about that as one of the problems that China wants solved at the disarmament conference. Anyway it looked pretty good to me to see the Union Jack at the head of the mast in my honor the day I came to Yongjung. We can kick any officious policeman right off the compound if we want to, and all he can do is to go. There are four houses of grey native made brick all in a row on the side of a hill. At one side is the compound of the British customs man surrounded by a high brick fence. Our compound has just a wire fence around it. Down in front of the compound houses is the hospital and the isolation building a little to the side. Just behind the hospital is the house of the head Korean assistant who lives near and does all the night work and late calls. Then again, behind our houses are the mud houses of the servants. So you see we are quite a little establishment. The schools and church are farther away. The houses here are better built and much more comfortable than those at Hoiryung. Indeed, I have often been much colder in Canada than I am here, though the temperature keeps around zero or lower all the time. There is never much snow here as it is so dry, and what snow does come is soon blown off by the high winds. The hills all around are white but the ground is scarcely covered anywhere else. There are no trees of any size anywhere and though the missionaries have planted some several times and some of them are still alive they have grown very little. It is hard to get fruit here either for there are no fruit trees and the roots of small fruit are killed out during the winter when the ground is bare. One thing I have not noticed anywhere is else is this. When the ground here freezes it cracks and the cracks keep getting deeper and wider all winter till by spring they say they are often several inches wide. They are about three or four inches wide now.

I find it hard to get as much time as I shout have at language study. Since Dr. Martin is able to be about and at the hospital he agreed to do the work this month and let me study all the time. He is not going away till April so I will still have some time to get on to the run of things before he goes. But if I run down for a minute there are a dozen things to do and I usually stay for an hour and a half. And besides there are women coming to the hospital specially to see me and it is hard to refuse to see them. Yesterday I saw five patients down in the town in their own homes. One place we went to see a woman who they said was dying. She had not been able to walk for three years with a tuberculous hip joint and now the disease is scattered all through her system. I think I never saw anyone so thin and she is all twisted up, and suffers pain all the time. While we were there a woman came from a house across the street to ask us to come to her house to see a sick woman there. And so it goes. I have a little Korean baby and a Chinese baby among my patients. The Korean one was born in the hospital and has gone home now. The Chinese one was born at home the day before yesterday, and it is just like any other baby except for its dark hair. Its parents are from Canton where they have about nine tones to every word so the one word can have that many different meanings. It is funny to hear them talking, almost like a sing song, and very different from the Mandarin that is spoken by the Chinese of Manchuria. The father speaks English pretty well. Of course they were pretty badly disappointed when the baby proved to be only a girl. The parents are not believers yet.

I am sending you a few more stamps and a Korean gentleman's

card that the owner presented to me the Sunday I was in Hoiryung. Cards are just the thing here and anyone who considers himself anybody at all is sure to have some. They are also very useful for presenting to police also. We don't need them here quite as much as in Korea but I must get some printed soon.

There is a river runs beside the town here and on the other side of the river is a village called Po-sin-pow. Miss Whitelaw and I were across the river to see some sick folk the other night. One house we were in had a kitchen about three feet by six and the only other room was six by six. Everything was neat and fairly clean however and this in spite of the fact that five people lived there. The kitchens are built with a mud floor usually very low and the floor of the rest of the house is raised so that the smoke from the kitchen range can go under it to warm it. The aforesaid range is a sort of oven built of mud with the fire box or oven on the level of the floor; there are holes in the mud above into which pots can be set for cooking. The flue is usually a couple of feet from the ground and is just a hole in the wall, though now and then you will see a piece of iron pipe added to the flue outside, or as I saw the other day, a sort of smokestack constructed of some old straw matting, and sometimes they make them of mud. It is nice to have them high like that for then one does not get so much smoke in his eyes in going along the streets in the evening when the fires are put on to cook the super. Twice a day in the morning and again in the evening a Korean village or city is covered with a haze of smoke when all the brushwood fires are put on. It is rather pretty to look out of my window when I am dressing and see all the columns of smoke arising in the early morning light. It makes me think of what

David Livingstone said when he witnessed a similar scene in Africa. If you do not remember what it was, get his book and look it up.

Pheasants are cheaper here than chickens by far. They are so common that one of the Koreans who wanted to give a Christmas present to Mrs. Barker, brought eight and then apologized because he gave so little. They are very nice indeed. The ones we get up here are even better than the ones we had in Seoul. They are not at all strong, but just delicious. The plumage too is quite beautiful. No doubt Alex will be wanting to mount some of them when he gets here. Did I tell you about the magpies? There are many of them and they are the sauciest Jauntiest things, always hopping and running about in the boldest manner and never seeming to be afraid of anything. They are quite striking looking birds too with their glossy black and pure white feathers. They make a great chattering when a flock of them gets together. One morning when we were at Wonsan I noticed one of them come and light on an old Korean grave just near the house. In an instant along came another and another and another till they were coming in flocks in a minute or so, and in the shortest time imaginable there were so many of them there that we could not count them at all.

I want to write to you about my Korean and Chinese Christmas but I am going to write that part with carbon paper so it will do for the boys too. Don't be too long in writing again and be sure to tell a lot of news. Give my love to father and mother and keep some for yourself.

Your loving sister,

Florence

Yongjung. Kando, via Kainei, Manchuria
January 9, 1922

Dear Murray,

Hi! What is the matter with you fellows? Didn't you ask me to write to the bunch and promise to answer me if I did? And here I have sent you half a dozen cards and a letter and not a scratch of a pen from any of you all this time. If this doesn't bring a response I will give it up as a hopeless case.

I am very sorry to hear that your father is so miserable and hope that before this he is much better. Perhaps you have Catherine at home again by now. No doubt she will be glad to get ask again after being away so long. Perhaps she will write me some news now that many folk are all away from the north end and we have to depend on others for the news.

Yongjung is our most northerly station and is in China as you will see by the heading of this letter. But our compound is under British rule under the foreign exterritoriality scheme you heard about during the Washington Conference. It looked pretty good to me, I can assure you, to see the old Union Jack at the top of the flagpole that day when I first saw Yongjung. The mission houses are four in number and are built in a row on the side of a hill. They are constructed of native made grey brick. The hospital is a little further down the hill. It is the best in our mission and I was quite delighted with it the morning after arriving here when Dr. Martin showed me over it. I celebrated by operating on a big Chinaman. There are many Chinese patients here, nearly half our patients being Chinese. And fine fellows they are too, not a bit like the little chaps from the south that one sees in the laundrys at home. These are big strong chaps and quite fine looking. If I stay in this station after Dr. Martin comes back I will have to start learning Chinese too, as well as Korean. Dr. Martin speaks Chinese to them in a way that excites my greatest admiration. And you should see how they love him! There is not a person in Kando as much thought of as he. And he is known all over the country. Dr. Martin is a good deal better than he was. Indeed he was not out of bed for about four months and he is not strong yet and is very lame, but game all through. He is doing hospital work, seeing patients and operating every day, and in addition is setting up a dynamo and wiring the hospital for electric lights. The dynamo is to supply power for the x-ray machine he hopes to bring back with him when he comes back from his furlough. He is a wireless operator, electrical engineer, musician, astronomer, and several other things besides a physician and surgeon. He has been the only graduate doctor here and has been seeing over twenty-two thousand patients a year. When he came here six years ago there was nothing to work with. He began seeing patients in his own study and operating in the parlor, and in six years he has worked up to what there is now, a hospital with a well equipped operating room and accommodation for forty in-patients as well as the many who come as out-patients for treatment. The Korean assistants are most faithful and do very well but of course they can not take the place of graduate doctors. We tried very hard to get a Korean doctor to come while Dr. Martin was away for if I am to get enough time to study the language I cannot give all my time to the hospital. So far we have not succeeded. One of our Korean boys is ready to go to college but he is staying this year just to help me out. He speaks Korean of course, but English and Chinese and Japanese as well. If any of you have the idea that these folk are not as smart as our people don't let on to anyone, till you have time to get over it.

This is real life, fellows! I wish you could all have a bigger share in it. It is worth something to know that you are doing something for people that would not be done if you were not here.

Best wishes to you all for the new year, and you won't forget to write will you?

Very sincerely,
Florence

Yongjung, Kando, via Kainei,
Manchuria, Chosen, (Japan)
January 15, 1922

Dear Brothers,

This letter will be for Anna too. I have got very little mail for some time now but there should be some coming soon.

I am sending you an account of my Christmas, but I am afraid you will get the opinion that a missionary's chief end is to go to feasts and eat his head off. That would really be quite a mistaken opinion. There certainly was quite a splash but that was only once for the whole year. Most of the year things are not so piled up with feasts.

I have been rather busy study these days. For this month I have been trying to give nearly all my time to the language and next month I am to do regular work every day in the hospital. Friday I did an appendectomy on a young Korean man. It was a nice case and the patient is getting along very well. But don't listen to the people who tell you that appendicitis is not found in the east. This was a typical case of chronic appendicitis with several acute attacks. The appendix was kinked acutely in two places and buried in a mass of dense adhesions. My! It felt good to be back at work in the operating room again.

I am so delighted to hear that Foster is keeping well and better this winter than for a long time. I hope he will continue to conquer the old asthma.

The weather here has been steady cold ever since I came to the north. One night it was down to twenty below zero but it usually is not as cold as that, tho the temperature rarely gets above zero. There are cracks come in the ground in the cold weather. They are wide enough now to catch one's foot in if one is not careful, and they tell me that they get wider all winter. There is not much snow falls the atmosphere is so dry and what does come is soon blown off by the high winds. Only the hill tops are always white. The ground is frozen of course but it is all sort of pulverized on top instead of being hard like our frozen ground at home. There is a large river right by the town and good skating but it is too cold to be very enjoyable. Anyway I have not any skates.

I wonder what is the reason I don't get any *Dalhousie Gazettes*? Some of you chaps were to have it sent to my address, but it never came. And I subscribed to the *Dalhousie Review* and received only one copy and there should be at least three out before this. Some of both papers came to Mr. Fraser, two *Reviews* and one *Gazette* I think it was.

I have been looking after two babies so far, one Korean and one Chinese. The Korean one was born in the hospital and the Chinese one at home. The father is one of the Customs men here and speaks Cantonese Chinese which is quite different from the Mandarin Chinese spoken by the Manchurian Chinese. He is a little too, quite unlike the Manchurians. He speaks English very well, but I wish you could hear him speak Cantonese dialect to his wife. They have about seven or nine tones there for the same sound and the meaning of the word depends on the tone in which it is spoken. The conversation resulting sounds very strange to us. They are not Christians yet at any rate though they told me all their family were believers except themselves.

Miss Whitelaw and I answered a call to a private house in the town the other day and found a poor woman who has not been able to walk for three years from t. b. of the hip and spine. She was wasted away till there seemed to be nothing left but the bones. I never saw anyone so thin alive. She was lying on the floor with a few poor rage over her and not much beneath. She was in pain all the time and had no one to look after her but her husband and two little children. The smaller a boy of about three years old had nothing on at all except a little short sort of a coat and so he spent his time with his legs and body under his mother's bedding to keep from freezing. It is all very well to have fine ideas on the proper treatment of diseases but when one runs up against a case like that these ideas do no help out much. Miss Whitelaw and one of the Korean nurses made some clothes for the little boy and went down and bathed the child and his mother and fixed them up with some clean clothes and made them as comfortable as they could. The father works hard but can not earn much and spends most of it for condensed milk for his wife, as that is about all she can take and it is very expensive here. There are not very strong believers. The man said he would like to go to church, but how could he leave his wife? Our Korean nurses are fine preachers and they never lose an opportunity like that to do so. When we were in the house some people from the house across the street came to ask if we would go to their house too, to see a sick woman there, and so it goes.

How the people ever live without getting their fingers and more of their persons than their fingers very often, frozen. I do not understand. The men wrap up their heads and often go with bare hands on days away below zero, and the children never seem to have anything on their heads or hands. They just wear the same in the house and outside, never putting on anything extra to go out. A lot of the men here wear large black fur caps with huge ear pieces that flap in the wind like a pair of wings. The Japanese wear a funny little circle of fur around their ears but do not usually cover them. The Chinese wear all sorts of things. I wish you could see some of the felt boots with soles about two inches thick and the rest not much less. They are of light colored felt and seem to be at least four sizes larger than the feet they cover.

Last night I was at the doctor's house for tea and we printed some snaps afterwards. One evening before we developed some films. He has some fine pictures of Korean life and some good Chinese ones too. He was at the opening of the Rockefeller institution at Pekin recently and has some good snaps of that. He has won one of the five scholarships allowed for all China for further study when at home. I hope you can all meet him when he is in Halifax. He is leaving here about the last of March and should be in Halifax early in May on his way to his home in Newfoundland. He has some mighty interesting things to tell. About an epidemic of beri-beri for instance, miles away in the hills where the people were dying in dozens, and he went out and worked with such effect that not a case died after he got there. At one time about a year ago there were fifty shot cases in the hospital here. You just pump Dr. Martin a little and you will hear some thrilling experiences. He was up on the Labrador for several years with Dr. Grenfell and had some narrow escapes there too. I wish he could be there in time to meet the students Medical Society. I know the boys would enjoy him very much. He is a very practical fellow in other ways too. He is an electrical engineer, wireless operator, amateur astronomer and a few other things.

Just now there are furnaces being installed in these houses. One of the workmen the other day was wearing a very thin coat and he came into the kitchen to get warm before he began to work. Mrs. Martin noticed that he kept his arms folded all the time. After the other men had gone out, he produced a pup from under his coat, and offered to exchange it for a coat. He said it was the only thing that kept him warm. So she gave him one of the old Chinese army coats that were given to the hospital by the Red Cross for use in such cases. And the children got the pup.

Mr. Barker, Mr. Fraser, and Miss Cass are out in the country now conducting Bible Study classes in different places. They usually stay for ten days at a class and often have two before coming back to the station for fresh grub and a chance to talk the civilized language once again. That is what I call real mission work. It is pretty cold now, but they say it is a jolly lot better than in June when the flies and mosquitoes seem to save up their appetites for a bite of missionary. And they usually exist in no small quantities either.

Your letter of Dec. 13 has just arrived. (Jan. 16) That I was glad to get it goes without saying. I hope you got the Christmas parcel in good time. Am sending a few snaps in this.

Love to you all,

Florence

Yongjung, Kando, Manchuria
January 16, 1922

Dear Mother,

Today I got six letters from Canada, the biggest bunch by a good bit, that has come at one time yet. Half of them were only Christmas cards tho, and some way they don't quite seem to take the place of letters. There was a nice letter from the boys but none from home. No doubt it will be along in a few days more. I seem to have got lost in my correspondence, my typewriter being out of commission for a few days, and I scarcely remember what or when I last wrote. I got the machine fixed myself when I got time to work at it for a while.

It seems to me I told you about my Christmas in the last letter. There has not been any such excitement as that since the twenty-fifth, so there is not much to tell about that amounts to anything.

Miss Whitelaw and I were seeing a poor family last week where the woman was dying of tubercolosis and the little boy had no clothes but a short coat, and had to spend his time under his mother's bed clothes to keep from freezing. Miss Whitelaw got some nice padded clothes made for him, and she and one of the nurses went from the hospital to see them again. They washed and dressed the poor woman and the little boy and made the sick mother as comfortable as they could and left them all happy. The father works all the time but he does not earn much and it mostly goes for condensed milk which is very dear out here, for his sick wife. The tears came into his eyes as he tried to thank the nurses for what they had done for his family. They are not very strong believers. He said he would like to go to church, but how could he leave his wife? Miss Whitelaw is great on going out to see the sick in their homes who will not or cannot come to the hospital. And she and the nurses never miss an opportunity to preach to the people they go to see.

I have been having some interesting conversations with my teacher. He tells me that his uncle caught four tigers on the hills not far from Hamheung four years ago. They ate the meat and said it was very good, and tasted just like beef. He says dog is good too but he never ate cat. I would not be surprised if we had both dog and tiger in some of the Christmas feasts of which we partook. It would be interesting to know.

There is a large graveyard on a hill just back of our compound. It has sections for each of the common nationalities here, Chinese, Korean, and Japanese. The Chinese bury their dead in huge heavy deal coffins so heavy that it takes about two horses to budge them. They haul them to the graveyard and there they leave them on top of the ground for weeks or months till aususpicious day for burying them occurs. There are about a dozen at least on top of the ground right near the road, and the ones that are really buried have just a little earth thrown over them on the ground as they were, so that often the buried ones as almost as much in sight as the rest. The Koreans make great mounds over theirs. The Japanese have an incinerator and they bury the ashes, so that their burying ground is only a small affair with a lot of little graves close together and on a level with the surface of the ground. They also put up bits of wood like stakes with the name in Chinese characters on it. One of them among the rest has a cross. The person who is buried there was probably a Christian. I think I wrote you before about the whole hillsides covered with graves at Hamheung. Mr. Young's little girl once, on seeing them, said, "Nearly everybody in Hamheung must be dead there are so many lumps."

By the way Mr. Young's engagement to Miss Fox has been announced. That will be an addition to the staff at Hamheung but a loss for Severance. Dr. Avision will be quite discouraged. She came out last year. They are to be married in the spring.

Mr. Barker, Mr. Fraser, and Miss Cass are in the country now conducting classes in different places. They usually stay ten days or so in one place and generally hold a couple of classes before coming back for fresh grub and a look at civilized life again for a day or so. It must be pretty cold in the country now. The temperature has been down to twenty-two below one night and is almost that most nights, but they say it is better than in the summer when the flies and mosquitoes seem to save up special appetites for a bite of missionary. Mr. Barker was inviting me on a country trip with him but I declined this time. I should like very much to go a little later when it is not so cold and when I can speak a little more. It would not be much fun now for a fortnight when I should be confined to such limited conversation as I can compass. Dr. Martin has gone out in the country a good bit. Of course he did not have a big hospital to attend to at first. He began work in his own study, and operated for a time in the single ladies parlor. One time Mr. Barker came back from a distant village telling about a strange disease the people there had. One of them would fall down in the class and in a few hours he would be dead. Thirty had died in a small village. So the doctor and he started right back and worked to such effect that not another person died after they got there though there were some very bad cases. They were suffering from beri-beri, a disease that is believed to come from eating white rice alone and thus not getting any vitamines. So the doctor loaded up a team with whole wheat and bran and such, and made the people eat that and potatoes, skins and all, and took some of the worst cases back to the hospital. One little girl they never thought they could save, but she got better after a while. Mrs. Barker had her in her house for a long time. She was back at the hospital the other day to see the doctor again.

The furnaces are being installed in all these houses now. One of the workmen the other day went into Mrs. Martin's house to get warmed. After a while he produced from inside his thin coat a little pup that he said was the only thing that kept him from freezing. He offered to trade it for a plaything for the children for a coat. So Mrs. Martin gave him one of the old Chinese military uniforms that were given to the hospital by the Red Cross for just such a purpose, and the children got the pup. The houses here are heated at present by Russian stoves. These are large square affairs of brick about five feet high some of them, and others are almost up to the ceiling. There is a winding flue inside so the heat goes around a good deal and the whole surface gets heated up. Though they never get very hot, they hold the heat a long time. A fire is made in the morning and again in the afternoon and not kept on between times. There is a Russian stove in the dining room, in the hall, and in the bathroom here. I have an old fashioned sheet iron heater in my room. The man comes in and lights it in the mornings before I get up so the room is always warm for me to get dressed by. Such luxury! I will be quite spoiled by the time I get back to Canada, if not long before. The Barker's have their furnace all finished and the house is very comfortable indeed, besides saving so much work and dirt and dust in the place.

This week we are looking forward to a lot of excitement. The Mission Executive is to meet here, and representatives are to come from all the stations. I am to go to the Single Ladies' House and two of the men are to have my room here.

I did a nice appendix case the other day, and the patient, a young Korean man, is getting on fine. Dr. Martin assisted me and he said he had not enjoyed himself so much since he came to Korea, as it was the first time he ever had a chance to assist anyone always having had to take the responsibility and do the work himself, and besides he was able to speak in the human English language when he was at it. I was very happy to be back in the operating room myself. It felt pretty good, but sometimes I would give a lot to see Dr. MacDougalls kind face and Dr. MacIntosh's jolly one across the operating table.

When I came to put up my curtains I found I had only two pairs and there are four windows in my room. So Miss Whitelaw who has a big supply, kindly loaned me another couple of pairs. They do not match mine but they are so very unlike. What did you do with the stuff at 33 Merkle Place that belonged to me? If you are not using the curtains and they are worth sending perhaps you might send them to me some time. They could come by mail for not very much. By the way also, anything new can be sent here and will come in duty free if it did not cost over five dollars. The duty here in Manchuria is not unduly high. It is the Japanese duty only that is excessive and that does not affect us in Kando. If you sell the stoves or anything else keep the money for the young folk going to school and college, as I have enough for anything I want.

I sent you a bureau scarf and an angung cheep for your birthday. I hope you will get them in time for the great occasion. The scarf is a Chinese one, and the glasses case is Korean. Remembering your difficulty in finding your spectacles on certain occasions I thought you would be pleased to get a case that hangs from your belt and, consequently is always there right at hand when you want it. When that one is worn out, let me know and I shall get you another.

Did you ever get the picture of the family that we had taken just before I left? I would like to have one when you get them. I never got my class picture yet either in spite of frequent visits to the photographers and various efforts to have it finished. When you are sending the group please send Eddie's sophomore photograph as I am sure I must have left it home. It was not among my things when they were unpacked at Hamheung anyway.

I am enclosing a picture for Charlie to show the king of raincoat that is sometimes worn in Korea. And also three stamps, two Indian and a Japanese. Also a Christmas card that I received from the Korean pastor in Hamheung. See if you can read it. I had to get my teacher to write a reply for me, for I have made no attempt to master Chinese characters yet, though we are expected to be able to write a hundred of the commonest for our first year's examination.

Charlie never said if he got any of the stamps that I sent him before. It is nice to know if the things I send get there or not. The thin labels are just the tags that are attached to letters when they are readdressed. Miss Rose got one with ten such labels on it.

Well, I must close now and do some Korean or Chosen mal as the Koreans call it. With the very best wishes for your birthday and the whole year.

Love to father and Charlie as well as yourself.

Your loving daughter,
Florence

Yongjung, Kando, Manchuria
January 25, 1922

Dear Boys,

I got a regular mail today. two letters from Leitches Creek, one of them being the family one written the day after Christmas which certainly made good time to get here by now, and three Christmas cards which were slightly belated as you will notice. I was very glad to hear that three of you got home for Christmas. If you had not gone, father and mother would have been a good deal disappointed I know, not to mention Charlie who seems to be a little lonely there yet. He said everyone he knew was very nice but he did not know a single boy yet. However, when he gets going to school, as he will be doing long before this, he will get to know the boys fast enough. Too fast, perhaps, if many of them are like some samples that I have known from Sydney. Father and mother seem well pleased with their new home and the prospects there. I am so glad they are settled at last for father was feeling lone and lorn for some time and getting decidedly restless.

By the way of the mail that came today, one letter came for five cents and two of the others for three. I have received several others lately for that so apparently it is all the same to the authorities here.

I am sorry that my little remembrances did not get there in time for Christmas but parcels seem to take a good deal longer than letters. The package father sent me has not come yet either. I hope that they did arrive later and in good condition for I wanted you to have the things.

I have been having some interesting conversations with my teacher and elicited some new facts regarding the Koreans from him. He says they eat tiger and dog and both are very good. I am now wondering how many varieties of meat I have sampled at the various eastern meals I have partaken of. It would be interesting to have the things labeled and know what one was eating. Tiger is just like beef according to him. The Chinese eat cats but the Koreans do not. Everybody eats all sorts of queer looking and strange tasting shell fish and sea weed and that sort of stuff. Some of it is all right too as far as eating goes, and if you don't think of it afterward it stays put well too.

Mr. Young and Miss Fox are to be married some time in the spring. I am very glad for Mr. Young's sake. It must have been rather cheerless for him living all alone, but it means we lose one of the few nurses we have now. When she leaves Severance our mission will not have a nurse there at all. So the Severance people are trying to get Miss Young from Songjin and that would leave Songjin without one. I think Foster might see what he can do among all the nurses he knows to send us out a few. We absolutely need three more, and could use as many as the board would send.

I think I told you in my last letter about a very poor family where the mother was dying of t. b. Well, we clothed the little boy who was almost naked and washed and fixed up the mother and the nurses called on her several times. She has since died, and her husband came to the hospital to thank the people therefor being so kind to his wife, and the whole family have been to church and say they are always going to attend faithfully.

The little boy in the house here is fond of singing but sometimes he gets the words slightly twisted. The other morning he was singing, "Dare to be a Daniel." When he came to the line. Standing by a purpose true, he rendered it, Hanging on a purple stool.

The academy boys are out in the country now on a preaching tour. They speak in the churches or anywhere they can get an audience and several of them preach in an evening. Then they move on, travelling by day and speaking in the evenings. They have helped and encouraged several weak churches and have carried the Word to a good many who would not go to the regular church.

One of our most interesting patients just now is a little ten year old Chinese girl who has a very bad t. b. hand. It will always be stiff and helpless if it can be saved at all. When she came into the hospital she said her feet were cold, so we looked at her feet. It was little wonder they were cold for the poor feet were tightly bound and about four inches long. What circulation could there be in those poor deformed things? We tried to get her father to have the feet unbound, and if he should become a Christian while the child is in the hospital and he has a chance to hear the gospel, he will no doubt do it, and the feet will have a chance to grow strong yet. If not, no doubt the child will have to hobble, a poor cripple, the rest of her life. She is a pretty little child. I wish you could see her, with her bright eyes and her black hair tied back with a red ribbon.

My appendix case could not have done better. Dr. Martin is quite pleased. So far I have not been around the hospital very much as I wished to put as much time as possible on the language. It is a slow job and sometimes I think I am not making any progress but then one does not learn English in six months either. My teacher tells me I have a good pronunciation, but one can not believe what one's teacher says about it, for he always tries to say the polite thing whether it is the correct thing or not.

So far we have had no success in getting either a Korean doctor or another Korean nurse so it will be pretty hard when Dr. Martin goes away. Just now our one Korean graduate nurse, who is both capable and trustworthy, and a faithful Christian worker besides, is going to the south of Korea to visit her mother who is old and sick. She promises to come back but there are many things that may happen to hinder. We certainly hope she will return. I do not know how we can get along without her, certainly not well. She does all the operating room work and a good many of the women's dressings too. Miss Whitelaw depends on her a great deal, for she has to superintend the whole place and look after the finances too, and cannot do a great deal of nursing besides. Miss Whitelaw is going with her as far as Hoiryung tomorrow and she will go the rest of the way with the other members of the mission executive as they go south. It is much easier as well as pleasanter for a Korean to travel with foreigners than alone, so she chose this time to go. It suits us as well as any time she could choose for there are fewer patients during the cold weather than at any other time of the year. We will certainly hope that she will come back again. Even if we do get another nurse later we need two and if, as seems likely at present, we can't get another, our work will be badly hampered.

Alex said that Lois thinks he ought to bring out a wife to Korea with him. Perhaps she would like to come herself. Did you ever ask her that Alex? Mr. McCaul is the only single young man in the mission and I believe he does find it rather lonely living alone at times. Of course he does not have to live alone, and he was boarding with another family for a while, but thought he would like to try housekeeping. It might be very fine if there were enough of them to have an establishment of their own and keep each other company. But there are not likely to be enough young bachelors on one station for that for some time to come. If you come out without a wife we will have to try to get a house for ourselves. Now, I suppose you will smile at what I am going to say, but I have always had so many fine fellows for brothers and been used to so many medical students and doctors around that I miss the young men more than anything else out here. I guess some more of you will have to come out to keep me company.

It is getting late and I must study some Chosen mal tonight, so I will close with goodnight and love to everyone.

Florence

Yongjung
January 25, 1922

Dear Father and all,

This week I have four home letters to answer all at once. Yours of Dec. 12 came three or four days ago, and then mother's from Pictou Landing, of the same date. Today came others on Dec. 19 and 26. so I have been spending a happy evening reading them all over, and thinking of you all in the new home for Christmas. I hope the little remembrances I sent arrived there all right for I wanted you to have them. The Testament father wrote that he had sent me has not yet arrived but will no doubt come in yet as parcels take longer to come than letters. I am still getting Christmas cards, got three in today's mail, just a month late. And by the way one came for five cents postage and two for three, all being sealed like letters. I have recently got several letters with the same postage on, so apparently it is all the same to the authorities here.

You were all quite distressed because I was not getting any papers from home. I did miss them a good deal while I was in Seoul, but I knew there would be plenty in any home in our mission. The reason I did not subscribe before was that I was waiting to see what my permanent address would be and what other papers came to the house where I would be living. Here at Mr. Fraser's they take *the Presbyterian Witness*, *The Japan Chronicle* which is an English weekly that gives eastern and world news very well, the *Korea Mission Field,*

East and West, Presbyterian Record, The Missionary Messenger, and the *Ladies Home Journal* so I feel quite at home. Some of those papers, the *East and West* and *Record* and *Messenger,* are sent free to all the missionaries I believe. At least I have begun to receive them. And everyone else gets them too. They come in bundles, so many to a station. So once we are on our own station again we are not bad off for papers. I am afraid I must have painted a very gloomy picture in the letter you had just received when you wrote.

I am glad mother got at least a short visit with the friends before going to Cape Breton. Her letter had so much news in it that I know as much about the Landing and Dunrobin as if I had been there myself. And of the bunch of letters from all of you written the day after Christmas there was scarcely a thing repeated at all. Everyone thought of something different to say so that among you all I got a great budget of news.

In my last letter I said mother might send me a couple of curtains if she had any that she had no use for. If she has not already sent them, perhaps she need not bother as I find that curtain material can be gotten here by sending to Seoul.

I was glad to get the snaps that father sent of the house and creek. It will help me to think of the place as it is. Thank you very much.

I am enclosing a couple of snapshots, a wedding invitation so you will see what my name looks like in good Korean, and a card my teacher wrote me when he got his passport to come north. You observe how much English he knows.

It is still very cold here and I have had a cold and was not out for two or three days so have no news this week. My cold is better now however.

Our one Korean graduate nurse whose home is in the south of Korea and who has not been home for some years, is very anxious to go to visit her mother who is sick. We tried to persuade her to stay fearing if she went so far she would not come back but she is determined to go though she says she will come back. So tomorrow Miss Whitelaw is going to take her as far as Hoiryung and she will go south with the other members of the executive on their way home. She is a very reliable and capable nurse and also an enthusiastic Christian worker so if she is not able for any reason to come back, we shall miss her very much indeed. We have been trying to get another graduate nurse but so far without success. Miss Whitelaw says this nurse is the best who ever graduated at Severance. It will leave us shorthanded in the meanwhile but during the cold weather not so many patients come in anyway.

My best love to you all,
Florence

Yongjung
February 2, 1922

Dear Father,

No letter from home yet this week but one may come yet, and I received the New Testament, and like it very very much. You would have found it hard to send anything nicer. Thank you very heartily. I am still receiving Christmas cards, one having arrived today from Charlottetown but not from any of the Zion people. It was from Evelyn Stevenson, an old P.W.C. friend of whom you have heard me speak. She is a teacher and stenographer and now she wants to come out to Korea as a missionary. I am telling her about the Deaconess Training School and the new School of Missions as there is no work here for a stenographer and scarcely any more for teachers without college training. She is a fine girl and I hope she will have grit enough to take the course and come out.

I also had a nice card and note from two of the P.E.I.Hospital nurses whom I went out to the hospital to see and had a fine meeting there when I was in Ch'town the last time. One of them said she wished she was ready to come right out to me now. So I have hopes she will feel the same way when she is ready.

By the way did the photograph of Eddie ever turn up? I have none of him and he gave me one so I think it must be home. You might send it out to me if it is around anywhere, as no doubt you got one for yourself. And did you ever get the family group picture? It is long enough since it was taken to be finished by this time surely. They seem to be as slow at that studio as at Clime's. Our class picture that was to have been ready about three years ago is not yet received, and probably never will be any more, unless some one right on the spot takes the matter up.

To save some time for study I am going to write just a little personal bit and a general news sheet the same for you folk and the ones in Halifax.

Love to mother and Charlie,

Florence

Yongjung

February 15, 1922

Dear Mother,

I wrote a few notes last week, but as I had not had a home letter for some time, I held them over till once arrived thinking it could not be long before one would come. It is so much nicer to have a letter to answer than to try to answer it before it comes. Today along it came — your letter of Jan. 9, with its birthday wishes just the day before my birthday. The doctor and Mrs. Martin were going to have a birthday party for me but Mrs. Martin has a bad cold and is in bed with it so the party is postponed till next week. However Miss Whitelaw has a birthday the next day after mine and so tomorrow we are going to have a social evening for the Koreans on the Hospital staff who have so little fun or social life as we know it. They enjoy such things greatly.

The Dr. and I got off to see the patient in Kuchalso but I will write about that the next time.

I hope you will have a happy birthday and that the trifles I sent reached you in time. Am glad to hear you received the picture of the old Koreans and that you liked it. Hasn't he nice face?

I just received Spicer's snapshots addressed in Alex's handwriting but not so much as a word with them.

I have not heard a single word from Ch'town about the car yet. Don't' know if it was ever shipped or not. Isn't it strange no one writes from there? I have written several times to different people.

Just had a nice letter from Christmas Mackennon MacInnis. They lost their baby and feel pretty badly over it of course. She wrote that Dr. Annie Anderson Dickson has a boy. Suppose Annie won't have time to write to anyone now.

Heard today that the Boy's Academy in Hamheung was burnt a few days ago. No details of how it happened. It was a poor sort of makeshift but better than nothing.

Father was asking if Kanto were in Manchuria. It is. No doubt you are surprised at the Babel of names. Naturally there is some confusion for every place in Korea has two names, a Korean and a Japanese name, and in Manchuria there are three names, Chinese, Korean, and Japanese. Kanto is the Japanese name for the district. Yongjung is the Korean name for the town; Ryuseison the Japanese name; and Lungchingtsun or Ludigo the Chinese names. As our foreign mail comes by Japanese post, we use the Japanese address. The Japanese have police stations, schools, banks, post offices and even hospitals in Manchuria though it is not yet their territory at all. They claim all Koreans in Manchuria as their citizens and of course have to come here to look after them. It's a great old world.

Father also asked if native houses were of sun-dried brick. The brick is not much used for ordinary houses. The walls are made of mud-plastered on a foundation of interwoven straw ropes. Hope Charlie is studying well.

Love to all,
Florence

I have been sending a snapshot on some card in nearly every letter and am wondering if you are getting them all.

Yongjung
March 11, 1922

Dear Charlie,

This is to wish you many happy returns of the day and the happiest birthday that you ever had. I wanted to send you a little remembrance but it is not very easy to send things by mail and not very sure that they will get to the proper destination, so, as the doctor has offered to take anything I wish to send home, when he goes, I am going to wait till then and send a few things. So you see you are not forgotten anyway.

I had a letter from father and mother today but none from you. I suppose there is not very much to write about but I always like to get letters.

There does not seem to have been very much happened here to write about this week, but I will do my best to tell you a few things that may be of interest. We had two station meetings this week which are usually rather uninteresting to me as yet for I do not understand what half the things are that they talk about, but that is the best way to learn about the work that is being done by the different workers in the different departments of the work. They have a hard time to get school teachers now in Korea for there are so many more students want to study than there ever were before that there are not nearly enough teachers to go around. Here they have been short of teachers in both the girl's school and the boy's school for some time and the boy's school was so very short that they had to close down for a while but now they are running again. The boy's school or academy as they call it is just across the road from the doctor's house and every morning while I am eating breakfast I see the boys assembling at the school. The heating plane could not be installed for want of part of the apparatus that did not come or was stollen in transit. I forget which, and there are only two class rooms heated by stoves with the stovepipes sticking out through the windows for, as they expected to have a furnace, there are no chimneys built for stoves. I do not know how the boys stand the cold but there they are every day, crowds of them. When the wind is on the side of the building where the pipes are, the stoves do not draw and the place is cold indeed.

The end of the school year comes in March and this week the girls' school is having their examinations. Then there will be a week's holidays and school will begin again. I enjoyed teaching the physical drill very much but will have so much to do when Dr. Martin leaves that I will have no time for it and so am not going to take it up again.

On account of the longshoremen's strike at Hongkong most of the trans-Pacific have been held up for a month and all our outgoing missionaries are delayed on account of it. They do not know yet just when they will get away.

The weather is very nice here now. It is not very cold but rather windy. They say the wind always blows in Kando. It certainly seems to, but it is very dry. The snow storm we had two or three weeks ago did not even make the ground muddy but sank into the ground and left it as dry as before except on the streets where the mud was stirred up by the traffic. The sun is very strong with a good deal more power apparently than it has at home.

The missionaries who are going home on furlough have been receiving many kind gifts from the Koreans. The doctor's family have been given a whole Korean outfit of clothes, very nice too, most of them of silk. They got all dressed up in them one afternoon and I took their pictures. They want to give one to each of the people who gave them the clothes. The Koreans are very much pleased when any foreigner wears Korean clothes or eats Korean food. Besides that, they are fond of giving memorials of some kind. The doctor already has received three long silk banners for hanging on the wall with various flattering things about himself written on them in Korean. There are two of them in his office in the hospital for the donors would be disappointed if their gifts were not appreciated enough to be put where they could be seen. The other one is hung in the study at the house. It is bright green with black characters on it in the form of a charade to be read either across or down.

MONDAY MORNING. Well, we had our long delayed party Saturday night. It was a poverty party and every one came in old clothes. There were some pretty queer looking rigs. The doctor wore a pair of trousers that the bottom of the legs had been cut off to make something else. I had an old middy of Mrs. Martin's that was all shrunken up and both sleeves torn and the collar hanging on by a few threads at one side only. My skirt was torn in several places also. The guests were equally appropriately dressed and it was lots of fun. We had some new games and laughed till our sides were sore. We had ice cream and cake and we served the ice cream in all sorts of odd and cracked dishes with all the butter knives and serving spoons and odd ladles to eat it with. The party was voted a great success and I think everyone had a good time. I know I had.

Yesterday was a special day in the church. In the morning there were seven or eight Korean babies baptised. Three of the fathers are on our hospital staff so we felt we were well represented. One of the men had been baptised himself only about a fortnight ago, and now he is bringing his baby. You know in Korea men do not appear in public with their wives. Even the Christians do not do that at all hardly. Yesterday when we were walking to Church we saw away ahead of us our Korean assistant doctor who has been with the foreigners for years and is one of the best Christians in the country. His wife was walking about a hundred yards behind carrying the baby. That is the regular Korean way of doing things. And if a man like that still thinks that is all right, is it any wonder that the others do likewise. It takes a long time to change some customs. Well, anyway they have to stand up together when they are having their children baptised. The men stood in a row at the front as their names were called and the women came forward too and stood each in front of her husband, with her baby in her arms. The whole congregation was smiling at the sight of the men standing behind their wives. Then, when all had come forward they all sat down on the floor and the service began. Mr. Barker conducted the baptisms and did it very nicely too. The babies were all very good and did not make any fuss which is a wonder for Korean children, who generally do just as they please at home or in church. The services are always disturbed by children crying or laughing or shouting and no one seems to pay much attention to it. Of course every mother always brings her baby with her or she could not come to church and often the little sister has charge of another one. These children yesterday looked very cute. They were all dressed up for the occasion in beautiful colored clothes and as a clean as could be. The mothers too, were as neat as pins and each one had on a clean white head cloth as white as snow. You have to see how a few heathen look in order fully to appreciate how much cleaner and better dressed the Christians really are. If you see a dirty person in church, as one often does, you may make up your mind at once that that person is a heathen or only a new believer. It does not take long for Christianity to clean them up a bit, not to mention the other things it does for them.

Just now there is a class of men form the different places in all this field studying at what they call a "class" or Bible Institute here for a month. The Korean pastors and the missionaries are busy teaching at it. They have a five years course and study a month each year. When the course is completed they will have covered the whole Bible more or less thoroughly. Many men are anxious to study but money is very scarce this year as last year was a dry season and the crops were very poor. They though this is a great farming country there is no railway and we are a long way from the sea so there is no easy or cheap way to a market for their products, so it is hard to dispose of them even when they are good crops. About as soon as the men's class is over there is to be one for women and we are expecting Miss Thomas to come up Songjin to help with the teaching.

Yesterday afternoon there were so many people at the church that they asked the children to come by themselves in the afternoon at half past two and had a special service for them then. After that, at half past three there was a Communion service at which there were many people who took communion. The service was very nice too. I wish some of them folks at home could see how dignified the elders were. Most of them take their duties more seriously than elders usually do at home.

Love to all,
Florence

March 12, 1922

Dear Father,

Just a note this time in Charlie's letter. There does not seem to be very much to write about this week. Your letter of Feb. 6 came a couple of days ago. Letters always were eagerly looked forward to by me, especially home letters, but they are quite an event now.

It is good news to hear that the attendance is improving in your congregation. I have no doubt that you and mother will soon have a lot to show for your labor. It is a fine thing to do one's work whether or no, but it is very nice too to see something for all one's efforts. I am glad you are already being so much appreciated.

I was glad also to hear that Eddie had decided to go on the mission field this summer and trust he will make good. It is too bad he does not take things more seriously than he has done in the past. He wrote me a letter which I received a week or more ago about the results of his Christmas examinations in which he blamed his failures to bad luck. It seems strange that he should not distinguish yet between that so called luck and his own self indulgence. He wanted me to give him a certificate stating that he was not well when he wrote Mathematics a year ago as that would allow him to write a special examination in the subject without taking the work over again as he had failed in it again this year at Christmas. I don't know what to do about it. He was not well I remember perfectly when he wrote the exam before but it seems to me he ought to buck up and do some good honest work and stop blaming his failure to bad luck. I would like to accommodate the boy if I thought it was the best thing for him. So I am writing the certificate and sending it to you and you can send it to him if you think it best to do so. Perhaps Alex would know the circumstances better than either of us and could judge better if it would be best to give it to him. Anyway I leave it to you.

You asked if we burn wood exclusively here. No, we burn coal as there are coal mines near here and little wood. The coal comes direct from the mines on Chinese carts and is cheaper than wood. The missionaries burn it in all their houses and we use it in the hospital too.

Mrs. Martin got a box of apples the other day. I had not seen any for a while and thought they were all gone for the season. They are not much good any more, rather dry and tasteless, but still better than no fruit.

I was very sorry to hear that Allister was so low when the boys wrote. No doubt he has gone before this and his mother and sisters will be feeling very forlorn indeed. Poor Aunt Maggie. She has had a lot of trouble. Dr. McDougall warned him well the very first time he saw him nearly a year ago now to take good care of him and tried to tell his people that the case was a serious one without saying anything that would indicate there was no hope for him. I tried several times to prepare them for the idea that his chances were not any too good. But naturally one did not want to alarm them needlessly and apparently they never realized the condition was serious till it was too late. And evidently the boy himself had no sense about taking care of himself. It is a sad story anyway, but I cannot yet understand how they could let him go on all those weeks and months last winter without doing anything for him or apparently thinking there was anything out of the ordinary the matter.

Yes, a good many of the churches and schools destroyed a year ago here have been rebuilt but in some places there is considerable discouragement and the people find it hard to make much of a start again, especially where the men are gone and the crops were very poor last year too.

March 25. 1922. It is some time since this letter was started. I had to take it out of the machine last week to write something else and it was overlooked and the letter sent without it. So I am sending it this week with some more added. I am afraid last letter was not very long as this was intended to go with it. We have had a very busy week indeed. One thing has followed after another so there has been no time for any letters let alone the studying I am always planning to get done.

Love,
Florence

Yongjung
March 15, 1922

Dear Foster,

This is in answer to your letters of Feb. 6. I am writing by hand because the rest are in bed and the typewriter disturbs them. There does not seem to be very much to write about this week. I suppose I have told you about a good many of the most interesting things in the past six months. I am sending you a copy of a letter I wrote for some of my medical friends. It will not be interesting to others, but will give medical people an idea of the runt of cases we get out here. Before leaving Halifax, I promised to write to Arthur Marshall about the work out here and send him some snapshots of the hospitals. I am enclosing some snapshots and if you will be good enough to show the medical part of the letter to him and show him the snaps I shall be obliged. If he asks you for the snapshots, give them to him and I shall send you some more if you tell me he wanted those. He seemed quite interested when I was talking to him and it would be fine if he would come out.

I like Manchuria very much. <u>This is the nicest compound in all our mission as far as the missionaries are concerned for they are all young and lively, whereas on some of the other stations there are too few young people to have much fun together and the older ones don't care much for the kind of exercise the others like.</u> It will be a good deal more lonely here when the Martins, Frasers, and Hyltons leave in a short time and Miss Cass and Miss Palethorpe leave in June. So far we know of no one to take their places but the Scott family and myself so the numbers will be considerably reduced.

I am very sorry to hear that Allister was so sick. From what you tell me I judge he did not live very much longer. Poor fellow, he didn't seem to have much idea of taking care of himself. Aunt Maggie will feel very badly over it, I fear. When Dr. McD and I first saw him about a year ago we agreed that his chances were slim but didn't want to throw away their every hope by telling them so right out. What I can't understand is how they let him go so far before they began to take any interest in him apparently, or try to have anything done for him.

The Rytol Alex sent me arrived safely and I used some the other night. It is much quicker than the other stuff I had. Thanks.

Dr. Foote was expected to arrive today at Hoiryung. He is to live there and work at Vladivostok. I am sorry he did not bring us the school books because we need them.

I've been particularly busy lately with a good many operations and the Dr. and I have been trying to start a system of recording cases and operations. The system so far followed is not very satisfactory and does not give enough facts to be very valuable from a scientific point of view. We have no one who is expert at taking histories in either English or Korean and at my stage of language study, the latter is valueless to me. I have not time to do it all myself either, but I am going to try to record at least the operations done under general anesthetic. By the way, we had a good one this week — an ovarian cyst that contained 15 gallons of fluid. The patient is doing well too

— but it was some job to get that out as it was multi-locular and we couldn't get it all empty and it was adherent everywhere.

We are having real March winds, dust flying every day. But it is dry, not cold, and raw like Halifax weather.

Last Saturday night my long-postponed birthday party came off. It was "poverty party" and the dilapidation of the guest's costume was wonderful to behold. We had some good games and fine time. Since then the air is full of the bustle of packing up and going on furlough.

I must close for this time. You may use my medical letter as much as you like among the meds. Please pass it around among the med-girls after Arthur Marshall reads it, and you might let Dr. McDougall have a look at it too. It will save me writing a lot of separate letters and you will see them all anyway, Thanks.

Love to all,

Florence

Yongjung
March 25, 1922

Dear Folks,

Mr. Foote has arrived at Hoiryung we hear but he has not been to Yongjung yet. He is to live with the McMullins there and work a good part of the time at Vladivostok. He is to go there very soon I believe. No doubt he will send up my watch with the first person who comes. We expect Miss Thomas of Songjin up here next week to teach at the women's Bible institute that is to be held for a month. They had about a hundred and fifty women attend last year and they expect about as many this year. We heard last week that Miss Thomas too has joined the ranks of the engaged people but so far there is no official confirmation, and no one knows who the lucky man is. If the report is true the women's board will certainly be rather peeved at losing three of their missionaries in a year, but cheer up, they can't lose any more in the same way for there aren't many single men left.

The weather here is about like it usually is at home this time of year though not so damp and raw. There is a high wind nearly every day, I may say every day, but I am assured that in another month it will die down and there will be no more wind for several weeks. The dust is flying every day.

I am feeling fine and fit and not overdoing myself. Everyone on the station seems to take a kindly interest in my health and habits and to make it a personal concern that I get enough sleep and do not work too hard. Mrs. Barker in particular is warning me that she worked herself too hard at first and is suffering for it now. So I am trying to exercise judgment in the matter and be reasonable, though I have never felt better.

Father was asking how far we are north of Seoul. We are about three hundred and seventy five miles in a straight line but the way we have to come here is a good deal farther. Yes, this is Manchuria and a part of China.

Father was also asking about a revival here. They don't call it a revival now but there are always more people believing and the older Christians many of them at least, are very earnest and faithful workers among the unbelievers.

Thank you for sending the Paton's deposit account slip.

Mother's letter written when father was away at Allister's funeral has arrived. I was sorry to hear of his death but after what was written before I was expecting the news. His family will feel very badly over it, especially Aunt Maggie. It is very hard on her. I heard that Ina gave Dr. McDougall a piece of her mind for which I am sorry as it can't do any good and was quite undeserved.

About the medical society fees, I never joined the N.S. Society, just the Halifax, and the Dominion. I don't want to bother with the Halifax one now and do not care about the other either except for the Journal which is not coming to me anyway. If you have not subscribed for the Journal, and they should not be soliciting a renewal yet for I have paid up till midsummer, don't bother doing it and I will renew from here and then there may be a possibility of getting the paper to come here instead of to you.

I am enclosing a few samples of cloth that is made in one of the Korean industrial mission schools by the pupils who are able to support themselves and study at the same time by doing this work. I thought she would be interested in seeing them. They are very nice aren't they? And I think the price is reasonable too. They sell them to foreigners all over the east. The natives do not use such cloth much.

When I told Mrs. Parker that mother said she remembered her, Mrs. Parker thought for a moment and then said, "Was she the woman who made the hats?" She remembers you though she was not very big at the time and she was quite to pleased to think she knew you before. She spoke of it several times since.

I am getting to the place where I can take a little bit more to the people now. It is funny the things they ask. One woman the other day asked me how old I was and on being told she remarked, "And you are nice looking yet." And a Chinese woman the other day asked me how many children I had. That is often the first question, or "How old is your son?"

Last Saturday afternoon the doctor, Mrs. Martin, the children, and I were all invited to the house of a rich Chinaman, the chief corner stone of the Chinese church here outside of the pastor and his family. We were to go early in the afternoon and have our photograph taken with the family and the pastor family and the pupils of the Chinese Christian school. We had a Japanese photographer and of course there were not lacking a few Koreans gaze over the fence at the performance. This is a great country where there are so many nationalities, all indigenous to the soil as it were. After the picture was taken the other foreigners arrived for the feast that was to follow.

They were not asked for the greater privilege of being in the photograph.

O that feast! How I wish Mother could get an invitation to one like it. We sat on the floor around a table about a foot high. I started with my feet under the table and shifted so many times during the feast that in the course of a couple of hours I had performed half a revolution on my vertical axis and ended up with my feet out behind. We had all the variety anyone could wish for, from the tea and cakes at first, to the soup, chicken, vegetables, sausages fried in syrup, fish, seaweed, caterpillars, and sea slugs that we ended up with. I couldn't quite go the caterpillars this time, as the occasion was only my second appearance at a Chinese feast, but I downed the slugs and expect to do better and run the whole gauntlet the next time. The slugs are slimy things with ugly looking horns all over them but the taste is not as bad as the appearance. All the men were in one room and the women in another. There is a whole family in the house, a real Chinese family including four or five sons and their wives and families, in addition to the daughters of the original family some of whom still live there. A couple of them spoke Korean as well as Chinese and one of the Chinese women who was there as a guest spoke a little English. The doctor spoke Chinese to the ones who could not speak any other tongue and so everyone could speak to someone and we had a real friendly time. It is polite to get up and go as soon as one is through eating and the family bow and bid you goodbye at the door. You do the same. And the performance is repeated again at the outer door, and again at the street, while if you are someone of importance and they wish to show you special honor, they follow you a little way along the street and do the whole show again.

Monday the Martins returned the compliment and had some of the Chinese people here to tea. They came about five o'clock and they played the gramophone and the piano for them which the guests seemed to enjoy very much. Then we had some interesting pictures for them to look at too. When Mrs. Martin played some of the familiar hymn tunes the Chinese began to sing them in Chinese. All of them were Christians. There was the old Chinese pastor, and his son and son's wife, both of whom spoke a little English. Then there was the rich old Chinaman and his wife who gave the feast for us on Saturday. Then there was the commander of the Chinese troops in this district and his wife, quite a distinguished company as you may see. We move in the highest social circles you will observe. They did not like our food much better than we liked theirs I am afraid but at any rate they were entertained as well as we could do under the circumstances, and I think they liked being asked and having a chance to see what the foreigners ate and how they lived in their homes.

Thursday evening there was a party at Mrs. Barker's for the girls of the girl's school and as I was counted on the teaching staff I was asked to go too. We had games and a good time and lots to eat for the Koreans don't think they are properly entertainers unless they get lots to eat. There were dear knows how many plates of cake and cookies and western food and the girls seemed to like it all right judging by the way it disappeared. They get a great deal of pleasure out of their games and anything in the nature of a party, for they do not have much of that sort of thing in their lives and it is a rare treat to them. It just makes you feel good all over to see how much they enjoy themselves.

The Frasers have been very busy getting ready to leave for Canada. But unfortunately Mrs. Fraser had an attack of malaria that leaves her feeling rather weak and fagged out at the very start of the trip. And it can't be any joke either going half the way around the world with three little children. They are to leave early Monday morning and go right through to Hoiryung in the one way. These of us who are going to be left behind are not thinking of their going with any great degree of pleasure. We are making a little presentation to the three families who are to go soon. There will be a little address and a gift of money after the service Sunday afternoon.

We had a couple of station meetings too, to get a lot of things done before the folk would leave. Then there was a feast in the Bible Institute on Friday afternoon given by the Koreans as a welcome to the Scotts and me and as a farewell to the Frasers, Martins, and Mrs. Hylton who are going on a furlough. There were addresses and presentations to the furlough folk, and lots to eat for everyone. This was the first really big Korean feast I was at though I had eaten Korean food before. There were tables arranged along three sides of the room with chairs at both sides of the tables. The food was all put on at once except the hot stuff, and was all on the tables and covered with white paper when we arrived. There were no other women there but the foreign women as Korean women do not eat with the men, but a lot of Korean men were there. There were speeches and presentations first and the food was eaten after. Each of the folk going away was given a beautiful silk banner extolling his or her virtues. These were in various colors and seem to be a favorite gift of the

Koreans. Dr. Martin has received about half a dozen of them now. Then these were properly received and a reply made on behalf of the recipients. After that the banners were showed and read to the assembled company. Then the feasting began. The papers covering the tables were removed and the food revealed. There were cakes of several kinds and Korean bread and eggs and peanuts and little frozen oranges. Then bowls of chicken soup were brought in containing about half a chicken each and some of the broth. There were chopsticks for each person and I had an awful dissecting my chicken with them for unlike the Chinese, the Koreans are not cut up their food fine first. The cakes and rice and soup and chicken were fine but I forbore from attempting to eat any of the bread, having made one attempt before with disastrous results. I not only survived the feast but was able to attend and to justice to the things provided at a dinner given that very evening in honor of the Frasers. We did not begin to eat till about eight o'clock and there were sixteen foreigners sat down together, a very respectable sized dinner party. Had Mrs. Fraser been well enough to come there would have been seventeen, probably the largest number of foreigners who ever ate together on this station. The customs man and Mrs. Nadarov were here too. And in addition a guest of Mr. Grierson's who happened along at that time, an officer with five chevrons, who is now liaison officer for the British with the Japanese troops at Vladivostok.

Our graduate nurse has returned again greatly to the delight of all the stations, let alone the hospital staff. So far we have not got any word of any other nurse or Korean doctor and it begins to look as if we should have to keep on wishing for a while yet.

I think I told you before about a tumor case that we operated on. Well, the patient has decided to become a Christian and her mother-in-law and family with her. We had another sad case lately. A Chinese boy who had a very bad fracture of the leg, compound, and badly infected. We did all we could to try to save the leg but it was no use. So we explained to his father that it should be amputated but he could not consent without talking it over with his friends and especially the man the boy had been sold to. This man, the other father, as they called him we did not consent and they took the boy home, certainly to suffer great pain on account of being moved, and probably to die of infection sooner or later. There is so much suffering that is entirely preventable inflicted on people through ignorance.

Well, I must close now and run over to Frasers for a little while.

Love to all,
Florence

Yongjung
March 27, 1922

Dear Eddie,

I wish you many happy returns of the day and all best wishes for the new year. Probably by the time this reaches you you will be away from Halifax and at your mission field for the summer, or perhaps spending a few days at home before starting in on your new work. I wish you all success in it and I feel sure you are not undertaking it in any thoughtless manner and will not shirk any of the responsibilities involved in any slightest degree. May you <u>be diligent in season and out of season and be greatly blessed in the work. Remember that one always gets out of anything in proportion as one puts into it. And that diligence and faithful effort are never lost, but give rich returns in character even when other results seem to be less than we hope for.</u>

You will have a great influence and I know we can count on you to use it to the full in the cause of the Master. You will do your best too to influence people to do more for missions I am sure. Let me know where you are and how you are getting on. I shall be more interested than perhaps you realize.

I wanted to send a few little things for all your birthdays, but it is rather hard to send by mail and not very certain either, so I planned to send them all at once by the Martins when they went as they offered to take anything I would like to send. In that way also you do not have to pay duty at your end. But now they have so many things of their own that it is not certain they will have much space to accommodate others. However, we shall see and if they cannot take the things I shall send them some other way.

The Frasers got off this morning. We were all up early to see them go. It is quite an undertaking to go half way round the world with three little children, one of them an infant, though I am not so sure but what the baby will be the least trouble of the three. They had a little excitement in getting started. They had two Chinese carts, Mrs. Fraser with the baby and a Korean woman who is going as far as Seoul in their company were in the first one. Mr. Fraser and the other two children were in the other. There were a good many people around to see them off, all the foreigners and a lot of Koreans, and the horses were getting restless standing in the cold with the people all around. So by the time they were ready to start the team were about ready to bolt, which the second one did and bumped into a post with such force as to stop themselves and almost to upset the cart. However, they got the horses stopped, and the cart righted, and the harness untangled, but had a hard time getting backed up enough so they could clear the post and make a fresh start. Finally this was accomplished and it was then found that the two iron bars they use for traces were both unattached and trailing on the ground. In this country as well as at home it seems to be well in travelling to have some visible means of attachment between the team and the cart, so they got hitched up again and off once more, but the horses still showed decided tendencies to bolt on the slightest provocation. It is all very well travelling that way one's self but it is a different story with three little children to look after at the same time. The Martins are to go in about three weeks more and then the station will seem to be deserted in real fashion.

Saturday afternoon the doctor, Mrs. Martin, and I were down at the Japanese photographers getting our pictures taken with the Chinese colonel and his wife and the pastor's son and his wife. The pastor's son, Wang by name is the doctor's Chinese teacher and he is also a dresser at the hospital and gives most of the anesthetics. I find it rather trying to do operations with an anesthetist to whom I can't talk and he knows very little English.

Well, I must close now and do some studying as my teacher will be here at any minute. A Korean friend has just come in to see the typewriter so I must write a few words extra.

Your loving sister,
Florence

Yongjung
April 3, 1922

Dear Mother,

Anna's birthday would be on Saturday. I thought of it several times and hoped she was having a happy day. No doubt she was hard at word at work in view of the approaching exam. I know she would be doing good faithful work and would get along all right when the testing time came. The time has gone so quickly that I can scarcely realize it is April and spring is coming right along, and that the folks in Halifax are just plunging into the yearly ordeals that I know so well myself. It seems no time since I came to the north. I was just thinking the other day that it was seven months since I landed in Korea and nothing seems to have lost its novelty to me yet though I certainly feel very much at home. Nearly every day I see something new and the things that I have seen often are still full of interest.

Probably Anna will be at home when this letter reaches you. If not I do not know where to send one to her so perhaps you would send this one on to wherever she is. I hope she will get some good work, teaching if she would like to do that, or something that would last all summer though she must not work all the time and get all tired out as I did the summer I was at the munition shop and could not do good work at college for some weeks till I get rested up again a little.

My watch arrived a few days ago. Miss Thomas of Songjin who

came up here to help at the women's Bible Institute now in session brought in from Songjin, where Mr. Foote makes his home with the McMullins. He had some difficulty over his passport to Russia and has not yet been able to get off to Vladivostok. The Russians make as much fuss over passports as the Japanese. It is said that <u>in Russia a man consists of body, soul, and passport.</u>

You seem to have been reproaching yourself for not having sent me anything for my birthday. Please don't feel that way about it. I know it is not very easy to send things and there is nothing I need yet and I always know you never forget me. Besides the things you might send me are all known to me but the eastern things I can send are new and novel to you. If you really want to send me something I would appreciate very much sometime I will say that a pair of heavy winter stockings would be that thing. The ones I had this winter were very soft and warm but rather too soft for wearing quality and they took a lot of time mending them. I thought perhaps some of the old ladies you know by this time who are fond of knitting might like to make a pair of real good strong country wool that could be worn for more than a couple of days without going in holes. If I could get a pair that would have to be mended not more than once a week it would be a great comfort.

The Nova Scotian comes not very regularly but I get all the copies since it started to come, and it seems to keep one in touch with the world, though I do not mind being away from things as much as I expected to. We get plenty papers here and there is a good library at the Custome House to which we can have access by paying a small fee. Dr. Martin is a subscriber to it so I can see anything I want from there. The newspapers are all English of course so they do not have much Canadian news but have world affairs very well, and there are a lot of Everyman Library books too though as yet I have not read them. I feel that I should put as much time on study as possible just now and read only enough to keep up on what is happening in the world and for reasonable recreation.

I am sorry to hear that you have not been feeling well and hope you are better again before this. If you had to wait to get directions from me before taking any medicine you might be a long time without it. If you want to know anything about doses again ask Foster. He knows perfectly well and can tell you so much quicker than I. The very best way to take calomel is to take it in small doses, say 1/4 of a grain repeated at intervals of fifteen minutes until you have taken about 2 grains. Usually that is quite enough but twice as much can be taken if it is found you do not get results from the smaller dose.

Perhaps for your trouble it would be well to take a small dose every day for a time, say a 1/3 grain and you need not discontinue the phosphate either.

Love to all,
Florence

Yongjung
April 11, 1922

Dear Foster,

This is to wish you many happy returns of the day and a very happy birthday. No doubt you will be in the midst of exams and very busy but sometimes even then one can have a good and happy day. All good luck to the work.

We have been having some great cases lately. Did a nephrectomy yesterday on a woman who has had a t. b. kidney for three years. For a year she has had no bladder control at all and the urine was full of pus. The prospects did not look any too bright, but there was no hope at all apart from operation. There was a large kidney shaped tumor in the right hypochondriac region, firm, cystic, immovable, and tender to pressure, could also be palpated through from front to back and vice versa. At operation the kidney was found to be about three or more times larger than normal and containing various modules which marked the sites of abscess cavities. The whole thing was fibrous and firm. There were numerous adhesions and the tuberculous process had so thickened and shortened the ureter that it was difficult to deliver the tumor or even to expose and ligate the renal vessels which are a fair size as you remember. However we got the thing out and it makes a fine specimen. If the case does well we will be quite pleased over the operation.

Another case we have is rather out of the ordinary in one respect, which is that the heart is working away nicely on the right side, apex beat half an inch internal and half an inch above the nipple. The left chest was full of fluid with no air at all in the lung, or at least none that was demonstrable. We aspirated the fluid three times. It was turbid but not pus and flowed freely through the needle. In spite of the fact that the fluid was all removed the heart still retains its former position though breath sounds are now heard all over the affected lung where before there was none. The case was of several weeks standing. You should see that man's bright face as he came in today feeling so much better. He had had the doom several times and is all covered with scars but he is happy now. This morning his father came with him and they brought a dozen eggs in a dirty cloth as a thank offering and presented them to Dr. Martin in the office. You may get bigger fees in your practice but you will see no more grateful patients than some of the ones we see out here.

There are a great many eye cases. I was amazed at the number of cases of conjunctivitis and corneal ulcers, entropion, and blepharitis. There are a good many of epiphora too. I did one of them yesterday, passed a few graduated probes into the nasal duct.

Well, your fourth year is nearly over. By the time you get this you will be about to enter your internship I expect. I hope you get on at the V.G. on the regular service as I think it will be the best. I can readily imagine that the lot of the housemen for the new wing will not be an easy one, especially when two or three doctors want the houseman at the same time, and all of them want things done in a different way from all the rest. However, one would learn a good many ways of doing things and be able to judge for himself the relative values of the different methods. Wherever service you are on you will be able to learn a great deal that will be useful if you are on to the job and keep your eyes open. Another thing that is very useful as you have no doubt proved for yourself is to read up the cases as you have them. If you do not do that then, the likelihood is that you forget some of them and lose some good points in connection with them.

Thanks for the clippings and the pictures that came. They were very good and much appreciated. I will hardly know the college and hospital when I see them again.

I suppose the others will be away from the city by the time you get this.

Your loving sister,
Florence

Yongjung

April 12, 1922

Dear Folk,

Since writing you I have had a delightful bunch of letters from home. Two from Cape Breton, no three, two from the boys, and one from Anna. I have read them all through at least twice and that does not mean that I am homesick either.

I was glad to hear from Alex that Elizabeth Thurrott was thinking of coming to take Dr. McMillan's place. I hope she will and I think she should try to go right to her field wherever she decides to go or is sent by the Board. The language will be easier learned now than it will be later, and a lot of things about eastern medicine she has to learn on the field anyway. She has had six months at the Children's Hospital where she should have learned a good deal about hospital management if she she has kept her eyes open.

What about Alex's M. A. Course? I have not heard anything about it for a long time. He said something about taking some more math and science. Has he given up the course he entered upon last year? I think I will ask Mr. Scott who has taken some special work at home and has just returned to take up the principalship of the boy's academy here to write to Alex and tell him what he thinks about the preparation that would be useful. He took some work in Chicago and thinks it is a fine place. I expect he has had more preparation for that sort of work than anyone else on the field. He speaks Korean better than most of the foreigners and is well liked by the Koreans. I have an idea that the principals do not teach much but English and generally superintend the place and look after things. It is largely administrative work I believe, though of course the principal must have a good deal of learning and degrees are more thought of among the Koreans than among us. The grade of their academies here is not very high yet but it is being raised as fast as possible according as the secondary schools are able to grade students into it.

The weather is quite warm and spring like now but still dry and much dust flying in the gales of wind we have every day. It is always calm in the evenings and lately the moonlight has been beautiful. One evening, Sunday night after church it was, three of us went for a long walk up the hill behind the compound. It was the first walk I had had in the evening since I came here and I certainly enjoyed it. That is one of the things one missed here. There is no place to go and no very nice walk and often no one else who wants to go too, and it is not much fun going off by one's self. Don't I just long sometimes for one of my brothers to go for a walk with!

Father thought that Manchuria could not produce rice. So did other people for a long time but recently they are growing it here by the dry method whatever that may be. I have not seen it yet but they say there is lots of rice grown here now, besides wheat and barley and rye and millet and corn.

Mother was asking who would take Miss Fingland's place. Miss McEachern who has been on furlough and stayed a year longer to finish her B. A. work is to come back this summer and will no doubt take up the work in Hamheung. Miss Fingland was taking her place.

We expect Miss Cass and Miss Palethorpe from this station to go on furlough this summer too. There time is up and both are pretty well times out. Miss Palethorpe suffers from very bad head-aches and everyone insist that her furlough be not delayed. It may be that if Miss Fingland goes to Songjin that Miss Rogers will be able to come up here in place of one of them. We are not hoping for anyone else as there is no one else to come and we may not get her.

We see in the papers that influenza has been very prevalent in Europe and America. We see a good deal of sickness here but there does not appear to have been such an epidemic as the papers report in the western world. I heard a child with whooping cough in church Sunday night but no one thinks of staying for anything like that in this country. Lately we have seen some very pitiful cases of t. b. One or two children with such bad hunchbacks that they were terribly deformed and their lungs were also affected. The sad part of it is that such crooked backs are quite unnecessary and could be entirely prevented if they came for treatment in time, but usually they do not come till it is too late to do anything.

Mother was asking what we do for milk. Everyone keeps a supply of canned milk and uses that for cooking and to take on itinerating trips. There are two small barns on the compound and some of the foreigners used to keep cows and I think the Barkers have one now. The doctor used to have one but now he buys four quarts of milk a day from some Japanese place where milk is sold. It seems to be clean and fairly good milk, too. Most of our provisions have to be ordered a long time ahead for it takes about three or four weeks at the very least to get anything from Seoul unless we get a small order by mail. Some of the folks have just got a large order of canned stuff and some other groceries from Canada.

Yes, Mr. Fraser is E. J. O. Fraser, son of the Late Rev. D. Styles Fraser. Mr. Fraser has lost his father, and Mrs. Fraser hers and her sister and brother since coming to Korea so neither of them have a home to go back to and not many of their family either.

I got the pictures of the new t. b. hospital and the maternity one and the Volunteer band. Also the different ones of the brothers. They were very good and much appreciated. I have some to send you but none myself yet, though I am going to get the doctor to take one before he goes away. I want one of myself and the dog they have here. We are great friends and I don't mind his attentions except when it happens to be muddy and then his wet feet all over my coat is not the best thing for the clothes.

A young Korean woman who used to work for Mrs. Martin just died of tuberculosis after a long illness. She was a good Christian but her husband and his family were not very strong believers and they used to work on Sundays and did not go to church or live very Christ like lives. But during Lydia's illness she prayed for them and talked to them and showed such a beautiful Christian spirit that she won them all back. Mrs. Martin was down to see her every day and read the Bible and prayed with her. So the day after the funeral her husband came up here and told the doctor and Mrs. Martin that formerly he had had no use for the foreigners and thought the Christian religion was no better than his. But now since seeing how Lydia lived and how good the foreigners were to her, he knew that there was something in the religion after all and that the foreigners really loved the Koreans and could do them good. He apologized for his former conduct and said that from now on he and his family were going to be earnest believers and wanted to help in the church. That means a good deal for a Korean to come and talk like that, for they stand on their dignity more than we do and hate to give in or "loss face" as they call it, more than we can realize. That is just one of the encouraging incidents that helps to show the influence of a Christian life and to prove to the world the value of the religion of Christ.

We had another family in the hospital decide to believe. The man brought his wife in for treatment and as the custom is, he stayed with her and told us yesterday that they had decided to be Christians. It is a great thing to have people like that to go back to their heathen villages and tell what has been done for their bodies and souls in the Christian hospital.

I am having another room fixed up in the hospital for my consulting room. The room where the doctor now sees patients will be used for the same purpose by our Korean assistant and I will have a room to myself. I cannot of course do as much work as Dr. Martin did as a good deal of my work will have to be done through an interpreter yet and I must take time enough to do some language study. I made the first attempt on Saturday morning to do the work all myself with my Korean teacher and neither Dr. Martin nor Miss Whitelaw to help me. Dr. Martin was feeling more miserable than usual and he did not come down to the hospital at all. We had eighty patients and I think anyone will admit it is a pretty good day's work to attend to that many people, especially when you have to dig out of them what is the matter through a strange language that you do not half understand and give them directions in the same way. Of course the Korean assistant was seeing patients too. He saw the men and I saw the women. It was good fun but hard work and my brain was fogged after it was over. Never mind, one week more and it will all be left to me to attend to, as the Martins are to leave next week. It had been a great thing for me to have Dr. Martin here as long as this. There are a good many things one encounters here that one cannot learn at home, and it is easier to learn them from someone else who has discovered them for himself than to go through the painful experience of requiring them by one's own mistakes and experience. I hope you will all be able to meet the doctor when he is home. He is hoping to go to Cape Breton and visit at Leitches Creek where I have assured him he will receive a royal welcome if he goes.

Saturday afternoon the doctor, Mrs. Martin. and I went to see some of the Chinese here, the Martins to say Good-bye and I to call and get acquainted. We went first to see Mr. Gow the head official in this town and with an authority next to the governor of the province. He lives in a fine Chinese house but it would be considered neither luxurious nor comfortable by a foreigner. He and his wife are both young and very bright and nice looking. He speaks a little English, his wife nothing but Chinese, but they gave us a nice welcome and said very kind things about the doctor. Then they called us on the telephone and asked the Chinese doctor from the Chinese government hospital to come over and talk English to us. So he came and we all had tea and cakes together. They seem so intelligent and cultured, so kind and friendly that it seems very hard to think they are still unbelievers. Every Christmas Mr. Gow sends a fine present to the foreign compound and this year we made a big cake, a four storey one, with a storey from each house, and Chinese characters on the top wishing him a merry Christmas. It is a regrettable fact that in China the believers are mostly from the lower classes of the people and few of the more educated people have accepted the gospel. From there we went to the Chinese pastor's house. The old pastor himself is a kindly old soul but neither very well educated nor particularly prepossessing in appearance, though his son and especially his daughter-in-law are smart and fine looking and good Christian workers. The pastor's wife has been sick for a long time and under our treatment and we were delighted to find her much better and able to be up and going about again. The daughter and daughter-in-law are running a Christian school for girls themselves, without any salary at all. There is no Christian school for Chinese boys here though there is a huge Confucian school with I suppose hundreds of pupils. There are fifteen hundred students in the schools of Yongjung now. Just imagine what an opportunity that is! All the pupils from the Christian schools have to attend Church and there are there in crowds every Sunday and Wednesday night too. A week ago there were eight hundred and sixty seven people in church at the morning service and there were quite as many last Sunday. I don't see how any more could get in the church. If you could see how they are packed together you would be amazed how so many could get in as it is.

From the pastor's house we went to the Chinese doctor's house. Dr. Sze,(as I spell it) is a fine looking man and his wife is one of the prettiest Chinese women I have seen. She is just like a girl and so many of the Chinese look old while they are still young it is refreshing to meet with the opposite circumstances. They have two little girls about one and three years old and they are the cutest children you could imagine. Not a bit shy and the older one sat on our knees without any fuss at all. The baby was in a real baby carriage and the other one had a little velocipede in which she ran about the room in a perfectly charming way. It seems hard to understand how such nice and well educated people can still believe in their spirit and ancestor worship. I suppose many of them have lost their faith in such things but they have not yet come out and confessed their belief in the one true God.

Well, I have had this letter in the machine for two or three days and must really stop this time or you will be thinking I am sick and not able to write. I am very well and just reveling in the sunshine and the spring like days. All love to you all, and if any of us are away please the rest of you send the letter along to them.

Florence

Yongjung
April 13, 1922

Dear Sister,

It was so good to get your letter it made me wish they came oftener. I was sorry to hear you had such a bad cold and hope you are all over the effects of it long before I sat down to write this letter. It is too bad you were so short of money. I know what it is like to have no carfare too. I would send you some money only I know by the time you would receive it you would be through college for the year and probably earning money for yourself again.

It is too bad you have so much trouble with your Chemistry. I hope you did not drop it but carried on. One never knows what one can do till one really tries and then it is a satisfaction to have tried something hard but worthwhile and have carried it through. I am glad for every hard thing I ever did, or even tried to do when I did not win out. I think if you would go to the professor whose work you find hard and ask him a few questions about the difficult points you would find it a help and the teachers are glad to have a student show enough interest in a subject to ask questions. I often did that and I always found the professors glad to help me out. Perhaps if you asked Mr. Peck to leave the notes on the board longer he would be obliged to you for letting him know he did not leave them long enough. Don't be afraid of the profs. If you do your work well and faithfully you will find they are your good servants. Only if you shirk do you find them your hard masters.

You said you felt "left out" at lots of things because you do not sing or dance or have the accomplishments some of the girls have. I can sympathize with you for I have been through the same experience myself. In fact you have an advantage over me, for you have been in Arts and know more Arts people then I did, who was just a poor little freshman med when girls in medicine were more of a curiosity than they are now. I often felt left out too but there are things that are more worthwhile than being a social favorite and give more solid satisfaction and more lasting pleasure. I think however, that you should give some of your time to social affairs and learn to take your place at such things and not feel stiff and out of place. It is one of the sides of your training and should not be neglected any more than your other work. The big thing is to find out the relative importance of things and put the proper time and energy on the right thing. I mean put first things first, and give relatively less time to the things that are not so worthwhile. If you just try to be simple and natural you will never look conspicuous nor do anything very far wrong at any social affair. Another good rule is always to think of the other people's pleasure rather than your own and you will have a good time yourself. Don't be too bashful to do your share to entertain the others.

You will be busy preparing for the exam now. I am sure you will do credit to yourself and the family and hope you will get a good position near home for the summer and be with the folks at home. The next fall I suppose you go into medicine with a splash right into the second year of it. I am sure you will like it, but it certainly means work and work done faithfully from the very first if you are to do good work later on and be able to enjoy the work. One of the chief reasons Foster gets so much pleasure from his studies is that he did his preliminary work well and always understands a thing when he hears or sees it for the first time, because the foundation is well laid. If you follow that plan you will find medicine the most fascinating. If you do not do your work well right along, it will be the most difficult and tiresome study and you will often feel at a loss. I know you will work well and I am sure you will enjoy it immensely. You might be surprised to know that out here there are several of us already looking forward to your coming so don't waste any time.

My love to you and all the home folks.
Florence

Yongjung
April 28, 1922

Dear People,

I got a lovely letter from C. B. and one from the boys just after writing last week. It was good to hear about Miss Ball and I mean to write to her as soon as I can get around to it. I hope she will be able to come right but this year and if she does she will need to get her application into the Board at once.

Not one line have I had from Charlottetown in all these months but a pretty letter from the Langills a long time ago now. I can't understand why someone does not write. I have written a good many letters to different people. I am going to try the J. T. MacKenzie's next. I think they would answer me. They always were my kind friends.

Yes, I brought all my instruments up here with me but I am not using them all in the hospital. I just took the ones we were short of to the hospital and a few that they did not have here. The rest I still have by me. There is some talk of shifting me to Hamheung station but the folk in there two northern stations are much opposed to being left without a doctor and I would prefer myself to stay here where there is something to work with than to go to Hamheung where there is not only nothing to do with, but one is under the stringent regulations of the Japanese who will give permission for what they please and refuse permission for anything they don't wish to see. One can't do anything with their polite inspecting it first and at any time during construction and they certainly hamper things considerably. One sends about as much time sending reports to the police there as in medical work so they say.

The Martins left on Friday and were given a great sendoff by the Koreans who were at the house in crowds to see them off and followed them apiece along the road. The doctor is looking forward to seeing you folks and I am sure you will enjoy having him and give him a good quite time and let him rest as he is quite worn out and traveling halfway round the world with three little children can't be any picnic. He is kindly taking some little things from me to you and one thing that is really very nice and not from me at all but from him. It is a vase for mother but he will tell you all about it himself. There is a Chinese pipe for father to add to his collection of such articles and the doctor will show him how to smoke it. There is a pair of Chinese shoes, a pair of Korean socks, a brass box that I thought would be nice for collar buttons and studs, a stick of Korean ink for Charlie to use with his brush pen, a couple of little purses to hang from the belt made by some of the school girls here, a little brass incense pot on a wooden base, and an old fashioned Korean woman's waist for Anna. The boys can divide up the unassigned things as they like. I did not know what they would like best so I want them to choose for themselves, but I want everyone to have something for these are my birthday presents just arriving now. I would go into more detail but I know the doctor will tell you all about the different things better than I could do.

It is great to hear that Foster is so well. I knew he would enjoy his fourth year. In some ways it is the best of the five. It certainly is for study but the hospital year is great too but in a different way. He must try not to work too hard during the hot weather which is always his hardest time anyway. I have seen big husky fellows go in for their internship and come out in the spring pale and worn and thin. It is a hard year and he must be careful of himself and not attempt too much, but he knows his limitations better than a good many fellows. I am always much interested to hear of the medical college and the hospital work. So don't forget to write as often as you can.

Mother was offering to send me some waists. Thanks very much, but I have a good many and might as well wear them out first. Probably by next year I shall be glad to get some, though one can get nice goods here and there is a Korean girl who does very good foreign dressmaking. She made some nice things for Mrs. Martin. Nearly all the Korean women are good sewers though of course they don't know much about foreign clothes and you have to cut out the things yourself and watch them put them together so it seems to be about as much trouble as to do the whole thing yourself. They do very nice mending too and for the sum of thirty five cents a day. I decided that it was not the part of wisdom to spend perfectly good hours that I should spend in study in mending stockings and sewing on buttons and sewing up rips in garments, so I saved up until I had a very respectable sized pile of mending and tried the excitement of having a Korean woman in to do it for me one day this week. I think it was a good investment. It saved my time and temper and helped out a woman who is very hard up and has a family to support. She also made up that cushion for me that I embroidered about a year ago, that Dalhousie cushion I have been wanting so long.

No, I never got a single copy of the Gazette all year whatever the reason was. I am about disgusted with subscribing to it. I was to get Mr. Fraser's copies after he went away and there has not been one come for him either. He got only about three all year. I wrote a bit of an article for it myself thinking the students might be interested in the travels of an old Dalhousian in the east, but I doubt if that sort of thing would appeal to the editor from what I hear of his abilities and attainments. Did it ever appear or not? I am not trying to keep myself before the public for any personal reasons but thought it might be a good idea to remind some of the students that there is such a place so this and that there is a work worth doing out here. I should think it would be as worthwhile printing as some of what has adorned the pages of the Gazette in recent years.

Alex said that John MacKay was going to the General Assembly so I presume he is not coming to Korea this year which seems a great pity if he is to come eventually, especially as he is not taking any special training while staying at home. We have not heard of anyone yet who is coming this year and I was hoping John and Ethel would come and if they did they would likely be here in the doctor's house as it is the only vacant house in the mission, or will be after D. W. MacDonald comes back as he no doubt will in the fall. Of course they might board somewhere they were studying the language.

I did my first operation for cataract day before yesterday. The patient had been totally blind for a year and a half. Yesterday when I changed the dressing it was pathetic to hear him. "I can see! I can see!" he shouted, "Are there not three people here?" And they are moving! I can count your fingers! Wasn't he the happy man though? He came into the hospital a top knotted heathen but we hope he will become a Christian while he is here. A large number of our in-patients do. It made me feel good all over to see the joy of that poor fellow at receiving his sight again. There can't be any greater pleasure or satisfaction in life than in helping those who can't help themselves and whom there is no one else to help.

There was a poor fellow brought in today that was a sad case. But you should have seen the cavalcade that brought him. There were fourteen of them, every man wearing a topknot and a horse hair hat. You can almost pick out the heathen by the topknots, most of the Christians cut off their hair at once though a few of them still wear the hats, but it is only the old men among the Christians who even cling to the horsehair hats. Didn't they eye us when we went to have a look at the poor chap? He was carried on a sort of stretcher made of saplings and withes with a few bags over them. I wanted to get a picture of the crowd but had loaned my camera and had not got it back again. The sick man was far gone with t. b. of the lungs and had also the same disease of the hip joint with pus running out of his thigh in large quantities. We could do little for him and they took him away again no doubt thinking we were a poor crowd when we could not cure the patient. I wished you could have seen me in the centre of the crowd being told all about it by everyone at once. Much good it did for I could not understand a word of the chorus and had to get my teacher to repeat the substance of it afterward.

I think I told you last week that there had been someone bothering the girls in the dormitory for several nights. They have had three or four Chinese police there all night for several nights now but no one has been seen since the guard was posted. One night four of the paper doors were out and a hand put in through the hole and the door unlocked from the inside.

Yesterday Miss Thomas, Miss Whitelaw, and I were asked up to the nurse's home for dinner and we had a very nice dinner. Some Korean food is great and some is awful, but if you are asked to a meal like that you can always depend there will be enough variety for you to choose what you like and leave the rest. They brought us a huge bowl full of rice and another ever huger of soup with little dough balls full of meat, egg, and vegetable in it. Then there were fried eggs, bean sprout, greens, fried potatoes, a sort of sauerkraut, meat balls, and cakes of several kinds. I do enjoy the rice and soup and the bean sprouts are nice too. We used to have them often at Mrs. Martin's. We have been having greens for a long time now tho I don't understand where they come from for the grass is only now beginning to get green and nothing else has started to do much yet. There are lovely azaleas on the hills here in the early spring before the leaves come out. They go to the hills very early and bring home the beare branches and keep them in water till they bloom in the house. They are a little bit like laurel at home but much prettier and they last a long time. The color is about that of the laurel. Yesterday my teacher and one of the hospital boys bought some other kind of flowers and put a big bunch in my consulting room and in Miss Whitelaw's and my study. They were just buds yesterday and today they are out, the loveliest delicate pink blossoms something like cherry blossoms but bigger and pink instead of white. Wasn't it nice of them to do that?

Saturday, April 29: As usual I have to finish this the next day. Miss Thomas want back to Songjin this morning, at least she started and would probably reach Hoiryung tonight. The table looks lonesome without here, but Miss Whitelaw and I will have to get used to it looking smaller still.

This morning at prayers in the hospital I wished you could have seen us. There were more than twenty people in the room where we were at prayers and several more at each door and many of them were heathen. Our staff are very diligent in preaching to them and there are a good many who become believers. Just now we are trying to get a better system of following up such cases and notifying the nearest pastor to their homes to go and see them.

We saw three operative cases this morning and were kept busy from nine till nearly two before we could get away to our dinner. Monday we will be operating on two of the cases we saw today, provided they come back again. Some of them always turn faint hearted at the last and fail to come for operation. I have been going over the drugs and finding out just what we have and what we haven't. A fair sized shipment of drugs and bottles and other glassware came in yesterday and Miss Whitelaw and I went over it then. Everything came in good condition.

I got a nice letter from Mr. Crowdis this morning and one long one from Anna with her picture enclosed. I was rather disappointed in it though I like to have it. I do not think it looks much like her. I looked at it for about five minutes before it dawned on me who it was. Of course I never saw her with her hair like that but the expression is the worst part of it. There does not seem to be any expression at all to the picture and Anna has some at least.

One of our Korean workers has just come in and demanded to see the machine that was making all the noise. He had just called Miss Cass to the hospital phone saying it had rung when what he had heard was the bell of the typewriter. He is an ignorant old fellow but he puts on our fires and carries the water and digs in the garden with a will which is more than some people around here will do and so we are glad to keep him.

I am enclosing a few snaps of hospital scenes that you might send on to Foster after you have seen them at home.

Love to all and be sure I remember you all the time and long particularly for Alex to hurry up and come out.

Florence

Yongjung
May 8, 1922

Dear Folks,

No Letter from the boys since last week but this is in answer to one from father and mother dated March 27, and one from Anna of the day before. It is good to hear that the flu has subsided and especially that mother is better again. We did not have the epidemic here that seems to have prevailed in the western world though there has been a good deal of sickness. However, I am not yet in a position to say whether there has been more than usual or not. Only a small proportion of people come to the hospital anyway but the people travelling in the country say they have been seeing more sick people than usual lately. Mr. Barker nearly always brings some sick folk to the hospital with him when he comes back from his country trips and others follow his advice and come later. We are still having people come in for treatment whom we saw on that medical itinerating trip of ours, and I even remembered some of them, so it seems I am getting on to Korean faces a little at last. Fortunately one does not call people by their names here, in fact the woman never had any names of their own till very recently and now some of them do not know what their names are, tho the Japanese have made it compulsory for everyone to be registered and for that purpose some name is required. If one does not go and register his name they supply one for him which he may not know. Here we refer to the patients as, "that patient we operated on yesterday", or "that man from a certain place", or "the woman with the eye", or if we are speaking to them we have to say, "Look here", if it is necessary to attract their attention, or call them older sister, or mother, or father according to good Korean custom.

I saw in the last "Nova Scotian" about the fine meetings that Dr. Morgan was having in New Glasgow and was delighted to hear about it and hoping that father was there.

It is fine to hear about Miss Ball being willing to come out here and I have written to her telling her some things I thought she would probably like to know about. Miss Whitelaw is going to write to her too and give her a bit of the nurse's side of the work. I hope she will come and we could use several more, with both Hamheung and Songjin without one at all and Miss Whitelaw going home on furlough in a year and a half from now. Anyone coming out right away would only be ready to do work by that time.

I had letters recently from Mrs. Langill and Mrs. McEwen. Mrs. Langill inquired of I had received my car yet, which is the first reference to it since I left Toronto, and even that is not very definite.

Father was asking about the crops here. We had a few foggy dark days and some rain, but when the mist cleared away and we could see the hills around Yongjung again there was a transformation effected in the landscape. The bare brown hills had turned black where the soil had been turned over in the meantime by the crude plows they use here drawn by cattle. In some sections of the country there is great distress owing to the effects of some cattle diseases that is causing the death of many cattle. Mr. Barker says that where he was on his last country trip in different places he saw men hitched to plows themselves and trying to get the crops in that way after their cattle had died. We got our land around the houses plowed on Saturday and before that we had some garden truck in the ground. We have also been trying to get some grass and flowers in around the hospital where everything was nicely laid out and they evidently had fine flowers last year. It is a bare looking country and a bare looking compound without some trees and flowers. There were a lot of trees planted this year, some around the hospital, some around the academy, and others along the roads from the hospital to the houses. Yes, we have potatoes and all the vegetables we get at home. The Korean vegetables are rather different but we grow our own and buy some too. Some of the nice things we got early in the season were native dishes. One was a sort of greens made of bean sprouts that we got two months ago or more. Then we have been having another kind of delicious greens for more than a month and long before there was a green bud showing outside anywhere. Wherever they were grown I can't imagine but they tasted fine. Last night I was over looking at the Martin's garden and I think we can find enough rhubarb there for a taste of some tonight. It is too cold here for fruit trees to do well tho they have often been tried.

The pretty collar mother sent me came all right and thank her very much. We do not have to pay any duty on things that come in letters and anyway the duty of anything here in China is much less than under the Japanese in Korea.

I am finishing this in the evening after having had three operations today, an eye case, suppurating glands in the neck, and another suppurating case. Besides we had sixty patients who received medicine at the drug room in addition to the ones who merely had dressing done in the dressing rooms. So we are kept rather busy as you can imagine and I do not find too much time for language study. My teacher is getting quite discouraged at the prospect of teaching me much Korean just now. I think I am learning a little even when I am not studying now. A first one can't do that but after a certain stage has been reached it becomes possible. I tried out my teacher at giving the anesthetic today and he did very well. The Chinaman who has been doing that does not do it very well and worried me about several cases lately that we had to resuscitate. It is rather different you know from operating at home with a properly qualified anesthetist and doing the same thing out here with a Chinaman who does not know much and can't understand more than a few words you say to him anyway. Besides our Chinaman is not very well either and I don't like to trust him very much. We had a telegram at last from Dr. Mansfield saying that the doctor he wrote us about could not be recommended so it looks as if we were not going to get a Korean doctor this year. I don't mind the work but I do regret my limited time for study. However, it would not do to take on a man who could not be recommended.

Mother spoke about sending me a dress but I have plenty clothes and there is nothing to wear anything special to anyway. She better gets some new things for herself and Anna. They have more need of them far than I have.

The mail this morning brought letters from home and from the boys. I am very glad father got to hear Dr. Morgan. I was reading about the meetings in the Nova Scotian yesterday.

It is amusing to hear the ideas the Koreans have about many things. After reading Alex's letter I was telling my teacher some of the fun and pranks the Pine Hillers were having lately that Alex wrote about. I expected him to laugh but he only looked puzzled and asked if that was a custom in our country. Apparently they have no idea at all of practical jokes or even of games till they learn it from the westerners, tho the students are taking up football, tennis, and such things with great enthusiasm. However, even those things they do it their own way and they seem to have no idea at all team work or combination but everyone plays for himself and his own glory. They play with a certain reserve and dignity that seems very out of place to us, but probably they will get the spirit more too later. It seems to me that the idea of combination work and doing a thing for the sake of doing it and doing it well is something that they need to learn.

I will make enquiries about the photography outfit that Mr. Barker has for Alex. By the way Mr. Scott has written to Alex as I asked him to about educational work out here and I think Alex will find his ideas helpful.

The other day I saw a case of a girl of eleven years old who had smallpox seven years ago and here nostrils became occluded by scar tissue at that time so she has had to breathe through her mouth all these years. The occlusion was only at the surface and I was going to operate and though I could fix her up pretty well but didn't have time that morning and they never came back in the afternoon though they said they were anxious for the operation. One has to get used to such disappointments out here. I would have liked to have a try at that case.

Another day last week we had an old Chinese beggar come in, the raggedest human being I ever beheld, and a leper at that. One foot was all deformed and swollen and some of the toes gone, and a huge ulcer about four inches long in the sole with great cracks radiating out from it. He certainly was an interesting looking old chap and when I asked if he would come out to the door and let me take his picture he seemed quite pleased and came right along walking fast with his old crutch. He sat down on a stool and stuck his bad foot out on the end of the crutch. If the picture turn out well I [다음 문장 누락].

I think I told you in a recent letter of troublers around the girl's school dormitory. Well, we had four or five Chinese policemen around for a few nights and nothing has been heard of the disturbers of the peace since.

Yesterday afternoon I got an emergency call to the hospital. Being Sunday the hospital staff were nearly all off duty as we do not see patients on Sunday as a regular thing, only do necessary dressings and see cases that are serious or come from a long way. Everyone here knows that Sunday is not an open day and so we can get a little rest. So Miss Whitelaw and I went down and found a great big Korean in foreign clothes, about the biggest Korean I have yet seen. He was in great distress and told us his tale of woe. He was travelling from some place in the country near here to Songjin and some of his friends persuaded him to have drink of sool, the Korean alcoholic drink. He took some and then when he was drunk he took a couple of mouthfuls of lye, after which he vomited and put up a good deal of blood. He and his friends became alarmed and he did not feel very comfortable naturally as he was rather badly burned. He is not feeling very comfortable yet in spite of what we could do for him, which was not so very much after five hours and elapsed since he took the stuff. There are several of his friends with him today and they are all very much disturbed as to whether or not he will get better. I think he has a pretty good chance but the after effects of drinking lye are none too nice.

Saturday we had a man and his wife come in from the country a long way for treatment for a great ulcer on the woman's leg. She had some pain in the leg four years ago and had a Korean doctor give her the doom and the thing has been getting worse ever since. It is as big as the palm of one's hand now and the bone is half eaten through it is so deep. She has not been able to walk for a long time. Our secretary and Miss Whitelaw were preaching to the husband today and he decided to become a Christian. He comes from a place in the country where there is a big Catholic Church and not many Protestants. He had been pressed to join the Catholics several times and knew a good deal about the Gospel. He asked some quite intelligent questions about the new religion and what was the difference between what we taught and what the Catholic Church teaches.

Miss Cass and Miss Palethorpe are likely to leave for Canada in another month. Miss Whitelaw and Mrs. Scott are thinking of going south with them when they go on the way to the Annual Meeting at Wonsan. If they go then, there will be just Mr. Scott and myself on the station for a while till we go too, as the Barkers are going early also in hopes that the change will benefit Mrs. Barker who has had sprue for a long time now.

Last night my teacher preached in the church. The other folk from this house said he did very well indeed. He is earnest and anxious to get on so he can do more for his people. He wants to study medicine not to make money for himself as some of the students who are getting through are doing but to help out in some of the mission hospitals and be able to preach at the same time. One student from here who was formerly the dispenser here is now in the Severance Medical College at Seoul. Last year he was at the Chosen Christian College. At Severance they are getting a bigger staff than they have ever had but they are always hampered for money and so many of the doctors do not know the language well and do not get time to study it much that they are thinking seriously of having all the instruction in English. Some of it is in English now and interpreted. That is not very satisfactory of course, and yet it certainly seems rather hard for the students if they have to put enough time on a foreign language to be able to take all their instruction in it. I am sure there would be a great outcry if anything like that were required at home. There would be the advantage of course that after that they would be able to use the English text books and as there is nothing at all along that line in their own language they are certainly hampered as it is. Now they have to use Japanese books and from what I have seen of them, judging by the illustrations and the general get up of them they are not up to much. I guess we don't realize at home what an easy time we have of it and what advantages we have compared with many others who have just as good heads as ours.

Love to all,

Florence

Yongjung

May 8, 1922

Dear Sister,

No doubt the old exams are all over now and you will be at home again having a little rest after the long grind. I feel sure you will have worked well and acquitted yourself creditably. I hope you will do all you can to make this summer at home a delightful one and long to be remembered by each of you. Of course you will be encouraging and helping Charlie and surely he will be able to do much better than he did last year. I hope you will be able also to get some work for the summer and help yourself along. It is nice to be doing something and to be independent.

I can hardly realize that your second year in the university is over. It seems such a little while since you were a little girl in school and I was just starting to college myself, and the end of the course looked so very far away I hardly dared to think of the time when college days would be over and life's real work begin. And yet, that is not the right way to think of it either. When you do really get through college, then you begin to realize that all that went before was real work too and that if it was not well done, all the rest must suffer all the rest of the time.

Make the most of your time at music for it may be the best chance you will have to do it and to be able to play well is always a pleasure to yourself and to others and often a great help besides. When you come out here we will have some Dal songs. There is no one here to play or sing them. I can't do it alone and there is no one else on this station from the east but the Barkers and they are U.N.B. folk.

I understand how you feel about the dancing question for I felt the same myself for a long time. It wasn't nice to feel "left out" all the time and even not be able to talk about the people and things that all the rest of the girls did, and to be thought of as too self righteous to do what everyone else and all the other minister's daughters took as a matter of course. It was not nice to be a wall flower when one did occasionally venture to anything like that because one did not know anyone but the medicals and the student volunteers. I couldn't see anything very wicked in a college dance with no one there but college students and with as many chaperons as they always had. It looked innocent enough to me but I would rather give up a good deal more than a few good times than do anything to pain my father and mother as I knew that would have done. I know you respect their feelings as much as I do, and when you are a little older and have a bit more experience you will come to understand as I did that father and mother are just exactly right in their opinions about dancing and a few other things too and you will understand why and how dancing is wrong. I feel quite certain that there are a good many people who do not themselves get any harm from dancing but before you begin you are never sure you are going to be one of them. And if you don't happen to be one of them, why it is all the harder for you to stop dancing. And even if it all right as far as you are concerned, how can anyone with the Christian idea of things go on doing anything that makes it harder for some other person to do what is right? It is the old old question of "Am I my brother's keeper"? And it does make it hard for some people to do what is right. I have known such people myself right among the students of our own college and some of them got far astray from the narrow path. And now I hope that what I have written will be helpful to you. If it is not just have a talk with Alex and he will give you his point of view and I know you will find that helpful. Alex always was a great help to me and he will be to you too if you give him a chance.

It is getting late and Misa Whitelaw is trying to sleep so I must stop the banging of this machine. Write when you can as I always like to get your letters and they don't seem to come nearly often enough.

Your loving sister,
Florence

Yongjung
May 16, 1922

Dear Everyone,

This letter was to have been written three days ago but that day I was developing a nice little infection and could not write until now. I got a finger a bit infected, at the hospital I suppose, and tho the finger did not appear to amount to much, I had a few glands under my arm and in my neck and enough fever to make me stay in bed for a couple of days. However I am all right now and reported for duty again this morning feeling quite ashamed at not having been there yesterday.

There does not seem to be any particular news to write about this week. Whether that means that nothing has happened or just that I am getting stale and don't see the interesting things I am not sure. If you could see me writing this letter with the tip of the forefinger of my left hand and the middle finger stuck out straight and banging up against all the other keys on the board you might think that was a funny sight. It certainly does not look any too graceful but I manage to get about as much speed out of the machine as I usually do.

There is a typewriter in the hospital, an Imperial machine, single keyboard, a nice machine and one that I could readily use with a little bit of practice. One day last week I got it out and cleaned it up a bit and looked it over. The ribbon is badly worn except the red side so I changed it to use that side. I would like to get a new ribbon but do not know where they are to be got. Miss Palethorpe had to send to the U. S. to get one for hers and that takes some time of course. It is a lot lighter and smaller than my machine.

I had a letter from Mrs. Langill lately in which she asked if I had received my car. That is the first word I have had of the car since leaving Canada and that does not say if the car was shipped or the money sent or what was done. I wish they would tell me something definite.

Things are getting quite green now, the leaves are out on all the trees not fully but enough to show up green even from a distance, tho the fields are still dark and bare. There is a drain being dug by Mr. Scott's house and the ground there is still frozen down as deep as five feet or more. Yesterday and today have been quite mild, but for a long time we had rather cold weather to be called spring.

It seems rather strange that tho I have had letters from home and the boys since the theologues got their appointments no one happened to mention where Ed was to go tho one person told me where Alex was to go. It is disappointing that Alex didn't get to the tank when he wanted to go there and they evidently wanted to have some one too. It would seem to be a satisfactory arrangement all around if he could have gone there. However, our ways and plans are not always the wisest after all and what may at first be a disappointment often turns out to be a great blessing.

I am enclosing in this letter one I wrote to Anna last week but it was mislaid when I sealed the envelope and only turned up after.

Yes, I have been over the week in writing several times, but have never been two weeks any time, ten days or so several times I am afraid. It was often hard to write especially when I was boarding in the other places where the folk went to bed early and the clicking of the machine disturbed them, and I seem to find my time pretty full in the daytime. There have not been quite so many out calls lately and I have had one of the nurses or the assistant answer them usually.

Today I got a nice letter from one of the Chinese who works in the customs house here asking me to vaccinate his baby for him. It was my first foreign baby so I take a special interest in it. And indeed I don't think I ever saw a prettier or nicer kept baby on this side of the world or the other. But there! You'll say I'm prejudiced. Anyway I wish you could see the difference between it and some of the dirty kids I have to look at every day. Poor little wretches with crusts on their heads that have been collecting every day since they were born and skins all irritated with dirt. This is a model child brought up according to the directions of the family physician. Most surprising of all it is nursed regularly every three hours during the day and once at night, instead of being nursed at least fifteen times a day and most of the night. And it is fat and growing as it should do under such sensible care. They told me with great pride that it hardly ever cries and sleeps much more than half the time. The Koreans when given such directions look at the poor ignorant western doctor in a superior way and explain that that may be all right for western children but it won't do for their children who must be fed every time they open their mouths, and as far as my experience goes, Korean children generally have their mouths open, and wide at that, and if something isn't going in there will certainly be something very loud coming out. But there, I mustn't be extreme. The Korean children who are kept clean and well looked after are very nice babies too. I'd like to send one home to mother. I'm sure she'd love it and enjoy looking after it for me. She never had one with black eyes and hair, it would be a little variety from all white hair and bad temper. Do you remember the things you used to say about me sometimes? I was thinking about some of them the other day. Father would say, "You are as determined to have your own way as your mother." And mother would remark, "You are as stubborn as your father." So it appears I have a double portion of the spirit of Eljah. And after I'd been particularly violent any time I'd be told, "I always used to hope my first child would be a girl who would teach the others to be gentle, but you are the wildest and roughest of the lot." (My, won't this be comforting to Anna! I expect she thinks she is the worst just now. Every dog has his day, Ann.)

Speaking of Chinese babies, there was a different sort of one brought one day last week. The biggest, brawniest, shaggiest, jolliest, most superlative old Chinaman brought along his infant descendant of the third or fourth generation to me to be looked upon and straightway cured. If Dr. Martin happens to be there when this epistle arrives he will tell you more about the old chap, the one whom Mr. Barker and Dr. Mansfield tried to beat up once at the compound gate, to make him stop beating his horse and he didn't know what they were doing it for. Ever since then he has been a great friend of the foreigners if bending himself nearly double every time he sees one is any sign. Dr. Martin and I were at his house once prescribing for the baby's mother who was all swollen up with dropsy and who recovered under treatment. So he knew me already and came in, his face wreathed in smiles and bowing and bending like a great jack in the box. "Noo taifu, noo taifu," he would say, and go through the process again. Then he would point at me and laugh and laugh, and then bow some more. It was funny at first but there were other patients to see and I couldn't take all morning with one case so I sent for the Chinese nurse to come and interpret for me for my teacher knows only Korean, Japanese, and English. But the old chap was so happy he had to go through the whole performance again before her telling her also that I was the noo taifu, (woman doctor). Finally we got the history of the case in the following more or less indirect manner. The old chap told his family troubles and sorrows to the Chinese nurse at considerable length. She retailed them in Korean to my teacher, who understanding my limitations of vocabulary, condensed it and simplified it to suit my comprehension. The advice and directions again had to go through this ascending scale till they reached the person who desired them, Do you wonder I consider I do a good morning's work when I see thirty patients in the dispensary and have a look around the wards. Hurry up, Foster, and get in the swim. You needn't sit around waiting for patients out here. If they don't come you can always take a spell at the old language you know.

Well, this is positively the worst letter I've written home in months but I can't think of anything that has happened to tell you about but cases and I know I can't expect you to be as much interested in them as I am. I don't want to bore you to death either. If you let anyone outside the family see this letter and I hear about it I'll never write you any more. O by the way I am sending father a copy of a magazine published in Japan mainly about Korea. I think you will find some

things of interest in it and you will also be able to draw some
conclusions of your own concerning them.

Love to all,
Florence

Yongjung

May 29, 1922

Dear Home Folks,

No letter to answer this week and not very much news to write but I'll try to do my best.

I am longing for news of how all the students got on at the exams and what work they are all at, but no doubt I will have a letter soon now.

Our house is all excitement over getting Miss Cass and Miss Palethorpe off on furlough. It is quite a proceeding when all one's clothes are five or six years behind the styles and one has to go on a stylish ship with up-to-data folk. They are engaged in getting new dresses made and old ones turned upside down and inside out and upside down again and all the other processes that mother will understand in order not to be too conspicuously labeled MISSIONARY. They both declare they don't feel a bit like a missionary now but I try to comfort then by telling them I never did yet. It takes a lot of clothes to travel for a month in the hot weather for a month when one can't get anything washed and after five years and a half on the field one's supply is usually rather low. They will be leaving next week. The Barkers went to Seoul on Friday, or rather they left here on that day. They are going early on account of Mr. Barkers health and will not return till after the annual meeting at the beach. So our station is getting smaller all the time. The Scotts are going early too as Mr.

Scott wants to go to Seoul for a few days before the schools there close, so Miss Whitelaw and I will have the station to ourselves for a few days. I would just as soon not go to the beach at all. I hate to have to attend meetings all day and every day for weeks, and don't think it much of a rest and I don't feel like staying away longer than the meeting requires while the hospital is left to the Korean staff and there is no knowing what they will be doing. However, it seems that one is obliged to go whether all the Koreans in the country die in the mean time.

Things are going on about as usual now. It seems that I have got all the interesting things told now but the little incidents of every day and they are often so much like the little incidents that happened before that they will not be very interesting to you for I try to remember that you can't be expected to take the same interest in the cases as I do.

The more I am getting right down to the work and to talking to the Koreans themselves the more worthwhile seems the work. I am now getting to where I preach to them a little and so many of them are interested in the Gospel and more of the than I at first realized are becoming Christians through the ministry of the Gospel. I asked a woman last week if she believed in Jesus. She said that she had decide d to believe since she had been in the hospital. She had then gone out of the ward but was coming to the dispensary every day for treatment. She had decided to believe but did not know the Good Words. So I told her if she could come every day at nine o' clock she could have prayers with us and would hear some of the Good words. So she has been there every day since at nine o'clock and has listened attentively. She has a huge ulcer on her leg and has to be carried on her husband's back and the first day he would not come in without a great deal of persuasion but now he comes too.

One day last week we had the biggest ward almost full of men patients only one of whom was a Christian and we had prayers in there. It makes a good deal of disturbance in the ward to have a dozen or so of the staff and as many more dispensary cases and another dozen of in-patient friends all pile into the ward but perhaps it is worthwhile. Some of them did not want to listen but they could not help hearing the singing and others were glad to hear.

We did not have so many operations last week and so I seized the opportunity of getting a bit more study in. One day does not seem to make any difference at all but in a month I can notice some improvement in myself and my talk.

This letter was started before breakfast and now I am finishing it in the evening. Since beginning it I got a home letter dated April 24. Mother was asking about what we eat and where we get our supplies. We eat many things about as you do at home. We have porridge for breakfast every day and I have had occasion to tell at least twice of the day I decided it was better to eat it while it was hot than at four o'clock in the afternoon as happened on one memorable day that I have not yet forgotten when my father was particularly inexorable, and I got nothing else till that porridge was eaten. Do you remember it too father? Perhaps you just think of the times I was good now, but I often think of the times I wasn't. They seem to have been fairly frequent too. Well, we have porridge, oatmeal, cream of wheat, or corn. And the stuff it is made of comes from Canada or from the U.

S. or from Seoul but the stuff we get from Seoul is western too and it costs less to order it direct so well usually do that. Of course we get big orders at a time and we always have to lay in supplies a long time ahead for it takes so long to get anything more. Then eggs are a great article of diet here for they are cheap and plentiful and fortunately I have come to be able to eat them very well. I have one for my breakfast nearly every day in one form or another. We get a great deal of canned food for the folks who go itinerating must take enough food with them to last for two or three weeks and canned food seems to be the easiest to carry and to prepare when one is in the country with very little to cook with. We get plenty fowl at a reasonable price but theses Manchurian chickens are only about half the size off anything we would consider worth eating at home. We often have chicken and soup too. We get potatoes and raise vegetables, carrots, and others, but we can buy potatoes and carrots from the Chinese and our own vegetables often do not do well for while we are away at the beach in the summer no one looks after them much and it is often very dry then too. In Korea there is plenty of fruit but here fruit is very scarce and dear so we use canned fruit or dried. We also take jars to the beach and put up jam there but that is expensive too when one allows for the freight both ways and the breakages that occur on route. We get flour here in Yongjung and can buy sugar of a kind too but it is full of dust and not nice for table use. We often get good beef and if one never had to go downtown and see it hanging up in the street exposed to all the dust and flies there and the beef heads sitting all bloody on the doorsteps of the shops and the skins spread out in the street for the public to tan by walking over, one might eat it with more relish. I have never inquired where ours was bought as I thought it might be better not to know. We have never had any that we could not use as far as I know but some of the other houses have had to throw out their dinner several times. We can buy greens and fresh things here from very early in the spring till late in the fall. Market day they have all sorts of lettuce, onions, spinach and such things that look lovely. I saw them yesterday on my way to church for of course market day comes on Sunday every little while. It is always quite a temptation to the Christians when it comes like that for they often do not have money enough to buy ahead from one market day till the next again, and on other days things can be bought but they cost more. The onions I saw were two feet tall and the things in our garden are tiny things yet. We have peas and beans and lettuce and radishes but the only thing we have had to eat out of the garden yet is rhubarb and we keep it cropped pretty close. It has been a dry season and the radishes are small and hard and now the worms are making their acquaintance so I don't suppose we will get much good of them. We have a lot of tomato plants set out too. We have had cold weather till about five days ago when there was such a sudden change that I could scarcely realize it. When I went to the hospital in the morning it was a dark chilly morning like all the rest had been for weeks. When I came back at noon there was a scorching wind blowing that has blown every day since with heat like the dog days. They tell me it is always like that here, very sudden changes, and it will be hot till the last of September when there will be another quick jump to winter.

We get our butter in cans of about two pounds each and it is usually very good. A good deal of it comes from British Columbia but lately some has been coming small orders by mail from China. Butter is about the most expensive food we get out here tho most things cost a good deal more than at home when we have paid the freight and the duty. The last big order from Canada had freight and duty charges to an amount that totalled nearly thirty per cent of the cost of the order and then they reckoned they were getting things a lot cheaper than if they had bought them in Seoul. Buying there one has to pay the double duty, into Japan, and then into China, but the Chinese duty is small compared with the Japanese. We get only canned milk here and it comes to quite a bill too, but some of the other houses have cows tho I believe they are nothing special as milkers.

Do you remember the yarn I told you about the Russian folk who kept the calf in the kitchen? Well, here's another one that Mrs. Nadarrov told us at the dinner table the night we had a station dinner before the Barkers went to Seoul. One of their calves died it appears and the cow would not give her milk on account of grieving for the calf. So after several fruitless attempts to milk the cow they conceived the idea of taking the dead calk out to her. She licked it all over and gave her milk as usual. So they did the same for several days but at the last the calf had to be disposed of and it was skinned and the body buried. Again the inconsolable cow would not give her milk and this time they stuffed the calf skin with straw and left it out in the stable with the cow and every one has lived happily ever since and the cow gives all the milk they want.

But here's a more gruesome story still and if you are just starting your dinner you better finish it before you read the rest of the letter. The Martins and the Hyltons each had very nice big dogs which they confided to the care of the other persons on the station when they went away. They were both specially friendly with me and I could scarcely go out without one or the both of them following me around and sticking their noses into my hand. At once after the Martins left there was a change in their dog. The rest didn't seem to notice it much but I remarked several times that it was strange the dog had not once come to me in three weeks after they left and we hardly ever saw it. The Scotts were to feed it but it would not go there either and was getting what scraps it did get at one of the Korean houses on the compound. The Barkers were looking after the Hyltons dog and when they left they gave a lot of food for it to one of the Koreans but she said the dog would not eat at all. The very next day someone had been up at the big graveyard behind the compound and found where the dogs had been digging up the bodies and eating them. Of course it was easy enough to do, for the children are buried without a coffin at all and sometimes older bodies too, and a very little earth is thrown over them. Often they are hardly covered at all. We hardly knew what to do when we heard it. We were not at all certain it was our dogs and their owners were both away and very fond of the dogs. But it was a horrible thing to think about and I thought if they once started that sort of thing they ought to be killed at once for they could not be stopped. Anyway nothing was done that day and that night again they were at it so we had to have them shot. It is a horrible thing and the heathen make such a fuss about the graves of their dead and worship there and think they use their bodies again that dear knows what trouble might come of it, when it come to be known that the foreigners dogs had done such a thing.

We had a big disappointment in one of our hospital men lately, the Chinese chap. He borrowed quite a sum of money from Dr. Martin just before he left, representing that he needed it to pay some debt of his fathers in order to keep his father out of jail. His father is the Chinese pastor here and a fine old man and this is the only son. Dr. Martin and all the foreigners are against the policy of lending to the natives as it is almost always hard to get the money back and does not seem to work out well at all. So he would not have given the money except for the pastor. Then the young chap had to go to Yenchi to pay the money and he did not come back to the hospital for four days. He has been complaining of not being well for some months now and has been off duty so much and that without telling and has gone to Yanchi again till the other hospital men are complaining about having to do his work so much. He also promised the doctor that he would have the money in five days. When the five days were up he had some excuse and when the doctor was on the point of leaving he told him he had not yet received the money but would pay it soon. The doctor was short of money so I gave him some I had to help him out. Some time after as Wang had not said anything to me about paying the money I spoke to him about it and he told me that the doctor had given him a note and he did not have to pay it for two months. I had my grave suspicions when I heard that for it was so different a tale from what he had told the doctor about going to pay it right away. And the story about the note didn't sound right. But I didn't say anything then. He knows so little

English that we called in one of our Chinese speaking Koreans to help us have an interview with him about being off duty so much and coming so late in the afternoons that the other man had most of the work done before he got here at all. Then we found from the Korean that Wangs old father, the pastor, had been at the hospital several times lately looking for his son and asking how it was that we had him working so late so often. He had never worked late at all and usually when his father had been here he was not. So things looked worse still. Kim went and had a talk with his father and mother and found that they did not know anything about the money he had borrowed till after he had come back from Yenchi when he told his mother he had borrowed it but did not say what he had wanted it for or how he had used it. They may know that of course but they didn't tell Kim. The poor folks are worried sick over it all and they are promising to pay back all the money themselves tho they can have barely enough to live on themselves. The pastor gets only a pittance and probably does not receive all of that. Whether the young chap is gambling or what we don't know, but gambling is peculiarly the Chinese vice. It is hard to know what to do about it. We can't have a man like that in the hospital and yet we want to help him get right again if we can. He lied to the doctor and he lied to me and he has been deceiving his parents all along, and I think it is a guilty conscience he is suffering from and not another disease. The symptoms don't correspond with any disease I know of and it is strange how he gets sick and well so suddenly. We called him into the office this afternoon and warned him to be a bit more faithful about keeping his hours and he has very plausible excuses for not having been there on several occasions. We don't want him carrying off our hospital equipment and selling it and it is hard to know what to do. His father was so happy to think he was working in a Christian hospital where he would be out of the way of temptation. The Chinese are not like the Koreans. There are very few Christians among them and they are not as strong when they do believe and they seem to have greater temptations. Wang has been married adjust a few months and his wife is a very nice girl from Mukden where he used to work in a hospital before he came here. She speaks a little English too, and she and her sister-in-law teach a Christian school for girls here, the only Christian school for Chinese there is in Yongjung. I don't know how it will turn out but I hope the poor fellow who has evidently been led astray will come back again, for the sake of his old parents more than for his own sake. Dr. Martin will be very badly disappointed if we don't have some better news to tell him of Wang when he hears.

I am afraid this hasn't been a very cheerful letter but we have to take the disappointing things with the bright ones and always there are more good things happening than bad ones. I have been thinking a lot lately about that verse, my grace is sufficient for thee, and it never seemed so good before. You want to be right up against it before you realize what a great thing it is to have something like that to lean on.

If father will send this letter to Alex and Foster to Ed all the family will hear from me I expect.

Love to each one,
Florence

Yongjung
June 6, 1922

Dear People at Home,

Mother says you don't get letters from me more frequently than about once in two weeks and she thinks I am not writing more than that or some are going astray. The latter may be the case but I have certainly done better than once a fortnight. So from now on I am going to number my letters and then you can see from the number if any are missing. This will be number one and next week's number two so watch for the number if you think you are missing any. I am a day late writing this but that is not a whole week. Yesterday I had a nice letter from mother, father, and Alex, the first I had had from any of the boys for three weeks or more tho I hear very regularly from home.

Yes, I am getting the Canadian Medical Journal, have had several numbers, and the first number of the Montreal Witness arrived yesterday along with the letter that told it had been subscribed for. Thank you very much mother. I am well supplied with papers now, as I am getting the ones that come for the doctor too.

You were asking about the prices of the cloth made in the school at Songdo of which I sent home some samples. I don't remember exactly but I think they sell for very reasonable prices. The goods are really fine, guaranteed never to fade until worn out and lots of people all over the east, in Japan and China as well as Korea buy them.

The Chinese characters on the envelopes you get from me is CANADA. You might get the letters in time even without that but they go quicker and surer for having it. All your letters have Chinese characters on them before they get this far. In the big post offices in the larger centres there are always clerks who read English and they do it for the benefit of the ones who don't in the smaller places.

I was sorry for Foster's sake to hear that the fifth year meds were not to be taken on at the V.G. any more, and yet of course it is the proper thing if the hospital and the medical are to take their place among the others as first rate institutions. I hope Foster will get some medical work to do. There is often a place at the N. S. Hospital for someone. Probably he will be on the staff next year unless he decides to take his experience at general practise somewhere.

Yes, I got the calendar Mrs. Langill sent and enjoy using it very much. I have had it in my bedroom and read the verse for the day the first thing when I get up in the morning and think about it while I am dressing and often too of the folks at home who are reading the same verse.

Please enlighten me as to whether the family residence is now in Leitche Creek or Leitche's Creek. Both spellings seem to be used interchangeably in the letters I get so I am still in doubt as to which is the correct form. I did think when you got away from O'Leary you would get a finer name for the address that has to be written on the envelopes that go home, but I fail to see any improvement. There was at least something distinctive about O'Leary but any old place can be a Creek and in fact I understand they are quite common in some parts of the country, while I am sure there is nothing very beautiful about

Leitche either. Now when I picked out a place to live in I choose one with three names so if any one doesn't like one there is a variety to pick from.

There is another thing too that I am curious about and it is this- Why does Alex go to Lockeport so often? I never knew of him going back and back and back to any other mission field he ever had, not to mention staying a whole week when he might have been home, and even forgetting to write to his own sister for a week before he went till a week after he got back again. If any of you know the reason you might pass it on.

We have been having some pleasant cool days in spite of what I was told about the weather. I have not found any day trying yet and the evenings are usually delightful tho that does not make much difference when there is no place to go and no one to go with, and sitting on the front steps is not violently exciting when you know positively that the Scotts are the only people who might by any chance happen along.

I am not usually given to melancholy thoughts and probably would not have thought about the said front steps except that Miss Cass and Miss Palethrope went away today, and tho I was very glad to see them get off for their furlough, yet the house seems a bit empty tonight. I brought over the last of my things from the doctor's house and put them in one of the vacant rooms and tomorrow I am going to get a bedroom and a study of my own and be really settled at last. Now don't get to thinking I'm lonely for I am as busy as I care to be and enjoying the work as much as ever, and before you get this I will be among the gayest of the gay at the Beach and having the time of my life showing off my up to date clothes and strutting around in that yellow and black bathing suit.

I have been having a time getting some matters of business straightened out, but most of it is done now. The doctor's strong point is not accounts and fortunately Miss Whitelaw does most of that, but there are a few things she did not have to attend to. One was the ordering of glasses. We examine eyes here but order our glasses in Pekin and there have been several pairs come since the doctor left that no one knows who they are for. And there have been other people here for glasses that we don't know whether the glasses came or not. It is a lovely mix up but I am getting a new start now and three pairs of glasses have just come and I actually know whom all of them are for. The bills for them are in the same state but I am resolved that they will not be so again while I have to disentangle the mix up.

We have had our hospital roof tarred twice and it still leaks pretty badly. There is to be an estimate put in to the Annual Meeting for a new roof this year but we don't know when we will get it. There was just a temporary roof put on when the place was built and it was not in good condition when it arrived and has been leaking for some time. We are now digging a drain to carry off the water from the side of the building where it formerly came into the basement but we can't have it in now or it will spoil all the electric apparatus there. The plumbing is not in a very satisfactory condition either. It has not all been connected up yet for one thing and that is very inconvenient. For another thing the Koreans and Chinese do not know how to use foreign plumbing and they put all sorts of stuff down the basins and places and get us in trouble all the time, while often the rooms are so dirty that one is ashamed to think such a place exists in a building of ours. Our gardens both at the house and the hospital are doing pretty well tho there has not been much rain yet. We had a few little radishes the other day and have had some lettuce several times, tho the leaves are only about the size of a quarter.

The Scotts were in to tea last night before the girls left so you see we still have our excitement. They were given a great send off by the Koreans, a presentation in church Sunday night, and banners from different places, and a good many individual gifts of different kinds. They have about three Korean dresses and Miss Palethrope had eight banners all told. Miss Cass had not been here so long and had done school work part of the time she was here so she was not so well known as was Miss Palethorpe. This morning the house was full of women who had come up to say goodbye, and about a hundred and forty of the school girls came marching up and sang some song and then all bowed together. It was pretty to see them all marching along with their bright colored clothes and dark hair. Miss Cass has been their principal since Mrs. Barker left. She was teaching their all along. They sent their good on ahead in a Chinese cart and went themselves in a Pekin cart leaving at ten in the morning. The roads are very bad now, horribly rough, and Mrs. Barker was sick for several days at Hoiryung when she left. I had several phone calls from Mr. Barker about here and one day thought I should have to leave next morning for Hoiryung, but the word came that she was a little better, and I waited, and next day the report was better still. Strange, isn't it how often things seem to pile up on one another. That very day when I was waiting for another call from Mr. Barker, there was an emergency call came in from some place about four or five hours away in the country to go to see a woman who seemed to be dying. I couldn't go for I might have to go to Hoiryung instead, and even if not it would not be much use going along for they would probably not understand much of what I would say. We could not let the Korean nurse go as it would have been a scandal in the community for her to go out in the country to a strange house. So finally Miss Whitelaw and Nurse Lee both went and came back the next day about as red as boiled lobsters in the face and as blue as raw ones everywhere else. But they saved the woman's life by going and she was pretty close to the border when they got there. They do not often ask us to go far into the country like that and we do not make a practices of going but this time the call was urgent and they were glad they went. Of course if we had had a big operation on they could not have gone.

We have an interesting case in the hospital just now, that of a Chinaman who fell down a well head first and fractured his skull. We fixed him up a bit and expected him to die and he started right in to get better and is still there tho it is four days since he came in. It looks as if he would pull through. He was accompanied by thirteen of his fellow workmen who carried him to the hospital on a board and stood by while he was being attended to, tho I don't really think there were more than ten of them in the room at the same time. They watch by him day and night, usually about three of them on a shift. There is no use talking, they have their good points and they are a sturdy race. The splendid muscles some of those fellows have. There were the prettiest little Chinese boy and girl in the hospital yesterday.

I just wished I had my camera down with me to get their pictures to send you. The little girl's cheeks were as red as roses and they both had as fine features as I ever saw any child possess. And they were as clean and neat as a child could be. I just wish you could see them.

We had a visit today from the Chinese pastor's wife and his two little daughters. They are cute children too and I did take their picture which you may see some day soon when I get some developing and printing done. They took our little Chinese nurse from the hospital to interpret for them for they don't speak Korean. They had come to thank us for what we had done for Mrs. Wang when she was sick. We all thought last winter she would die but she has quite recovered again and is able to go about and do work as before. She brought us some Chinese cakes and some cans of something I didn't look at yet as it was Miss Whitelaw who received them. We gave them tea in real Chinese style without milk or sugar and went part of the way with them when they were leaving.

I think I told you in last week's letter about Wang our Chinese man at the hospital disappointing us. Well this was his mother. Wang is doing better too and we had the secretary have a serious talk with him and he acknowledged he had done foolishly and had got in with bad company. The poor chap, it is easy to do that. He is about the only Christian young man in all this city. He is sorry for what he has done and for giving his parents so much worry so that is a promising way to be. We are all trying to help him and we hope he will come out right yet.

We haven't heard anything more about the bandits tho no doubt they are still prowling about the hills and robbing the poor farmers, who have had a hard time of it. Between the bandits and the soldiers they stand a fair chance to lose most of their crops and all of their chickens and such things. Many of them are crowding into Jongjung on account of the troubless of farming and the result if that there is not work enough to go around and a lot of hardship in consequence. The town is building up at a most remarkable rate. I can see a big difference since I came even.

The fifth of the native fifth month is the biggest holiday for the Chinese and Koreans in the whole year with the exception of New Year itself. It is in memory of some great Chinaman of the past, and it is a day of sports and games. Indeed the preparations for Dano as it is called go on for days beforehand. All the shops are shut. Everyone has a holiday. The boys of the academy went out to Meung Dong where as a big athletic meet of several schools. They are of higher rank than the rest of the schools and so cannot compete with them but were mere onlookers. They went with a band at their head in great style and were even entertained overnight by the hospitable villagers. In Yongjung there was a series of races participated in by seven schools. The first day was devoted entirely to racing. The second was wrestling free for all and the prize for the man who put down most was a cow. The boys of the church school here had an easy win. In fact they were so far ahead of all the other schools that the others tried to prove they had academy boys in their team and they made quite a fuss about it. The Christian school maintained that it had played fair and at last after bringing the academy roll and not finding any of the names of the participants there, and after having found them all in the roll book of the church school, they had to give them the banner that was the prize. The boys paraded the town with it and their cheers sounded very like what might have been heard at home under like circumstances. Miss Whitelaw and I went down for a while in the evening. There was a great crowd and everybody was obviously having a great time. There were side shows too. And eating houses which consisted of a hole in the ground with a big iron pot set in it, a big spoon for digging out the food, and a few dishes from which the rare viands were eaten by the hungry throng squatting on the ground near the pot. Talk about the simple life. Folks at home haven't any idea of what it means. There was a swing that seemed an great attraction and it was surrounded all the time by an admiring crowd of Chinamen tho the swingers were nearly all Koreans and girls at that, but not a few Koreans were shocked that the girls would go on the swing at all. There were stalls for candy and other delicacies and we having taken fifty sen with us, (we do not usually carry money) fell into the spirit of the holiday and decided to blow in part of our money. So we bought five sen worth of candy one place and seven sen worth at another, and I saw the most brilliant fan trimmed with cerise feathers on one stall and nothing would do but I must buy that. It really only cost ten cents our money and we had some cash over when we returned with our purchases feeling like a little boy who has been to the circus. We had the same sort of experience as the boy likely encountered at home too. Upon exhibiting our treasures we were assured by the other members of the family that we had more money than brains and other like complimentary remarks, but we had had a fine blow in and didn't mind what they said. They had two rude stages put up from which one could sit on one's feet on the rough boards, after ascending by a very steep ladder with the rungs very far apart, and look out over the heads of the people on the ground at the races in the field. Of course we were doing the show that day and so we went up for a while but it was really more interesting to do around on the ground among the other folk. They finished up the races like this. At the finishing line stood five or six men with different colored flags. Red was for the boy who came in first, another color for him who finished second, and so on. The first boy to reach the line seized the arm of the man with the red flag and went on to a tent where the names were recorded. The next took the blue the next the yellow and so on. I had a great time at the show and am already resolving to go again next year. A crowd of people enjoying themselves is a very interesting show itself, much more interesting to me than the racing was. They came early and stayed late like the folk who go to teas in the island but they enjoyed themselves rather more energetically and heartily. We saw one bunch of boys enjoying the sport from the top of a convenient pigpen full of pigs. Others were perched comfortably on posts or a strip of wood passing from one post to another, but they saw the show.

We have a boy in the hospital who has undergone quite a metamorphosis since he came to us a raw heathen boy with his hair hanging down his back. You probably know that the Korean men wore their hair down their backs till they were married then it went up in the national topknot. This chap is fifteen and not married yet evidently. He had a perfectly straight arm, the elbow having become ankylosed. I operated on the arm and he has a movable joint now. After he was here a few days and saw how things were done in the city he had his long hair cut off, the barber did not make the best job in the world out the black looks disappeared anyway and I hardly knew the fellow when I saw his next. One of the first signs of the Christians in that the long hair goes. Only a few of the old men wear their topknots after they become Christians.

I must stop now and go to breakfast.

Love to all,
Florence

NUMBER TWO

Yongjung
June 12, 1922

Dear Folks,

Last week I started to number my letters so you could see whether or not you were getting them all or not. So this is number two. Look out for the number.

Just after I wrote last week I got another fine family epistle from father, mother, Alex, and Anna. It is a month since I heard from the other boys but my home letters come very regularly, but I hardly ever hear from Charlie at all. No doubt he will be hard at work for the exams now but he will soon have more time.

I am sorry to hear that mother has been unwell so much lately and hope that now the fine warm weather has come she will be able to throw off both colds and neuralgia and get strong and full of life again. If Anna is home no doubt she will take charge of things for a while and let mother go to the island for a holiday.

We are still having very dry weather indeed. There have been a few showers lasting ten or fifteen minutes but scarcely enough to settle the dust. Last year was so dry the crops were almost a failure and this year so far is about the same. Of course it is hardly time for the heavy rains yet but if we do not get some rain very soon the grain will not do well. The weather is not so very hot, in fact quite pleasant yet. We are eating radishes and lettuce out of our own garden. The

Chinese are the folks who can make things grow, tho I don't see how they do it. There are some very nice wild flowers here this time of the year. Yesterday our man brought in some wild peonies and today one of the hospital men put a big bunch of wild roses in my room. There are several other varieties I do not know but some of them are very pretty.

I sent an account of some of my experience here to the Presbyterian Publications sometime ago and recently got a letter saying that it was appreciated and would soon appear and to send more, but, unlike your story, father, they did not say anything about money, tho I had not thought about that when I sent it. I just did it on principle thinking it would do no harm to let people know we had some fun as well as work out here and that it was all so worth while.

We have just got a letter from Dr. R. P. MacKay telling about the big deficit and the urgent financial situation at home. Things do not look too bright do they? If we did not all the time to be considering the cost of things and trying to squeeze the last cent we can get out of these poor people there would be more fun in the work. It makes one feel most despicably mean to have to insist on their paying a certain sum when we know it is so hard for them to do so, and yet we are running so close to our allowance that last month we had a balance of only eight yen or about four dollars, which does not leave us much of a margin to come and go on. Many of the patients cannot pay at all and others, hearing that some get treatment for nothing, are anxious to do the same themselves and will not pay unless they have to. Of course we do not always know who can pay and who cannot and no doubt lots of people get off who might pay at least something. I am amazed at the number of able bodied men who say they can't pay for their own or their families treatment and when I ask why a strong man can't work and earn some money I hear many a hard luck story. Between Chinese bandits and bad times and poor crops and high taxes many of them have hard times enough. Scores of new houses are being built in Yongjung now by people who can't live in the hills any longer on account of bandits and soldiers confiscating anything in the eating line, and so their is a shortage of work here. Today a man came for a pair of glasses we had ordered from Pekin for him some time ago. He had paid two yen already and had brought only one yen more with him but the glasses cost us eight yen. He thought because he had not brought anymore money we should have been satisfied with what he had and given him the glasses. There are so many cases like that. No doubt it was hard for him to pay his eyes are very bad and he can scarcely see at all without the glasses. But if we give them to him for three yen no one else will be willing to pay anymore than that amount, so we told him to go and try to get the rest of the money and come back again for the glasses. It is like that all the time till one fairly gets to despise oneself as the worst old Scrooge alive and yet we have to do it or we could not keep going at all. And the Koreans who see us live in houses so much bigger and better than their mud huts naturally conclude that we have lots of money and they can't understand it but think we are mean. We have to be watching our staff all the time to see that they are collecting what money they can for they would give in to every hard luck story they hear if we didn't. We can hardly expect them to see things from our point of view, but the folks at home would not consider our servants an unmixed blessing at times not the houses as so very luxurious if they could see the quarter inch of plaster outside the mud on the walls just hanging by the paper and some strips of tin that once formed an oil can nailed up to keep it all from tumbling down on the people's heads. There is a great difference in point of view but the difficulty seems to be to reconcile the points of view.

Father was asking if there were many Koreans in Vladivostok. There is a Korean town there a little apart from the Russian town. There are thousands of Koreans in Russia and more moving north all the time. They are coming in here every day too. And a hard time many of them are having. One family was here looking for work yesterday. They had come in from Pyeng Yang and by the time they got here they had not enough money left to get their goods thro the customs and had to leave them at the Korean border. They hope to get teaching school in some country district, for tho they are not highly qualified teachers, in the country places the people are often glad to get teachers of any kind but in Korea such people are not allowed to teach. The man and his wife are both pretty well educated, Miss Whitelaw and one of the Korean nurses gave them enough money to get their goods here and some one else is helping to get work for them. The church people are very good to any people like that and they often go to a great deal of trouble to help such folk out. The ministers too, especially out in the country take a lot of responsibility for their people. They often send or bring sick folk into the hospital from places scores of li away usually accompanied with a letter stating that the patient is a deserving person who can't pay and they hope we will cure him for nothing.

Yes, it seems too bad that Mrs. Foote does not want to come back to the east. The folks here say that Dr. Foote is a very different man since he has lived alone so much, that he has got to be so that he shuts himself off from the rest entirely too much for his own good. He will scarcely speak at the table and then go and shut himself up in his room all the rest of the time in a fashion that is not wholesome for a social human being. Probably he may have got over that during his furlough, I have not seen him nor heard much about him since he came back, but the folk here were deploring his loneliness and his rebuffs to their advances while he was on this station.

I am glad mother liked the collar I sent. The boys might have put it in a letter and sent it on before the spring surely. She said I would not like the one she sent after being able to get nice ones here. On the contrary any one here can have a Chinese collar, tho as a matter of fact I don't have one, but it is not every one who has an up to date collar from home. That is thought much more worth while. So you see I do appreciate it and expect to make a great splash at the beach with it. Anyway we don't get things like that in Yongjung, only in Seoul or the southern stations that are not so far out of the world.

Every little while some Koreans come along and ask to see over our houses. There were four or five women came one day just before Miss Cass and Miss Palethorpe went away. They were about as green as they grow them even in Kando and their remarks were quite enlightening at times. They were very much interested in the organ and thought it would be nice if Miss Palethorpe would play it and have worship so they could see how it was done. They were amazed at the idea of having plants in the house, and asked if Miss Palethorpe lived in this big house alone. O, no, she said, there was another woman lived here too. Then they thought that her husband had two wives, so in order not to give the impression that all missionaries had two wives, she had to confess the humiliating fact that she did not have a husband at all, which of course was so astonishing as to be scarcely credible and required a lot more explanation.

I have got all moved and settled in the rooms that were Miss Cass's. I have her bedroom for my study as it is the brighter room and the dingier one with the plaster falling down I have for my bedroom. I spent a whole evening trying to stick up picture postcards over the holes in the walls and it looks much nicer than I thought possible when I began. The Koreans have no idea of how to do lots of things that are perfectly commonplace to us. They want to do things but don't know how. Our man came to help me and he drove one three inch nail in the wall to hold up a post card and I drove him off and did the rest myself. That is about as much idea of the fitness of things some of them have. Others again have things very nice. One day last week I invited my teacher and his wife up to tea and it appeared they had planned to ask us to their house that very day, so we went their first and had a nice time. But I wish you could see that house. It is all papered with white paper with a piece of blue figured paper in the middle of each wall like a panel, and some nice pictures up and some scripture texts, and a map of Palestine in Bible times, and a new straw mat on the floor and everything as clean and neat as it could possibly be. Instead of all the family clothing and bedding being piled or hung in the living room all the time it is nestle put away in a sort of closet arrangement at the back of the room that is closed off by a sliding door. Really it is the nicest Korean house I have been in. Even the cleanest houses don't look very well when they are papered with newspapers and have all the family possessions littered about everywhere.

Then last night we had the teacher and his wife up here. Of course it is not Korean custom for a man and his wife to go out together but then we were spending the evening western fashion and they were quite interested and seemed to have a good time. When you come to see some other people struggling with a knife and fork and spoon you realize that perhaps after all the things that seem so easy to us are under other circumstances just as unmanageable as chopsticks can be. I don't seem to be getting any time for study but I am developing a trifle more facility in talking anyway and notice that most people can understand what I try to say. We talked all evening in Korean and after supper sang hymns in Korean for at least an hour. We could hardly get stopped our guests enjoyed it so much. It is not often they get the chance to sing with an organ and both An and his wife sing well, a thing that can't be said about all Koreans unfortunately. There was a big scrap on Sunday down town between all the Chinese, Koreans, and the Japanese got in it too before it was over. The Chinese were all out Sunday night, the streets were full of them with knives and sticks but there was no more trouble, but anyway we went down with the guests the next night with the lantern but saw nothing unusual. They have the cutest baby. She is just walking around but doesn't talk yet. She never made a bit of fuss all evening and went quietly asleep on her mother's back soon after supper. By the way the little international scrap began by a Chinese trying to steal a gold ring off a Korean's hand which the latter resented. Some Korean students happening to be near, helped their fellow countryman, and then the Chinese police came along and more Koreans. Then the Japanese police came along and the Chinese police beat up the Japanese and the Koreans beat up the Chinese and it ended by a Chinaman being dragged off to the Japanese jail and some Koreans being taken to the Chinese jail.

There are five boy's schools here and hundreds of students. The town is packed full of them. And every school is at loggerheads with every other school. There is the church school, and the Confucian school, and the Heavenly Way school, (a sect that is partly religious, partly political, and wholly heathen) the Japanese school for Koreans, and I forget what other school besides the Academy and the Chinese school. The Academy is supposed to be entirely Christian but the church school is about half heathen, as they take pupils whether they are Christian or not. All along they have been teaching two shifts with the same teachers; there were so many boys they could not all get in the school at once, so they studied from about seven in the morning till noon and then the other shift came in and studied till evening. How would that suit Charlie?

Love to all,
Florence

Yongjung
June 18, 1922

Dear People at Home,

Another home letter to answer this week and one from Foster. They come very regularly. I usually get them on Monday or Tuesday but this week they didn't come till Friday. Still that is pretty regular for coming halfway around the world. The date was May 17 so it made good time too. I was interested in seeing the Convocation proceedings at Dalhousie. I got a bunch of Nova Scotians too and am saving them to read on the long journey to Wonsan the last of the week. We expect to leave here on Saturday and stay over Sunday at Hoiryung tho the people from there will no doubt be all gone when we go through as we are going to be a day late. It won't matter as far we are concerned. We can get the key somewhere and go in and stay and we shall have to take a lot of things to eat from here anyway so a little more or less won't make much difference.

The Scotts left on Friday as Mr. Scott wanted to go to Seoul for a few days before Annual Meeting begins. Mr. Hylton came back on Tuesday looking well but without much pep. He is still in the Barker house but is going to move down to rooms he is fixing up at the mill. Miss Whitelaw and I hate to leave the hospital alone for so long and so we are putting off going as long as we can. There are some fairly large and comfortable boats on the route and some small and miserable ones so our going is always somewhat dependent on what boats are going on any set day. We want to get a decent boat and yet put off going till the last minute. So we are getting a good boat that will get us to Wonsan the second day of the Annual Meeting. I have no vote anyway as I have not yet been in the country for a year not passed my first year exams both of which are necessary to become a voting member of the mission. There will be all the meeting I will enjoy after we get there. I don't know yet where I am to stay. There is a house owned by some of the single woman but it will accommodate only seven even when they are pretty well crowded and there are eight of us to be accommodated. At first Mrs. Barker thought she could take me. She is going to have the McCully cottage which is half owned by Dr. Hall, and at first the doctor did not plan to go to the beach this year but now she is going and will want her room, So I am still in the air. I expect I can get in some where. There is a sort of hotel too but it is rather expensive and I do not want to go there unless I can't go another place.

Mr. Young was married last week. They went to Pekin for a trip by another than the ordinary route as that is by the rail road where the war is on. We have not heard the date of the other wedding. Though we understood it was to be before Annual Meeting too.

Miss Whitelaw and one of the nurses went yesterday to YenChi where the doctor and I had a trip in the winter. I wrote you about it, where the Nadarov's live. So I am enjoying three days of solitary bliss. I thought the house would seem very lonely with no one in it but myself, but I find myself very good company or at least I have not felt the least bit lonely. I don't think I should mind staying alone for a month. There are lots of Koreans around and I am getting so

I can talk pretty well to them now. That is ordinary conversation of course. I understand almost nothing of a sermon as yet and have considerable difficulty in saying some of the things I would like to say sometimes. Anyway I am arriving at the stage where I can pick up a bit of language when I hear it instead of having to grind for every word I try to learn, and that means more pleasure in the learning and more enjoyment in trying to talk.

MONDAY NIGHT. I am getting my Canadian papers now and if it were not for reading them and the Japanese papers I would hardly know, in fact I would not know there was a "war" in Manchuria. It is not very near here and seems to affect us not at all except that many Koreans are moving to the town to escape the loss of their property by soldiers who carry off any thing to eat and often anything else that they fancy and bandits who do the same. Yongjung is under military law but it makes no difference that any one can see unless he wants to go strolling about the dark and dirty streets after midnight.

Dear Foster,

This is your installment. I was delighted to hear from you again after a long time without letters. I know just how busy and rushed one trying to get over the work for the fourth year exams. It is pretty heavy work but the practical work helps out a lot so you don't have to do so much plugging from books as you otherwise would. Seeing the different conditions in the clinics makes it a great easier to remember both the condition and the treatment I think. At least that was the way I found it myself. I expect that by now you are all gay and resplendent in a white suit and lording it over the nurses in regular house surgeon style. What service are you on. Tell me about the fun and where the graduates went, especially the girls, and who got on the staff and what graduates are there. There have been such changes already since I graduated that I feel I will scarcely know the old place when I see it again. And I certainly won't know many of the students. One feels sort of left out, going back to a place where one had so many good times and so many friends and finding no one but strangers in the place that used to be so familiar.

You said that Frank Walsh and Eddie Granville were getting married right after graduation but you didn't mention who were the victims. Is it the redoubtable Pearl after all these years? She surely stuck hard enough to have landed him at last and she didn't lose much more time after he got through.

The snaps I sent taken with the small camera were off some negative of Dr. Martin's. I haven't got a little camera. I got a portrait attachment for mine but can't seem to find any way it fits the camera and have not used it yet.

Miss Whitelaw and the nurses got back Monday night and report a great time altogether. They had a great welcome from the Koreans and a pleasant visit with the Nadarovs. They had all sorts of Korean food and were invited out to one house after another to meals so tho she took a food box with her she did not have much chance to explore it after all. There is Korean doctor there whom Miss Whitelaw and the Korean graduate nurse used to know at Severance Medical School and Hospital where he used to work and teach. He has a small dispensary at YenChi and is getting along well. He speaks Chinese well and has many patients among the Chinese who have more money than the Koreans as a rule.

There does not seem to be much to write about this week, or perhaps I should say I seem to have most of the every day things described already and as it is a busy season with the farmers we are not having as many patients as usual. Just now we have a case with t. b. both knees, typical white swelling and such contraction of the hamstrings in one case that there is beginning backward displacement of the head of the tibia. I cut the tendons today subcutaneously but even then did not get good extension and have the limb put up inclined plane style with extension by means of a brick and adhesive plaster. I got an ideal result in beginning hip joint disease a while ago. We still have the child in the splints but the deformity is all gone weeks ago and everything seems to be going well. You can't trust the people tho to take proper care of the child even while you are looking at them so we try to keep them under our own care as long as we can. We have another hip case from which we aspirated about a pint of pus a week ago and have her in a long Liston too. Her mother wants to take her right home now so I suppose the poor child won't have much of a chance. We have another t. b. case, pulmonary this time, who has been in for weeks and is going down hill all the time. They are good Christians and worked hard for the church, both the patient and her mother while they were able. The father is dead and the oldest son died of t. b. a few weeks ago and they have no place to go to but the home of another son who is too far away for the girl to be able to reach. So there does not seem to be much for it but for them to stay here as long as the girl lives. She has involvement of the throat now and cannot speak above a whisper, but she is always brave and bright.

Let me hear from you as often as you have time and give all the news.

Your loving sister,
Florence

이혜원

연세대학교 신학과를 졸업한 뒤, 홍콩 중문대학에서 종교학(M.A.)을 공부하였다. 이후 연세대학교에서 신학박사(교회사)를 그리고 중국 푸단대학교에서 역사학박사(중국사)를 취득하였다. 현재 연세대학교 한국기독교문화연구소 연구교수로 일하며, 한국 교회사 및 아시아 기독교 관계사 연구에 주력하고 있다. 주요 저서로는 『의화단과 한국기독교』(2016), 『개척자 언더우드』(2022) 등이 있다.

내한선교사편지번역총서 12
플로렌스 J. 머레이, 가족에게 보내는 편지

2023년 6월 13일 초판 1쇄 펴냄

지은이 플로렌스 J. 머레이
옮긴이 이혜원
펴낸이 김흥국
펴낸곳 보고사

책임편집 이소희
표지디자인 김규범

등록 1990년 12월 13일 제6-0429호
주소 경기도 파주시 회동길 337-15
전화 031-955-9797(대표)
팩스 02-922-6990
메일 bogosabooks@naver.com
http://www.bogosabooks.co.kr

ISBN 979-11-6587-526-8
        979-11-6587-265-6 94910(세트)

ⓒ 이혜원, 2023

정가 32,000원

〈이 번역서는 2020년 대한민국 교육부와 한국연구재단의 지원을 받아 수행된 연구임
(NRF-2020S1A5C2A02092965)〉